ロマン主義の経済思想
芸術・倫理・歴史

塩野谷祐一［著］

東京大学出版会

THE ECONOMIC PHILOSOPHY OF ROMANTICISM:
Art, Ethics, and History
Yuichi SHIONOYA
University of Tokyo Press, 2012
ISBN 978-4-13-040258-3

まえがき

　本書は，ロマン主義を啓蒙主義批判の包括的な思想としてとらえ，「ロマン主義の経済思想」を思想史研究を通じて構築しようとする試みである．

　初めに，次の5点について，本書のアプローチの特徴を展望しておきたい．(1) 研究課題（経済学批判としてのロマン主義），(2) 研究対象（ラスキン，グリーン，シュンペーター），(3) 概念的枠組み（芸術・倫理・歴史），(4) 現代的意義（全幅的人間精神と日常性の思考），(5) 実践的課題（教養教育）．

(1) 研究課題

　資本主義と呼ばれる市場経済制度の発展は，近代を駆動する啓蒙主義運動の最大の原動力であった．近代における経済学はこの思潮の中で形成され，研究対象としての市場経済の発展を追いかける形で発展を遂げてきた．経済学は自然科学に倣って，ベーコンの実証主義とデカルトの数理主義の方法論を採用した．自然科学的思考は，知の真理性の判定に当って，「現実とシンボル」ないし「現象と観念」との合致の基準の上に立っている．当然のことながら，経済学史および経済思想史の大半の研究関心は，このような啓蒙思想の成果を確認することに向けられてきた．

　しかし，同時に，近代における啓蒙主義批判がどのようなものであったかを精査することは，歴史研究の重要な課題である．ロマン主義による啓蒙主義批判は，「現実」の解釈に当って，理念的「シンボル」の優位性を前提として，両者の相互依存的生成の主張に基づく．それは，啓蒙主義の陰の部分をあらわにすると同時に，主流派とは異なるもう1つの経済学の可能性を示唆している．その可能性が実現しなかったことは，時代精神によって災いされた歴史的偶然にすぎない．死せる思想に現代の観点から生命を吹き込み，

忘れられた思想に覚醒を促すことも，思想史研究の1つの役割である．本書はそのようなものとして「ロマン主義の経済思想」を理解する．

従来，主流派経済学批判の役割は，主としてマルクス主義によって担われてきた．その史的唯物論，すなわち歴史の経済的解釈は，「精神と社会」の関係をとらえる1つの卓抜な見方であるが，観念が社会の歴史や制度や構造を規定するという逆方向への洞察を欠いている．「ロマン主義の経済思想」は精神に軸足を置いた経済学批判の立場である．

(2) 研究対象

本書は，章別構成が示すように，ドイツ・ロマン主義の芸術論および哲学を背景に置いて，「ラスキン，グリーン，シュンペーター」という3人の思想家を取り扱う．読者はこの3人の間に何らかの共通項があるのだろうかと訝しく思うかもしれない．芸術評論家ラスキンをロマン主義者と呼ぶことがあるのを除けば，他の2人をロマン主義者と呼ぶ慣わしはないからである．彼らが生きた時代は公認の「ロマン主義の時代」から隔たっており，彼らの思想は一般にロマン主義として扱われてはこなかった．しかし，われわれは古いレッテルの貼り方に拘束される理由はない．バージル・ウィリーはかつてカーライル研究の中で，「カーライルの生涯は，ロマン主義者が19世紀後半まで生き延びたとすれば，どのようなことが起きたであろうかをまざまざと示したものである」と述べた[1]．私が本書において3人の思想家を取り上げたのは，まさにこれと同じ意味においてである．

これらの3人の主人公は，彼らが直面したそれぞれの知識の場における近代の主流派思想に対抗して，ロマン主義の中にみずからのヴィジョンを見出し，ロマン主義の託宣を社会科学という場において展開しようと努めた．啓蒙主義の「社会科学版」は功利主義である．功利主義対ロマン主義の対立は，単なる偶発的事件であったとは思われない．ここで取り上げた3人の思想は，ロマン主義の世界観が反功利主義の戦いにおいて勢力を保ったまま，19世紀後半や20世紀にまで生き延びたとすれば，いつかは，時代精神に鋭敏な思想家によって生み出されたものに違いないと考えられる．

ドナルド・ウィンチは知性史研究の試みとして，ヴィクトリア朝時代の功

利主義とロマン主義との論争の20世紀における隔世的継承を取り上げ，F.R. リーヴィス，レイモンド・ウィリアムズ，E.P. トンプソンの3人の文芸・社会批評家の活動を論じていることを指摘しておこう[2]．もっとも，ウィンチの場合には，世紀を超えたこの論争のリフレインは，彼の19世紀イギリス経済学の研究にとって「付録」の位置に置かれているにすぎないけれども．

(3) 概念的枠組み

本書は「ロマン主義の経済思想」という統一的な視点から行った「ラスキン，グリーン，シュンペーター」の思想研究であるが，本書が扱う主題に則して言えば，「芸術・倫理・歴史」という3つの概念をキーワードとしている．この1組のキーワードは，「ロマン主義の経済思想」を構築するための概念的枠組みである．本書が「芸術・倫理・歴史」という副題を掲げたゆえんである．

本書の構想によれば，「ロマン主義の経済思想」は，「精神と社会」との相互関係をとらえるというモラル・サイエンスの課題を追求するに当って，「芸術」から出発し，「倫理」および「歴史」の媒介を経て，「制度」に至るという過程を明示的に問題にする．われわれがこの過程に関する知の全体を「ロマン主義の経済思想」と呼ぶのは，それがロマン主義にとって，反啓蒙主義的・反功利主義的・反経済学的な経済像を与える「前科学的知」ないし「プレ理論」であると考えるからである．「ロマン主義の経済思想」は狭い意味の経済学そのものではなく，その前提となるべきヴィジョンである．

ロマン主義という定義の定まり難い思想の研究に当って，複数の知の領域にわたる構成要素をその思想の「単位観念」とみなし，総合化された知性史を描くという方法は，アーサー・ラヴジョイの「観念の歴史」に属すると言えるかもしれない[3]．彼が言うように，「単位観念」が哲学的でなければならないとすれば，われわれの「芸術・倫理・歴史」の観念は，それぞれ「芸術哲学・道徳哲学・歴史哲学」として異なった内容を持ちながら，反啓蒙主義的・反功利主義的・反経済学的である点において一貫している．

啓蒙主義のモラル・サイエンスが，「理性」の基準を用いることによって，

「芸術・倫理・歴史」のいずれの内容をも矮小化・平板化し，結局においてそれらを余計なものとして画像から消去してしまい，与えられた一定の市場経済「制度」が指示する経済の作用様式の叙述にとどまったのに対し，ロマン主義のモラル・サイエンスは，「生」の基準に従って，多彩な「芸術・倫理・歴史」の構想から帰結する想像力に溢れた「制度」像を描こうとした．本書における3人の主人公のうち，ラスキンは「芸術的『生』のロマン主義」を論じ，グリーンは「倫理的『生』のロマン主義」を論じ，シュンペーターは「歴史的『生』のロマン主義」を論じ，3者は全体として1つの構造を持ったロマン主義の社会科学を形作っているというのが，本書の主張である．

(4) 現代的意義

近代社会が人間の無限の欲望に従って，物質的次元における無限の豊かさの追求に狂奔してきたことに対して，歯止めを課す思想こそが，「精神」と「自然」の2つの次元において無限の崇高さを追求することの価値を説くロマン主義ではなかっただろうか．ロマン主義の託宣が持つ意義は，21世紀の現代において高まりこそすれ，けっして失われてはいない．

われわれはロマン主義を語ることによって，近代社会や経済成長を全否定するのではなく，「利己的経済人」と「市場的交換」の概念によって象徴されるような近代社会が，その狭隘な世界観を修正し，ロマン主義の観点をいささかでも取り入れるだけのしなやかな包容力を持つべきであると考える．啓蒙主義に見られる理詰めの懐疑・排除癖とは違って，ロマン主義の基本である「全幅的人間精神」には，あらゆるものを肯定し包摂する力が備わっている．それは，全体像の中に矛盾を含むことさえも恐れぬ頑強な精神である．それは，矛盾をイロニーとみなして笑い飛ばす機智の精神である．それは，人間の所産が不完全なものであるとしても，無限の相互努力に信頼を置く連帯と希望と謙譲の精神である．

本書は，ロマン主義を「生活世界」における日常的人間の「理性・感情・意志」に基づく当り前の発想として解釈することを提案している．ロマン主義の世界を前提とする限り，そこでの人々は日常的には，ロマン主義に基づ

くものとは意識することなく，ロマン主義的な発想や行動をとっていると想定されている．

このような解釈は，第1に，ロマン主義が過去の限られた地域や時代の思想ではなく，人間にとって固有の潜在的な思想であること，第2に，ロマン主義が文学や芸術の領域に限定された思想ではなく，「人間・社会・自然」の総体にかかわる包括的な思想であること，第3に，ロマン主義が過去への回帰を図る保守の思想ではなく，人間の未来を投企する革新の思想であることを意味する．本書は，このような意味の解明を通じて，ロマン主義そのものの再認識と再評価を意図したものである．

事実，このような解釈に従って，ロマン主義の思想は時代を超え，装いを変えて再生する．例えば，近代における理性の覇権に対する共通の挑戦を示すものとして，「ロマン主義・プラグマティズム・脱構築」の3者を論ずることもできる[4]．このような試みを通じて明らかとなる顕著な事実は，反啓蒙主義的パラダイムとしてのロマン主義の始原性である．

(5) 実践的課題

しかし，本当の問題はそこから始まると言ってよい．日常的な人間の思考が「制度」の重圧の下で形成されるものであることを考えると，「芸術」から出発し，「倫理」および「歴史」の媒介を経て，「制度」に至るというロマン主義の思考過程の最後の段階において，われわれは厳しい現実に直面する．すなわち，われわれは，近代主義一色に染め上げられた人々の日常的思考に対して，ロマン主義の思考がどのようにして影響を及ぼすことができるかという課題に直面するからである．

この課題の解決は一朝一夕になるものではない．ロマン主義的思考が現実に地歩を占めるためには，短絡的な戦略思考ではなく，長期的な視野を持った教育の「制度」が不可欠であろう．「自己実現」を内容とするロマン主義の存在論は，「潜在能力」の開花を内容とする「徳」の倫理学と結びつくことによって，人々の批判的・公共的精神の参加を通じて民主主義的に「自己形成」を達成しようとする．それを可能にする教育こそが，真にグローバルな視野を持った教養教育の「制度」に他ならない[5]．

その「制度」は「芸術・倫理・歴史」の概念的枠組みに基づき，「哲・史・文」を重視する教育である．そのような教育システムは，第 2 次世界大戦後，世界のあらゆる国々において，経済的成果と結びつく技術的専門教育への偏重によって意図的に排除されてきた．しかし，現代における教養教育の観念はエリート的教養主義ではなく，公共的精神によって裏打ちされたリベラルな卓越主義である．このことは，20 世紀末以降の社会科学における規範研究の前進によって獲得された命題の 1 つである．

　われわれが長期的観点から子孫のために残すべきものは，市場経済主義に奉仕する教育であろうか，それとも人間的「良き生」の創造に奉仕する教育であろうか．教育のあり方を問うことは人間のあり方を問うことであり，それは近代主義に挑戦するロマン主義に課せられた実践的な，しかし究極的な課題である．「ロマン主義の経済思想」は，このような教育制度が「スプリングボード」としての福祉制度と結びついて，「生」の繁栄のための車の両輪となることが望ましいと考える．

　本書の上梓に当っては，東京大学出版会の小暮明，大矢宗樹の両氏から多大のご尽力を頂いた．厚く御礼を申し上げる．

2012 年 9 月

塩野谷　祐一

注

1) Basil Willey, *Nineteenth Century Studies: Coleridge to Matthew Arnold*, London: Chatto & Windus, 1949, p. 102.（松本啓他訳『十九世紀イギリス思想——コウルリッジからマシュー・アーノルドまで』みすず書房，1985 年，113 ページ．）
2) Donald Winch, *Wealth and Life: Essays on the Intellectual History of Political Economy in Britain, 1848-1914*, Cambridge: Cambridge University Press, 2009, Appendix: "Mr Gradgrind and Jerusalem."
3) Arthur O. Lovejoy, "Reflections on the History of Ideas," *Journal of the History of Ideas*, Vol. 1, No. 1, January 1940.
4) Kathleen M. Wheeler, *Romanticism, Pragmatism and Deconstruction*, Oxford:

Blackwell, 1993.
5) Martha C. Nussbaum, *Not for Profit: Why Democracy Needs the Humanities*, Princeton: Princeton University Press, 2012.

目　次

まえがき　i

序章──問題の提起─────────────────────── 1

1　ロマン主義と哲学──レトリック・ヴィジョン・イデオロギー　1
啓蒙と反啓蒙／哲学化された芸術，ないしは芸術化された哲学／前科学的知の体系

2　ロマン主義と社会科学──芸術・倫理・歴史・制度　5
「精神と社会」と「理念化と具象化」／ロマン主義と歴史主義／「芸術」から出発し，「倫理」と「歴史」の媒介を経て，「制度」に至る／ラスキン，グリーン，シュンペーター／ロマン主義と功利主義

3　ロマン主義の多義性と頽廃性　13
多義性と頽廃性／ラヴジョイの提案／理論構築の必要性

第1章　ロマン主義の理論構造────────────────── 19

1　ロマン主義とは何か　19
啓蒙精神の転換としてのロマン主義／ロマン主義の理念型／文学と哲学との統一／ドイツ・ロマン主義の誕生──フリードリヒ・シュレーゲル／ロマン的とは何か／ロマン的ポエジーの概念──総合と発展

2　ロマン主義の思想的文脈──ドイツ観念論　34
主観的・形式的観念論と客観的・絶対的観念論／カントの判断力批判／フィヒテの自我と非我の定立／シェリングの自然哲学・同一哲学・芸術哲学／ヘーゲルの弁証法と芸術論

3　ロマン主義の芸術的次元──古典主義とロマン主義　48
3つの対概念／完成と無限──文学の目標／神話・象徴・崇高／シュライエルマッハーの宗教論／シラーの美的教育論／模倣と創造──文学の方法

x 目次

　　　　／シラーの素朴文学と情感文学／体系と断片——文学の形式

4 ロマン主義の哲学的次元——啓蒙主義とロマン主義 69

　　　反基礎づけ主義——認識論／自己創造と自己破壊——存在論／有機体的全体論——価値論／ロマン的イロニーの概念——矛盾と総合

5 ロマン主義の歴史性と社会性 80

　　　芸術・哲学から社会科学へ／ロマン主義における芸術と科学

第2章　ラスキンと芸術的「生」のロマン主義 ―― 91

1 ロマン主義者ラスキン 91

　　　イギリス・ロマン主義／古典主義からロマン主義へ——観念連合論／ワーズワスとラスキン／人間・自然・社会／カーライルとラスキン

2 絵画芸術論 105

　　　ターナー論／ラファエル前派主義／美と喜びの観念を生む構想力／「空気と水と大地」と「感嘆と希望と愛」／ラスキンの三角形——富・生・美／一応の総括／典型美の基準とロマン的イロニー／生命美の条件と道徳的想像力／理想主義の諸相——純粋派・自然派・官能派／レトリックとしての諷喩／総括

3 建築芸術論 132

　　　建築と道徳／『ヴェネツィアの石』の主張／ゴシックの本質／社会的協働性と精神的優位性／ラスキンにおけるロマン主義／ゴシック・リヴァイヴァル

4 芸術教育論 147

　　　芸術史の謎——ディレットとアレテー／2つの道の分岐点／『芸術経済論』と文化財

5 経済学批判とその体系化 155

　　　利己心の仮定／経済体制の比較／正義論の基礎／「富＝生」の命題／『ムネラ・プルヴェリス』と規範的経済学

6 芸術的「生」の経済学 168

　　　芸術論から経済論への展開／物財と「能力」／全体像としての「構図」／行為主体としての「労働」／道徳的価値の構造／結語

第3章　グリーンと倫理的「生」のロマン主義 ―― 187

1 イギリス理想主義，ニュー・リベラリズム，オックスフォード・アプローチ 187

問題意識——ラスキンとグリーン／伝道師像を超えて／経済学・倫理学・イデオロギー／正（正義）・徳（卓越）・善（効率）／福祉思想におけるケンブリッジ対オックスフォード

2 グリーンをめぐる対立的解釈 195

グリーン解釈の2つの問題／グリーン再評価

3 福祉国家の卓越主義的定式化 201

資本主義・民主主義・社会保障／制度・存在・行為／福祉国家の道徳的基礎

4 認識論と形而上学 205

経験論と近代精神との間の矛盾／知識の形而上学／永遠の意識／グリーンにおけるロマン主義／自我の理論——欲望・意志・性格

5 道徳哲学 215

道徳的理想——能力の完成・卓越・自己実現／共通善の理論／道徳的進歩と自我の投企／理性としての制度／功利主義批判と存在論的自我／共通善と政治哲学の課題

6 政治哲学 231

制度・共通善・積極的自由／権利と義務／グリーンとロールズ／卓越主義とロマン主義

7 ニュー・リベラリズム，イギリス歴史主義，社会政策 240

ニュー・リベラリズムへの道／イギリス歴史主義とトインビー／理論的方法と歴史的方法／社会改良活動／ホブハウスとホブソン／ラスキンとオックスフォード・アプローチ

8 結語 249

オックスフォード・アプローチと倫理的「生」のロマン主義

第4章　シュンペーターと歴史的「生」のロマン主義――― 257

1 歴史的「生」とは何か 257

シュンペーター，カーライル，ラスキン／歴史的思考／メカニックスとダイナミックス／ロマン主義と歴史的「生」の学問の可能性

2 総合的社会科学のヴィジョン 267

「生」の哲学と諸学の社会学化／初期構想の回復／議論の構成

3 包括的ヴィジョンと根本観念 273

知識の場とハビトゥス／シュンペーターの履歴書／3つの根本観念／(1)革新と適応／(2)社会の諸領域の統一性／(3)理論と歴史の統合としての制度

4 歴史的「生」の2つの考察 281

『景気循環論』——長期波動の類型化／長期波動概念の意義／『資本主義・社会主義・民主主義』——革新の長期的帰趨

5　根本観念から哲学的世界観へ　288

　啓蒙主義と反啓蒙主義／分析哲学と大陸哲学／科学世界と生活世界／シュンペーターにおけるロマン主義と歴史主義

6　哲学的世界観から存在論へ　294

　知識社会学と存在論／ヴィジョンとイデオロギー／存在論的解釈学

7　ハイデガー＝シュンペーター・テーゼ　298

　解釈学的命題／社会科学的意味・関連／歴史的「生」の経済学

8　理論・メタ理論・プレ理論　302

　精神と社会への２構造アプローチ／先行構造としてのプレ理論

終章——ロマン主義と現代　311

　ロマン主義の重要性／批判・創造・総合／哲学・史学・文学／科学と社会

事項索引　319

人名索引　324

序章 ―― 問題の提起

1 ロマン主義と哲学――レトリック・ヴィジョン・イデオロギー

啓蒙と反啓蒙

　ロマン主義は，近代啓蒙主義に挑戦する反啓蒙の包括的思想である．ロマン主義は，啓蒙主義が主張する理性の支配と普遍化・画一化の追求とは違って，多様で個性的な生命と感情の発露を創造の原動力とみなす．また，ロマン主義は，啓蒙主義が抱く機械主義的な世界観とは違って，「人間・社会・自然」の相互依存的な全体をあたかも生きた有機体であるかのようにとらえようとする．経済学は，歴史的に啓蒙主義思想の流れの中で形成されたが，本書は，啓蒙主義とは異なる社会観としてロマン主義が存在する理由を確認すると同時に，経済学批判としてのロマン主義の経済思想を思想史の中から検証しようとする試みである．

　第1章でロマン主義の理論構造を論ずるのに先立って，われわれの概念的枠組みを示し，2つの視点からロマン主義研究への接近の仕方を述べておきたい．第1の視点はロマン主義と哲学との関係であり，第2の視点はロマン主義と社会科学との関係である．2つの視点の設定は，啓蒙主義が生み出した経済学を含む専門的諸科学の慣行を批判し，それから離脱するための準備作業である．

哲学化された芸術，ないしは芸術化された哲学

　第1の視点として，ロマン主義と哲学との関係を問う場合，ロマン主義のマニフェストとして象徴的な意味を持つのは，以下で見るように，ロマン主

義者が主張した「文学（ないし芸術）＝哲学」の統一命題であろう．これを手掛かりにして考えることにしたい．

18世紀末，ドイツのロマン主義者たちは，芸術は哲学でなくてはならない，哲学は芸術でなくてはならないと主張した．芸術は伝統的な意味での哲学とは明らかに異なるものであるから，このような命題が意味する「哲学化された芸術」ないしは「芸術化された哲学」とはどのようなものかが明らかにされなければならない．われわれの答えは，「プレ理論」というものである[1]．「プレ理論」とは，求められるべき理論に先行する前科学的知（Vor-wissenschaft）として提起され，それを指針として理論構築が模索されながら，常に理論の根底に隠し置かれるヴィジョンである．そして，専門家でない人々がかなりの程度において共有している知は，このような世界観である．

実は，芸術と哲学との統一は，デカルト以来，啓蒙主義における既存のテーマであった．そこでは，芸術も科学と同じように理性の要求に従うものとして位置づけられた．こうして，啓蒙主義の1分野として，ギリシャ古典芸術を模範とした法則性と厳密性に基礎を置く古典主義美学が成立したのである．それによれば，芸術作品は芸術家の想像力によって作り出されるものではなく，事物の本性の中に客観的に内在するものを理性の働きによって取り出したものに他ならない．真実以外に美は存在しないという．

芸術活動を理性と科学の領域の中に解消してしまう古典主義とは逆に，ロマン主義の世界観においては，芸術的直観が，人間の躍動する全幅的・個性的精神を前提として，人間の「生」を含む宇宙の「総合性と発展性」あるいは「全体性と無限性」を追求するための発見的な手段であった．ロマン主義は，芸術的判断を理性と法則性の下に従属させるのでなく，逆に，多様な「生」の認識と創造の技術として芸術を重要視した．ロマン主義者にとっては，芸術という精神的所産を「人間・社会・自然」の全体的関係から切り離すことはできなかった．その上で，芸術に宇宙の全体を究明する梃子としての主導的・優越的役割を賦与することがロマン主義の独自の主張であった．

ロマン主義においては，芸術的価値としての美は，「人間・社会・自然」の姿を評価する至高の基準であった．言いかえれば，「人間・社会・自然」が芸術作品となることが求められた．古典主義美学における客観的な美の基

準とは異なり，ロマン主義における美は，あくまでも個性を通じて永遠に追求されるべき理想である．このような芸術の先導的役割は，理論に先行する「プレ理論」という概念によって説明することができる．

ロマン主義における芸術の役割が多面的であり，知に対して先行的であることを，哲学の3部門（認識論・存在論・価値論）に照らして考えてみよう．結論を先取りすれば，その関係は次のように言うことができる．第1に，芸術は絶対知（真理）に接近するための認識論的手段である．第2に，芸術は「人間・社会・自然」の意味を問い，知の対象を設定するための存在論的手段である．第3に，芸術は人間形成・社会形成のための倫理的規範である．ここに，芸術が哲学の3つの役割を代行するという意味で，「哲学化された芸術」の姿を見ることができる．

ロマン主義に特有な知の全体的把握志向は，芸術に対してこのような根源的かつ複合的な機能を賦与することによって果たされる．ロマン主義の「芸術＝哲学」の統一命題の背景には，芸術に哲学への従属を強いる経験論・合理論哲学ではなく，芸術に理性の及びえない領域において，感性や直覚や想像力に基づいて，「認識・存在・価値」の哲学思考を呼び出す始原的役割を果たすことを可能にするドイツ観念論哲学が存在しなければならなかった．この役割は，問われるべき知の主題を先行的に設定する「プレ理論」ないし「前科学」としての役割である．哲学の本来の役割は，出来上がった理論を対象とする「メタ理論」であるが，「哲学化された芸術」の役割は，「プレ理論」と呼ぶに相応しいものであろう．

「美学」（aesthetics）の命名者・定義者とされるバウムガルテン（1714-62年）は，美学を「知性的認識」の学としての論理学（哲学）から区別して，「感性的認識」の学と定義した[2]．ロマン主義の「芸術＝哲学」の統一命題は，認識論的にレベルの異なるこれらの2つの学問を混交するものではない．美学は「感性的認識」ないし美的直観に依拠するが，ロマン主義はこの方法を知のあらゆる領域に適用するという新しい実験を意図したのである．「メタ理論」としての論理学とは違って，「プレ理論」として解釈された「芸術＝哲学」は，対象を1つのまとまった全体としてとらえる「感性的認識」に依拠することによって，前科学的知を形成しようとしたと解釈される．

前科学的知の体系

　哲学の3部門である「認識論・存在論・価値論」に対応して,「プレ理論」の3部門は「レトリック・ヴィジョン・イデオロギー」という前科学的知から成る[3]. この考え方が承認されるならば,芸術の観念に基づくロマン主義の「プレ理論」は,ロマン主義に特有の「レトリック・ヴィジョン・イデオロギー」から構成されるであろう.「認識論・存在論・価値論」の3部門の哲学は,このような文学的・芸術的レベルの観念によって代行されるのであって,ここに,哲学が芸術的観念のレベルに立つという意味で,「芸術化された哲学」の姿を見ることができる.その議論の概略は次のようなものである.

　第1に,ロマン主義のレトリック(修辞法)は,「ロマン的ポエジー」および「ロマン的イロニー」という独特の認識論的観念から成る.

　第2に,ロマン主義のイデオロギー(価値観)は,客観の側に重点を置いて見るならば,個体を制約する有機体的・共同体的全体という存在設定から成る.

　第3に,ロマン主義のヴィジョン(世界観)は,主観の側に重点を置いて見るならば,与えられた存在論的制約を突破して,革新・創造・卓越を志向する個人の投企・冒険・飛躍の実践から成る.社会科学者シュンペーターは,学問における「創造と伝統」との関係を「ヴィジョンとイデオロギー」と呼んだ[4].

　芸術を媒介とする「人間・社会・自然」の総合的把握という観点から見れば,ヴィジョンとイデオロギーとは別個のものではなく,むしろ両者の不可分の相互関係が重要であろう.ロマン主義においては,「個体と全体」の総合,「主観と客観」の総合,あるいは「革新と保守」の総合が究極的な形で求められており,存在論と価値論の区別,またはヴィジョンとイデオロギーの区別は,便宜的なものにすぎない.共同体世界の中に「被投」された個人が行う創造的努力の「投企」が,全体世界の秩序を形成し,再び個体を制約するからである.問題の核心は,有機体的「全体」の観念と創造的「個性」の観念とは一見して対立的であるけれども,ロマン主義においては,「有限」

と「無限」とを結びつける芸術的次元のレトリックによって，両者の統合が図られることにある．ロマン主義芸術は，「投企」の創造性と「被投」の秩序性を評価する価値基準を備えており，その基準は，完成を求めて絶えず生成するあらゆる事象に広く適用される．ロマン主義の前科学的知においては，ヴィジョンとイデオロギーとはレトリックによって統合されている．もろもろの対立項のレトリカルな統合の姿は，「ロマン的イロニー」と呼ばれた．

2 ロマン主義と社会科学——芸術・倫理・歴史・制度

「精神と社会」と「理念化と具象化」

われわれの第2の視点は，ロマン主義と社会科学との関係である．「人間・社会・自然」の総体をとらえようとするドイツ観念論およびドイツ・ロマン主義の思想家にとって，「精神と自然」（あるいは，自我と非自我，主観と客観）という対概念は，彼らの研究関心と世界観を表すキーワードであった．そこから「自然哲学」（Naturphilosophie）と呼ばれる思想が生み出された．われわれは「精神と自然」の代わりに，モラル・サイエンスとしての社会科学の主題である「精神と社会」（mind and society）という対概念を持つ．ロマン主義においては，「精神」は「理性・感情・意志」の全体から成り，「社会」は宇宙の一部としての有機体的共同体から成る．それに対して，近代の社会科学を主導した啓蒙主義は，「神・自然・人間」から成る宗教的パラダイムの世俗化と相俟って，次第に「精神」を理性に限定し，「社会」をそのような理性に還元される機械装置として概念するようになった．

「精神」と「社会」とを結びつける上で，優れてロマン主義的とみなされる契機は4つである．それは「芸術・倫理・歴史・制度」である．もちろん，「芸術」に始原的・先導的地位が与えられている．

ここで，対象としての「精神と社会」という対概念に加えて，方法としての「理念化と具象化」という対概念を導入し，2つの座標軸によって作られる4つの象限を考えよう（第0-1図）．それぞれの象限において「歴史」「芸術」「倫理」「制度」が識別される．狭義の経済学は，与えられた市場経済

第 0-1 図 「精神と社会」と「具象化と理念化」

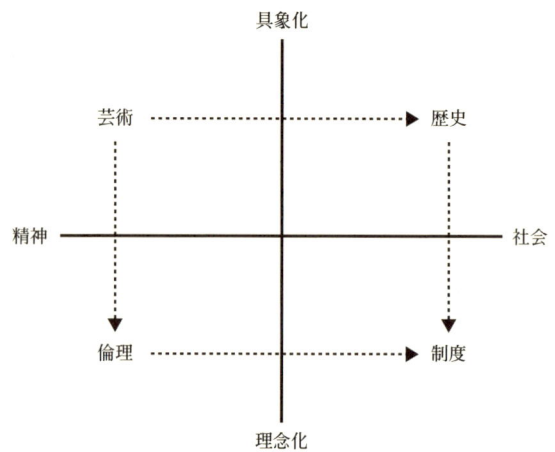

「制度」の下での人間の活動を扱うが，座標上の4つの象限は，狭義の経済学の背後に隠された諸要因に注目するためのものである．ロマン主義の経済思想を考えるということは，観察の対象を狭義の経済学の次元から4つの象限の次元に拡張することを意味する．4つの象限は，ロマン主義の思想を社会科学的に展開するために不可欠の構造を示す．

社会科学がロマン主義に従って「精神と社会」の相互作用を把握しようとすれば，次のような4つの主題が成立するであろう．社会科学にとっては，内面的な「精神」の理念化が「倫理」であり（第3象限），外面的な「社会」の理念化が「制度」である（第4象限）．理念化とは，理念型に基づく事象の概念化・理論化・類型化である．逆に，内面的な「精神」を具象化・現実化・個別化して表現したものが「芸術」であり（第2象限），外面的な「社会」を具象化・現実化・個別化して記録したものが「歴史」である（第1象限）．

私は，以前の著書において，「理念と制度」という2つの座標軸を用意して，「経済と倫理」との関係を論じたが[5]，そこでの「理念と制度」は，第0-1図における「倫理と制度」（第3象限と第4象限）と同じものである．すなわち，その書物は，経済の作用様式の背後にある「理念」（効率・正

義・卓越・自由）と「制度」（資本主義・民主主義・社会保障）との関係を問う枠組みの中で，「経済と倫理」の具体的関係を述べたものである．本書は，「理念化」に加えて「具象化」という座標軸を用意し，「芸術と歴史」（第1象限と第2象限）を視野に入れる．「芸術」も「歴史」もすぐれて個性的事象であり，ロマン主義および歴史主義の思想を反映して，このように位置づけられている．

ロマン主義と歴史主義

便宜的に辞典的知識を用いて「芸術」の定義を考えてみよう．芸術は「現状を超え出てゆこうとする精神の冒険性に根ざし，美的コミュニケーションを指向する活動である．」そして「芸術はいくつかの契機によって構成された複合体であり」，「芸術の本質」は，「完全性を志向する」という「包越的価値としての美である．」芸術が作り出すミニアチュールの世界としての虚構世界は，「現実に対する対抗世界となる．……この対抗世界においてこそ，現実世界について思索し，理想を考えることができる．芸術作品は，われわれの思索の特権的な場所を構成する．」[6]

これはロマン主義にとっても適合的な定義である．個別の「芸術」作品を理念化して，そこに含まれる「理想」を引き出し，「倫理」を定式化するという関係は，ロマン主義にとって本質的な価値的コミュニケーションを意味する．それは，個別の「歴史」事象を理念的に類型化して「制度」をとらえるという関係が，歴史主義にとって本質的な課題であることとパラレルである．第0-1図の上の理念化の手続きから見れば，「芸術」→「倫理」と，「歴史」→「制度」とはパラレルな関係にあるが，社会科学的内容の上では，「芸術」→「倫理」の「精神的」関係が「歴史」→「制度」の「社会的」関係を規制するのであって，上掲の引用文におけるミニアチュールの世界と現実の世界との関係に相当するものであろう．

ともに反啓蒙の主張を掲げたロマン主義と歴史主義との関係は密接不可分である．ヴィーコ（1668-1744年）とヘルダー（1744-1803年）は歴史主義の先駆者であるが，同時にロマン主義の先駆者でもある．彼らの歴史哲学は，総体としての文化的・歴史的事象の多様性と，不断に変化し発展する人

間精神の多元性との対応関係を重視した[7]．歴史は，人間本性に内在するさまざまな可能性の全体が展開したものであり，社会活動の諸側面が一斉に変化していく過程である．ロマン主義者にとって，歴史への関心は，人間のあらゆる可能性があらゆる活動領域において多様な形で開示する姿を突きとめようとするものであった[8]．ロマン主義は多くの分野における歴史研究を一挙に促進した．

文学・芸術運動としてのロマン主義は，個別の芸術作品の世界においては，「精神」の内奥の表現（第2象限）にかかわるが，その思想の歴史的・哲学的展開（第1象限および第3象限）を通じて，究極的には「社会」の「理念化」としての「制度」の主張（第4象限）に至ると考えられる．これがロマン主義が生み出した所産のすべてである．

「芸術」から出発し，「倫理」と「歴史」の媒介を経て，「制度」に至る

「芸術」と「倫理」との間，「歴史」と「制度」との間で，「理念化と具象化」のフィードバックが行われるのと同時に，「芸術」と「歴史」との間，「倫理」と「制度」との間で，個人と社会を結ぶ多面的でダイナミックな関係が知として追求されていく．第0-1図の4つの象限において，タテの相互関係とヨコの相互関係が交叉し錯綜する．以下で見るように，これが，フリードリヒ・シュレーゲルの「アテネーウム断片」116における無限の「合わせ鏡」の世界像を生み出すのであろう．理念と現実とが自己意識の中で同一化するという過程は，「主観と客観」との綜合を目指したドイツ観念論哲学の企てに他ならないが，ロマン主義は，この過程に芸術的感性と直覚と想像力が介入するものと考え，「芸術」に至上の位置を賦与した．

4つの象限の間の複雑な交互作用をあえて単純化し，複線経路（第0-1図の4本の点線）によって示すならば，ロマン主義の経済思想は，「芸術」の始原的位置から出発し，一方の道（倫理的接近）は「倫理」の媒介を経て，「制度」に至り，他方の道（歴史的接近）は「歴史」の媒介を経て「制度」に至るというものである．社会的知についての「倫理」的接近と「歴史」的接近との綜合は，19世紀のドイツ歴史主義が自覚的に設定した課題であった．経済学においては，ドイツ歴史派経済学が古典派および新古典派の主流

派経済学に対して批判的立場を取り，その学派の指導者，グスタフ・フォン・シュモラー（1838-1917年）は経済学の新しいパラダイムとして「歴史的・倫理的」経済学の構築を主張した．それは，言いかえれば「制度的」接近の経済学であった．「歴史的・倫理的」接近に対して先導的役割を担うものとして，「芸術的」接近が加えられるところに，ドイツ・ロマン主義の真髄がある．

　第0-1図では，第1次接近として一方向の線のみが描かれているが，実際には逆方向の作用が考慮に入れられるし，また図の四角形の対角線として「芸術」と「制度」との間，「歴史」と「倫理」との間の相互作用が取り上げられる．このような諸領域間の「合わせ鏡」のような相互規定性への洞察は，ロマン主義の最大の特徴の1つであろう．

　「芸術・倫理・歴史」の3者は，いずれも啓蒙主義の知の体系における本質的要素ではなかった．啓蒙主義の制度観は，人間理性が唯一の正しい真理に従って，時間・空間を超えた画一的なノルムとして「制度」を設計しうるというものであった．それに対して，ロマン主義の思考の下では，「芸術・倫理・歴史」の3者は，多様性の追求を通じて「制度」の定式化に収斂すべきものとして重視される．以下でのわれわれの考察は，ロマン主義の理論を芸術と哲学の両次元にそくして定式化した上で，社会科学の非正統派の著述の中に埋もれてきたロマン主義の経済思想を再構築することである．

　最近，イギリスの経済学者リチャード・ブロンクは『ロマン主義経済学者──経済学における想像力』(2009年) という題名の本を書き，経済学はロマン主義の思想的要素を取り入れるべきだと論じた[9]．著者は，主流派経済学が合理的個人の市場行動分析に偏している点を批判し，意思決定における想像・創造・感情の役割を重視すべきだと言う．その上で，ロマン主義の4つの主題を次のようにまとめている．(1) 社会像は機械論的メタファーではなく，有機体論的メタファーに基づくこと，(2) 功利主義が主張するような単一の価値尺度は存在せず，価値多元性を許容すること，(3) 理性のみではなく，想像力・感情を含む全幅的な人間動機を前提とすること，(4) 言語・隠喩・イロニー・レトリックの役割を重視すること (p. 87)．

　これらの個々の特徴づけは妥当であるけれども，それらは断片的であって，

全体としてどのように体系化されるかが明らかではない．著者はロマン主義経済学の統一像を求めながら，「統一における断片」（p.103）を提起することに甘んじているが，むしろロマン主義経済学の統一像が何かを問うべきではないか．そのためには，著者が重視していないドイツ・ロマン主義の原理的立場から出発する必要があると思われる．

ラスキン，グリーン，シュンペーター

　ロマン主義の経済思想と言えば，ただちにアダム・ミュラー（1779-1829年）が想起されるであろう．彼はドイツにおける一部のロマン主義者とも交流を持ち，独自の政治論・経済論を展開した．彼はいち早く，ロッシャーによって「ロマン主義経済学派」の中に数え上げられた[10]．われわれは，すでにロマン主義経済思想家とみなされている人物の思想を取り上げることに関心があるのではなく，ロマン主義の精神について理論的公準を確定したのちに，これを指針として，必ずしもこれまでロマン主義者とみなされていなかった思想家を現代的視点から解釈することに関心を持つ．言いかえれば，われわれは反啓蒙の問題意識に基づいて，ロマン主義の知性史的系譜を新しく作り上げることを目的とする．

　そのために，本書はラスキン，グリーン，シュンペーターという3人の思想家を取り上げ，彼らがそれぞれ「芸術的生」「倫理的生」「歴史的生」の側面を追求し，それぞれ特徴的なロマン主義の思想を構築したと主張する．彼らの思想は，全体として，「芸術」から出発し，「倫理」および「歴史」の媒介を経て，「制度」に至るというロマン主義精神の行程を構成していると考えられる．もちろん，3人の他にも取り上げることのできる思想家はいるであろう．しかし，われわれにとっては，文芸・芸術思想としてのロマン主義を社会科学に適用する上での道筋をつけることができれば十分であると考える．ロマン主義における「ラスキン，グリーン，シュンペーター」の位置は，ロマン主義における「芸術・倫理・歴史」の位置に相当する．

ロマン主義と功利主義

　本章の冒頭で，ロマン主義は，近代啓蒙主義に挑戦する反啓蒙の包括的思

想である，と述べた．しかし，ロマン主義は反啓蒙であるとしても，近代科学を始めとする啓蒙主義のあらゆる成果を否定するものではない．ロマン主義を現実的な思想として解釈するためには，人間生活を構成する近代性のすべての要素を否定するのではなく，近代を前提とした上で，批判対象を特定する必要がある．

　文学・芸術の領域から出発したロマン主義は，啓蒙主義の芸術版とも言うべき古典主義美学と最初の対決を試みた．次に，「芸術＝哲学」の統一命題が示すように，ロマン主義芸術の要請はただちに哲学の領域に及び，ドイツ観念論の堅固な要塞に依拠しながら，啓蒙主義哲学の中核である経験論・合理論批判が展開された．

　社会科学の領域ではどうか．ロマン主義が最大の敵とみなしたものは功利主義であった．ベンサム（1748-1832年）を創始者とする功利主義は，個々人の行動動機を快楽の追求と苦痛の回避とみなし，これを経験と観察に基づく自然法則として位置づけた．かくして，個々人の行動は，快苦の差引計算に基づいて合理的・機械的に行われるものとみなされる．その際，快楽・効用・満足の源泉が何であれ，満足をもたらすものである限り，異なる種類の効用も相互に通約可能なものとして，また異なる個々人の効用も相互に比較可能なものとして，一元的に評価される．そして，規範理論としての功利主義は，社会の最大幸福を個々人の幸福の集計値として定義し，最大の社会的集計値をもたらすような行為や制度を道徳的に望ましいものとみる．「最大多数の最大幸福」という言葉は功利主義のスローガンとなった．産業革命の進展という時代的背景の下で，快楽の追求は金銭的な富の追求を意味した．

　功利主義は，個人の行動から社会の制度までを覆う包括的な原理であり，通俗的に大きな影響力を保持してきた．しかし，その影響力のゆえに，功利主義は絶えず多方面からの批判に晒されてきた．功利主義に対する批判のすべてがロマン主義からのものではない．大きな思想体系は，必ずと言ってよいほど，通俗的な思想である功利主義を批判の対象とした．

　例えば，ハイエク（1899-1992年）は社会についての基本的な２つの見方を区別し，「計画的合理主義」と「進化的合理主義」と呼んだ．「計画的合

理主義」によれば，あらゆる社会制度は意識的な目的と計画によって合理的に設計される．功利主義はその典型である．それに対して，ハイエクは，社会制度は個々人の行動の予期されない，意図されない結果として，伝統や慣習の形を通じておのずから出来上がってきたものであると考え，これを「自生的秩序」に基づく「進化的合理主義」と呼んだ．ハイエクの功利主義批判の根拠は，最大幸福に関する集合的知識を集めることはできないということである．

ケインズ（1883-1946年）の『一般理論』（1936年）は，古典派経済学の完全雇用理論に対して，失業を含む不完全雇用の状態を説明できる理論を提起した．彼はその理論の基礎的構想を2つ挙げている．1つは，古典派経済学におけるベンサム的功利計算の方法を否定することであり，もう1つは，古典派経済学におけるセイの法則を否定することであった．ベンサム的功利計算とは，行為の不確実な帰結を，確率に基礎を置く数学的期待値として計算可能とみなすものである．ケインズによれば，功利主義は無知や不確実性という現実を無視する考え方である．

ロールズ（1921-2002年）の正義論は，功利主義倫理学に対するカント的道徳人格論からの批判である．彼の批判は，功利主義が個々人を効用の生産者とみなし，人格としての個人の相違性を無視し，個々人の効用を社会の一元的な欲求の集計の中に解消するという基本的な観念に向けられている．功利主義に従って社会的集計値の最大化という規範を立てることは，ある施策の効果として，多数者の便益が少数者の損失を上回るならば，その施策を望ましいものと見ることを意味する．この批判の要諦は，社会全体の利益といえども，個人の道徳的人格の不可侵性を犯すことはできないというものである．

これらの例から分かるように，啓蒙主義が生み出した功利主義に対する批判は近代を前提としたものであって，啓蒙主義批判はけっして非現実的なユートピア物語ではない．以下で論ずるように，ロマン主義の社会科学は，ロマン主義に固有の視点から功利主義批判を展開し，非功利主義的な社会認識を形成する．

功利主義とロマン主義との間の対立点を最も端的に示すエピソードを，他

ならぬベンサム自身が挑発的に語っている．彼の言葉によると，プッシュピン・ゲームをして遊ぶ効用も詩を楽しむ効用も，同じ効用である．それだけではない．ベンサムは，詩はすべて虚偽の表現であり，偏見を生み出すものだと主張した．詩こそはロマン主義の真髄であった．

3　ロマン主義の多義性と頽廃性

多義性と頽廃性

　われわれは以上において，ロマン主義という概念が一義的な意味内容を持つかのように語ってきたが，実はロマン主義の概念をめぐって1つの重要な問題が伏在している．それは，ロマン主義という言葉が多様な意味を含み，共通の特徴にまとめることができないばかりか，相互に矛盾する特徴さえも意味しているということである．ロマン主義は，一方で，フランス革命を称賛する革命的な思想であると考えられたかと思えば，他方で，フランス革命を拒否する反革命の思想とも考えられている．またロマン主義は，個人主義であると同時に共同体主義であり，コスモポリタンであると同時に民族主義・国民主義であり，現実主義であると同時に空想主義であり，ユートーピアンであると同時に懐古主義であり，民主主義であると同時に貴族主義であり，神秘的であると同時に感性的であり，活動的であると同時に瞑想的である，などなど．したがって，1つの国，1つの時代，1人の作家のロマン主義は，他の国，他の時代，他の作家のロマン主義とはほとんど共通点を持たないことがある．

　ロマン主義をめぐるいっそう深刻な問題は，それが人類にとって悪の思想であるという負の評価を伴っていることである．ロマン主義に対する負の評価には次のようなものがある．極端な主観主義，非合理主義，観念論，空想的な現実逃避，中世への時代錯誤的憧憬，偏狭なナショナリズム，全体主義，ナチズム，エリート主義，など．これらは，しばしばロマン主義に帰せしめられている陰の部分であり，なかでもナチズムとの関連性が最も深刻である．これをロマン主義の頽廃性と呼ぼう．

ロマン主義の頽廃性をその必然的な属性とみなすべきかどうかは，簡単には決められない．独裁や征服など，人類が古い時代から抱えているさまざまな悪をロマン主義の本質的な部分とみなすことはできないであろう．しかし，誤れば，悲惨な災害を招くことがあることを歴史は示している．ロマン主義をドイツ人の特性とみなしたトーマス・マンは，1945年にこう語っている．「悪しきドイツと良きドイツの2つのドイツがあるのではない．ドイツは1つだけであり，その最良のものが悪魔の策略にかかって悪しきものになったのである．」[11] これは問いに対して，イエスともノーとも断定的に答えていない．

頽廃的ロマン主義は，ロマン主義の多義性・包容性の中から極端な要素を一方的に強調することの結果，生まれるものと考えられるであろう．たとえば，全体主義国家におけるパターナリズムや民族性の極度の強調が，教養によって育てられる個人の自由や自己実現を否定するものであることは明らかである．そのような国家体制は，むしろ政治目的を達成するための超効率的・超合理的なシステムであって，価値多元性を重視するロマン主義とは関係のないものである．「全幅的な人間精神」を背景とした選択の自由を考慮に入れるならば，ロマン主義の多義性・包容性の内容を重視しつつ，そのコア観念を識別することが必要である．ロマン主義は，対立項のいわば二元論的葛藤と調和を追求するところにその本質を求めるべきであろう．このことは，ロマン主義の理論的構築を要請するものであろう．

ラヴジョイの提案

ロマン主義の研究史上，一時大きな影響を及ぼしたのは，A.O.ラヴジョイ（1873 - 1962年）の「ロマン主義の区別について」（1924年）という論文であり，それはロマン主義の多義性・包容性を取り上げ，対処方針を提案したものである[12]．

彼の主張は次のようなものであった．第1に，ロマン主義の特徴・起源・帰結についてのさまざまな文献を見ると，ロマン的という言葉は非常に多様なこと，しかも互いに対立することを意味しており，その結果，言語としての機能を失っている．根本的な対処の仕方は，ロマン主義について語ること

を止めることである．しかし，それはできそうにない．そこで，第2に，ラヴジョイが提案する方法は，ロマン主義という言葉を複数形で使い，異なるロマン主義を区別することである．そしてロマン主義の各概念を複数の観念複合体（thought-complex）とみなし，単位観念（unit-idea）に分解した上で，それらの構造を比較し，それらが形成されるに至った経緯を解明することが必要である，という．ここで重要なことは，ロマン主義概念を構成している単位観念は論理必然的にではなく，没論理的に結びつけられており，ロマン主義は極度に不安定な観念複合体であるという主張である．

　この考えに従えば，ロマン主義思想を特徴づける単位観念はいろいろありうるが，ロマン主義と呼ばれるものはそれらをすべて同じ程度に共有する必要はなく，ロマン主義という単一の名称が成立するのは，単位観念についていわゆる「家族的類似性」が見られるからである．ラヴジョイが提案する研究手法は，「家族的相違性」を異なるロマン主義の根拠とみなし，1つの観念を細かく分解せよと言うものである．ラヴジョイは後になって，1780年代から1790年代までのいわゆるドイツ・初期ロマン主義を特徴づける思想について，3つの基準を提示した．それは「有機体論（organicism）・動態主義（dynamism）・多元主義（diversitarianism）」である[13]．この定義は，ロマン主義を特定の歴史的実在としてのロマン主義に限定したものと言えよう．

　ラヴジョイの批判的問題提起から4半世紀の後，ルネ・ウェレクはラヴジョイの唯名論的主張の反批判を試みた[14]．彼はイギリス・フランス・ドイツについての比較研究に基づいて，ロマン主義は若干の単純な基準によって統一的な運動として理解することができると主張した．彼が提起した3つの基準とは，「詩における想像力の重要性・世界観としての有機体的自然・詩的様式における象徴・神話・隠喩」というものである．ラヴジョイは，ロマン主義を特徴づける諸単位概念が互いに矛盾し，没論理的に結びつけられていると言うが，ウェレクは，それは誤りだと言う．「想像力・自然・象徴」の間には緊密な整合性と相互依存性が存在すると言う．

　リリアン・ファーストはラヴジョイの考え方に従って，イギリス・ドイツ・フランスについて，ロマン主義文学が持つ「家族的類似性」を認めなが

らも，同時に異なる国，異なる時代，異なる作家における相違性を強調する立場を取り，厖大な比較研究を行った[15]．その際，類似性の基準となるものは，「個人主義・想像力・感情」の3つの基準であった．これらはラヴジョイの言う単位観念に相当するであろう．これらは現実の思想を整理するための概念的枠組みであって，これに照らして思想の類似性と相違性が判断されるのである．ロマン主義思想がこれらのものを重視することでは共通していても，歴史的状況の組み合わせに応じて，それぞれに賦与される役割やそれぞれに許容される比重はさまざまに異なり，その結果，それぞれのロマン主義思想の構造的パターンは異なったものになる．

理論構築の必要性

しかし，ここに挙げた人々が提起したいくつかの基準は単なる概念の羅列である．これらの基準はどこから導かれたのであろうか．それは，あらかじめロマン主義的と考えられる著者や著作から引き出されたものに違いない．しかし，現実の著作がこれらの基準に照らして適切に理解されるためには，この基準の設定自身の理論的根拠が問われなければならない．対象と基準との間には，いわゆる「解釈学的循環」が存在する．そして，こうした基準を立てることは，マックス・ウェーバーの言う「理念型」としてのロマン主義概念を構築することに他ならない．単一のロマン主義は存在しないというラヴジョイの主張は，「理念型」は思惟の道具であって，実在しないというウェーバーの言明と同じである．そして，「理念型」は，一定の価値論的・存在論的要求──ウェーバーの言う「文化的意義」──に基づいて，実在の一面的強調によって作られるものである．そうだとすれば，さまざまなロマン主義を取り上げる際にすでに想定されている基準を，意識的に構築することから始めなければならない．ラヴジョイ，ウェレク，ファーストの3者の間に本質的な主張の違いはなく，問題はロマン主義概念の理論構築の仕方とレベルにある．

この定義論争に参加して調停役を買って出たペッカムは，ロマン主義を，ヨーロッパの思想的伝統である「静態的機械論」に対抗する「動態的有機体論」と定義し，「変化・未完成・成長・多元性・創造性・無意識」をロマン

主義の共通の価値とみなした[16]．これは，ロマン主義の定義に当って，体系的な理論構築の必要性をかなりの程度に認識し，思想の大きな方向性をとらえたものと言えよう．このような思考の極致はバーリンの定式化であろう．彼はラヴジョイの議論を誤りであると批判し，「ロマン主義運動は実在し，……意識における一大革命を達成した」と主張した[17]．一大革命とは，啓蒙主義に対抗する反啓蒙主義の確立であり，啓蒙主義思想における普遍性・客観性・合理性の支配を拒否するというものであった．

もちろん，啓蒙対反啓蒙という単純な両極化は誤解を招き易い．正確には，ロマン主義は極端な啓蒙主義の帰結を批判することによって，啓蒙と反啓蒙とを融和させる立場であると言うべきであろう．ロマン主義は啓蒙主義が主張したものとは異なる要素を強調するけれども，近代的啓蒙の立場を一切否定するものではない．先に見たように，ロマン主義が相互に矛盾する多義性を特徴とすることがあるのは，そのためである．

われわれは，ロマン主義の理論構築のためには，伝統的思潮の中から自然発生的に姿を現したイギリスやフランスのロマン主義ではなく，明確な意識的運動として始められたドイツ・ロマン主義に依拠することが適切であると考える．イギリスやフランスのロマン主義では，すでに発表された文芸作品があとから批評家によってロマン主義的と解釈されるのが普通であるのに対して，ドイツのロマン主義では，芸術作品を駆動するイデオロギー理論が先行した．ドイツ・ロマン主義は，当事者による確固とした運動の方向性を持ち，主観的哲学による理論的体系化において優れ，芸術・哲学・宗教・科学・政治・歴史などの一切を覆う包括性を備え，根源的な「生のパラダイム」を意図したものであって，ロマン主義の規制原理を構築する上で十分な資格を備えている．

われわれは，特定の国，特定の時代，特定の思想家について，ロマン主義の歴史研究を行うのではなく，芸術および哲学の2つの次元において，反啓蒙主義としてのロマン主義の理論的再構成を行い，そこから導かれる「理念型」としてのロマン主義思想に照らして，社会科学としての経済学の拡充の可能性を検討しようとする．これがわれわれの課題である．

注

1) 塩野谷祐一『経済哲学原理——解釈学的接近』東京大学出版会, 2009 年, 16-21 ページ.
2) Alexander Gottlieb Baumgarten, *Aesthetica*, 1750-58.（松尾大訳『美学』玉川大学出版部, 1987 年.）
3) 塩野谷祐一『経済哲学原理』16-18 ページ.
4) 同上, 33-49 ページ.
5) 塩野谷祐一『経済と倫理——福祉国家の哲学』東京大学出版会, 2002 年.
6) 佐々木健一『美学辞典』東京大学出版会, 1995 年, 31, 36, 37 ページ.
7) 塩野谷祐一『経済哲学原理』114-19 ページ.
8) H. G. Schenk, *The Mind of the European Romantics: An Essay in Cultural History*, London: Constable, 1966.（生松敬三・塚本明子訳『ロマン主義の精神』みすず書房, 1975 年, 53-55 ページ.）
9) Richard Bronk, *The Romantic Economist: Imagination in Economics*, Cambridge: Cambridge University Press, 2009.
10) Wilhelm Roscher, "Die romantische Schule der Nationalökonomik in Deutschland," *Zeitschrift für die gesammte Staatswissenschaft*, 1870.
11) 青木順三訳『講演集 ドイツとドイツ人』岩波書店, 1990 年, 36 ページ.
12) A. O. Lovejoy, "On the Discrimination of Romanticisms," 1924, in *Essays in the History of Ideas*, Baltimore: Johns Hopkins Press, 1948.（鈴木信雄他訳『観念の歴史』名古屋大学出版会, 2003 年.）
13) A. O. Lovejoy, "The Meaning of Romanticism for the Historian of Ideas," *Journal of the History of Ideas*, June 1941.
14) René Wellek, "The Concept of Romanticism in Literary History," 1949.（Reprinted in Robert F. Gleckner and Gerald E. Enscoe (eds.), *Romanticism: Points of View*, Detroit: Wayne State University Press, 2nd ed., 1974.）
15) Lilian R. Furst, *Romanticism in Perspective: A Comparative Study of Aspects of the Romantic Movements in England, France and Germany*, London: Macmillan, 2nd ed., 1979.（床尾辰男訳『ヨーロッパ・ロマン主義——主題と変奏』創芸出版, 2002 年.）
16) Morse Peckham, "Toward a Theory of Romanticism," 1951.（Reprinted in Gleckner and Enscoe (eds.), *Romanticism: Points of View*.）
17) Isaiah Berlin, *The Roots of Romanticism*, Princeton: Princeton University Press, 1999, p. 20.（田中治男訳『ロマン主義講義』岩波書店, 2000 年, 29 ページ.）

第1章　ロマン主義の理論構造

1　ロマン主義とは何か

啓蒙精神の転換としてのロマン主義

　ロマン主義は，18世紀末から19世紀半ばにかけて，ドイツ・フランス・イギリスなどのヨーロッパ諸国に起こった文学・芸術上の運動であって，ギリシャ・ラテンの古典主義への反抗という形を取って生まれたが，単に文学・芸術という限られた分野にとどまらず，いっそう広範囲な政治的・社会的・道徳的・哲学的次元にまで浸透する反啓蒙主義の運動であった．

　アイザイア・バーリン（1909-97年）によれば，ロマン主義は「西欧の生活におけるあらゆる変化の中で，最も根深い，最も永続的な革命」であり，「イギリスの産業革命，フランスの政治革命，ロシアの社会経済革命に匹敵する革命」として位置づけられている[1]．また，バーリンは別のところでは，西欧思想史における3つの大きな転換を挙げ，第1に，ギリシャ哲学における社会的文脈から個人的文脈への転換，第2に，マキアヴェリに始まる価値の分裂に続けて，第3に，ロマン主義における真理概念の崩壊を位置づけた[2]．

　啓蒙主義は18世紀にヨーロッパで起こった一大思想運動であって，ニュートン力学，デカルトの合理論哲学，ベーコン，ロックの経験論哲学などの成果を基礎として，理性への信仰によって無知と偏見と不寛容を一掃し，より良い生活を目指すものであった．それは近代を形成する根本思想であった．それに対して，ロマン主義は，啓蒙主義における普遍性・客観性・合理性の追求よりも，多様で個性的な生命と感情と想像力の働きを重視し，それらを

創造と発展の原動力とみなした．人間の最高の創造物は「芸術」である．ロマン主義にとって，創造性とそれに基づく生成・発展は何よりも「芸術」の生命であって，「芸術」は「人間・社会・自然」を貫く至上の規制原理として，いわば隠喩の役割を演じた．

他方，ロマン主義において創造的個性の称揚と対をなすものは，生きた有機体としての自然および民族共同体への熱い眼差しであった．自然は人間精神をも包摂する有機体的全体であった．ロマン主義は，啓蒙主義における「歴史」の捨象および知の普遍性・一般性の追求に代わって，共同体に蓄積された知の歴史性と多元性を尊重し，機械論的な科学的知の追求に代わって，有機体的・全体論的知の洞察を重視した．

ロマン主義を特徴づける2つのもの，すなわち創造的「個性」と有機体的「全体」との2つを実践を通じて結びつけることのできるものは，「芸術」を措いて他になかった．ロマン主義思想の本質は，「芸術」の理想が「人間・社会・自然」を含む生活のすべての分野を支配することによって，「世界のロマン化」（Romantisierung der Welt）を図ることであって，バーリンの言葉を用いるならば，「生活に対する芸術の一種の専制」であった[3]．

「世界のロマン化」とは，ノヴァーリス（1772-1801年）が掲げたロマン主義のスローガンであるが[4]，世界の根源的な意味を見出すために，詩人が世界を創造するのと同じように，世界があたかも芸術作品となり，世界が美的判断の基準によって評価されることを意味する．しかし，ロマン主義は，美的判断の画一的・普遍的な基準を認めないから，「ロマン化」された世界の秩序は一挙に多元的となる．それは生き方としての「倫理」の多元化を意味し，その起源は民族共同体の「歴史」の中に求められた．

「世界のロマン化」という目標から出発して，ロマン主義は，近代合理主義によって破壊されてきた人間の自我の統一，有機体的共同体を通ずる他者との連帯，自然との調和といった一連の反啓蒙プロジェクトを提起した．これらは自己内部の分裂，自己と他者との分裂，自己と自然との分裂という3つの形の「自己疎外」を克服するための総合的なプロジェクトを意味した[5]．社会的側面に関しては，ロマン主義者たちは，倫理的観点から快楽主義・唯物主義・功利主義といった思潮を攻撃した[6]．「人間・社会・自然」の統一

は，もはや神学的原理によってではなく，「自然」と「精神」に内在するものとして，自らの力によって発見されなければならなかった．

こうして，ロマン主義は，啓蒙主義によって知の世界から放逐された「芸術・倫理・歴史」の再受容と再定位を通じて，啓蒙主義と対置される独自の世界観となり，啓蒙主義によって形成された近代の精神態度の転換を要請するものであった．「ロマン化」は，啓蒙主義の帰結の一面として20世紀において絶頂に達した「グローバル化」のアンチテーゼであった．

ちなみに，バーリンは，人間理性が支配する透明・晴朗な啓蒙主義的世界に代えて，ロマン主義が全幅的な人間本性と結びついた幽暗・懐疑の世界を切り拓いたことを，単に歴史的事実として記述しようとしたのではない．彼の多面的な思想史研究の中で，最も著名なものの1つは2つの自由概念の定式化であるが，それは「消極的自由」と「積極的自由」とを対置し，一見して魅惑的な「積極的自由」に含まれる危険性と悲劇性を指摘したものであった[7]．実は，この自由論に数年先立つ彼の研究においては，2つの自由概念は「リベラル」と「ロマン的」の対比という形で論じられていた[8]．ロマン主義こそは，毀誉褒貶の絶えない「積極的自由」の観念の起源であった．この意味で，バーリンのロマン主義研究は，価値多元性の世界への共感によって支えられていた．彼自身が告白しているように，彼の政治哲学における多元性の主張は，反啓蒙としてのロマン主義の起源に関する思想史研究の産物であった[9]．

ロマン主義の理念型

歴史的に見れば，ヨーロッパの異なった国々に異なったタイプのロマン主義が生まれた[10]．ロマン主義の文人として，フランスでは，ルソー（1712-78年）を突出した先駆者としながら，スタール夫人（1766-1817年），シャトーブリアン（1768-1848年），ユゴー（1802-85年）が挙げられるし，イギリスでは，ブレイク（1757-1827年），ワーズワース（1770-1850年），コールリッジ（1772-1834年），シェリー（1792-1822年），キーツ（1795-1821年）の5大詩人が挙げられる．そしてドイツでは，兄ヴィルヘルム・シュレーゲル（1767-1845年），弟フリードリヒ・シュレーゲル（1772-

1829年),ノヴァーリス(本名フリードリヒ・フォン・ハルデンベルク)の3人の名を欠くことはできない.

　しかし,思想史において圧倒的影響力を持ったのは,形而上学的色彩の強いドイツ・ロマン主義である.われわれは,前章で述べたような観点から,ドイツ・ロマン主義をロマン主義の「理念型」を与えるものと解釈する.ドイツ・ロマン主義が同時代のドイツ観念論哲学との対決を通じて形成され,さらにその後のドイツ歴史主義的諸科学の発展と結びついたことに鑑み,その理論構造に注目したいと思う.ロマン主義が近代的世界観に対する広範な精神的革命であるとすれば,それを単に文学や芸術の次元でとらえるだけでなく,また1つの時代や国に限定されるものではなく,時代や地域を超えて絶えず顧られるべき精神的態度として,根源的な哲学の次元で理解することが必要である.

　ドイツ・ロマン主義は,18世紀末から19世紀初めにかけて,ドイツの詩人たちによって生み出された文学・芸術分野の運動であって,17-18世紀を通じてドイツやフランスにおいて確立された古典主義芸術に対抗するものであった.古典主義は,ギリシャの詩文・演劇・建築・彫刻を美の模範・典型とみなすが,ロマン主義はこの古典的・正統的規範からの離脱を近代文学の方向として謳い上げた.ドイツにおいては,古典主義とロマン主義とのはざまに,ゲーテ(1749-1832年)やシラー(1759-1805年)による「シュトルム・ウント・ドラング」(疾風怒濤)の文学運動があり,ロマン主義の先駆としての役割を演じた.ゲーテが革命や熱狂を「精神における病」として拒否したのに対して,シラーの社会認識および社会形成の手段としての「美的教育」という観念は,ロマン派の形成に大きな影響を与えた[11].もちろん,ドイツ・ロマン主義の形成には,ゲーテやシラーを含めてもっと長い前史が存在する.しかし,われわれの関心はロマン主義の理念型にあり,歴史研究そのものにはないので,本章では,ロマン主義運動の直接の担い手であったフリードリヒ・シュレーゲルから議論を始めることにしたい.

　ロマン主義が華々しく開花する時代が幕を閉じた後,19世紀の半ばごろから,文学には写実主義や自然主義が相次いで登場し,西欧社会における啓蒙主義や実証主義の覇権的地位を率直に反映することとなる.それにもかか

わらず,人類の思想史は,単なる文学の領域を超えて,啓蒙と反啓蒙,理性と感性,客観と主観といった精神態度の対立の中で,両者の調和・均衡を図るという課題に絶えず迫られた.その際,文学や芸術は時代精神のありかを敏感に捕捉する羅針盤の役割を演じたのであって,ドイツ・ロマン主義は反啓蒙思想のプロトタイプを提供したと言うことができよう.

ロマン主義を反啓蒙と呼んだとしても,それは啓蒙を全面否定して保守と迷妄を唱えるのではなく,伝統的権威・因襲からの解放と普遍的理性・思考への信頼とを含む啓蒙主義の基本的価値を基礎にしながら,「理性・感情・意志」を含む多面的な精神能力を持った人間を主人公とする知識と社会の構築を目指したのである.ロマン主義の現代的意義は,このようなプロトタイプの構築の必要性と可能性を問うことにある.

文学と哲学との統一

最近のロマン主義研究の動向はロマン主義の哲学的次元を強調しているけれども,従来のロマン主義研究において,必ずしも哲学的考察が皆無であったわけではない.哲学的考察を行う際の視点が問題である.例えば,「ドイツ観念論」という名称を普及させた者の1人とみなされているニコライ・ハルトマン(1882-1950年)は,ドイツ観念論哲学の歴史の流れの中にロマン主義を置き,ロマン主義哲学の特徴づけを図った[12].

ハルトマンによれば,ロマン主義は固有の生活態度であり,したがってその本質を概念的に規定することは難しいと言う.ロマン主義は,生活世界における人間の「生」の感情を表現したものであり,世界の永遠の謎を解く鍵は「生」における自我の本質の奥深くに隠されていると考える.このことから,ハルトマンは,啓蒙主義の没理念性および脱精神性の「生」と違って,ロマン主義の「生」はあくまでも「理念を持った生」(Leben der Idee)であると結論し,ここにドイツ観念論の哲学運動と密接に結びつく接点があると言う.一方,ロマン主義は,ドイツ観念論が思惟と体系にそくして追求したものを,「生」の中に直接に探求するという点において,両者は別々のものであり,「ロマン主義は根本において哲学ではない」と言う[13].われわれは序章において,ロマン主義は啓蒙主義によって知の世界から放逐された

「芸術・倫理・歴史」の復位を主唱するものであると述べたが，ハルトマンが言う「理念を持った生」とは，まさに「芸術・倫理・歴史」の理念によって「生」をとらえるものであると解釈できよう．

ロマン主義における文学と哲学との関係については，文学運動であったロマン主義が哲学的含蓄を持ったとか，ロマン主義が同時代のドイツ観念論との間で互いに影響を及ぼし合ったということ以外に，ロマン主義が「文学と哲学との統一」という独特のマニフェストを持っていたことが考慮に入れられなければならない．すでに序章の第1節で指摘したように，ロマン主義者は，文学は哲学でなくてはならない，哲学は文学でなくてはならない，と主張した．したがって，ロマン主義における文学と哲学との関係は，伝統的な文学概念や哲学概念を前提として論ずべきものではないであろう．われわれは，「文学＝哲学」というマニフェストの中に，「芸術化された哲学」ないしは「哲学化された芸術」というロマン主義の特徴的な立場が見出されると考える．ハルトマンがロマン主義は哲学ではないと言うとき，意味されていたのは伝統的な哲学概念であった．彼は「文学と哲学との統一」の主張を「文学と哲学との混交」ととらえ，ロマン主義においては哲学が象徴的にぼやかされ，文学が思想的・形而上学的に過剰な負担を課せられていると批評したのである．

ドイツ・ロマン主義随一の哲学者とみなされるフリードリヒ・シュレーゲルについても，哲学的ディレッタントという評価が少なくない．しかし，彼は定義・分析・論証といった伝統的な哲学の重厚な装置そのものに懐疑的であって，生きた哲学研究のための方法として，あえて詩や文学や断片という非哲学的な媒体の使用を称揚したのである．

シュレーゲルは次のように述べている．

「哲学と文学とが分離している限りでは，なされることはすべてなされ，完成された．したがって，いまや両者を統一すべき時が来たのだ.」
（「イデーエン断片」108)[14]

「近代文学の歴史全体は，次のような短い文章に対する注釈の連続である．すなわち，すべての芸術は学問とならなければならず，すべての学問は芸術とならなければならない．文学と哲学は統一されるべきであ

る.」(「リュツェーウム断片」115)[15]

　これらの文章では,「文学」という語はつねに「詩」(ポエジー)と書かれており,「詩」が文学や芸術のいわば換喩として用いられている. そして,ここでいう「近代文学」とは,シュレーゲルがロマン主義プロジェクトの具体的担い手とみなすものである. この文章に見られるように,「文学＝哲学」の命題は,「芸術＝学問」の命題の中核を意味すると言えよう. 文学と哲学は, すべての芸術と学問の世界霊(Weltseele)であり, 共通の中心点である[16]. 哲学・芸術・文学・学問の間の関係は, 哲学が「詩的精神」に基づく芸術的経験や芸術的直観を,「超越論的批判精神」に基づいて一定の教養的知にまとめ上げるというものである. 彼は次のように説明する.

　　「哲学というものは, さまざまの所与の芸術経験や既存の芸術概念を学問にまとめ上げ, きわめて学問的な芸術史の助けを借りて芸術観を高め, 拡大し, 絶対的自由と絶対的厳格とを結びつけるあの論理的雰囲気をこれらの対象の上にも作り出すこと以外には, 何もできないし, また何もすべきではない.」(「リュツェーウム断片」123)[17]

　芸術や文学は全幅的な「生」の表現であり, 哲学はこの「生」を学問にまで高めるものでなくてはならない. その際, 芸術の歴史は「生」の詩的表現の蓄積された素材であって, これらの素材は哲学の適用を可能にするように再構成されなければならない. ロマン主義においては, 哲学・芸術・文学・学問は, 一定の方法的意識の下で一体化された知の共同活動とみなされる.

　ロマン主義は文学と哲学との接点に全幅的な「生」を置き,「文学と哲学との統一」というマニフェストを中軸として, 文学と哲学とを一体化した新しい知の構築を試みようとした. そうだとすれば, ロマン主義に関する文学研究であれ, 哲学研究であれ, それらに求められていることは「文学＝哲学」という一体化した知の性質の全体像を明らかにすることでなくてはならない. そして「文学＝哲学」の統一はそれ自体が目的ではなく, 公衆の啓蒙と教養のための手段であった[18]. この点において, ロマン主義者は基本的に啓蒙主義者であった. しかし, ロマン主義者にとっては, 啓蒙の教養内容が問題であって, 啓蒙的理性の支配に代わって「全幅的な人間本性」の調和的な発展と, それに基づく社会の形成を図ることが最大の目的であった. 芸術

や文学による生活の支配は，そのための手段に他ならなかった．「文学＝哲学」の統一は，そのような目的に向けられた手段としての知の形態であった．

最近時のロマン主義研究には，文学から哲学への観点の移行と並んでもう1つの論点がある．それは，ドイツ・ロマン主義が他国に比べて遅れたドイツの政治的現実からの逃避であるという根強い先入観に対する批判である[19]．この先入観は，19世紀初頭，フランスのロマン主義文芸批評家，スタール夫人の『ドイツ論』(1813年)[20]によって広められたものとされているが，このような先入観の下では，「文学＝哲学」というロマン主義の主張に籠められた積極的動機が看過されることになろう．フランス革命は，伝統的社会制度に対する啓蒙的理性の勝利を謳い上げたものであったが，それに対するドイツ・ロマン主義の反応は，革命直後の凄惨な現実から目をそらし，政治的無関心を決め込むことではなく，社会制度のラディカルな変革に先立って，人間性の陶冶を通じて，公衆の啓蒙と教育を押し進めることが不可欠であるというものであった．このような人間の内面からの政治的・倫理的志向を踏まえることなしには，「文学＝哲学」というロマン主義のマニフェストは，学問ジャンルの奇妙な混交を示すにすぎないものとなろう．

ロマン主義が「人間・社会・自然」を対象とした詩人の「生」の芸術活動として始まったことの結果，自己の外にある世界は，象徴的には何よりも「自然」であった．しかし，歴史的・倫理的「生」の観点からは，世界は人間関係としての「社会」に他ならない．かくして，ロマン主義の構想は，「精神と自然」のみならず，「精神と社会」の関係を問い直す新しい問題提起であった．

ここでいう「精神」とは，啓蒙主義が重視した合理的理性とは異なって，芸術的経験にかかわる全幅的人間の「理性・感情・意志」を指す．「社会」はこのような「精神」の所産であって，啓発・教化された「精神」としての「美しい魂」を宿したものでなくてはならない．このような「社会」は，逆に，「自然」を含む有機体的コミュニティとして，その中に住む「精神」の形成と陶冶に貢献することが求められる．「精神と社会」の関係を問うモラル・サイエンス（社会科学）の課題について，ロマン主義は，共同体的・有機体的・多元的社会観を取ることによって，啓蒙主義の個人主義的・機械論

的・合理論的社会観とは異なる世界像を描く.「文学＝哲学」の命題は,「芸術・倫理・歴史」を含む全幅的な人間の「生」の総合知の探求を意味するのである.

ドイツ・ロマン主義の誕生――フリードリヒ・シュレーゲル

ドイツ・ロマン主義について,現代の研究者によって次の３つの時期が区分されている[21]. 初期ロマン主義（1797-1802年）,中期ロマン主義（1803-1815年）,後期ロマン主義（1816-1830年）. とくに重視されているのは初期ロマン主義であって,その理由は,このわずか数年の間に,イエナとベルリンを拠点として,数人の若い思想家たちが学派的共同意識に基づき,新しい文芸の理論的・哲学的主張を自覚的に提起し,ロマン主義思想の基調を形成したためである.

初期ロマン主義に属する人々は,先に挙げたシュレーゲル兄弟およびノヴァーリスに加えて,ティーク（1773-1853年）, シュライエルマッハー（1768-1834年）, ヴァッケンローダー（1773-1798年）などである. なかでも弟シュレーゲルとノヴァーリスは,文学者であると同時に,哲学者でもあった. ２人は「文学＝哲学」の統一の実践者であった. さらに, このグループの周辺にあって,思想的関連が重視される人々として,詩人ヘルダーリン（1770-1843年）や哲学者シェリング（1775-1854年）が挙げられる.

初期ロマン主義の文学運動の理念を構築したリーダーは,疑いもなく弟シュレーゲルであり,運動の拠点の１つとなったものは,シュレーゲル兄弟が創刊した雑誌『アテネーウム』である. この雑誌は1798-1800年の３年間続いただけであったが,志を同じくする人々の文章の発表の場となった. ここには,「アテネーウム断片」として知られる弟シュレーゲル（以下では,単にシュレーゲルと呼ぶ）の451篇の文章や,ノヴァーリスの断片「花粉」などの重要な文章が掲載された.

われわれは政治的・歴史的文脈におけるロマン主義思想の変容に特別の関心を持つのではなく,ロマン主義の理論的・哲学的構造にのみ関心を持っているので,ここでは,初期ロマン主義におけるシュレーゲルの思想に焦点を置くこととする. 彼の生涯における多面的な活動は,ロマン主義の初期・中

期・後期のすべての段階を覆うものであるが，彼の中期・後期の活動は社会的・政治的実践に向けられており，ここでは初期の活動に限定する．

シュレーゲルは少年期からギリシャの文学・芸術・哲学に親しみ，ヴィンケルマンのギリシャ芸術研究から大きな影響を受けた[22]．ヴィンケルマンは，広く知られているように，『ギリシャ芸術模倣論』(1755年)においてギリシャ芸術を最高の価値を持つものとして称揚し，思想界に大きな反響を巻き起こした．ヴィンケルマンはギリシャ芸術の本質を「高貴な単純と静穏な威厳」(eine edle Einfalt und eine stille Grösse)という言葉で総括した[23]．このキーワードは古典主義芸術論の理念となった．ヴィンケルマンがギリシャ彫刻の中に完成した美を見出したのに倣って，シュレーゲルはそれをギリシャ文学の中に見出そうとした．

シュレーゲルは，ギリシャ文学と近代文学の特性を比較した初期の評論『ギリシャ文学研究』(1795-96年)において，ギリシャ文学の本質は完成した客観的な美的価値であるのに対して，近代文学の理想は人間の主観的な美的想像力であるが，究極的には客観的な完成美に到達しなければならないと論じた[24]．一見したところ，近代文学はあらゆるものの混沌とした無秩序から成り立っており，「あらゆる崇高や美や魅惑の混沌」とした状態であるとして，彼は次のように述べた．

>「美を売る雑貨屋のように，ここでは大衆文学も格調高い文学も一緒くたに並べられている．形而上学者さえもそこで望みの品を求めることができる．北方やキリスト教の擁護者には北方英雄叙事詩とキリスト教聖徒伝説が，神秘的な恐怖譚の愛好者には怪談が，人食いの趣味を持つ者にはイロクォイ族やカリブ族の頌歌が，古代風の魂を持つものにはギリシャ衣装が，さらに英雄的言辞を弄する者には騎士物語が取り揃えてある．またドイツ魂をあげつらう半可通には国民文学さえもお望み次第である．だが，こうしてあらゆる領域から面白いおびただしい個性をかき集めてみても，詮無いことである．」[25]

やがて『アテネーウム』出版の段階になると，シュレーゲルは最初のギリシャ芸術礼賛の立場を離れ，近代文学の無秩序の中に新しい原理を見出すことによって，新しい文学の理念と課題を提起した．言ってみれば，無政府状

態を革命の母体にしようとしたのである．彼は新しい文学の理念的・整序的原理を「ロマン的ポエジー」と名づけ，「ロマン的ポエジーは発展的・総合的文学である」(Die romantische Poesie ist eine progressive Universalpoesie.) という有名なマニフェストを掲げ，次のように論じた．

「ロマン的ポエジーは発展的・総合的文学である．その使命は，分割された文学ジャンルのすべてを再統合し，文学を哲学やレトリックと接触させるだけではない．それは，韻文と散文，創作と批評，創作文学と自然文学を混合したり，融合したり，文学を活気づけ，社交的にし，生と社会を詩的なものにし，機智を文学的なものにし，芸術の形式をあらゆる種類の堅実な素材によって充たし，ユーモアの揺れによって生気を吹き込もうとするものであり，またそうすべきである．」(「アテネーウム断片」116)[26]

ロマン的とは何か

ここで，ロマン主義 (Romantik) やロマン的 (romantisch) という言葉がどこから来たのか，そしてどのような意味を持っていたのかを問わなければならない．たしかに，シュレーゲルが文学運動の指針として「ロマン的」という言葉を用いたことは画期的であったが，それがもともとどのような意味で使われていたかを知ることは重要である．

「ロマン的」の語源は「ロマンス語」であって，学術的なラテン語とは異なる通俗的ラテン語から派生した地方的諸言語を指す．「ロマン」は，それらの言語によって書かれた中世の騎士物語を指す．さらに，超自然の世界について書かれた幻想・冒険・恋愛・魔法・亡霊などの想像力に満ちた文学作品を指す．また，これらの物語の背景となる森や山や水の荒涼とした神秘的な風景の描写を指す．興隆する啓蒙主義の「理性の時代」において，ロマン的という言葉は，しばしば空想的・非現実的・馬鹿げたことという否定的・侮蔑的な意味で用いられたが，シュレーゲルはこれを革命の時代にふさわしい革新的な文学の理念を標榜するために転用したのである[27]．

「ロマン的」という言葉は，最初から文芸批評の用語ではなかった．それは想像的・情緒的なことがらに関心を向ける人間精神の表現であった．18

世紀に入ると,「ロマン的」という言葉は,高まる啓蒙思潮に対抗して,独創性・創造性・天才性に訴えつつ,人間の「生」の全体にかかわる精神態度の重要性を闡明する肯定的意味に転化するようになった[28]. ちなみに,言語学者ローガン・スミス（1865-1946年）の有名な研究によれば,「ロマン的」（romantic）という形容詞が初めて用いられたのは,1659年のイギリスにおいてであり,これがその後ドイツに移入されて romantisch となり,フランスに移入されて romantique となったという. そして上述のように,「ロマン的」の語は,18世紀末ドイツの詩人・哲学者たちによって,「古典的」文学観に対する対抗概念を指すという新しい意味を持ったのである[29].

スミスは,「ロマン的」と結びついた4つの重要な概念として,「独創性・創造性・想像力・天才」を挙げる. ロマン主義にとって,詩の生命は「独創性」にあり,「独創性」は詩人の「創造性」によってもたらされ,「創造性」を生むものは「想像力」であり,これらを可能にする詩人は「天才」である. たしかに,このような概念構成はロマン主義の積極的・能動的な側面を示しているが,ロマン主義の全体像を明らかにするものではない. 端的に言えば,ロマン主義の有機体観は「ロマン」の語からは出てこない. 知への能動的「投企」を制約する「被投」の受動的側面をも考慮に入れなければならない. 前章でロマン主義文学の比較研究に携わったウェレクやファーストに触れたが,彼らの「想像力・自然・象徴」や「個人主義・想像力・感情」というロマン主義の基準についても,同じことが言えるであろう.

ロマン主義研究の重要な視点は,文学形式の革新という枠を超え,啓蒙主義批判という全幅的な精神態度の原点に戻って,ロマン主義を「精神と自然」および「精神と社会」を関連づける包括的な思想としてとらえることであろう. その際,「文学＝哲学」の統一というマニフェストは,以下で明らかにするように,関連づけの手法として多面的な役割を担うのである.

ロマン的ポエジーの概念──総合と発展

議論の出発点として,上掲のシュレーゲルのマニフェストをめぐって,2つの問題を提起しよう. それらはロマン主義の核心を規定するのにふさわしい意義を持つ. 第1に,「ロマン的ポエジー」が「総合的」であるというこ

との意味は何か．第2に，それが「発展的」であるということの意味は何か．

第1の問いは，「ロマン」という言葉の適用範囲についてである．ロマンが文学の1ジャンルとしての小説を意味することから，ロマン主義文学とは小説文学を意味するという解釈が長く支配的であった．この伝統的解釈に対して，きわめて説得的な批判を提起したのはラヴジョイであった[30]．彼は，すでに今から100年も前に書かれた論文において，ロマン的という概念の意味を小説のジャンルに限定することは，ロマン主義の芸術的および哲学的批判精神を忘却することになると警告した．このことは，上掲のシュレーゲルの「アテネーウム断片」116の文章において，ロマン的文学はジャンルを超えた，文学的なあらゆるものを包括する「総合的・普遍的」ポエジーであると述べられていることと符合する．またシュレーゲルは論文「文学についての会話」の中で，「ロマン的なものは1つのジャンルではなく，むしろ1つの要素である」と語っている[31]．

文学のジャンルについて言えば，ロマン主義は「小説」(Roman) よりもむしろ「詩」(Poesie) に戦略的位置を与え，「詩」に対して，文学や芸術や学問一般を整序づける「総合的・普遍的」機能を賦与した．たしかに，時代の支配的な文学形態としては，ギリシャ時代の「悲劇」，ローマ時代の「諷刺」，近代の「小説」が挙げられるとしても，ロマン的ポエジーの要点は，その小説が文字通りの「散文的小説」よりも「詩的小説」であるべきだということにある[32]．さらに，「詩」という言語使用の形態が問題なのではなく，言語を離れた音楽・彫刻を含む芸術一般における「詩的精神」が問題であった．ロマン主義にとっては，「詩的精神」はいわば哲学的役割を担う独特の手段に他ならなかった．「詩」に託された「総合化」の機能は，文学からさらに芸術一般に及び，さらに科学・人間・社会・自然の全体的把握にまで及ぶ[33]．その究極的な機能は，「芸術化された哲学」ないしは「哲学化された芸術」を通じて共同体の絆を再生させることである．

このようにして，前章で論じた「芸術＝哲学」の統一命題は，「ロマン的ポエジーは発展的・総合的文学である」という命題におけるロマン的ポエジーの「発展性と総合性」の観念によって裏づけられるのである．シュレーゲルは「詩」という狭い文学形式ないしジャンルの意味合いを廃棄し，芸術的

創造力を「詩的」(poetisch) なものと同一視した．人間の創造力が生み出した作品は，少なくとも美的である限り，すべて「詩的」とみなされるのである[34]．

シュレーゲルが主張するロマン主義においては，ロマン的・詩的・創造的・想像的・芸術的といった語は，すべて同義語であった．多様な領域への「詩」(ポエジー) 概念の普遍化は，芸術的創造性の隠喩に基づくものであった．先に，ロマン主義は「生活に対する芸術の専制」であるというバーリンの言葉を引用したが，シュレーゲルは作用因をいっそう特定化して，「詩 (ポエジー) による世界の支配」を唱えた．「世界のロマン化」は，近代世界において失われた共同体における「生」の意味や神秘を取り戻すために，詩と芸術を範例とした「生」の絆の再構築を要請するのである．

上掲のマニフェストをめぐる第2の問いは，ロマン的ポエジーは「発展的」であるという特徴づけの意味についてである．シュレーゲルは，このことについて，「ロマン的ポエジーは永遠に生成し続けていて，けっして完成しえないということが，ロマン主義文学の固有の性質である」(「アテネーウム断片」116) と説明する[35]．

人間が文学的創作活動を続ける限り，文学は絶えず生成し続けるということは自明に近い．ロマン主義の主張は，このような文学活動の継続性を意味するものではありえない．「ロマン的ポエジー」が特別に「発展的」であるというからには，それに帰せしめられた特別の理念が問われなければならない．そのような理念は，同じ「断片」の中で次のような神秘的な言葉によって表現されている．

　「ロマン的ポエジーは，たいていの場合，いかなる実在的関心にも理念的関心にもとらわれず，詩的反省 (Reflexion) の翼に乗って，描写される対象と描写する主体との中間に漂い，この反省を次々に累乗して，合わせ鏡の中に並ぶ無限の像のように増やしていくことができる．ロマン的ポエジーは最も高度な，最も多様な形成を可能にする．」(「アテネーウム断片」116)[36]

ここでの Reflexion という概念は単なる主体の内省ではなく，鏡の比喩が示唆するように，客体からの逆の反射・反照をも含む．「発展的」ポエジー

とは，単に生成途上にある若い文学であるということを意味したり，単に幻想と神秘と無限の世界への憧憬を含んだ題材の特殊性を指したりするのではなく，特殊に哲学的に規定された人間行為を指すのである．ロマン的ポエジーは，対象のより良い叙述を求める永遠の自己批判と自己創造の試みであって，以下で述べるように，フィヒテによって構想された主体と客体との間の「交互作用」という観念を，対象の多様な関係を含む無限の過程（総合と発展）にまで拡大したものである．フィヒテにおいては，いわゆる「事行」によって，客体は主体により定立された枠組みの中に収められるのに対して，シュレーゲルにおいては，主体と客体との間の累乗化される反省・反照は収斂点を持たずに働き続ける．ロマン派の反省・反照概念は，創造力を動因とする留まるところを知らぬ真理全体への無限の憧憬を意味する．主体における創造の源が枯れぬ限り，「交互作用」を通じて，知の体系全体の中での各要素の配置状況は絶えず変貌し，発展し続ける．「世界のロマン化」は，創造に基づく「生」の絶えざる生成を要請するのである．

　シュレーゲルに見られるロマン主義精神の原点は，以上のような意味において，古典文学観と対比される「総合的」かつ「発展的」な近代文学観の確立であった．ロマン主義による批判の対象となった伝統的文学観は，文学史上，古典主義（Klassik）と呼ばれる．しかし，ロマン主義における「総合」と「発展」の観念は，文学や芸術の領域における古典主義との対決を超えて，「世界のロマン化」という世界観の中核を構成するものとなる．「総合」の観念は常に「生」の「全体性」を目指すものであり，「発展」の観念は常に「生」の「無限性」を志向するものである．「総合」と「発展」，「全体性」と「無限性」はロマン主義の精神である．いっそう正確に言えば，「総合」と「発展」，「全体性」と「無限性」は，ロマン主義が投企する宇宙的自然のヴィジョンであって，ロマン主義の思考全体にとって一種の公準の位置を占める．このようにして，ロマン主義は啓蒙主義と対置される位置を占めるのである．

2 ロマン主義の思想的文脈——ドイツ観念論

主観的・形式的観念論と客観的・絶対的観念論

　以上の議論は，今日のロマン主義研究の問題意識の中に，文学から哲学へという関心の拡大が生まれていることを伝えるものであったが，次に，哲学の領域そのものの中で，ドイツ・ロマン主義とドイツ観念論との関係について問題意識の変化が認められることを指摘しなければならない．ドイツ・ロマン主義は，時間的・空間的にドイツ観念論哲学との密接な関連の中で展開されたが，それがもともと文学運動として受け取られたことの結果，当時の観念論哲学に対する傍流ないし付録として，あるいは文学者のディレッタント的思いつきとして扱われてきた．しかし，最近の研究においては，ロマン主義は，ドイツ観念論の展開過程にとっても無視することのできない主役の1つとして評価されている．このことは，ドイツ観念論全体の歴史についての支配的な解釈に見直しをもたらすものでもある[37]．

　カント（1724-1804年）以後のドイツ観念論哲学は，普通には，フィヒテ（1762-1814年），シェリング，およびヘーゲル（1770-1831年）の三巨匠によって代表されるが，英米系の分析哲学の立場からの完全な無視や軽視を別とすれば，ヘーゲルにおける主観性の勝利を最頂点とした「カントからヘーゲルへ」という収斂化のシナリオが描かれてきた．しかし，このような単線進行的なシナリオには反省が提起されており，もっと多くの個々の思想家についてのきめの細かい研究が積み重ねられている[38]．さらに，分析哲学と対置される大陸哲学への包括的な関心の高まりの下で，その中心をなすドイツ観念論の見直しが進められている[39]．ただし，われわれにとっては，ドイツ観念論そのものが問題ではなく，ロマン主義との関係が問題であるので，ここではドイツ観念論における大小さまざまな論点をめぐる新たな解釈に立ち入ることはできない．ロマン主義の理論構造を明らかにするというわれわれの課題にとって，本質的なかかわりを持つ論点のみを問題としたい．

　観念論は，認識の根拠に関する理論の1つであって，事物の存在はそれについての主観の観念によって規定されると考える．それに対して，事物は主

観とは独立に客観的に存在するとみなすのが実在論である．観念論は主観・自我・意識・理性・精神といった諸概念に依拠するが，ドイツ観念論の諸体系の間にはこれらの概念の位置づけに関して大きな差異が存在する．

フレデリック・バイザーは，ヘーゲルに収斂しないドイツ観念論のシナリオを描くために，カント以後のドイツ観念論は主観主義の漸次的勝利の歴史でなく，むしろ主観主義からの脱却および実在主義の確立の歴史であるとみなし，この時期のドイツ観念論を「主観的・形式的観念論」と「客観的・絶対的観念論」との2つの部類に分類する[40]．前者には，カントとフィヒテが属し，後者には，ヘルダーリン，ノヴァーリス，フリードリヒ・シュレーゲル，シェリング，若きヘーゲルが属するものとされる．そして初期ロマン主義は，後者の部類の創始者として位置づけられる．

「主観的・形式的観念論」では，カントが論じたように，超越論的主観が経験の形式を決定するが，その内容を決定するものではない．それに対して，「客観的・絶対的観念論」によれば，主観はこれらの形式の前提となるものではなく，主観も客観もこれらの形式の表れであり，これらが存在そのものとしての絶対者を形成する．「主観的・形式的観念論」とは違って，「客観的・絶対的観念論」は客観に対する主観の優位を主張するものではない．「客観的・絶対的観念論」における観念論の意味は，「主観的・形式的観念論」におけるように，すべての現実が自我の意識に依存するという意味ではなく，すべての現実は個人を超えた宇宙・自然の内部に客観的に存在する絶対知に依存するという意味である．主観はこのような経験の中でのみ可能となる．

バイザーによれば，「客観的・絶対的観念論」に共通する世界観の起源は，(1) スピノザ主義，(2) プラトン主義，(3) 生気論（vitalism）の3つである[41]．スピノザ主義は，精神と自然の二元論を克服し，あらゆるものは単一の普遍的有機体の一部とみなす一元論である．プラトン主義は，個物の原型である普遍者のイデアを真の実在と見る．生気論は，ライプニッツに従い，生命現象の特異性を機械論とは異なって，絶えざる運動・生成・発展とみなす．これらの3つの思想を綜合した「客観的・絶対的観念論」は，あらゆるものは普遍的有機体の目的・デザイン・観念（絶対者）の無限の表れである

という. ロマン主義の特徴の多くはこれらの思想と共通する.

　以上の概観は，ドイツ観念論とドイツ・ロマン主義との関連を問うための導入部として十分であろう. 以下では，主なコネクションを挙げることとする.

カントの判断力批判

　カントの『純粋理性批判』（1781年）の主張は，伝統的な認識観に対する「コペルニクス的転回」であった[42]. 常識的には，正しい認識は客観的に存在する対象に従わなければならないと考えられるが，カントは，逆に対象がわれわれの認識に従わなければならないと主張し，認識の根拠を外界における現象の客観性から人間精神の主観性へ移し変えた. 対象の経験的な認識を可能にするためには，感性的所与に対して，悟性によるアプリオリな形式やカテゴリーを知の枠組みとして課すことが必要であり，カントはこの考え方を「超越論的（transzendental）観念論」と名づけた. このような操作によって成立する対象は，主観の関与の上に成り立つ「現象」であって，純粋に客観的な「物自体」ではない.

　カントの「コペルニクス的転回」にもかかわらず，そこでは「現象」と「物自体」とが二元論的に区別され，「現象」についての経験的認識は客観的妥当性を主張しうるが，対象そのもの（物自体）に対しては認識は立ち入りえないものとされた. 言いかえれば，対象を「現象」として認識可能なものにする「超越論的観念」と「物自体」とは，さし当りそれぞれ主観の側と客観の側において不可知なものとして残された. カントの『純粋理性批判』，『実践理性批判』（1788年），および『判断力批判』（1790年）のいわゆる3批判書は，いずれも「超越論的観念論」の観点から，それぞれ真・善・美が成立するためのアプリオリな前提を明らかにしたものであるが，ロマン主義を論ずるための背景としては，美や崇高を対象とする『判断力批判』に触れておくことが必要であろう.

　『判断力批判』は，美学を論ずるだけでなく，『純粋理性批判』が扱う理論哲学と『実践理性批判』が扱う実践哲学という2部門を媒介するものとして位置づけられた. その全体的構想は，『判断力批判』の2つの序論において，

2 ロマン主義の思想的文脈——ドイツ観念論　37

第1-1表　カントの3批判書の構造

3批判書	心的能力の全体	上級認識能力	アプリオリな原理	適用の範囲
『純粋理性批判』	認識能力	悟性	合法則性	自然
『判断力批判』	感情（快・不快）能力	判断力	合目的性	技術（芸術）
『実践理性批判』	欲求（行為）能力	理性	究極目的	自由

カント自身によって第1-1表のように表式化されている[43]．

　この表において，『判断力批判』が扱う諸要素は，自然概念の領域にかかわる理論哲学と自由概念の領域にかかわる実践哲学との中間に位置づけられている．判断力は快・不快の感情能力を掌るものとみなされ，悟性と理性との中間に置かれ，芸術（技術の一部）にかかわるものとされる．判断力とは，特殊が普遍の下に含まれるかどうかを考える能力である．判断力には，2つのケースがあって，1つは，普遍が与えられていて，特殊がこれに包摂されるかどうかを判断する力（規定的 bestimmend 判断力）であり，もう1つは，特殊が与えられていて，これを包摂する普遍を見出す力（反省的 reflektierend 判断力）である．規定的判断力は，自然界についての普遍法則の適用の問題にすぎない．一方，反省的判断力の意義は，目的論の考え方を用いて普遍に迫ろうとするアプローチにある．

　自然界を可能にするアプリオリな原理は「合法則性」（Gesetzmäßigkeit）であり，自由界を可能にするアプリオリな原理は「究極目的」（Endzweck）である．それに対して，反省的判断力が依存するアプリオリな原理は，目的のない自然の「合目的性」（Zweckmäßigkeit）であるとみなされる．自然の「合目的性」とは，自然の中に目的や意図が存在しないのに，あたかも目的論的連関が存在しているかのように想定することをいう．これはあくまでも，自然の仕組みを技巧性・技術性のアナロジーによってとらえる主観的な発見原理であって，自然に対して因果法則を課すものではない．

　自然の「合目的性」を問う場合に問題となるのは，自然の特殊な現象とその背後にあってそれを包摂する普遍（自然の超感性的なもの）との関連を反省的判断力によって問うことである．目的のない「合目的性」という場合，超感性的な目的は自然の中に存するのではなく，われわれの内部に存する．反省的判断力は，対象に対してわれわれ自身の意味づけや価値づけの働きを

反射（Reflexion）することによって，対象に関する「合目的性」の観念を形成する．反省的判断力において作用する認識能力は，直観を合成する構想力だけでもなく，表象を統一する悟性だけでもなく，「構想力と悟性との調和」である．

構想力は多様な直観を統合する根源的な働きであって，その上に悟性の働きが加えられて認識が成立する．構想力の意義は，悟性優位の認識論の領域を相対化することである．「合目的性」の概念によって，判断力は，ある状態や現象が快・不快をもたらすことに適合していると判定する．カントは美学の領域を自然の意図せざる「合目的性」の中に求めた．

カントは美を判断する能力を趣味（Geschmack）と名づける．趣味判断は主観的感情に基づく情感的（ästhetisch）判断であって，悟性に基づく客観的な認識判断ではない．また趣味は，自由意志による欲求能力の規定という道徳的実践とも異なる．趣味は快・不快の感情にかかわるものである．カントは趣味判断を4つの契機によって説明する．第1に，美は快適なものや善いものとは違って，それから得られる満足は理論的関心や実践的関心とは直接には無関係であること，第2に，美は主観的であり，概念を持たないが，普遍性を持つこと，第3に，美は主観的・形式的「合目的性」（目的のない合目的性）を持つこと，第4に，美はすべての人々にとっての共通感覚であり，人々の間で普遍的に伝達可能であり，したがって美的判断は必然性を持つことが主張された．

情感的判断がこのような性格を持つことの根拠は，情感的判断において各主体が置かれている心的状態にある．カントは，情感的判断を「構想力と悟性との自由な遊び」と呼んだ．感性的直観を通じて受容される対象の表象は，構想力を媒介として，悟性による総合的統一に導かれる．構想力（想像力）は感性と悟性とをつなぐ役割を演ずる．その際，構想力は受動的・再生的なものと，能動的・産出的なものとを含む．「構想力と悟性との自由な遊び」という表現は，構想力が知の概念化・図式化に向けて，感性と悟性との間のフィードバックを媒介するという試行錯誤の過程を意味するものであろう．それはあくまでも知の前概念的局面にかかわるのである．

情感的判断によって対象に関係づけられた表象は，1つの「理念」（Idee）

である．理念は，超感性的なものにかかわり，悟性による対象認識とはならないものであり，直観能力としての構想力が生み出す表象である．美は情感的理念の表象であり，美的喜びは情感的理念の享受と創造に基づく．趣味判断においては，芸術の構想力が天才の手において創造的である場合，悟性と概念の拡張を促す機縁が生れる．「構想力と悟性との自由な遊び」は，前概念的局面において，構想力と悟性とのバランスを図るという形を通じて，「物自体」にあえて挑戦するという禁じられた遊びであったと言えるかもしれない．

　カントにおいて，『判断力批判』は理論哲学と実践哲学との「結合」の手段であると同時に，前者から後者への「移行」を媒介するものと考えられた．カントの美学は，哲学的知の体系化・整合化という壮大な企画の担い手であった．世界の目的論的把握の追求は，最終的には，自由な道徳的主体としての人間が世界の究極目的であるという理念に至るであろう．この意味で，次の言明が導かれる．「美は道徳的善の象徴である．」(『判断力批判』訳，下巻，261ページ．)「この超感性的なものにおいて，理論的能力は実践的能力と共通の未知の仕方で結合し，1個の統一を形成するのである．」(同上，262ページ．)

　リカルダ・フーフ女史(1864-1947年)は，著書『ロマン主義』(1899年)において「ロマン主義哲学」の章を次のような文章をもって始めた．

　　「われわれは，ロマン主義というと，あらゆるものが不思議から成るメルヘンの国のように考えている．しかし，そこには，峻厳な思想家カントのために記念碑が建てられてもよいのではないか．その理由は，彼が霞のけぶる遠い彼方に叡智界の花園を作ったからでもなく，また不可解な微笑みをもって霊信仰を語ったからでもなく，哲学の重心を人間の中に移し変えたからである．のちにノヴァーリスは『神秘の道は内に向かう』と告げた．その道をカントは選んだのである．」[44]

　人間の内面の追求において，カントとロマン派とを結ぶものは知を主導する芸術の想像力と創造性であった．

フィヒテの自我と非我の定立

　フィヒテは，カントの「超越論的観念論」の立場を承認しながらも，カントの二元論を超えることによって，人間の意志の自由を追求するというカントの観念論プロジェクトの完成を目指した．彼の業績は「知識学」（Wissenschaftslehre）としての哲学であって，その主著は『全知識学の基礎』（1794年）である[45]．

　フィヒテは，カント批判を通じて，根源的な第一原理による知の統一的基礎づけを意図した．その原理は「絶対的主観としての自我」ないし「絶対的自我」であった．フィヒテは「物自体」の観念を放棄し，いわばすべての実在性を自我ないし「自我自体」に帰属させた．自我は所与の事実ではなく，自由な能動的活動の主体であると同時に，活動の所産として獲得される客観的事実である．彼はこの二面性について次のように言う．

　　「自己自身による自我の定立（Setzen）は自我の純粋能動性である．自我はみずから自己を定立する．そして自己自身による単なる定立によって自我は存在する．逆に，自我は存在する．そして自我はその単なる存在によってその存在を定立する．自我は働くものであると同時に，活動の所産でもある．……活動（Handlung）とそれから生ずる事実（Tat）とは，1つにしてまさに同一のものである．したがって，自我が存在するということは，1つの事行（Tathandlung）を言い表している．」（『全知識学の基礎』訳，上巻，110 ページ．）

　「事行」という造語が意味することは，「自我の自己定立＝自己の存在」という実質的命題，または A は A であるという論理的命題である．次に，非 A は A ではないという反定立（Gegensetzen）の論理的命題は，「自我は，非我を自我によって制限されるものとして定立する」という実質的命題と，「自我は，自己自身を非我によって制限されるものとして定立する」という実質的命題とから成る（下巻，162-63 ページ）．これらの自己定立・反定立の原理は，フィヒテにとって，存在論および認識論哲学の第一原理であって，経験的現象の超越論的説明の基礎を一元的に与えるものと考えられた．フィヒテの哲学は，カントの「超越論的観念論」に対して「主観的観念論」と呼

ばれる。今日の言葉で言えば、フィヒテは主観的自我による知の基礎づけ主義（foundationalism）を企図したのである。それはデカルト認識論の復活であった。

自我も非我も自我の根源的な働きの所産であるとみなされるが、フィヒテが認めるように、自我の根源的な「能動性」と非我の制約による自我の「受動性」とは対立する。しかし、フィヒテは、定立と反定立とが自我の意識の中で、相互に部分的な規定関係を確立するように自己限定することによって、統一を得ることができると結論する。自我の根源的な働きを掌るものが「産出的構想力」（想像力）ないし「知的直観」である。

カントが理論理性と実践理性とを判断力によって結合させようとしたのに対して、フィヒテは理論的自我と実践的自我とを直接に対置させ、理論的自我は自我を取り巻く外的な対象世界（すなわち、非我）によって「受動的」に制約されるのに対して、実践的自我は非我を「能動的」に制約し、支配するという関係を設定する。理論的自我が「受動的」であるというのは、対象としての非我が自我の働きを阻害し、制約するものとして成立しているからである。しかし、理論的自我は実践的自我に従属するものとみなされ、実践的自我の優位による知の統一的把握が図られる。自我と非我との間の「交互的な規定関係」（Wechselbestimmung）から成る逐次的な「事行」の過程の中で、事実上有限である実践的自我は、道徳的価値実現の生活において客観によるあらゆる限定を克服し、無限の絶対的自我を実現するように「努力」すべきであって、ここに絶対者への道徳的接近としての「絶対的自我」の概念が提起される。このような概念的組み立てによって、フィヒテは対象的世界とのかかわりにおける能動的自我と受動的自我とのディレンマを解消し、主観と客観との二元論を解決しようとした。

フィヒテの言う自我の「定立」は、ハイデガーの現存在の「投企」（Entwurf）と解釈することができるのではないか。「投企」は単に与えられた存在の理解ではなく、フィヒテの「事行」の概念と同じように、将来に向けての能動的な自己実現の行為であるからである。そして、フィヒテの能動的自我と受動的非我との間の関係は、ハイデガーの現存在の「投企」と「被投」（Geworfenheit）との間の関係と類似したものと見ることができよう[46]。た

だし、フィヒテにおいては、ハイデガーの「被投」と違って、受動的な自己定立を時間概念の下で明示的に論ずるという視点が欠如している。また、ハイデガーの存在論においては、フィヒテにおけるように、認識論的な知の第一原理の主張が行われているわけではない。

ロマン派のシュレーゲルやノヴァーリスは、フィヒテにおける知の第一原理としての絶対的自我の地位を明確に否定した。言いかえれば、後に述べるように、彼らはフィヒテの基礎づけ主義を否定し、反基礎づけ主義（anti-foundationalism）の立場を取った。彼らはフィヒテの「交互的な規定関係」の概念を受け入れながらも、それを基礎づけ主義としてではなく、整合主義として展開するという立場を取った。ロマン派にとっては、自我と非我との間の交互的規定関係は無限の生成過程を表しており、自我が究極的に優位するというフィヒテの理論は、独断的な命題にすぎなかった。ロマン主義においては、自我はその存在を超越論的基礎に負うており、その基礎は自我の意識に還元されえないものであり、理性的反省のみによっては把握しえないものである。ロマン主義者はそれに迫る鍵を芸術的経験の中に求めたのである[47]。

ロマン主義の主張は、フィヒテ的用語をもってすれば、次のように表すことができよう。「ロマン的ポエジー」は、分析的知性によって分解されてしまった世界を詩的構想力を通じて再構築する象徴的な方法であった。現実世界のルールの下に生きる自我とは違って、産出的構想力によって可能となった超越論的自我は、内面的自我の下で外的世界を再構築する。「ロマン的ポエジー」は、産出的構想力によって、有限のものの中に無限を読み、個別のものの中に全体を見出す。これが「世界のロマン化」の方法であって、産出的構想力はあらゆる「生」の領域に適用されるのである。

シェリングの自然哲学・同一哲学・芸術哲学

ロマン主義における創造的自我の強調がとりわけフィヒテの主観的観念論から影響を受けたとすれば、ロマン主義のもう1つの支柱である自然の有機体観はシェリングの「自然哲学」によって理論的基礎を与えられた。カントの超越論的観念論を極度に主観化したフィヒテの主観的観念論は、シェリン

グによって逆に客観化の方向に転回し，経験的世界を絶対者の立場から根拠づける「客観的・絶対的観念論」が生み出された．

シェリングが構想した「自然哲学」は，啓蒙主義における機械論的な自然観とは異なり，躍動する「生」を自然の中に見出した．そして同時に，「生」としての自然への関心によって，フィヒテの自我中心主義が克服され，「精神と自然」という複眼的視野が導入された．「精神と自然」は，絶対者が自己を表現する普遍的過程の2つの領域であって，絶対者は人間精神をも含む有機体としての自然を構成するとみなされた[48]．

シェリングの自然哲学の思想は，カントの二元論をロマン主義的に解決するものとして，シュレーゲル，ノヴァーリス，ヘーゲルらによって共有された．有機体的自然概念は，ロマン主義思想の1つの構成要素であって，次の3つの基礎命題からなる．第1に，自然の中には単一の普遍的な実体があり，これが絶対者である．第2に，自然の有機体的構造のゆえに，自然はそれ自身に内在する合理的な目的・計画・設計に従う．第3に，絶対者は生命力（活動力）から成り，主観でも客観でもなく，両者の統一である[49]．これらは，先に「絶対的観念論」の起源として挙げられた（1）スピノザ主義，（2）プラトン主義，（3）生気論を意味するものに他ならない．

シェリングの自然哲学において2つの領域として併存していた「精神と自然」または「主観と客観」は，無差別の根源的同一性という形而上学的観念によって統合されることになる[50]．彼はスピノザ主義に従って，「精神と自然」の2つは，絶対者（絶対的理性）の観点から見れば本質的に異なるものではなく，表面的な対立を構成するにすぎないと論ずる．彼の有名な言葉によると，「自然は目に見える精神であり，精神は目に見えない自然でなければならない．」[51]かくして，対立・並置させられていた超越論的哲学と自然哲学とが，絶対者を通じて，同一のものとして統合されるという．このことから彼の哲学は「同一哲学」（Identitätsphilosophie）と呼ばれる．この考えはデカルト的二元論への批判を意味し，ロマン主義運動に大きな影響を与えた．

フィヒテにおいては，主観的な自我は絶対者の外にそれと対立的に設定され，絶対者は自我の倫理的努力の目標とされたが，シェリングにおいては，絶対者による意識と無意識との同一性，観念と実在との同一性，主観と客観

との同一性は,「知的直観」によってとらえられる. この同一性を, 芸術の活動を通じて外形的に客観化し普遍化するものが「美的直観」である. 2つの直観は相補的な構想力であって, シェリングの理論は「客観的観念論」とも「美的観念論」とも呼ばれる. 彼はこの相補関係について次のように書いている.

「もし美的直観が客観化された知的直観に他ならないとすれば, 次のことがおのずから理解される. すなわち, 芸術は, 哲学の唯一の真にして永遠のオルガノン（道具）であると同時に, 哲学が外形的に表現することのできないもの（すなわち, 行動や制作における無意識的なもの, およびそれの意識的なものとの根源的同一性）を常に絶えず新しく記録するドキュメント（証書）である. 芸術はまさにこのゆえに哲学にとって最高のものである.」[52]

芸術が哲学の「道具」であり「証書」であるということは, 哲学が, 芸術を手段として用いると同時に, 芸術の形態を取って表現されるという意味である. これは, ロマン主義における「文学＝哲学」の統一命題について哲学的な説明を与えるものであろう. その内容は, 言ってみれば, 芸術主導の哲学, すなわち「芸術化された哲学」である.

たしかに, 内省に基づく「知的直観」によっては絶対者の作用をとらえることはできず,「美的直観」のみが, 意識と無意識との同一性, 観念と実在との同一性, 主観と客観との同一性を芸術作品の中に表現することができる. 絶対者の理念をその原像（Urbild）において「知的直観」によって主観的にとらえるものが哲学であるとすれば, 芸術における「美的直観」は, その理念を実在化した対象（Gegenbild）として客観的にとらえるという差異がある. しかし, 哲学と芸術との合一, 真と美との合一は, それらが永遠の概念と結びつくことによって証明されるという. シェリングはこれを「真と美との最高の統一」と呼んだ[53]. 永遠の概念はプラトンのイデアである. イデアとは, 感覚的世界における個物の本質・原型をいう. すべての美しいものは美のイデアによって美しい, とプラトンは言った. 同じように, すべての真なるものは真のイデアによって真であると言えよう.

かくして, ロマン主義の「文学＝哲学」の合一命題は, シェリングの「芸

術哲学」において，イデアに関する絶対的同一性の形而上学によって基礎づけられるのである．絶対者としての宇宙は実在でも観念でもなく，絶対的同一性であり，最も完全な有機体であると同時に，最も完全な芸術作品でもあるとみなされる[54]．

ヘーゲルの弁証法と芸術論

ヘーゲルは，いわばフィヒテとシェリングとを総合する形で独自の哲学体系を構築した．3者の位置関係は，基礎づけ主義をめぐる問題として説明することができる[55]．ヘーゲルはフィヒテとシェリングの体系を比較し，一方で，フィヒテは「主観的な主観・客観」の概念を同一性の原理として提出したが，他方で，シェリングは「客観的な主観・客観」の概念を同一性の原理として提出したものとみなした[56]．両概念のそれぞれは，対立する主観と客観のうちの一方（フィヒテにおける自我，シェリングにおける自然）を絶対者にまで高め，絶対者による主観と客観との統一を図るものであった．絶対的同一性を体系全体の究極的な基礎と考えることは，それを自明の自己正当性を持つものとして位置づけ，他の一切の知をこれによって基礎づけるという基礎づけ主義の認識論を意味する．基礎づけ主義を否定するという点で，ヘーゲルはロマン主義者と共通の立場をとる．

ヘーゲルによれば，フィヒテの「主観的な主観・客観」とシェリングの「客観的な主観・客観」とは，ともに議論の出発点において絶対者として独断的に想定されているにすぎない．ヘーゲルは知における否定・分裂・対立・矛盾を通ずる弁証法的運動こそが，真理としての絶対者を獲得する力であると考える．これは，啓蒙思想が想定する完成された知の静態的秩序とは異なる発想である．彼は，シェリングの同一哲学について，シェリングの絶対者はいわば暗闇のようなものであって，その中ではどんな牛も同じように黒く見えてしまうのだと揶揄の言葉を吐き，その概念の静態性と無媒介性を批判した[57]．

ロマン派の人々は，知の正当化の根拠としての第一原理を否定し，詩的直観を通ずる無限なものへの憧憬に徹したが，ヘーゲルは，彼らが外的世界を忌避して，自我の内面と感情の世界に沈潜していることに批判の矢を向け

た[58]．彼は絶対者の概念を換骨奪胎し，精神としての絶対者，すなわち絶対知は，意識が「発見の旅」という長い歴史過程の中で自己展開することによって，結果的に究極的実在になると考えた．『精神現象学』(1807年) はこの過程を論理的に叙述したものであって，直接的な意識が，さまざまな契機（社会，歴史，文学，道徳，宗教，哲学など）と関連しつつ，知的確信を求めて自己完成に向かう過程の中で，意識，自己意識，理性，精神，宗教といった形で変容し，分裂や対立や矛盾を弁証法を通じて同一性に変換し，知の終点である絶対知に到達すると論ずる．そこに学問の世界が開かれる．ヘーゲルの言う精神現象学は，「意識の経験の学」と規定された．絶対者は有限者から無関係に存在するのでなく，有限者における意識の変化を通じて自己実現をするという．こうしてヘーゲルは，体系的・絶対的知の懐疑者であるロマン主義者から決別する．

　ヘーゲルは際立った知の体系構築者である．彼の哲学体系における芸術の位置はどのようなものか．彼にとって，芸術・宗教・哲学は絶対精神の3形態であって，絶対者を主観と客観との統一の中に見出すために，芸術は直観を，宗教は表象を，哲学は概念を用いる．芸術における感性的形態の多元性は，宗教の全体性・普遍性によって総括され，学問はこれを概念へと統一化する．

　ヘーゲルは『美学講義』(1816-31年) の中で，芸術の基本形式を歴史的展開にそくして，「象徴的・古典的・ロマン的」の3つに分類し，芸術的美の類型を精神的内容と感性的形態との統一という観点から評価した[59]．この書物は一定のシナリオを持ったパノラマ的歴史であって，最初の近代的な芸術史であるとみなされている．「象徴的」芸術は古代東方の芸術を表し，「古典的」芸術は古代ギリシャ・ローマの芸術を表し，「ロマン的」芸術はキリスト教的西欧近代の芸術を表す（ロマン主義とは正確には対応しない）．「象徴的」芸術は内容と形態との統一を模索する段階であるが，「古典的」芸術はこの統一を達成し，芸術史の頂点をなす．「ロマン的」芸術はそれに続いて，この統一を脱却する過程に入る．彼にとっては，古代ギリシャ芸術は美の王国の完成を意味するものであって，近代における「芸術の終焉」が語られる．

芸術のジャンルについては，ヘーゲルは，「象徴的」芸術においては建築が，「古典的」芸術においては彫刻が，「ロマン的」芸術においては絵画・音楽・詩（文学）が順次に中心となるという．建築が神殿を作り，彫刻が神像を作り上げると，次に近代的主観の多面的な精神が多様な媒体と形態によって表現されるようになる．文学は素材的制約から離れ，想像力によって内面的自由を表現するものであって，あらゆる芸術形式を覆う普遍的芸術とみなされる．ロマン主義者がポエジーとしての芸術を強調するのは，この最後の段階に相当する．

ヘーゲルによれば，近代の「ロマン的」芸術において，内容と形態の統一が成り立たなくなったのは，古代ギリシャの共同体精神とは異なって，追求されるべき内容が感性的直観を超えているからである．もともと芸術は，思惟によってはとらえることのできないものを感性的媒体によって表示しようとするものであったが，いまや感性的媒体によってはとらえることのできないものを感性的媒体によって表示しようとする．そこで，芸術が喚起する直観は概念によって吟味されなければならない．ヘーゲルにとっては，芸術の本質は絶対者の表現であって，これが芸術の内容や形式を拘束し，その限りにおいて芸術家の主観や個性による創意を不必要とした．こうして「古典的」芸術においては，「美の頂点」が必然的にもたらされるが，「ロマン的」芸術においては，内容も形態も芸術家の自由に委ねられ，両者は分裂する．ヘーゲルの弁証法的歴史哲学の命題によれば，世界史は自由の意識における発展過程である．

ヘーゲルの芸術論の基礎にある考えは2つのテーゼである[60]．第1は，絶対者としての真理の把握は概念的・哲学的になされるべきであって，芸術という感性的媒体を通じてではないというものである．第2は，芸術は近代において文化形成者としての伝統的役割を失い，芸術には将来はないというものである．第1は芸術従属説であり，第2は芸術終焉説である．どちらもロマン主義に対する攻撃である．

先にシェリングの芸術哲学を芸術主導の哲学と呼んだが，ヘーゲルにおいては，芸術による統一化の理念を認識論および存在論とするこの考え方が否定され，逆に哲学が芸術の試金石となる．ヘーゲルのシェリング批判は，ロ

マン主義の「文学＝哲学」の統一命題そのものに当てはまるものであろう．とりわけ，シュレーゲルが唱えた「ロマン的イロニー」について，ヘーゲルはこれをフィヒテの絶対的自我の哲学を芸術に適用したものとみなし，痛烈に批判した．それによれば，イロニーとは，不真面目な芸術家が抽象的な自我の主観性に基づいて，あらゆる実質的な存在を勝手に破壊したり創造したりしながら，なお十分に満足できず，無限の渇望に陥っている状態である，と[61]．ヘーゲルが構想する自己意識の弁証法的発展経路と比較するならば，「ロマン的イロニー」が意味するものは，方向性を持たない単なる否定と混沌にすぎなかった．

カントに始まるドイツ観念論は，フィヒテやシェリングを通じて，ロマン主義の形成に促進的な契機を提供したが，ヘーゲルは芸術になみなみならぬ関心を寄せながらも，芸術の認識論上の資格に対して厳しい眼を向けた．これは生成期のロマン主義運動に対して哲学的反省を迫る試練の機会を与えたものと言えよう．ロマン主義は芸術および哲学の次元においてどのように定式化されるのだろうか．

3　ロマン主義の芸術的次元──古典主義とロマン主義

3つの対概念

ロマン主義の主張は，文学論・芸術論の次元に関する限り，古典主義の格率に対する挑戦とみなされる．2つの主義の対照的な論点は，次の3つの対概念にまとめることができよう．(1) 完成と無限，(2) 模倣と創造，(3) 体系と断片．「完成と無限」は文学の「目標」を表し，「模倣と創造」は文学の「方法」を表し，「体系と断片」は文学の「形式」を表す．先に指摘したように，ロマン主義者の「文学＝哲学」の主張に照らして言えば，これらの対概念は，芸術的次元を超えて，彼らが哲学的次元において目指す知の「目標と方法と形式」を説明するものでもあった．

ロマン主義は啓蒙主義の理性信仰に反対し，古典主義芸術の合法則性の要請に対して叛旗を翻したが，啓蒙主義もまた古典主義芸術の因習墨守という

側面に対しては批判的であった．したがって，対古典主義攻撃の戦線では，ロマン主義と啓蒙主義とはアンビヴァレントな共闘関係を組むことになった．両者は異なる形における知の進歩・発展にコミットしていたからである．啓蒙主義における理性は，科学的方法を通じて伝統に反抗したが，ロマン主義における想像力は，芸術的手法を通じて伝統に抵抗したのである．

完成と無限——文学の目標

　フリッツ・シュトリヒ（1882-1963年）は著書『ドイツ古典主義とロマン主義』（1928年）において，対立する2つの思想に対して，それぞれ「完成」（Vollendung）と「無限」（Unendlichkeit）という統一的理念を当て，両者を総合するものとして，「永遠性」（Ewigkeit）というより高次の概念を提起した[62]．

　人間の諸活動は「永遠性」への意志に基づくが，一方で，究極の「完成」への衝動と，他方で，不断の「生成」への衝動との両極に分かれる．「完成」の理想は，もはや変化や改訂に晒されることがないという意味で，「永遠性」に連なり，「無限」の理想は，未完成のゆえに絶えず変化や転換が継続するという意味で，「永遠性」に連なる．「完成と無限」の対照は，さらに別の言葉で表せば，静止と運動，安定と進歩，調和と混沌，因襲と創造，形式と内容，規格と自由，客観性と主観性，自然性と恣意性，普遍性と個別性，一般性と差異性といったさまざまな形を取る．ロマン主義はこれらのペアの後者の諸概念を肯定的に受け止める．

　このような対比そのものは間違いではないとしても，それは人間精神を概念によって類型化したものであって，思想の動因や運動の過程をとらえていない嫌いがある．とりわけ，人間の文学活動の動機・志向・目標・手法といった現実の過程にそくした説明がなされていない．現実過程にそくした人間精神の説明がなされなければならない．このような説明を加えることによって，「完成と無限」という定型的な対立がいかにして成立するかが明らかにされるであろう．

　シュレーゲルは「イデーエン」と題する断片集において，「無限」に関する一連の観念を語っている[63]．

「無限なるものと関係を持つことによってのみ，内容と効用が生れる．無限なるものと関係を持たないものは，まったく空疎で無用である．」（「イデーエン断片」3）

「永遠の生と不可視の世界は，神の中にのみ求めるべきものである．神の中にはあらゆる精神が生きている．神は個性の深淵であり，唯一の無限の豊饒である．」（「イデーエン断片」6）

「悟性は宇宙のことしか知らない．想像力（Fantasie）が支配するとき，君たちは神を持つ．想像力は，人間が神をとらえるための器官である．」（「イデーエン断片」8）

「理念（Ideen）とは，無限の，独立した，絶えずみずからの内部で活動し続けている神的な思想である．」（「イデーエン断片」10）

「独自の宗教，すなわち無限なものについての独創的な見解を持つもののみが，芸術家たりうる．」（「イデーエン断片」13）

「われわれは神を見ることはできない．しかし，いたるところに神的なものを見出すことができる．それが見出されるのは，まず何よりも，そして最も本来的には，素質のある人間の内部において，また人間の作った生き生きとした作品の深みにおいてである．」（「イデーエン断片」44）

つまり，「無限」なるものは，比喩的に神的なものと結びつけられ，神的なものは，悟性や経験を超えた「想像力」によってのみとらえられる．そして人間は「想像力」を持つことによって，各人がいわば芸術家を本質とする活力のある人間となり，いわば独自の宗教を持つことができ，神的なものの理念に到達する．神の理念ではなく，神的なものの理念こそが，あらゆる理念の中で最も重要なものとみなされる．文学や芸術や哲学は，「想像力」によるこのような「理念」の追求を通じて，「無限」なもの，神的なものへの憧憬を保持し続けるのである．

シュレーゲルは，哲学と文学だけでなく，「哲学・道徳・文学・宗教」の4つを不可視的な要素を追求する教養の世界精神と考えた（「イデーエン断片」4）．「哲学＝文学」の主張は，このような精神活動の構造を簡略な形で表現したものであって，不可視的なもの，「無限」なもの，神的なものへの接近という教養的知の共同作業を意味するものであろう．ベーラーは「哲

学・道徳・文学・宗教」から成る構造の把握を文化構造連関説と呼び，後のディルタイの精神科学アプローチの第一歩と解釈した．この解釈は，ディルタイ自身がシュレーゲルの業績を歴史的社会科学の根底にある精神の発展過程を把握したものとみなしたことに基づく[64]．

バーリンは，汲み尽くしえない「深み」（depth）という概念をロマン主義に帰せしめているが，これは「無限」なるものと同義であろう[65]．「深み」のある作品は，多元的・全幅的な人間本性とその行為について多くを語れば語るほど，語るべきことがなおいっそう多く残されていることが判明する．これが，ロマン主義者が人間陶冶の目的として「無限」への憧憬を想定することの根拠である．

神話・象徴・崇高

「無限」なもの，神的なものの追求や憧憬といっても，それは抽象的なテーゼにとどまる．現実の文学（ポエジー）活動の拠り所となる実質的な契機が必要ではないか．このような役割を演ずるものとして，ロマン主義における「神話」と「崇高」の2つの概念を取り上げることができよう．

ドイツ・ロマン主義との関連において「新しい神話」が最初に語られたのは，第1に，「ドイツ観念論最古の体系プログラム」（1796年ないし1797年），第2に，シュレーゲルの「神話についての議論」（1800年）においてであったと言われている[66]．さらに，第3に，同じ時期のシェリングの『超越的観念論の体系』（1800年）における芸術哲学の部分を挙げることもできよう．第1の文献は，20世紀に入ってからヘーゲルの手稿の中で発見された数ページの文書であるが，これはシェリング，ヘルダーリン，ヘーゲルの中の誰かによって書かれたものと考えられている．そこには，自由な人間としての自我の理念に続いて，次のように美の理念と「神話」の理念が述べられている．

「あらゆる理念を統合する理念，それが美の理念である．この言葉は，より高次のプラトン的意味で用いられている．私は，あらゆる理念を包括する理念の最高の行為は美的行為であり，真と善は美の中においてのみ兄弟のように結び合わされていると確信している．哲学者は，詩人と

同様の美的能力を持たなければならない．……ここでさらに１つの理念について語ろう．それは私の知る限り，いかなる人も思いつかなかったものである．すなわち，われわれは新しい神話を持たなければならない．しかし，この神話は理念に奉仕するものでなければならず，またそれは理性の神話にならなければならない．」[67]

シェリングはこれを受けて，上掲の第３の文献『超越論的観念論の体系』の末尾の部分において，神話の位置づけについてこう書いている．「学問がポエジーに回帰する際の中間項（媒介項）が何であるかを言うのは，一般にむつかしいことではない．なぜなら，そのような中間項は神話の中に存在していたからである．」[68]これは「文学＝哲学」の統一命題について１つの付加的な解釈を与えるものである．

ロマン主義者シュレーゲルは上掲の第２の文献「神話についての議論」において，十分に意を尽くした議論を展開している．彼は，われわれは新しい「神話」を生み出すように，真剣に共同すべき時期が来たと言う[69]．古代人にとって，神話はすべての文学作品に一貫し，それを大きな全体に統合する媒介的モティーフであった．昔の「神話」は，感覚世界における最も卑近なものからの発想によって，自然の中から存在の意味を「象徴」するものとして形成されたが，新しい「神話」は，反対に，人間精神の最も奥深い深みから汲み上げられた「象徴」でなければならない．それは観念論を基礎とすることによって可能となる．観念論こそは，人間の活力と自由を啓示するものであり，したがって新しい「神話」の源泉である．「神話」の特性は，それが自生的に形成された総合的芸術作品であり，共同体の公共的仕組みであることにある．「神話」は，いわば文学における絶対知のメタファーであり，真理の「象徴」である．シュレーゲルは言う．「神話とポエジーとは不可分の一体である．」[70]そして，「神話」の本質，したがってポエジーの本質はカオス（混沌）の美の中に求められる．

「すべての美はアレゴリー（諷喩）である．最高のものはまさに言葉によっては表現しえなものであるために，アレゴリーによってのみ表現することができる．」[71]

「すべての文学（ポエジー）の起源は，理性的に思考する理性の活動と

3 ロマン主義の芸術的次元——古典主義とロマン主義 53

法則を破棄して，われわれを再び空想の美しい混乱の中に，人間本性の根源的な混沌の中に投げ込むことである．このことを象徴するものとして，古代の神々の変化に富んだ群像ほどに見事なものを，今に至るまで私は知らない．」[72]

「神話」は，最高のもののための「諷喩」であり，「象徴」であり，ポエジーによってのみ言い表すことができるという．

シュレーゲルは，近代文学が持つ「あらゆる崇高や美や魅惑の混沌」の中に新しい生命力の表れを見出したのであって，「神話」やメルヘンにおける奇妙なものや奇怪なものの導入は，想像力と独創性の表現であり，「総合性」および「無限性」への発展の契機となることを期待したのである．彼は次のように言う．

「ロマン主義の観点から見れば，文学の変種もまた，それが常軌を逸した奇怪なものであろうとも，そこに何らかのものが含まれ，独創的でありさえすれば，普遍的教養のための素材として，予備演習として価値を持つのである．」(「アテネーウム断片」139)[73]

以上の文脈に関連して，シェリングとシュレーゲルとの差異について，ハバーマスの重要な論評がある[74]．彼によれば，シュレーゲルは，シェリングのように真・善・美の一致を考えるのではなく，美の自律性に固執した．またシュレーゲルは，シェリングのように神話を理性に奉仕するものと考えるのではなく，ポエジーが理性を消去することによって初めて，神話の世界が開示されると論じた．これは，ロマン主義が芸術や神話の性格をめぐって，ドイツ観念論の理性偏重から乖離する姿を指摘したものである．

ロマン主義にとって，「無限」は一種の絶対知であった．シュレーゲルにおいて「無限」への憧憬を導くものは，「全幅的人間精神」のうち，人間本性に内在する「崇高」の感情である[75]．「崇高」の感情は，「神話」の追求に当って，絶対者としての「無限」の存在を保証するものであって，その感情の作用と解釈は合理的推論によってではなく，直覚と想像力によって，すなわち詩・文学・芸術によって担われる．「崇高」への畏敬は「熱狂」という積極的な精神態度に属するものであって，哲学の第一原理に対する「懐疑」という消極的態度とは反対のものである．「哲学＝文学」の統一命題は，哲

学における「懐疑」と文学における「熱狂」という相反する感情を原動力として，そして「神話」の芸術を具体的な象徴として，想像力に基づく「無限」の絶対者・神的なもの・永遠なものへの接近を主張するのである．

ロマン主義には宗教的要素が多分に含まれているが，それはメタファーとしての「神話」や「崇高」の感情や「ロマン的ポエジー」への憧憬に依拠することによって，むしろ固定的な神学的原理から離脱し，「無限」なるものを人間や自然の中に求めようとするものであった．神に帰せしめられていた「崇高」は，今や自然や人間の特性の中に移し変えられるのである．

シュライエルマッハーの宗教論

上述のように，シュレーゲルはロマン主義文学を「発展性」と「全体性」によって定義したが，文学の実践においては，「無限」への「発展性」は，現実の「有限」と関係づけられなければならず，また，宇宙的「全体性」は現実の「個体」と関係づけられなければならない．このような二重の課題に挑戦して，「無限と有限」との関係を宗教の媒介によって「個体と全体」との関係に結びつけたのは，神学者シュライエルマッハーの宗教論であろう．

シュライエルマッハーは，宗教の根本規定として，宗教は形而上学でも道徳でもなく，「宇宙の直観と感情である」と言う[76]．彼によれば，「無限」や「全体」といったものは，それ自身として存在するのではなく，「有限」の特殊な「個体」の中に現れる．「個体」は「全体」の1つの要約的表現であり，「有限」は「無限」の1つの局面である．「有限」の存在である人間の中に「無限」なもの（宇宙）の表現を見ようとするのが宗教体験である．このような世界観は，一方で，芸術的制作を通ずる「直観と感情」によって把握され，他方で，人間性の深みにある共同性の意識，すなわち「愛と友情」という紐帯によって形成される．この世界観の目標は，審美的・宗教的・倫理的「生」の一体的な構築である．

「有限と無限」および「個体と全体」という2種の対立項において，宗教的および芸術的な直観が有限者を通じて宇宙の無限者の追求に向けられるとき，同時にその体験を他者と共有することを求めて，倫理的共同体の構築がもたらされるのである．

シュライエルマッハーにとって、奇蹟・霊感・啓示・恩寵などについての教義が宗教であるのではない。これらの神秘的なものは、「神話」や「崇高」の例に見られるように、人間が「無限」なものとの関係において抱く感情に他ならない。彼は人間が神の原型であると言う。「たいていの人にとって、神は明らかに人間性の守護神に他ならない。人間が神の原型であり、人間がそのすべてである」（『宗教論』訳、99ページ）。シュライエルマッハーは、人々が内において自己の深みを見つめ、外において無限の宇宙を見つめることによって、「直観と感情」の中に真の宗教の源を見出すのである。そして宗教の最高の仕事について、次のように言う。「人間性のさまざまな契機を互いに結び合わせ、その結果から全体を導いている精神が何であるかを推し量ること、これが宗教の最高の仕事である」（『宗教論』訳、80ページ）。言いかえれば、「宗教の最高の目的は、人間性の彼岸、人間性を超えたところで、宇宙を見出すことである」（同上、104ページ）。「宗教だけが人間に普遍性を与えるのである」（同上、90ページ）。

このような意味での宗教に到達するためには、どうしたらよいか。シュライエルマッハーは「宗教に導くための教育」のあり方について論じている。「直観と感情」が宗教に向かう方向は、内向的に自我に向かうものと、外向的に世界に向かうものとがある。両者を統合するものが芸術である（同上、131ページ）。この意味で、「人間性の守護神は、最も完璧で普遍的な芸術家である」（同上、74ページ）。先に「人間性の守護神は神である」という彼の言葉を引用したが、人間の側における宗教的努力の担い手として芸術家が指定される。言いかえれば、芸術家は有限者と無限者との間の仲介者である。美は有限者の中に表現された無限者である。芸術的創作は絶対者としての宇宙への憧憬であり、美は無限者の象徴的・比喩的表現に他ならない。「総合性と発展性」ないしは「全体性と無限性」の追求は、ロマン主義芸術のマニフェストとも言うべきものであるが、シュライエルマッハーにおいては、その追求は、宗教的・芸術的体験を通じて、現実の「有限性と個体性」を超克することによって果たされるのである。

一方の思考軸としての「有限と無限」の統一と、他方の思考軸としての「個体と全体」の統一とは、伝統的な哲学の範囲を超えて、宗教と倫理と芸

術が結びついた絶対者の次元への展望を可能にする．シュライエルマッハーの宗教論は，宗教・倫理・芸術の境界を解消し，ロマン主義者，とりわけシュレーゲルやノヴァーリスに強い影響を与え，ロマン主義的意味において絶対者を把握する道を指示したと考えられる[77]．

シラーの美的教育論

シラーは初期ロマン主義の生誕に先立って，『カリアス書簡』（1793年）および『人間の美的教育についての一連の書簡』（1795年）を刊行した[78]．そこで展開された芸術哲学の議論は，単なる芸術論にとどまらず，芸術による人間形成と社会形成の思想であって，やがてロマン主義者となる人々にとって衝撃的な啓示であった．ロマン主義の形成に当って，宗教に関するシュライエルマッハーの役割に似たものが，芸術に関するシラーの役割であったと言えよう．

シラーの芸術論は，カントの『実践理性批判』および『判断力批判』の構想を批判的に継承したものであった．カントは「自然」（現象界）と「自由」（叡智界）の二元論を媒介するものとして，主観的な合目的性の観念を提起し，それを美学の領域に適用した．シラーは「自然」と「自由」との調和を図るために，「自由」＝自律概念の徹底化を通じて美の哲学を展開した．彼の著作の基底的理念は「自由」であった[79]．

カントにおいては，理性的な道徳律が意志や行動を規制し，それが「道徳的自律としての自由」を意味した．それに対して，シラーは，道徳律に従うことは一種の制約に他ならないと考え，より高次の「自由」の形態を求めた．彼は，理性と感性との調和を含む全幅的な人間本性に従って意志し行動することを「情感的自律としての自由」とみなした．その「自由」は道徳律に従って行動することではなく，そうする際に，自発的な欲求や感情のままに従うことを意味する．そのような人間本性の発育がなされなければならない．全幅的な人間本性の調和を背景として美が生まれ，これを「道徳的美」と名づける．

カントとシラーの双方にとって，「自由」は自律すなわち自己決定を意味するが，自律の次元が異なる．カントの理性的・道徳的次元に対して，シラ

ーでは情感的・美的次元が考えられている．また，カントの趣味判断においては，主観的な「合目的性」としての美がとらえられていたが，シラーは趣味判断の客観性を求め，事物それ自身が自律性を持って現れると考え，現象の自己規定を美とみなした．かくして，「美は現象における自由である」と言う（『カリアス書簡』1793年2月8日）．これは，存在の真理とは，存在がみずからをあらわにすることであるというハイデガーの「転回」の存在論と類似する発想であろう．

　フランス革命の衝撃とそれに続く幻滅を見たシラーにとって，「人間形成」(Bildung)こそが社会改革への鍵となるものであった．そして，芸術は，社会的・政治的・文化的改革の前提としての「人間形成」を促進するものであって，芸術による「人間形成」は，「社会形成」のための「倫理的・規範的」基礎であった．シラーは，知性の教育だけでは人間性を発展させることはできず，感性（欲求・感情・想像力）の発展が同時に不可欠であると論じた．「人間形成」は，一方で，「理性・感情・意志」のすべての人間本性を個性的に開発し発展させるものでなくてはならず，他方で，これらの人間能力の開発・発展は自然・社会・世界の全体と調和するものでなくてはならない．「個性的発展」と「全体との調和」によって，近代において失われようとしている全体宇宙の中で，人間存在の意味や価値を取り戻すことが期待された．その際，芸術的経験は，単に「価値論的」手法であるだけでなく，感性の発展を通じて全体としての世界像をとらえるという「認識論的」手法であり，そこに見出される芸術的に完備した世界像は，全人格的自我との同一化を意味するという「存在論的」ヴィジョンであった．かくして，芸術が哲学的次元において論じられるのである．

　シラーは人間本性の分析から出発する．彼によれば，人間本性は「抽象的人格」（理性的形式）と「具体的特性」（感性的内容）との2つの側面を持ち，それぞれを実現しようとする「形式化的衝動」と「具体化的衝動」によって活動する．前者は，人間を内面的な人格性の確立に向かわせるものであり，後者は，人間を外的世界における身体的存在として活動させるものである．両者は相互に補完的であって，両者の間の交互作用を通じて人間本性が形成される．両者を総合し，理想的なバランスを図ることが文化や教養の課題で

ある．感性と理性の総合は，人間における内容と形式の調和，質料と形相の調和，個別性と普遍性の調和，多様性と統一性の調和を意味する．それは人間本性の「総体性」を実現することであって，完成した人間における「美」の理想を表している．ここに「総体性としての美」という理念が導かれる．

シラーの議論の特徴は，この総合を導く論理を隠喩的に「遊戯衝動」(Spieltrieb) と名づけたことである．遊戯・遊び・ゲームは一方で，それ自身を目的として行われており，何らかの必要に基づくものではなく，他方で，一定のルールに従って行われており，恣意的なものではない．「形式化」および「具体化」の2つの衝動を綜合するのは意志の力であるが，意志はそれぞれの衝動の規定因を教化し中和することによって，それぞれの衝動が個別に追求するものとは異なった新しい価値を創造する．教化された「理性的」衝動は人間を直接的欲求や必要から解放し，教化された「感性的」衝動は人間を外部的原理の強制や義務から解放する．この二重の目的追求からの解放こそが「自由」を意味する．人間は遊んでいるときに初めて，真に自由であり，完全な人間になることができる．シラーは，理性と感性とが完全に調和した人間の姿を「美しい魂」と呼ぶ．「美しい魂」を導くための隠喩が「遊び」である．

「遊戯衝動」は，カントの「構想力と悟性との自由な遊び」としての判断力という発想に倣ったものであろう．カントが判断力を通ずる理性と感性とのフィードバックによって，二元論を媒介するための認識論的議論を展開したのに対して，シラーは二元論を媒介するために「自由」を基底とする価値論的議論を発展させた．両者は共に美や芸術を論ずるが，カントでは，それは真および善と併置される美であったのに対して，シラーは「自由」としての美を思惟と意志とを融合させるより高次の位置に置いた．

「遊戯衝動」は，「理性的衝動」および「感性的衝動」と並ぶ第3の衝動ではなく，一種の認識論的な思考装置である．人間が「遊び」をしているときに体験するであろう観点を隠喩的に定式化したものが，「遊戯衝動」の概念である．「遊び」は，新しい価値としての「美」を追求することを教える．こうして「自由としての美」という理念が確立される．

教育の使命は人間を「美しい魂」に高めることである．そのような人間の

集まりである国家は，人々の利己心を前提として，権利を保障するだけの「自然的国家」でもなく，また理性的個人を前提として，道徳的義務を外部的に強制する「倫理的国家」でもない．それは全幅的人間本性を前提として，「美しい魂」から成る「美しい国」(ästhetischer Staat) である．道徳的状態は美的状態からのみ生れる．体育・知育・徳育に続いて，感性的能力と理性的能力の全体を調和的に育てる「趣味と美のための教育」がなくてはならない．

それでは，美や芸術の教育はどのような意味で人間性の発展に影響を及ぼすであろうか．美的教育とは，具体的に学校教育や芸術分野の教育を指すのではなく，人間本性から出発して，上述の「総体性としての美」と「自由としての美」という命題を実現する包括的な社会形成原理に他ならない．人格形成によって人間本性の全側面を最大限に開発する社会が，人間の自由を可能にする．芸術による人間形成というシラーの思想は，当時の芸術家や思想家にとって衝撃的な霊感であった．それはドイツ・ロマン主義となって結実し，人間性の内面を思索するドイツ観念論とも深いかかわりを持った．

ハバーマスは，シラーが芸術を個人の情操教育の類いにかかわるものではなく，人々の間の相互主観的関係にかかわる「伝達の形式」と考え，芸術を「美しい国」において実現される一種の「対話的理性」としてとらえたことを高く評価した．彼は言う．「シラーは，芸術が持つ対話的な力，つまり共同体を作り出し，連帯を生む力，芸術の公共的性格に期待を寄せたのである．」[80]

シラーの「美しい国」とは，このような芸術の哲学を具現した社会的仕組みであり，芸術作品そのものとなる．彼にとって，美的教育とは芸術作品の創作や鑑賞を教えることではなく，「人間・社会・自然」を芸術作品に作り変えることであり，美の基準が「人間・社会・自然」を支配することであった．ロマン主義者は，芸術の目的は社会的場における人間性の陶冶にあり，陶冶の本質は道徳的・社会的理想への無限の接近の努力であると考える点において，シラーに忠実であった．芸術を媒介として「精神と自然」との関連および「精神と社会」との関連を問うたところに，ドイツ・ロマン主義の独自性が見出される．それは単なる文学の革新ではなかった．ここに社会科学

との接点が見出される．

模倣と創造——文学の方法

「完成と無限」という対立の文脈において，ロマン主義運動は古典主義という包括的な理念そのものに対する攻撃ではなかったという論点は，エルンスト・ベーラーが指摘するところであった．彼によれば，ロマン主義の主たる攻撃目標は，文学を現実の再現（representation）・模倣（imitation）・ミメーシス（mimesis）とみなす文学観であった[81]．

ミメーシスは，プラトンやアリストテレスを含むギリシャの芸術論ないし存在論の基本概念であって，模倣的再現を意味した．プラトンは，イデアなき現象の模倣は事物の本質を表現しないと考えたが，アリストテレスは模倣を肯定的にとらえ，詩作は人間行為や事物の模倣・模写を通じて，蓋然的ないし必然的な仕方で生起する人間や事物の普遍性の把握を志向するものであると考えた．

もちろん，芸術について模倣や再現としてのミメーシスの概念を語る場合，それを対象の単なる模倣や写実ではなく，想像力に基づく対象の選択や再構成をも含むと広義に解釈することはできよう[82]．しかし，古典主義における模倣や再現の思考モデルは，一般的・典型的なものを描くべきか，それとも特殊的・特異的なものを描くべきかの意見の不一致はあるものの，与えられた外界の現実をできるだけ忠実に描写することを目的としており，それに対して，ロマン主義は「再現のモデル」から「創造のモデル」へ，「模倣のモデル」から「想像のモデル」への転換を唱えたのである．ロマン主義者にとっては，芸術家の課題は与えられた現実の外界を模写することではなく，創造の原理に従って，人間精神の内面に生起するユニークなイメージを描出することであった．「再現と模倣のモデル」から「創造と想像のモデル」への転換は，主観を抑制した対象の客観的描写から，充溢した魂の主観的自己表現への転換である．これを良くなしうるのが詩人の腕であって，詩人は想像力によって経験や理性を超えた直観を駆使するのである．

M.H. エイブラムズは著書『鏡とランプ——ロマン主義理論と批評の伝統』（1953年）において，「精神と自然」との関係の革命的転換を「模倣理論」

から「表現理論」への転換として位置づけた[83]．18世紀までの伝統的な芸術論では，「精神」は外界における「自然」の事物を受動的に映す「鏡」であったのに対して，ロマン主義では，「精神」は外界の暗闇に対して能動的に光を投じ，「自然」の姿を浮かび上がらせる「ランプ」になったという．「ランプ」としての「精神」の働きを担うものは，藝術家の想像力が持つ創造的能力である．この転換はロマン主義芸術の方法的革新を意味するものであって，ロマン主義思想の最も重要な特性と言えるであろう．なぜなら，内面的イメージによる方法の革新を通じて世界像が創造されるからである．

　古典主義によれば，詩や文学は一定の技術ないし方法に基づくものであって，技術は「自然的本性」（ピュシス）を模倣しなければならない．アリストテレスの「自然的本性」への関心は，彼の自然学・形而上学・政治学・詩学・弁論術などを一貫する基底的な観念であった．「自然的本性」を把握するためには，自然を模倣しなければならない．古典主義における詩の評価基準は，自然（本性）を模倣し再現することであった．

　この観念に哲学的定式化を与えたのはカントである．先に触れたように，彼は『判断力批判』において，情感的ないし美感的判断は，認識判断とは異なって，主観的な趣味判断であるにもかかわらず，特定の個人的な関心・利害を含まず，共通感覚に基礎を置くという意味で，普遍的妥当性を持つと論じた．そして芸術は自然のように見えるときに美しく，自然は芸術のように見えるときに美しいと述べた（『判断力批判』訳，上巻，198ページ）．このような素朴な観念が「趣味の良さ」に関する啓蒙主義的規範であった．

　カントにおいて，美の「享受」に関しては，このような共通感覚のルールに基づく趣味の観念が適用され，いわば静態的な美の秩序が構築されるが，美の「創造」に関しては，模倣精神とは異なって，天才による独創性の発揮が要求される．カントによれば，美術は天才の技術であり，天才が模範となる美術のルールを設定する．後続する天才は，先行する天才によって構築されたルールないしパラダイムを破壊し，新しいルールないしパラダイムを構築する．芸術の継承はこのような形の「創造的破壊」を通じて非連続的に行われる．天才の創作の過程はブラック・ボックスに属し，説明することのできないものである．

初期のシュレーゲルがギリシャの古典文学を芸術の永遠の規範とみなしたとき,彼が理論的基礎としたものは,美の快適性は必然的・普遍的妥当性を持つというカント的な趣味概念であった.その観点から見れば,近代文学は多様な恣意と関心によって支配されており,堕落したものとして批判された.しかし,ほどなく,シュレーゲルは近代文学をロマン主義文学として発展させるという肯定的な立場に転じた.ロマン主義文学としての近代文学は,法則に従うのではなく,まさに個人の恣意と関心に基づき,それらに働きかけるものであった.シュレーゲルは次のように述べ,古典主義の規範を批判した.

「芸術の普遍妥当的な法則,趣味の不変の目標といったものは存在しない.あるいはもしそのようなものが存在したとしても,それは適用不可能なものである.趣味の正当性や芸術の美はただ偶然にのみ依存している.」[84]

ロマン主義者シュレーゲルにとって,美についての古典主義的規範は,「いわゆる良い趣味という虚弱な精神の病」に他ならなかった[85].

シラーは上述の美的教育の書簡集に続いて,『素朴文学と情感文学について』(1795-96年)を発表し,文学における「素朴的」(naiv)と「情感的」(sentimentalisch)という類型を確立した[86].ロマン主義者が好んで定型化した「完成と無限」および「模倣と創造」の対比は,シラーの古代の「素朴的詩人」と近代の「情感的詩人」との対比を枠組みとして継承したものと考えられる.事実,古典主義からロマン主義へのシュレーゲルの転向に大きな影響を及ぼしたのは,ラヴジョイが指摘するように,シラーのこの著作であった[87].もっとも,バイザーは,シュレーゲルのロマン主義はレッシング,ヘルダーリン,フィヒテ,シラーらによって影響されたものであり,シラーのみを強調するのは行き過ぎであると論じている[88].そうだとしても,シュレーゲルの意識の中では,シラーとの不和にもかかわらず,シラーの存在は著しく大きかったと思われる.ベーラーによれば,シラーの論文を手にして,シュレーゲルの胸は煮えくりかえったに違いないと言う[89].

ゲーテはエッカーマンとの対話の中で,次のように語っている.

「古典的文学とロマン的文学という概念は,今では世界中に広がって,

盛んに論争や対立を惹き起こしているが，もともとは私とシラーから出たものだった．私は文学の上で客観的経験の原理を立て，その方法のみを適用しようとした．ところが，まったく主観的な方法を主張したシラーは，自分の方法の方が正しいと考え，私に対抗するために，『素朴文学と情感文学について』という論文を書いた．……シュレーゲル兄弟がこの考えを取り上げ，いっそう推し進めたので，今では猫も杓子も古典主義だ，ロマン主義だと言うようになった．50年前には，こんなことは誰も考えても見なかったことだ．」(1830年3月21日)[90]

この証言を考慮に入れるならば，ゲーテ対シラーという対立項が，すでに古典主義対ロマン主義という対立的定型を用意していたことになる．ここでシラーの文学論を取り上げることにしよう．

シラーの素朴文学と情感文学

シラーは議論に当って，「自然」世界と「人工」(文化)世界を両極端とする座標軸を設定する．もともと自然とは，「自生的な存在，自律的な存在，不変・固有の法則に従う存在」である．シラーは，人間の自然現象への関心は，理念によって媒介された道徳的なものであると考える．人間は自然の中に「静かな創造的生命，自分自身から生れる平穏な活動，固有の法則に従う存在，内的必然性，自分自身との永遠の統一」を見出し，これらの理念を愛した(『素朴文学と情感文学について』訳，228-29ページ)．

ところが詩人が自然と向き合う態度(自然感情)は，古代と近代とでは異なる．古代におけるように，人間が自然の状態の中に置かれているとき，感性と理性との一致が得られ，そのような場合，天才的詩人は技巧に頼ることなく，単純かつ直接に客観的な現実の「模倣」という手法によって，自然を再現する．これを「素朴詩人」と呼ぶ．その代表はホメロスである．それに対して，古代的世界が終焉し，近代において人間が人工・文化の状態に置かれると，感性と理性との調和は失われ，詩人は失われた統一を呼び戻すために，理想としての自然を呼び戻す努力をしなければならない．この場合，近代の天才詩人は，人為的な「創造」の手法を通じて理想を表現しようとする．これを「情感詩人」と呼ぶ．自然の中の「素朴詩人」は，所与の自然を対象

第 1-1 図　素朴文学と情感文学

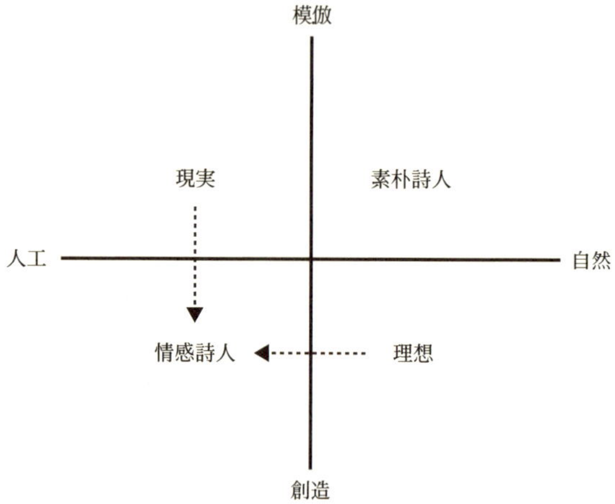

```
              模倣
               │
               │
       現実    │    素朴詩人
               │
  人工 ────────┼──────── 自然
               │
       情感詩人 ◀┄┄ 理想
               │
               │
              創造
```

として「模倣」の手法を取るが，理想を求めて無限の対象の中を浮遊する「情感詩人」は，「創造」の手法に依拠しなければならない．

　対象的世界について「自然と人工」を両極とする水平の座標軸に対して，方法としての「模倣と創造」を両極とする垂直の座標軸を描いてみよう（第 1-1 図）．この図の 4 つの象限によって，シラーが提起した文学の類型を説明してみよう．

　まず，古代人によって象徴される「素朴詩人」は，第 1 象限において，自然の現実世界の中に置かれ，「模倣」に従事することによって，自然に内在する理想と現実との合致として自然的美を実現する．それに対して，近代人が投げ込まれた人工・文化の世界では，図の第 2 および第 4 象限におけるように，理想は自然との一体化を求めるけれども，現実は人工世界によって取り囲まれている．こうして詩人は自然と人工とが引き裂かれた現実に直面する．第 2 象限に見られる「模倣」によって描かれる現実は，自然の持つ統一の理想を表現することはできない．自然的統一の理想は，第 4 象限に見られる失われた自然の理念を人工の現実世界に呼び戻すために，「創造」の手法に依存しなければならない．この理想と現実との分裂を，両者間のフィードバックを通じて統一に導くことが，第 3 象限における「情感詩人」の課題で

ある.逆に言えば,「情感詩人」は常に相い争う理想と現実に直面しなければならない.

「素朴詩人」は第1象限の現実にとどまりながら理想を実現するのに対し,「情感詩人」は現実と理想とのギャップに直面し,第2,第3,第4象限にわたる活動を迫られる.そのギャップの有無およびその性格に応じて,シラーは情感文学を「風刺詩」「牧歌」「哀歌」に分類した.かくして,「詩人は自然であるか,あるいは自然を求めるかのどちらかである」(訳,258ページ).前者は「素朴詩人」であり,後者は「情感詩人」である.

シラーは次のように書いている.

「近代詩人が辿る道は,人類が個人としても全体としても歩まざるをえない道である.自然は人間を自分自身と一致させるが,人工は人間を分離させ,分裂させる.理想によって彼は統一に戻る.しかし,理想は到達することのできない無限の彼方にあるから,文明化された人間は,自分のやり方では完全性を達成することはできない.ところが自然的人間は,自分のやり方で完全性を達成することができる.……文明化された人間は,自然的な人間に比べて完全性において限りなく劣っている.だが一方,人間が文化によって努力する目標は,彼が自然によって到達する目標よりも限りなく優れている.つまり,古代人は有限の偉大さの絶対的達成によって価値を獲得し,近代人は無限の偉大さへの接近によって価値を獲得する.……人間の最終目標は進歩によってのみ到達されるものであり,自然的人間は自分を文明化する以外に進歩することはできないから,最終目標に関して両者のうちのどちらが有利であるかは言うまでもない.」(訳,261-62ページ)

これは,古典主義に反対するロマン主義の綱領そのものとほとんど変わりがない.古代の詩人は生き生きとした自然の「模倣」によってわれわれを感動させたが,近代の詩人は崇高な理念に基づく「創造」によってわれわれを感動させる以外に道はない.古典主義は「限定の芸術」において優れ,ロマン主義は「無限の芸術」において優れる.

シラーは「模倣と完成」のアプローチと「創造と無限」のアプローチとを比較して,どちらが優れているかという相対的評価に踏み込んでいる.彼は,

人工的近代という状況の下では,「模倣」による「有限」の目標の完全な達成よりも,「創造」による「無限」の目標の未達成の方に,すなわち古典主義よりも近代主義に軍配を挙げる.シュレーゲルの「発展的ポエジー」としてのロマン主義文学の観念は,シラーの「情感文学」における「創造・未完・無限」への信念を継承したものと言ってよいであろう.「自然」と「模倣」という古代的組み合わせ（第1象限）を「人工」と「創造」という近代的組み合わせ（第3象限）へと転換する試みこそが,「精神と自然」の旧パラダイムを「精神と社会」の新パラダイムへと押し進めるロマン主義的企てであったと言えよう.「今日でも,自然は詩的精神がみずからを養う唯一の焔である.……自然こそは,人工的な状況にある今日においてもなお,詩的精神に力を与えるものである」（訳,259ページ）.

シュレーゲルはシラーの情感文学の3分類（風刺詩・牧歌・哀歌）に言及しつつ,ロマン主義文学について次のように述べている.「そのすべてが理想的なものと現実的なものとの関係からなり,したがって哲学用語の類推で言えば,超越論的文学と呼ばれるべき文学が存在する」（「アテネーウム断片」238)[91].ここで言われている「超越論的文学」は,カントの「超越論的哲学」からの類推であろう.それは対象の認識の仕方やそのための条件をアプリオリに設定し,しかもそれを無限に繰り返すことを通じて,対象と自我との間,理想と現実との間の無限の交互作用を生み出す.かくしてシュレーゲルは,超越論的文学は「文学でありつつ,文学の文学でなければならない」（同上）と言うのである.言いかえれば,それは文学であると同時にメタ文学,すなわち「超越論的文学」でもある.これは,古代文学から区別された近代文学の自己反照的性格を意味する.ここにロマン主義の「文学＝哲学」の主張における本質的な構造が見出される.

また,シュレーゲルは次のように言う.「文学的哲学者,哲学的文学者は予言者である.教訓的な詩は予言的でなければならない.そして実際そうなるべき資質を持っている」（「アテネーウム断片」249)[92].ここで「予言的」というのは,文学または哲学に対して対象構築の条件を先行的に指示し,知の生成を促すプレ理論を指すのであろう.

体系と断片——文学の形式

　ロマン主義主義者が愛好し，実践した「文学＝哲学」のための表現形式は，「断片」（Fragment）であった．「断片」という形式の本質は，不可視的なものへの絶えざる試行錯誤の接近を行うために，詩的直観による精神の閃きを可能にすることにある．「断片」のそれぞれは，多面的な真理の部分を含む想像力の表現であり，様式に収めきれない思想の未完成の姿をそのままに示す．

　このような「断片」の機能を支配するものは機智（Witz）であるという．

　「機智とは，断片的独創性である．」（「リュツェーウム断片」9）

　「機智とは，束縛された精神が爆発したものである．」（「リュツェーウム断片」90)[93]

　「機智は想像力の現れであり，想像力が外に現れた稲妻である．」（「イデーエン断片」26)[94]

　稲妻は一片の閃きをもって終わる．しかし，一片の中に対象把握の完結性が存在しなくてはならない．

　「断片は，一個の小さな芸術作品のように，周囲の世界から完全に切り離され，はりねずみのようにそれ自身で完成していなければならない．」（「アテネーウム断片」206)[95]

　古典主義における様式は「体系」そのものを構成している．様式とは，「体系」の中に概念的な均斉性と整合性を備えた知の統制的パラダイムである．それに対して，ロマン主義における諸「断片」は体系化されていない多面的な洞察であって，やがては総合された上で，大きな「体系」へと接合され，整序づけられなければならないが，そのようになるまでは，互いに矛盾と緊張を含む．ロマン主義が理想とする完成された「体系」があるとすれば，それは矛盾を克服した相即不離の諸要素から成るものであろう．しかし，そのような完成態は「総合性」と「発展性」の公準に反するものであろう．

　シュレーゲルは「断片」と「体系」との間の逆説的な関係について，次のように述べている．

　「その堅牢，詳細，均整のために建築的と名づけたくなるような種類の

機智が存在する．それが風刺的に表現されるときには，そこに本来の皮肉（Sarkasmus）が生まれる．このような機智はきわめて体系的なものでなければならず，だがまた同時に，そのようなものであってはならない．つまり，きわめて完璧でありながらも，まるで引きちぎられたように何かが欠けているように見えなければならない．このようなバロック的要素が，おそらくはそもそも機智における偉大な様式を生み出しているのであろう．」（「アテネーウム断片」383)[96]

「素材と形式において断片的であり，まったく主観的で個性的であると同時に，まったく客観的であり，すべての学問の体系の中の必然的な一部分であるようなものはまだ存在していない．」（「アテネーウム断片」77)[97]

このように述べたとき，彼は，「断片」の体系化はまだなされていないが，究極的には望まれるものと考えている．なぜなら，彼は次のように述べているからである．

「1つの体系を持つことも，いかなる体系も持たないことも，精神にとっては等しく致命的である．したがって，おそらくこの2つを結合するように決意しなければならないであろう．」（「アテネーウム断片」53)[98]

「体系」対「断片」の問題は，以下で述べるように，認識論的正当化の問題とかかわりを持つ．「体系」という概念は，一方で，自明の基礎の上にピラミッドのように積み上げられた完結した単方向的モデルを意味すると同時に，他方では，大洋の上に浮かぶ筏のように「体系」の構成要素が相互依存的に支持し合う開かれた循環的モデルを意味する．ロマン派は前者の概念を拒否し，後者の概念を肯定する．彼らにとっては，知の構築の無限の可能性を前にして，体系化によって知の追求に恣意的な終了を宣言することは許されなかった．古典主義に見られるような完成されたモデルとしての静態的体系は否定されるべきであるが，相互に整合化を求める「断片」の束からなる未完成の可能態としての動態的体系は肯定されなければならない．どのような「体系」も，無限の試行の果てにおいてのみ正当化される知という意味では，知の「断片」にとどまるのである．

「体系」を拒否しつつ，「体系」を志向するという二律背反は，「体系なき

体系」への志向と呼ぶことができるが，これは後に述べるように，「ロマン的イロニー」の1つの典型に他ならない．「体系なき体系」への志向を認識論的に支えるものは，以下で述べるように，反基礎づけ主義である．

4 ロマン主義の哲学的次元——啓蒙主義とロマン主義

　ロマン主義固有の哲学を論ずるためには，以上の芸術論からの発想に加えて，次のような論点を取り上げるべきであろう．(1) 反基礎づけ主義，(2) 自己創造と自己破壊，(3) 有機体的全体論，(4) ロマン的イロニー．伝統的に，哲学は「認識論・存在論・価値論」の3部門からなる．ロマン主義における反基礎づけ主義は「認識論」に属し，自己創造と自己破壊から成る自己限定は「存在論」のアプローチであり，有機体的全体論は「価値論」を意味する．最後に，「ロマン的イロニー」の概念は，「ロマン的ポエジー」の概念と並んで，ロマン主義思想の性格を包括的に象徴する一種の公準である．これらの論点は，ロマン主義が古典主義の芸術との対立という次元を超えて，啓蒙主義の哲学とどのように対立するかを明らかにする．現代的用語に照らして言えば，啓蒙主義対ロマン主義の対立点は，「分析哲学」対「大陸哲学」の対立点を背景に置いて読むことができるであろう[99]．

反基礎づけ主義——認識論

　基礎づけ主義および反基礎づけ主義という言葉は，現代の用語である．現代の認識論の基本的な論点の1つは，知識の正当化に関して，基礎づけ主義と反基礎づけ主義との間に見られる対立である[100]．

　基礎づけ主義の中心的命題は次の2つから成る．(1) 言明には基礎的言明とそうでないものとがあり，基礎的言明は認識論的にそれ自身によって正当化され，誤謬を含まず，否定することができず，直接的に明白なものとみなされる．基礎的言明は言明の体系を構築する際の根底的基礎であり，それ自身は他の言明によって支持される必要がない．(2) 基礎的言明でない言明を正当化するためには，それが確実な基礎的言明から厳密に演繹的に導出されなくてはならない．このように，言明の体系の基礎には，他の言明を支える

けれども，みずからは他の言明によって支えられる必要のない土台としての言明があり，この言明の上に他の一切の言明があたかもピラミッドのように構築されるのである．

近代における最も著名な基礎づけ主義の試みは，啓蒙主義哲学の元祖とも言うべきデカルト（1596 - 1650 年）の方法であって，「われ惟う，ゆえにわれあり」（Cogito, ergo sum.）を哲学の第一原理として，明証的直観による明晰判明な真理が一切の知識の基礎とみなされた．

他方，反基礎づけ主義は，基礎づけ主義に取って代わるものとして，整合説を主張する．整合説の中心的命題は次の3つから成る．(1) 認識論的に優位性を持った自己正当化的な基礎的言明は認められない．(2) 正当化は推論を必要とし，推論の連鎖は言明から言明へと無限に直線的に遡及するのではなく，言明の間で循環的な閉鎖体系を構成する．(3) 言明は，他の言明との間で相互に持ちつ持たれつの整合的な関係を持つことによって正当化される．

カント以後，カントの「コペルニクス的転回」が感性的自然知の超越論的基礎づけに終わったことに飽き足らず，感性的自然と超感性的自然，理論哲学と実践哲学の統一を図り，知の究極的な基礎原理を確立しようとしたのが，ラインホルト（1757 - 1823 年）の「根元哲学」とフィヒテの「知識学」であって，デカルト以来の基礎づけ主義の復活を果たしたとみなされている．フィヒテの場合には，自我の自己定立が第一原理として，客観的現象の超越論的説明の基礎を与えるものであった．シュレーゲル，ノヴァーリス，ヘルダーリンはこのような基礎づけ主義に対して一斉に批判を加えた．先陣を切ったのはシュレーゲルであり，その論点は，第1に，いかなる命題も疑いの対象となり，正当化のための論証は無限の遡及を必要とすること，第2に，命題を証明する方法は無限に存在し，証明の完了は無限の彼方においてのみ可能であることであった[101]．

基礎づけ主義および反基礎づけ主義は知の認識論哲学である．古典主義美学が，基礎づけ主義に基づく美の客観的基準に従って，目標としての「完成」，方法としての「模倣」，形式としての「体系」の追求に従事するのに対して，基礎づけ主義と美の客観的基準を否定するロマン主義美学は，芸術的次元において，目標としての「無限」，方法としての「創造」，形式としての

「断片」の追求に従事する．哲学的次元における反基礎づけ主義は，このようなロマン主義の芸術的次元を超越論的に定立するメタ理論として位置づけられよう．シュレーゲルが「ロマン的ポエジー」の概念を掲げて古典主義からロマン主義への転換を宣言したのは，フィヒテの基礎づけ主義哲学に対する拒否の結果であった．「シュレーゲルのロマン主義は反基礎づけ主義の美学であった．」[102]

　基礎づけ主義の否定，すなわち自明の知の第一原理の否定，客観的真理性の基準の否定，および完成された体系の可能性の否定は，ロマン主義文学のあり方を規定するものとなった．ロマン主義は，古典主義のように芸術作品を普遍的基準に照らして評価する代わりに，作品それ自体の目標や理想や文脈に従って成功度を評価するという「内在的批評」を提起した．ロマン主義に共通する基本的文脈は「無限への憧憬」に他ならない[103]．

　ロマン主義は基礎づけ主義を拒否するけれども，正当化の実際的基準として整合説を主張するわけではない．ロマン主義においては，知の相互依存的・循環的整合性は達成可能な目標として主張されているのではなく，知の体系化の無限の可能性を前提としながら，絶えざる試行の努力目標であるにすぎない．ロマン主義にとっては，正当化の基準として知の相互的無矛盾性を主張する整合説は，無限の過程の終点においてのみ成立するにすぎない．ロマン主義の公準とも言うべき「全体性」と「発展性」のヴィジョンの下では，そうならざるをえない．体系的理想への渇仰と絶対的真理への懐疑とが，背中合わせに共存する．「無限における完成」という観念がレトリカルに両者を結びつけるのである．

　このようなロマン主義文学の理想と哲学的反基礎づけ主義との結びつきは，「文学＝哲学」の統一命題を解釈学の方法によって解釈する可能性を示唆する．解釈学における解釈の方法は，「解釈学的循環」という概念によって特徴づけられる[104]．「解釈学的循環」とは，部分と全体との間，精神と社会との間，個人と制度との間，心理過程と歴史過程との間などに，相互依存関係を通ずるネットワーク的な変化が成立することをいう．これらの要素は，基礎づけ主義におけるように，第一原理に基づく単線的な逐次的正当化の過程によって説明されるのでなく，循環的に相互に依存し合うことによって，よ

り整合的な知の解釈を形成するのである．この視点から，さらにロマン主義の存在論と価値論を検討しよう．

自己創造と自己破壊——存在論

　ロマン主義芸術は対象の模倣ではなく，創造的な自己表現によって世界を構築しようとするが，そのためにどのような接近を主張するのであろうか．シュレーゲルは「リュツェーウム断片」の中で「自己限定」（Selbstbeshränkung）という言葉を使って，次のように述べている．

　　「自己限定こそは，芸術家にとっても人間一般にとっても，最初にして最後のもの，必然的にして最高のものである．われわれが自己を限定しないときには，常に，世界がわれわれを限定し，われわれを奴隷にしてしまうために，それは必然的なものである．われわれが無限の力，すなわち自己創造と自己破壊をわがものにしている場所においてのみ，自己を限定することができるために，それは最高のものである．」（「リュツェーウム断片」37)[105]

　この文章は，フィヒテの哲学の基本構造である「自我と非我」の関係を問う文脈にそくして読むことができる．ここでいう「自己限定」とは，フィヒテのいう自我の自己定立と非我の反定立との関係を意味し，自我存在を超越論的に設定するものであり，認識を基礎づける哲学の第一原理（絶対的自我）を構成した．フィヒテにおいては，自己定立は，一方で，自我を取り巻く外的な対象世界（すなわち非我）を自我によって制約されたものとして「能動的」に設定するが，他方で，その対象世界（すなわち非我）の反定立によって「受動的」に制約される．そしてこのような「能動・受動の交互的規定作用」を通じて，自我と非我との統合・合一を図る課題が自我意識の統一に課せられ，認識の第一原理の確立をもたらすものとみなされた．

　しかし，すでに述べたように，シュレーゲルやノヴァーリスの基本的立場は，知の正当化の根拠となる第一原理の存在について懐疑的であって，彼らはフィヒテの基礎づけ主義の認識論を否定した．ロマン主義者は，自我と非我との間の「能動・受動の交互的規定作用」を終わりのない連続的な知の形成過程として主張した．この過程の中で，自己定立と反定立は，自己の「創

造」と「破壊」とを逐次的に行うとみなされるのである．

「交互的規定作用」の考えはフィヒテのものであるが,「自我と非我」との関係が自我の「創造」と「破壊」というパラドキシカルで無限の発展志向と結びつくことを明らかにしたのは，ロマン主義者である．そして先にフィヒテを論じたところで述べたように，自我の定立および非我の反定立は，ハイデガーの存在論における現存在の「存在了解」——「投企」および「被投」——として読むことができる．経済学者シュンペーターが用いた有名な言葉として，経済過程の「創造的破壊」（creative destruction）という語があるが，イロニーを含んだこの言葉は，人間の精神的類型に基づく「革新」と「伝統」との相反的関係を表しており，シュンペーターのロマン主義的背景を示唆している[106]．ロマン主義者の「自己限定」，ハイデガーの「存在了解」，シュンペーターの「創造的破壊」は，いずれも自我の「事行」に基づく存在論を意味するものであって，フィヒテにおけるような絶対的自我に基づく基礎づけ主義の認識論を含むものではない．その代わりに，反基礎づけ主義に基づく「解釈学的循環」が成立する．

基礎づけ主義を批判したロマン主義にとっては，フィヒテの「自我と非我」の理論はもはや認識論としての役割を持たない．「自我と非我」の理論は，ロマン主義の思考の中では，現存在の「自己限定」ないし「存在了解」に基づく存在論哲学によって換骨奪胎されたと考えられる．シュレーゲルの「自己創造と自己破壊」の概念は存在論として有効な概念であって，ロマン主義における「自己限定」ないし「存在了解」の主体は芸術家・詩人に他ならない．すなわち,「現存在が——すなわち，存在了解の存在可能性が——存在している限りでのみ，存在が与えられている」[107]というハイデガーの基本命題にそくして言えば，ロマン主義における芸術家や詩人は，世界の意味連関の総体の存在根拠を描出する「超越論的主観性」の担い手である．このような存在論的解釈を行うことによって，「自己創造と自己破壊」を通ずる芸術活動の理論は，同時に「存在了解」ないし「自己形成」（Bildung）の理論であることが判明するであろう．ロマン主義の存在論は，芸術による「世界のロマン化」を説明する最も根源的な方法である．

一方，論理と経験を拠り所とする「分析哲学」は，ドイツ観念論・現象

学・解釈学からなる「大陸哲学」の系譜を形而上学として拒否する．しかし，「超越論的主観性」の担い手を否定し，想像力に基づく知の主題設定を拒否するならば，知は与えられたパラダイムの中に留まらざるをえないであろう．現実の知のパラダイムが非連続的に発展を遂げるものであるとすれば，その過程を説明しうるものはロマン主義の存在論であろう．

有機体的全体論――価値論

ロマン主義において，「超越論的主観性」によって描出される世界像は，単に「主観」の側における全幅的「精神」の表現に終わるものではなく，「客観」の側における「自然」の創造力を美的経験を通じて組織化したものである．そこに想定されている存在は，有機体としての統一性を持った宇宙的規模の「自然」であり，このようなスケールの「主観」と「客観」との同一化を意味している．したがって，ロマン主義における有機体的全体論は，自我の統一，他者との連帯，自然との調和といった多面的な整合化の価値命題から成り立っている．

もちろん，有機体としての存在の統一性は，認識論的に見れば，還元主義的な理性の思惟・論証によっては獲得することはできず，芸術的直観による全体的把握を必要としており，存在論的に見れば，全体論的構造と生命体としての自己組織性の投企を意味する．有機体的全体論は，それに加えて，価値論的・倫理的規範性を含んでいる．ロマン主義が主張する自我の統一，他者との連帯，自然との調和といった命題は，いずれも倫理的価値に属するものである．

バイザーはロマン主義の有機体的社会概念について，次のような説明を行っている[108]．そのいずれの論点も，啓蒙主義の個人主義的・機械論的・合理論的社会概念と対立する．(1) 社会は，個人間の競争的システムではなく，個々人が互いに協同するコミュニティー（共同体）でなければならない．社会生活の目的は，効用の極大化ではなく，協同を通ずる人間形成・自己実現でなければならない．(2) 社会は，家父長的な支配によるのではなく，すべての人々が統治に参加するような民主的なものでなければならない．(3) 社会は，法によってではなく，人々が共有する文化・宗教・伝統・言語によっ

て維持されなければならない．すなわち，社会の紐帯は外部的強制ではなく，全体への精神的・文化的帰属意識でなければならない．(4) 社会は，強制や青写真に基づく合理的計画の所産ではなく，漸次的な歴史的発展の自生的所産でなければならない．

　これらの論点は，主として有機体の社会的・制度的側面を叙述し，個人はその中に「被投」されるものとみなしている．それに対して，有機体を構成する個人的・精神的側面としては，これまでに何度も触れたように，「投企」する自我の多様な生の創造，内面的な自己実現の要請が対応する．これらの両側面――すなわち，「被投」と「投企」，「社会制度」と「人間精神」――の関連を直観的芸術の観念を媒介として統合することが，ロマン主義倫理学の課題である．倫理学の三大体系――功利主義の「善」の理論，カント主義の「正」の理論，アリストテレスの「徳」の理論――に照らして言えば，ロマン主義倫理学は，個人の共同体への帰属を背景とした「徳」ないし卓越の理論に他ならない[109]．

　ロマン主義倫理学における最高善は「自己形成・教養」(Bildung) の概念である．それは目標としての人間形成・自己実現を意味すると同時に，そのための媒体としての教育・教養を意味する．その特質は，人間能力（理性・感性・意志）のすべてを調和的に発展させ，共同体全体への調和的統合を強調すると同時に，個々人における自由と独自性の発展を強調するという「個体と全体」の相互補完的・相互促進的な発展の主張にある．「自己形成・教養」にとって芸術が鍵になるという点がロマン主義のユニークな主張であるが，その意味は，芸術鑑賞や創作が人間性を豊かにするといった素朴な実用的発想にあるのではなく，シラーが言うように，芸術的美が人間形成と社会形成の基本的基準であり，人間と社会の完成を美的経験が媒介するという発想にある．彼が「総体性としての美」および「自由としての美」の概念によって論じたように，芸術による全体性の把握を通じて人間の自由を実現することが，芸術（自由）と倫理（自己実現）との関係を樹立するのである．

ロマン的イロニーの概念――矛盾と総合

　「ロマン的イロニー」の概念は，ロマン主義の独特の思考法を象徴するも

のとして,「ロマン的ポエジー」の概念と並んで注目されてきた. イロニーの歴史は, 古代ギリシャの矛盾と断片の哲学者ヘラクレイトスに始まり, ローマ時代にはイロニーはレトリックの体系に組み込まれ, 作者が言おうとすることとは反対の表現を用いる技法として使われた. その後, 16‐17世紀に入ると, イロニーの意味は拡大し, 皮肉・風刺・パロディ・道化・戯画といった形で用いられた. レトリックとしてのイロニーとは, 2つの対立項が緊張と抗争の関係にあり, しかもそれが当初の予想に反した逆転と反転を生み出すことをいう[110]. イロニーの機能はレトリックとしての衝撃的効果にある.

イロニーはレトリック（修辞法）の一種である. レトリックについては, 文体上の綾として定義される「文彩のレトリック」と, 思考の綾として定義される「思想のレトリック」とを区別することができる[111].「ロマン的イロニー」を論ずるに当っては, イロニーを文章の特定の文脈の中で「反語」と訳されるような文彩上の概念として理解するのではなく, むしろ思想上のレトリックとして理解しなければならない. この方向にイロニー概念の転回を果たしたのがシュレーゲルである.

「ロマン的イロニー」は,「文学＝哲学」という要求の帰結を言い表した言葉である. ロマン主義のイロニー論は, シュレーゲルの「リュツェーウム断片」から始まる. 彼は次のように言う.

「哲学はイロニーの本来の故郷である. イロニーは論理的美であると定義してよい. ……哲学が必ずしも完全に体系的でない場合には, 常にイロニーを用いるべきであり, 要求すべきである.」（「リュツェーウム断片」42）

「イロニーはパラドックスの形式である. 良いもので同時に偉大なものは, すべてパラドックスである.」（「リュツェーウム断片」48）

「ソクラテス的イロニーにおいては, すべてが戯れであり, 同時にすべてが真剣である. すべてが誠実に開かれており, 同時にすべてが深い偽りに閉ざされている. ……それは, 制約されないものと制約されたものとの間, 完全なコミュニケーションの不可能性と必然性との間の解決不能な対立の感情を含み, またそのような感情を呼び起こす. それは, 文

学上のあらゆる自由の中で最も自由なものである．なぜなら，それによってわれわれは自分自身を超えることができるからである．しかし，それはまた，最も合法則的なものである．なぜなら，それは無条件的に必然的だからである．」(「リュツェーウム断片」108)[112]

「理念とは，イロニーに至るまでに完成された概念である．それは，絶対的アンティテーゼの絶対的総合であり，2つの対立する思想の間の，絶えず自分自身を生み出す交替現象である．」(「アテネーウム断片」121)

「たいていの思想は単に思想の一断面にすぎない．これを裏返しにして，その対蹠面と総合しなければならない．そうすることによって初めて，さもなければつまらないものに終わったはずの多くの哲学的著作は大きな興味のあるものとなる．」(「アテネーウム断片」39)[113]

シュレーゲルにとって，イロニーが意味することは，われわれは究極的な真理を獲得することはできないが，それにもめげず，真理を目指して努力しなければならず，その努力過程では，絶えざる「自己創造」と「自己破壊」という自己矛盾を繰り返さなければならないということである．この過程は，「無限」の自己実現を求めながら，自己を「有限」の形に限定する絶えざる試みである．これを存在論におけるイロニーと呼ぶことができる．「自己創造」と「自己破壊」による自己限定，「有限」を通ずる「無限」への希求，そして「理念」と「現実」との対立関係の認識は，ロマン主義的知の接近の本質であって，第一原理の否定に伴う知の不確定性に対する主体的態度を意味する[114]．これらの対立の認識のためには，自己の制約された意識を相対化する先験的認識が必要である．これが，自己を超えるという意味での最大の自由である．

シュレーゲルはイロニーをロマン化したと言われる．「ロマン的ポエジー」は，個別領域の超越による知の総合と発展を主張するものであって，その結果，「ある確定的な命題を別の観点，すなわちより包括的な観点の下に置くことによって，命題を相対化し，あるいは否認さえするのである．」[115] ロマン主義者は想像力に従って規矩や因襲から離れようとする．「人間は永遠の巡礼の方向を選択する力を持つ．ある特定の中心から離れつつある人は，そ

の中心に留まっている人には常に逆説に見えるのである.」[116)]「有限」の世界に当てはまる確定命題も,「無限」の観点から見れば否定されることがある. われわれが, 得られている既存の知の体系に甘んじて留まることなく, それを超えようとする志向を持つとき, 体系の限界に直面することを意識せざるをえない. ここに「ロマン的イロニー」が生まれる.

「ロマン的イロニー」は, 一見したところ否定的な意味合いを持つように見えるが, 実はポジティブな概念である. 知の体系がパラドックスや二律背反を含むほどの多元性を持つことは, かえって大きな思想の可能性を保障するものであり, 新たな全体的整合性を求める無限の哲学的努力を生むからである. その哲学的努力の過程は, ヘーゲルの予定された弁証法的発展の経路と比べるならば, 目標を見失った迷妄にすぎないと見られるかもしれないが, 全体性の把握という究極目標は, 詩人の想像力を無限への渇仰と憧憬に駆り立て, さまざまな道の選択を可能にするであろう. こうして, 否定から肯定へのイロニーの転義が起こる.

「ロマン的イロニー」そのものは形式であって, 内容を特定していない. 哲学的努力の内容は, 知の方向性を定立する自我存在の無限の「投企」に依存する. そこで, 上述の「自己限定」ないし「存在了解」を知の超越論的枠組みの設定者として導入しよう. ハイデガーの「存在了解」は知の「先行構造」ないし「プレ理論」を設定するものであって,「先行構造」は「先行的対象把握 (Vorhabe), 先行的視点設定 (Vorsicht), 先行的概念形成 (Vorgriff)」からなる[117)]. 無限の知の探求は, このような「先行構造」が絶えず作られては破壊されていく過程を意味する. ハイデガーにおいては,「過去・現在・将来」の時間性が現存在の「存在了解」の内容を規定する. 彼の本来的時間性のヒエラルキー構造は, 将来 > 過去 > 現在というものであって, 将来に最大の優位性を与えるものであった[118)]. シュレーゲルは次のように述べ, 芸術家が時間性の中で人間を真の個人たらしめることを示唆している.

> 「芸術家を通じて, 人間は個体となる. 彼らは過去の世界と将来の世界とを現在に結合するからである. 芸術家はより高次の魂を持った器官であり, そこにおいて全人間性の生命力が出会い, 内面的人間性が初めて

発揮されるのである.」(「イデーエン断片」64)

「イロニーとは,永遠の活動性(Agilität)と,無限に豊かな混沌(Chaos)との明瞭な意識である.」(「イデーエン断片」69)[119]

シュレーゲルはここで「過去・現在・将来」の時間性の構造を明確にはしていないが,ロマン主義が芸術家の「存在了解」に関して,想像力と直観を梃子として,将来の生成と創造に大きな比重を置くことは容易に推測されよう.一方,将来に向けて永遠を志向する自我の活動と,他方,自我の外にあって自我を制約する混沌とした無限の世界の重圧とは,「存在了解」における「投企」と「被投」との対抗的な緊張関係に応じて多様なイロニーを構成するであろう.

上掲の「イデーエン断片」69をシュレーゲルの哲学の包括的命題を端的に示すものとして読むならば,それは,フィヒテの自我世界とスピノザの自然世界との両極の統合を意味するものと解釈することもできよう[120].「無限に豊かな混沌」という言葉は,まだ解明されていない未知の客観的世界を表すものであろう.シュレーゲルが,この断片において,自我の「永遠の活動性」に加えて,「無限に豊かな混沌」の世界を対立項として導入したことは,「永遠の活動性」を持つ自我意識に一元化されていたフィヒテの主観的観念論との相違点を表すものに他ならない.また,イロニーにおける「永遠の活動性」と「無限に豊かな混沌」との2つの要素の並置は,客観的観念論者シェリングにおいて無差別の根源的同一性として統合されていた主観と客観を,率直に矛盾をはらむものとしてとらえていると言えよう.しかし,それは伝統的な二項対立を拒否するいわゆる「脱構築」の思想である.

「ロマン的ポエジー」の概念は,芸術的次元において,ロマン主義の根本思想である「全体性」と「無限性」の追求を定義するものであったが,「ロマン的イロニー」の概念は,それらを追求することの絶えざる逆説的帰結を哲学的次元,とりわけ存在論的次元において定義するものである.この2組の概念は,「文学=哲学」の合一というロマン主義のマニフェストの下で,芸術家と哲学者が「無限と有限」との対立,「創造と破壊」との矛盾,「体系と断片」との相克の過程に共同して従事し,イロニーを起点として再び「総合」と「発展」に向かう姿を特徴づけている.このような二項対立の拒否こ

そがロマン主義の誇らしい特性であって，両極のうちの一極を反啓蒙として謳い上げることほど，ロマン主義の立場から遠いものはない．

5 ロマン主義の歴史性と社会性

芸術・哲学から社会科学へ

　われわれは以下の3つの章において，ロマン主義の社会科学への展開を扱う．芸術および哲学から社会科学への移行に当って，2つのことを述べておきたい．それはロマン主義の歴史性と社会性についてである．

　ロマン主義は，歴史的には近代社会，とりわけフランス革命および産業革命に対する鋭敏な反応として現れた．われわれは以上において，ロマン主義誕生の現場である芸術的次元および哲学的次元にそくしてロマン主義の理論構造を検討したが，ロマン主義は単に精神界における自律的運動であるにとどまらず，基本的には現実の政治・経済・社会・文化の状況に対する批判であった．事実，社会批判としてのロマン主義は，「最初の産業革命」の国イギリスで開始された．そこでは，ドイツで起こったような観念の遊戯を経ることなく，ロマン主義は現実の「生」の感覚に基づくポエジーとして始められた．観念の世界に発するにせよ，現実の世界に発するにせよ，ロマン主義の存在意義は18世紀後半から19世紀前半にかけての一時的な現象ではなく，近代の社会的仕組みが継続する限り，反近代の思想として普遍的に妥当するものである．

　「生活に対する芸術の専制」という標語をロマン主義の精神とするならば，それは，現実の近代社会における「生活に対する市場の専制」に抵抗するためのスローガンであった．市場経済は，近代を象徴する支配的要因であって，生活の脱魔術化，世俗化，数量化，機械化，合理化のイデオロギーを生み出した．その思想的代表が功利主義である．そこでは文明が文化を駆逐し，ゲゼルシャフトがゲマインシャフトを解体し，実利が詩的精神を抹殺し，快楽が美的感覚を征服し，人間関係の物象化が自己疎外を生み出した．ここに「生」をめぐる「芸術」対「市場」の戦いが始まったのである．

ロマン主義は，近代において失われたものを求めて，過去へのノスタルジアを抱く．これは一見保守的で懐古的に見えるが，必ずしもそうではない．それは，近代以前において意識されていなかった「精神・社会・自然」の統一性という価値を，それが失われたときになって始めて確認するための努力であった．その上で，ロマン主義は，近代の条件の下で，失われたものの再生の道を積極的に求める点で創造的・革新的でなくてはならなかった．ロマン主義の創造性・革新性を明らかにするためには，その精神的理論構造を芸術論や哲学を通じて問うだけでは果たされない．ここにロマン主義が社会科学として展開されなければならない理由がある．

ロマン主義における芸術と科学

　そこで，改めてロマン主義の世界観を問うならば，それは「自我の統一，他者との連帯，自然との調和」という価値命題，すなわち「精神・社会・自然」の有機的統一という世界像によって表現することができる．ドイツ観念論の中でロマン主義に最も近接した哲学思想は，シェリングの自然哲学および芸術哲学であった．彼の自然哲学は，デカルトの機械論的な心身二元論とは異なり，またフィヒテの自我中心主義とも異なり，客観的絶対者が人間精神を含む有機体としての自然を構成するとみなした．そして，伝統的な神学の主題から切り離された「精神と自然」との合一は，知的直観と並んで美的直観によってとらえられるものとみなされ，シェリングの自然哲学は芸術哲学として展開された．ロマン主義においては，芸術を通ずる「精神と自然」との有機体的な関係の把握は，社会科学を通ずる「精神と社会」との関係に隠喩的に適用され，「精神・社会・自然」の有機体的全体という理念が成立した．ロマン主義思想が「総合と発展」ないし「全体と無限」の追求に従事するとき，それは「精神・社会・自然」の総体における真実を知性的・感性的想像力を駆使して究明しようとしたのである．

　それに対して，近代実証主義の立場は，自然科学の方法こそが真実に至る唯一の道であり，社会現象についても例外ではないと主張する．科学的精神が支配する時代において，芸術の主導による「精神・社会・自然」の把握の存在意義はどこに見出されるべきであろうか．

ロマン主義の主張は次のようなものであろう．ロマン主義者は必ずしも科学に対して敵対的ではなかった．芸術と科学は補完的な人間活動であって，科学による観察や推論が積極的な知識を生むことができないとき，芸術は，象徴と隠喩を主とするレトリックによって，対象のイメージ——とりわけ機械的イメージに対抗する有機体的イメージ——を作り出した．ロマン主義の観念によれば，自然科学の方法は，自然科学の正当な対象と考えられる自然界の孤立的事象に対しては適用可能であっても，「精神と社会」にかかわる複雑な事象に対しては適切ではないし，自然科学の社会的意味は「精神・社会・自然」を含む全体的観点から批判的に問われなければならない．

ロマン主義思想の科学に対するかかわりは，「プレ理論」と呼ぶことができよう．「プレ理論」は新しい理論の先導者であると同時に，既存理論の批判者である．「プレ理論」は理論に取って代わるものではない．ロマン主義は「プレ理論」としての視野の広さにおいて意欲的であるけれども，理論そのものに取って代わるほど強欲ではない．

啓蒙主義の自然観によれば，自然は自然科学的方法によって解明されるべきであると考えられた．この啓蒙的自然主義は，「理性」と「自然」との調和に信頼を置くものであった．しかし，ロマン派詩人がいち早く洞察したように，近代的理性による自然支配と自然破壊を前にして，自然の秩序は顧みられるべき理想として位置づけられた．ロマン主義においては，自然は，社会や宗教の拘束から解放された人間精神の深みを表現するための素材であった．近代において失われた全体的統一の理想が自然の中に求められたのである[121]．

従来，「生」をめぐる「芸術」対「市場」，「自然」対「理性」の戦いにおいて，ロマン主義の社会科学への適用を妨げてきた最大の要因は功利主義である．功利主義に対抗しうる社会理論と社会的仕組みにそくした改革の青写真が必要である．「精神・社会・自然」の間の関係を，ロマン主義対功利主義の対立を通じてとらえるのが以下の課題である．登場人物はラスキン，グリーン，シュンペーターである．芸術評論家ラスキンを除けば，彼らとロマン主義との関連はこれまで定かとはされていない．彼らの思想の解釈に当って背景的知識を提供するのが，ドイツ・ロマン主義の芸術論および哲学の概

念的枠組みである.

注

1) Isaiah Berlin, *The Roots of Romanticism*, Princeton: Princeton University Press, 1999, p. xiii. (田中治男訳『ロマン主義講義』岩波書店, 2000 年, xiii ページ.)
2) Isaiah Berlin, "The Romantic Revolution: A Crisis in the History of Modern Thought," in *The Sense of Reality: Studies in Ideas and their History*, New York: Farrar, Straus and Giroux, 1996, pp. 168-70.
3) Berlin, *The Roots of Romanticism*, p. xi. (『ロマン主義講義』訳, x ページ.)
4) 「断章と研究——1798 年」『ノヴァーリス作品集』第 1 巻, 今泉文子訳, ちくま文庫, 2006 年, 235-36 ページ.
5) Frederick Beiser, "German Romanticism," in Edward Craig (ed.), *Routledge Encyclopedia of Philosophy*, London: Routledge, 1998, Vol. 8, p. 349.
6) Frederick Beiser, *The Romantic Imperative: The Concept of Early German Romanticism*, Cambridge, Mass.: Harvard University Press, 2003, p. 46.
7) Isaiah Berlin, "Two Concepts of Liberty," 1958, in *Four Essays on Liberty*, Oxford: Oxford University Press, 1969. (生松敬三他訳『自由論』みすず書房, 1971 年.)
8) Isaiah Berlin, "Two Concepts of Freedom: Romantic and Liberal," 1952, in *Political Ideas in the Romantic Age: The Rise and Influence on Modern Thought*, Princeton: Princeton University Press, 2006.
9) Isaiah Berlin, *The First and the Last*, New York: New York Review Books, 1999, p. 53.
10) Maurice Cranston, *The Romantic Movement*, Oxford: Blackwell, 1994.
11) 塩野谷祐一『経済哲学原理——解釈学的接近』東京大学出版会, 2009 年, 93-97 ページ.
12) Nicholai Hartmann, *Die Philosophie des deutschen Idealismus*, 1. Teil, Berlin: Walter de Grünter, 1923. (村岡晋一監訳『ドイツ観念論の哲学』作品社, 2004 年.)
13) Ibid., S. 190. (同上, 訳, 234 ページ.)
14) Friedrich Schlegel, "Ideen," 1800, in Hans Eichner (ed.), *Kritische Friedrich Schlegel Ausgabe*, Bd. 2, München: Verlag Ferdinand Schöningh, 1967, S. 267. (山本定祐訳「イデーエン断片」『ロマン派文学論』富山房百科文庫, 1978 年, 95 ページ.)
15) Friedrich Schlegel, "Lyceums-Fragmente," 1797, in Hans Eichner (ed.), *Kri-*

tische Friedrich Schlegel Ausgabe, Bd. 2, S. 161.（山本定祐訳「リュツェーウム断片」『ロマン派文学論』33 ページ.）
16) 中井千之『予感と憧憬の文学論——ドイツ・ロマン派フリードリヒ・シュレーゲル研究』南窓社，1994 年，65 ページ.
17) Ibid., S. 163.（同上，訳，34 ページ.）
18) Frederick Beiser, *Enlightenment, Revolution, and Romanticism: The Genesis of Modern German Political Thought, 1790-1800*, Cambridge, Mass.: Harvard University Press, 1992, p. 10.（杉田孝夫訳『啓蒙・革命・ロマン主義——近代ドイツ政治思想の起源 1790-1800 年』法政大学出版局，2010 年，15 ページ.）
19) Ibid., pp. 7-10.（同上，訳，11-16 ページ.）
20) Madame de Staël, *De l'Allemagne*, 1813.（梶谷温子他訳『ドイツ論』鳥影社，2000 年.）
21) Beiser, "German Romanticism," p. 348.
22) Ernst Behler, *Friedrich Schlegel*, Hamburg: Rowohlt Taschenbuch Verlag, 1966.（安井一郎訳『Fr. シュレーゲル』理想社，1974 年，32-33, 38 ページ.）
23) J.J. Winckelmann, *Gedanken über die Nachahmung der griechischen Werke in der Malerei und Bildhauerkunst*, 1755, in H. Uhde-Bernays (ed.), *Winckelmanns Kleine Schriften zur Geschichte der Kunst des Altertums*, Leipzig: Im Inzel-Verlag, 1913, S. 85-86.（澤柳大五郎訳『希臘芸術模倣論』座右寶刊行会，1943 年，32 ページ.）
24) Friedrich Schlegel, "Über das Studium der Griechischen Poesie," 1795-96, in Ernst Behler (ed.), *Kritische Friedrich Schlegel Ausgabe*, Bd. 1, München: Verlag Ferdinand Schöningh, 1979.
25) Ibid., S. 222-23.（山本定祐訳「近代文学の特性」『ロマン派文学論』11 ページ.）
26) Friedrich Schlegel, "Athenäums-Fragmente," 1798, in Hans Eichner (ed.), *Kritische Friedrich Schlegel Ausgabe*, Bd. 2, 1967, S. 182.（山本定祐訳「アテネーウム断章」『ドイツ・ロマン派全集』第 12 巻，国書刊行会，1990 年，157 ページ.）
27) Azade Seyhan, "What is Romanticism, and where did it come from?" in Nicholas Saul (ed.), *The Cambridge Companion to German Romanticism*, Cambridge: Cambridge University Press, 2009, pp. 1-2.
28) Lillian R. Furst, *Romanticism*, London: Methuen, 1969.（上島建吉訳『ロマン主義』研究社，1971 年，13-15 ページ.）
29) Logan Pearsall Smith, "Four Romantic Words," in *Words and Idioms: Studies in the English Language*, London: Constable, 1925, pp. 84-85.
30) Arthur O. Lovejoy, "The Meaning of 'Romantic' in Early German Romanticism," 1916, in *Essays in the History of Ideas*, Baltimore: Johns Hopkins Press,

1948.（鈴木信雄他訳『観念の歴史』名古屋大学出版会，2003 年.）
31) Friedrich Schlegel, "Gespräch über die Poesie," 1800, in Hans Eichner (ed.), *Kritische Friedrich Schlegel Ausgabe*, Bd. 2, S. 335.（山本定祐訳「文学についての会話」『ロマン派文学論』，207 ページ.）
32) Hans Eichner, "Einleitung," in Hans Eichner (ed.), *Kritische Friedrich Schlegel Ausgabe*, Bd. 2, S. LVI-LVIII.
33) Beiser, *The Romantic Imperative: The Concept of Early German Romanticism*, p. 8.
34) Ibid., pp. 15-16.
35) Schlegel, "Athenäums-Fragmente," in *Kritische Friedrich Schlegel Ausgabe*, Bd. 2, S. 183.（「アテネーウム断章」訳，158 ページ.）
36) Ibid., S. 182.（同上，訳，158 ページ.）
37) Elizabeth Millán-Zaibert, "The Revival of the Frühromantik in the Anglophone World," *Philosophy Today*, Spring 2005; *Friedrich Schlegel and the Emergence of Romantic Philosophy*, Albany, NY: State University of New York Press, 2007.
38) Frederick Beiser, *The Fate of Reason: German Philosophy from Kant to Fichte*, Cambridge, Mass.: Harvard University Press, 1987.
39) Simon Critchley and William R. Schroeder (eds.), *A Companion to Continental Philosophy*, Oxford: Blackwell, 1998.
40) Frederick Beiser, *German Idealism: The Struggle against Subjectivism, 1781-1801*, Cambridge, Mass.: Harvard University Press, 2002, pp. 11-14.
41) Ibid., pp. 361-68.
42) Immanuel Kant, *Kritik der reinen Vernunft*, 2. Aufl, 1787.（有福孝岳訳『純粋理性批判』3 巻，カント全集 4-6, 岩波書店，2001-6 年.）
43) Immanuel Kant, *Kritik der Urteilskraft*, 1790.（牧野英二訳『判断力批判』カント全集 8-9, 岩波書店，1999-2000 年，上，51 ページ，下，254 ページ.）
44) Ricarda Huch, *Die Romantik*, Leipzig: H. Haessel, 14. Auflage, 1924, S. 150.
45) J.G. Fichte, *Grundlage der gesamten Wissenschaftslehre*, 1794.（木村素衛訳『全知識学の基礎』2 巻，岩波書店，1949 年.）
46) 塩野谷祐一『経済哲学原理』第 4 章.
47) Manfred Frank, *The Philosophical Foundations of Early German Romanticism*, translated by Elizabeth Millán-Zaibert, New York: Sate University of New York Press, 2004, p. 178.
48) F.W. Schelling, *System des transzendentalen Idealismus*, 1800, in Otto Weiss (ed.), *Schellings Werke*, Auswahl in drei Bänden, Bd. 2, Leipzig: Fritz Eckardt Verlag, 1907.（赤松元通訳『先験的観念論の体系』蒼樹社，1948 年.）
49) Frederick Beiser, "The Enlightenment and Idealism," in Karl Ameriks (ed.), *The Cambridge Companion to German Idealism*, Cambridge: Cambridge Uni-

versity Press, 2000, pp. 33-34.
50) F.W. Schelling, *Darstellung mines Systems der Philosophie*, 1801, in Weiss (ed.), *Schellings Werke*, Bd. 2.（北澤恒人訳「私の哲学体系の叙述」伊坂青司他訳『シェリング著作集第3巻，同一哲学と芸術哲学』燈影社，2006年.）
51) F.W. Schelling, "Ideen zu einer Philosophie der Natur," 1797, in Weiss (ed.), *Schellings Werke*, Bd. 1, 1907, S. 152.（松山壽一訳「自然哲学に関する考案」『シェリング著作集第1b巻，自然哲学』燈影社，2009年，68ページ.）
52) Schelling, *System des transzendentalen Idealismus*, in Weiss (ed.), *Schellings Werke*, Bd. 2, S. 301-2.（『先験的観念論の体系』訳，454ページ.）
53) F.W. Schelling, *Bruno*, 1802, in Weiss (ed.), *Schellings Werke*, Bd. 2, S. 430.（服部英次郎他訳『ブルーノ』岩波書店，1955年，27ページ.）
54) F.W. Schelling, *Philosophie der Kunst*, 1802-3, in Weiss (ed.), *Schellings Werke*, Bd. 3, 1907, S. 33.（小田部胤久他訳「芸術の哲学」伊坂青司他訳『シェリング著作集第3巻，同一哲学と芸術哲学』燈影社，2006年，243ページ.）
55) Andrew Bowie, *Introduction to German Philosophy*, Cambridge: Polity, 2003, pp. 79-80.
56) G.W.F. Hegel, "Differenz des Fichte'schen und Schelling'schen Systems der Philosophie," 1801.（山口祐弘他訳『理性の復権——フィヒテとシェリングの哲学体系の差異』批評社，1994年.）
57) G.W.F. Hegel, *Phänomenologie des Geistes*, 1807.（長谷川宏訳『精神現象学』作品社，1998年，10ページ.）
58) 伊坂青司『ヘーゲルとドイツ・ロマン主義』御茶の水書房，2000年，193-96ページ.
59) G.W.F. Hegel, *Vorlesungen über die Ästhetik*, 1816-31.（長谷川宏訳『美学講義』3巻，作品社，1995-96年.）
60) Frederick Beiser, *Hegel*, New York: Routledge, 2005, pp. 283-84.
61) 長谷川宏訳『美学講義』上巻，70-75ページ.
62) Fritz Strich, *Deutsche Klassik und Romantik, oder Vollendung und Unendlichkeit: Ein Vergleich*, München: Meyer & Jessen, 1928.
63) Schlegel, "Ideen," in *Kritische Friedrich Schlegel Ausgabe*, Bd. 2, S. 256-60.（「イデーエン断片」訳，84-88ページ.）
64) Behler, *Friedrich Schlegel*.（『Fr. シュレーゲル』訳，65-66ページ.）
65) Berlin, *The Roots of Romanticism*, pp. 102-4.（『ロマン主義講義』訳，157-60ページ.）
66) Heinz Gockel, "Zur neuen Mythologie der Romantik," in Walter Jaeschke und Helmut Holzhey (eds.), *Früher Idealismus und Frühromantik: Der Streit um die Grundlagen der Ästhetik (1795-1805)*, Hamburg: Felix Meiner Verlag, 1990, S. 131.（藤田正勝訳「ロマン主義の新しい神話について」相良憲一他監訳『初期観念論と初期ロマン主義——美学の諸原理を巡る論争（1795-1805年）』昭

和堂，1994年，148ページ.）
67) 神林恒道訳「ドイツ観念論最古の体系計画」薗田宗人・深見茂編『ドイツ・ロマン派全集・第9巻』国書刊行会，1984年，100ページ.
68) Schelling, *System des transzendentalen Idealismus*, in Weiss (ed.), *Schellings Werke*, Bd. 2, S. 303. (『先験的観念論の体系』訳，456ページ.)
69) Schlegel, "Gespräch über die Poesie," in *Kritische Friedrich Schlegel Ausgabe*, Bd. 2, S. 311-22. (「文学についての会話」訳，175-95ページ.)
70) Ibid., S. 313. (同上，訳，177ページ.)
71) Ibid., S. 324. (同上，訳，190ページ.)
72) Ibid., S. 319. (同上，訳，184-85ページ.)
73) Schlegel, "Athenäums-Fragmente," in *Kritische Friedrich Schlegel Ausgabe*, Bd. 2, S. 187. (「アテネーウム断片」訳，162-63ページ.)
74) Jürgen Habermas, *Der Philosophische Diskurs der Moderne*, Frankfurt am Main: Suhrkamp, 1985. (三島憲一他訳『近代の哲学的ディスクルス』I，岩波書店，1990年，153-57ページ.)
75) Beiser, *German Idealism: The Struggle against Subjectivism, 1781-1801*, p. 457.
76) Friedrich Schleiermacher, *Über die Religion, Reden an die Gebildeten unter ihren Verächten*, 1799. （高橋英夫訳『宗教論――宗教を軽んずる教養人への講話』筑摩書房，1991年，42ページ.)
77) Oskar Walzel, *Die Romantik*, Bd. 1, *Welt- und Kunstanshauung*, Leipzig: B.G. Teubner, 5. Aufl., 1923. （飯田安訳『浪漫主義の世界観と芸術観』牧神社，1978年，89ページ.)
78) Friedrich Schiller, *Kallias, oder über die Schönheit*, 1792. *Über die ästhetische Erziehung des Menschen in einer Reihe von Briefen*, 1795. （石原達二訳「カリアス書簡」・「人間の美的教育について」『美学芸術論集』富山房，1977年.)
79) Frederick Beiser, *Schiller as Philosopher: A Re-Examination*, Oxford: Clarendon Press, 2005, chapter 7.
80) Habermas, *Der philosophische Diskurs der Moderne*. (『近代の哲学的ディスクルス』訳，I，69ページ.)
81) Ernst Behler, *German Romantic Literary Theory*, Cambridge: Cambridge University Press, 1993, pp. 3-4, 301-3.
82) 渡邊二郎『芸術の哲学』筑摩書房，1998年，73-82ページ.
83) M.H. Abrams, *The Mirror and the Lamp: Romantic Theory and the Critical Tradition*, Oxford: Oxford University Press, 1953. （水之江有一訳『鏡とランプ――ロマン主義理論と批評の伝統』研究社，1976年.)
84) Schlegel, "Über das Studium der Griechischen Poesie," in *Kritische Friedrich Schlegel Ausgabe*, Bd. 1, S. 221. (「近代文学の特性」訳，9ページ.)
85) Schlegel, "Gespräch über die Poesie," in *Kritische Friedrich Schlegel Aus-

gabe, Bd. 2, S. 302.(「文学についての会話」訳, 164 ページ.)
86) Friedrich Schiller, *Über naive und sentimentalische Dichtung*, 1795-96.(石原達二訳「素朴文学と情感文学について」『美学芸術論集』富山房, 1977 年.)
87) Arthur O. Lovejoy, "Schiller and the Genesis of German Romanticism," 1920, in *Essays in the History of Ideas*, Baltimore: Johns Hopkins Press, 1948.(鈴木信雄他訳『観念の歴史』名古屋大学出版会, 2003 年.)
88) Beiser, *Enlightenment, Revolution, and Romanticism: The Genesis of Modern German Political Thought, 1790-1900*, p. 258.(杉田孝夫訳『啓蒙・革命・ロマン主義』, 508 ページ.)
89) 安井一郎訳『Fr. シュレーゲル』, 44-45 ページ.
90) Johann P. Eckermann, *Gespräche mit Goethe in den letzten Jahren seines Lebens*, Bd. 3, 1848.(伊藤武雄訳「ゲーテとの対話(抄)」『ゲーテ全集』第 11 巻, 人文書院, 1961 年, 344 ページ.)
91) Schlegel, "Athenäums-Fragmente," in *Kritische Friedrich Schlegel Ausgabe*, Bd. 2, S. 204.(「アテネーウム断片」訳, 177 ページ.)
92) Ibid., S. 207.(同上, 訳, 180 ページ.)
93) Schlegel, "Lyceums-Fragmente," in *Kritische Friedrich Schlegel Ausgabe*, Bd. 2, S. 148, 158.(「リュツェーウム断片」訳, 21, 29 ページ.)
94) Schlegel, "Ideen," in *Kritische Friedrich Schlegel Ausgabe*, Bd. 2, S. 258.(「イデーエン断片」訳, 86 ページ.)
95) Schlegel, "Athenäums-Fragmente," in *Kritische Friedrich Schlegel Ausgabe*, Bd. 2, S. 197.(「アテネーウム断章」訳, 169 ページ.)
96) Ibid., S. 236.(同上, 訳, 204 ページ.)
97) Ibid., S. 176.(同上, 訳, 150 ページ.)
98) Ibid., S. 173.(同上, 訳, 146 ページ.)
99) 塩野谷祐一『経済哲学原理』21-23 ページ.
100) 塩野谷祐一『価値理念の構造——効用対権利』東洋経済新報社, 1984 年, 95-102 ページ.
101) Beiser, *German Idealism: The Struggle against Subjectivism, 1781-1801*, p. 444.
102) Beiser, *The Romantic Imperative: The Concept of Early German Romanticism*, p. 108.
103) Ibid., pp. 127-28.
104) 塩野谷祐一『経済哲学原理』24-29 ページ.
105) Schlegel, "Lyceums-Fragmente," in *Kritische Friedrich Schlegel Ausgabe*, Bd. 2, S. 151.(「リュツェーウム断片」訳, 25 ページ.)
106) 塩野谷祐一『シュンペーター的思考——総合的社会科学の構想』東洋経済新報社, 1995 年, 228-29 ページ.
107) Martin Heidegger, *Sein und Zeit*, 1927, Tübingen: Max Niemeyer, 19. Au-

flage, 2006, S. 212.（細谷貞雄訳『存在と時間』筑摩書房，1994 年，上巻，442 ページ．）
108） Beiser, *Enlightenment, Revolution, and Romanticism: The Genesis of Modern German Political Thought, 1790-1800*, pp. 237-38.（『啓蒙・革命・ロマン主義』訳，464-65 ページ．）
109） 塩野谷祐一『経済と倫理——福祉国家の哲学』東京大学出版会，2002 年，第 1 章．
110） 小林信行「充満するイロニーと進展するポエジー」伊坂青司・原田哲史編『ドイツ・ロマン主義研究』御茶の水書房，2007 年，167 ページ．
111） 塩野谷祐一『シュンペーターの経済観——レトリックの経済学』岩波書店，1998 年，第 1 章．
112） Schlegel, "Lyceums-Fragmente," in *Kritische Friedrich Schlegel Ausgabe*, Bd. 2, S. 152, 153, 160.（「リュツェーウム断片」訳，26, 27, 31 ページ．）
113） Schlegel, "Athenäums-Fragmente," in *Kritische Friedrich Schlegel Ausgabe*, Bd. 2, S. 184, 171.（「アテネーウム断章」訳，160, 144 ページ．）
114） Beiser, *The Romantic Imperative: The Concept of Early German Romanticism*, pp. 128-30.
115） Rüdiger Safranski, *Romantik: Eine deutsche Affäre*, München: Carl Hanser Verlag, 2007.（津山拓也訳『ロマン主義——あるドイツ的な事件』法政大学出版局，2010 年，55 ページ．）
116） Irving Babbitt, *Rousseau and Romanticism*, Boston: Houghton Mifflin, 1919, p. 246.（葛川篤訳『ルソオとロマンティシズム』春秋社，1933 年，239 ページ．）
117） 塩野谷祐一『経済哲学原理』70-71 ページ．
118） 同上，195-96 ページ．
119） Schlegel, "Ideen," in *Kritische Friedrich Schlegel Ausgabe*, Bd. 2, S. 262-63.（「イデーエン断片」訳，91 ページ．）
120） Beiser, *German Idealism: The Struggle against Subjectivism, 1781-1801*, p. 458.
121） Helmut J. Schneider, "Nature," in Marshall Brown (ed.), *Romanticism*, The Cambridge History of Literary Criticism, Vol. 5, Cambridge: Cambridge University Press, 2000, pp. 92-93.

第2章　ラスキンと芸術的「生」のロマン主義

1　ロマン主義者ラスキン

イギリス・ロマン主義

　ジョン・ラスキン（1819-1900年）の浩瀚な著作は，大別すれば芸術論と経済論の2つから成る[1]．彼の生涯の活動を二分する分水嶺を1860年ごろに置くとすれば，彼は生涯の前半に『近代画家論』全5巻（1843-60年）[2]，『建築の七燈』（1849年）[3]，『ヴェネチアの石』全3巻（1851-53年）[4]などによって，絵画および建築についての芸術論を展開し，次いで生涯の後半には，一転して『芸術経済論』（1857年）[5]，『この最後の者にも』（1862年）[6]，『ムネラ・プルヴェリス』（1872年）[7]などによって経済社会批判の論陣を張った．いずれの分野においても，彼の著作・講演活動は刺激的であり，賛否を超えて広く強い影響力を持った．

　以上のような著書に加えて，講義・講演の記録，および労働者階級に宛てた公開書簡が多数あり，それらをも適宜参照することとする．実は，後半期の1870年代から1880年代初めにかけて，ラスキンは『鳥類学』（1873-81年）[8]，『植物学』（1875-86年）[9]，『地質学』（1875-83年）[10]の著作を講義ないし教科書の形で公にしている．この分野の仕事は，彼が単一科学の専門化を忌避し，総合的・学際的思考を科学教育のあり方として実践した例であるが，ここでは取り扱わないこととする[11]．

　ラスキンの死後，現在までの約100年間，ラスキン研究は隆盛と衰退を経験した．その変遷は，大まかに言って，彼の経済社会批判が時代の直面する問題に対して適合性を持つ程度によって左右されるものであった．彼の思想

は，あるときは，社会の危機を予言する先見的なメッセージとして受け取られ，あるときは，時代錯誤の復古的・反動的な現実逃避として受け取られた．

　われわれのラスキン研究の視点を述べておきたい．第1に，これまで，ラスキンの芸術論および経済論はそれぞれの分野の専門家によって別々に研究の対象とされたが，芸術論と経済論とを一体のものとして評価することは，必ずしも満足のいく形でなされたとは言い難い．概して，芸術畑の専門家が経済や社会を論ずる仕方は説得力に乏しく，経済畑の専門家はそもそも芸術論に触れようとしない．われわれは，ラスキンの芸術論と経済論をどのような形で総合的に解釈することができるかを示す．その解釈の視点は，前章で定式化されたロマン主義の思想である．

　第2に，ラスキンの芸術論にせよ経済論にせよ，それらは歴史的に与えられた素材であって，これを扱う思想史研究の接近としては2つの異なった方法が区別される．著者の業績についての論理的・原理的・方法論的解釈と，伝記的・心理学的・歴史的解釈とがそれである．それらは思想の「合理的再構成」および「歴史的再構成」とも呼ばれる．われわれが試みるのは，ロマン主義を概念的枠組みとするラスキンの「合理的再構成」である．そうした方法によって，ラスキンの思想がヴィクトリア時代のイギリスという歴史的制約を超えて，現代に生きることが可能になると考えられる．

　われわれはロマン主義の概念的枠組みに照らして，芸術と経済とをつなぐラスキンの環を発見しようと思う．ラスキン研究書の中には，気軽に歴史的背景から「ロマン主義者ラスキン」のレッテルを貼ることが多く，その根拠に立ち入った理論的解釈を見出すことは稀である．ラスキンの芸術論と経済論の全体を扱った研究書の中で，われわれの観点から見て最も優れていると思われるものはシャーバーンの著作である[12]．彼はロマン主義を自然・人間・社会への有機体論的接近と解釈した上で，主としてワーズワス（1770-1850年），コールリッジ（1772-1834年），カーライル（1795-1881年）との関係を背景として，ラスキンをロマン主義の伝統の中に位置づけている．

　ラスキンの芸術論の側面に関しては，研究者の間で次のような評価が得られている．

　「『抒情歌謡集』がイギリス・ロマン主義による感性の復活を宣言する最

初の偉大な表明であったとすれば,『近代画家論』はその最後のもので
あった.両者の共通項は自然である.ワーズワスは古典主義の詩に対す
る攻撃において,自然を『単純性』と同一視したが,ラスキンは芸術に
おける伝統様式に対する攻撃において,自然を『真実性』と同一視し
た.」[13]

『抒情歌謡集』(1798年)はワーズワスとコールリッジの共著であり,イ
ギリス・ロマン主義の生誕を画する記念碑的作品とみなされている[14].1798
年は,ドイツにおいてシュレーゲル兄弟らの『アテネーウム』が刊行された
年でもある.われわれは前章でドイツ・ロマン主義を検討したが,ラスキン
を論ずるに当っては,イギリス版のロマン主義を視野に入れなければならな
い.このような考慮は,思想の「合理的再構成」にとっては不要と思われる
かもしれないが,ラスキンにとっての初期的「知識の場」を識別するために
は,最低限必要な歴史的知識であろう.

古典主義からロマン主義へ──観念連合論

イギリスにおいても,芸術論は趣味ないし美の基準をめぐって,古典主義
からロマン主義への移行を経験したが,この移行はイギリス経験論の哲学的
風土の影響を受け,「観念連合論」という媒介項を経由することとなった[15].

古典主義芸術論の基本的な考えは,理性による普遍的な真理の把握が芸術
や道徳にとっても不変の理想的典型を与えるというものであったが,イギリ
スにおいて,そのような考え方からいきなり,芸術は人間の心や感情や想像
力の所産であり,したがって趣味判断は相対的かつ直覚的なものであるとい
う観念への飛躍が行われたわけではなかった.イギリス美学においては,観
念連合論による思想的媒介が作用した.

「観念連合」(association of ideas)とは,ある観念の知覚が別の観念を連
想させ,その作用を通じて1つのまとまりを持った思考が形成されることを
いう.その概念は,ロック (1632-1704年)やヒューム (1711-76年)に
よって論じられたが,2人の間にはその作用の評価について大きな相違があ
った.ロックによれば,観念連合は心の偶然や社会の習慣によって生ずるも
のであり,人間や社会が違えば性向の違いに応じて相対的であり,理性の要

求に反するものである．それは狂気の沙汰であるとさえ非難された．それに対して，ヒュームは，観念連合は観念相互の類似性・時空の隣接性・因果性の3原理に従って，想像力によって導かれるものと考え，想像力に対して精神活動における原理的地位を与えた．観念連合は自然界における引力に相当するものとまで称せられた．

　観念連合論そのものは認識論であるが，その後，これを美学に適用する試みが生まれた．芸術的趣味判断においては，経験的根拠に基づいて，しばしば芸術的評価の主観性・相対性が主張されるが，その基礎づけのために，個々の経験から生ずる諸観念を一体化し，整理し，統合するものとして観念連合論が適用され，想像力が直覚的な趣味判断において観念連合の機能を担うものとみなされた．

　こうして，経験主義と直覚主義との結合がイギリス独特の美学思想を形成した．ロマン主義の核心である直覚的想像力の概念は，イギリス経験論哲学の内部において，まずロックからヒュームへの転回という形で地歩を占めた．次に観念連合の美学においては，美は精神の観念連合の構造と調和することから生ずる快感であるとみなされた．具体的には，観念連合を通じて統一性と多様性とを適切に融合することが求められた[16]．アレクサンダー・ジェラード（1728-95年）が観念連合美学の先駆とみなされている．ただし，彼の理論はロマン主義よりもまだ古典主義の枠組みに留まるものと言われる[17]．

　イギリス・ロマン主義はこのような背景の下に成立した．そこでも想像力や直覚や感情が生命力の源として強調されたが，それらは思想や観念や知性の型式の中に組み込まれた．そのような思想や観念や知性は経験の概念化に他ならなかった．そこでは良識・分別・現実主義が支配した[18]．こうして感覚と観念，経験と直覚，現実と理想は不可分となる．経験主義的な思考傾向の下に置かれたイギリス・ロマン主義の基盤は，「直覚的経験主義」または「詩的写実主義」という言葉で特徴づけることができる．そのことによって，イギリス・ロマン主義は極端な理想主義・主観主義・情緒主義・相対主義を避けることができた．これをイギリス・ロマン主義の中庸性と呼ぶことができよう[19]．ドイツ・ロマン主義が超越論的観念論の哲学的風土の中で生まれたのに対して，イギリス・ロマン主義はこの点で興味ある対照を形作った．

そしてこの点でウィリアム・ワーズワスは典型的にイギリス的であった.

ワーズワスとラスキン

弱冠24歳のラスキンは,処女作『近代画家論』第1巻を「オックスフォード大学の1卒業生」という匿名で出版した.その後,17年にわたって出版された続巻を含む全5巻の各タイトル・ページには,ワーズワスの詩篇『逍遥』(1814年)から次のような十数行の詩が引用されている[20].この部分は,高潔な倫理感を持つ旅商人の語りである.

「私は自然とともに歩み,
虚弱の体軀の許す限り,私の心を日夜
真実に捧げてきた.
私が仕えてきた自然と真実について,いま
次のように断言するとしても,
私を高慢だと責めないでください.
すなわち,自然と真実の神性は
人間の振る舞いに腹を立て,
反抗するものだということを.
人間の魂を構成するものは
千の能力と二万の利害であるが,
哲学者たちの評価によれば,この魂と超越的宇宙は
高慢な自己愛に対してみずからの
知性を映し出す鏡にすぎないのだ」

(『逍遥』第4巻・第978-92行,訳235-36ページ.)

これは,ラスキンのロマン派詩人ワーズワスへの共感と帰依を示すとともに,ワーズワスの権威にすがりたいという気持の表れであったかもしれない.「自然と真実」は2人にとってのキーワードであった.

もちろん,両者の関係はそれだけではない.『近代画家論』は画家ターナー(1775-1851年)の擁護を目的として,絵画を対象とする芸術論を展開したものであるが,美学一般を論ずる局面では,ラスキンはしばしばワーズワスの詩や詩論を引用した.それは,ラスキンがターナーの絵画とワーズワ

スの詩との間に共通のロマン主義的志向を見出したからであろう[21]．それは，詩がとらえる自然の変化は，絵画がとらえる一瞬の中の動態と等しいというものである．しかもそれは，単なる自然の写実・観察によってではなく，主体の瞑想・観想・想像によって達成される．ロマン派詩人が強調する創造的想像力は，現実の体験や観察から象徴的イメージを抽出することによって発揮される．ロマン主義は，外的なもの・可視的なもの・有限のものを通じて，内的なもの・幻想的なもの・無限のものへの接近を図る．無限のものは宗教的・道徳的なものに他ならない．イギリス・ロマン主義におけるイギリス的な特徴は，芸術活動の契機となる出発点の現実性・日常性に見出される．ワーズワスとラスキンとの年齢差は50歳近くあり，個人的な交流はほとんどなかったけれども，ラスキンは，イギリス・ロマン派と呼ばれる人々の中では，ワーズワスから最も直接的な影響を受けたと思われる．

ワーズワスとコールリッジの共著『抒情歌謡集』の第1版（1798年）は匿名で出版された．第2版（1800年）および第3版（1802年）につけられたワーズワスの長文の「序文」は，イギリス・ロマン主義文学のマニフェストとみなされている．これを検討してみよう．

ワーズワスは新しい詩のあり方を実験的に提起するに当って，まず詩の目的は何かを問う．

> 「詩の目的とは，感動（excitement）状態にあるときのわれわれの感情（feeling）と観念（idea）との結びつき方（associate）を説明することである．しかし，（やや特殊な言葉で言えば），それは，人間本性の偉大で単純な作用によって引き起こされる心の潮の満ち干を辿ることである．」（LB, p. 231, 訳238ページ）

外界からの知覚としての感情は，ここで言及されている観念連合のプロセスにそくして言えば，内的感覚としての観念によって修正され，方向づけられる．観念は過去の感情全体を代表するものである．しかも，ワーズワスにおいては，詩の題材は「普通の生活の事象」であること，一般に「中流・下流の田舎の暮らし」であること，詩特有の言葉や文体を避けて，「人々の実際の言葉」を使うことが要求されている．このような文脈において，詩の真実と虚偽が論じられるのである．ここで注目したいのは，詩における「感

情」と「観念」との関係である.

「詩の目的は,溢れ出る喜び (pleasure) を伴う感動 (excitement) を生み出すことである」が,その喜びは,対象としての人間と自然に関して「異なるものの中に似たものを知覚することによって,心が獲得する喜びである」(LB, pp. 237-38, 訳 244-45 ページ). 言いかえれば,「詩は力強い感情がおのずから溢れ出るものである」が,「詩は,静かな気持ち (tranquility) の中で想起される情緒 (emotion) から生れるもの」でなければならない (LB, p. 239, 訳 245 ページ). ここで「おのずから溢れ出る」とは,感情の内発性を意味すると同時に,自然の真実に従うことを意味する. また,「静かな気持ち」とは,単なる激情の自己表出ではなく,思考と観念の枠組みによる感情の再構成を意味する. この再構成のプロセスを支配する原理的観念は「喜び」である. ワーズワスは宇宙における共感の喜びを歌う詩人である.「喜び」は,人が知り,感じ,生き,活動する際の動機となる「壮大な基礎的原理」である (LB, p. 248, 訳 255 ページ). かくして,「普通の生活の事象」の中に,「感情」と「観念」との連合の仕方についての「人間本性の根源的な法則」を探ることが,詩の主要な目的とされるのである (LB, p. 229, 訳 237 ページ).

以上のワーズワスからの引用は,すべて 1800 年の『抒情歌謡集』第 2 版の序文からであるが,1802 年の第 3 版の序文に付加された部分から新しい章句を取り上げてみよう. 彼は詩の目的について,認識論的な観点から次のように書いている.

「アリストテレスは,詩はあらゆる作品の中で最も哲学的であると言ったという. その通りである. 詩の目的は真実 (truth) であり,それも個別的・局所的な真実ではなく,普遍的・活動的な真実であり,さらに外的証拠に依存するものではなく,情熱によって生きたまま心に伝えられる真実である. それ自身が証拠となる真実である. ……詩は人間と自然の写像 (image) である.」(LB, p. 247, 訳 254 ページ)

ここで注目すべきは「真実」の概念である. 詩の目的は,一方で,内容的に言えば,感情の自然流露を謳うことであり,他方で,方法的に言えば,自然と人間の「真実」を表現することであるという. ワーズワスにおける詩的

真実性については、いくつかの解釈がありうるであろう[22]．しかし，ここではわれわれはワーズワスとラスキンとの関連を問題にしているので，芸術における真実性概念の重要性がワーズワスからラスキンへ継承されたことを指摘するにとどめたい．後に述べるように，ラスキンは，芸術の目的は単なる事実の模倣的表現ではなく，観念・思想の表現であると主張することによって，「真実」の概念を構築した．彼は，ワーズワスが提起した詩の「内容と方法」ないし「感情と観念」との関係を，思想性の本質としていっそうの展開を図ったのである．

詩人としての条件は何かについて，ワーズワスは次のように述べ，詩人には明確な社会的・道徳的役割があることを指摘する．詩の感情駆動力はそのための手段である．

「詩人は人々に語りかける存在である．彼は，普通の人々よりも，より生き生きとした感受性，より多くの情熱，より多くの愛情，より多くの人間本性の知識，より包括的な精神を持った人間である．彼は，自分自身の情熱や意欲に満足し，自分の内にある生の精神の中で他の人々よりも大きな喜びを覚え，自分のものに似た意欲や情熱が宇宙の歩みの中に現れていることを見て喜び，それが見つからないときには，習慣的にみずから創造しようとする衝動を持つ人である．これらの資質に加えて，彼は，眼前にないものごとから，あたかも眼前にあるかのような感動を他の人々よりも強く受ける人である．」(LB, pp.245-46, 訳253ページ)

ワーズワスの詩の主たる対象は，人間と自然との関係であった．上述のように，彼は，詩は人間と自然の写像であると言う．「詩人は，人間と自然とが本質的に互いに適合しているものと考え，人間精神を本来，自然の最も美しい，最も興味深い特質を映し出す鏡であるとみなしている」(LB, p.249, 訳256ページ)．しかし，詩人の対象は自然と向き合った人間の姿だけではない．その人間は，むしろ社会的日常生活の中の人間である．彼は詩人の仕事についてこう述べている．

「人間と人間を取り囲む事物とが互いに作用し反作用し合って，無限に複雑な苦しみと喜びを生み出していると，詩人は考える．……彼は，人間がこの観念と感覚の入り組んだ情景を眺め，いたるところにじかに共

感を引き起こす事物を見つけ出す,と考える.その共感は,詩人の資質の必然性によって,苦しみを上回る楽しみを伴うのである.」(LB, p.248, 訳255ページ)

　詩人がこのような仕事と取り組むのは,ワーズワスにとっては,人間のための芸術,生のための芸術を打ち立てるためであり,「詩人は人間本性を防御する岩壁であり,人々との関係と愛を担いつつ,人間本性を鼓舞し,保護する者である.……詩人は,情熱と知識によって,あらゆる時代にわたって全地球上に広がっている広大な人間社会を結びつけるのである.」(LB, p.249, 訳256ページ)

人間・自然・社会

　ワーズワス研究の伝統における1つの問題点は,ワーズワスの詩の中に「2つの声」を聞き,それを解釈することである[23].「2つの声」とは,一方で,単純性・普遍性・恒久性によって支えられた生の喜びを謳い上げるものであり,他方で,矛盾性・曖昧性・可変性によって覆われた孤独な生の失意と苦悩と向き合うものである.これは,人生に対する肯定と否定,光と闇という基本的な二項対立を表すものであって,このことによって,ロマン派詩人ワーズワスはけっして楽天的な希望を歌うだけの夢想家ではなく,神に代わって人間の苦悩や悲惨を解決する役割を担うものとみなされるのである.こうした闇の世界への関心は,社会的弱者への共感や不正な社会制度への憤激と結びつく.第2の声を意識することは,ワーズワスのラスキンへの影響を考える上で無視することができない.

　ワーズワスの解釈をめぐっては,別の意味での「2つの声」も区別されている[24].第1の声は,古典主義の詩のスタイルであり,客観・観察・理性を強調するものであるが,第2の声は,ロマン主義の詩のスタイルであり,主観・想像・感情を強調する.両者の結合と均衡がワーズワスの優れた詩の特徴であると解釈されている.

　ワーズワスがこれらの意味で「2つの声」を発したからといって,また彼がこの種の二元性に立ったからといって,彼がロマン主義者であったという特性が否定されるものではない.一方的に知性を否定して感情を謳い,現実

から離れて空想に浸ることがロマン主義の本性ではない．前章の議論から，むしろ矛盾や対立を許容する統合的な観念を持つところにロマン主義の特性があると考えられる．

　この問題は，ワーズワスにおける真にワーズワス的なものは何かといういっそう根本的な問題と結びついている[25]．19世紀以来，ワーズワス解釈の一般的見解は，彼を自然詩人とみなすものであって，自然を見て感ずる美や喜びを謳い上げるところに彼の特有の才能を見出すものである．それに対して，もう1つの対立的な解釈は，彼の詩の神秘的・幻想的・崇高な側面を強調するものであり，それはワーズワスを人間の詩人，ヒューマニズムの詩人とみなすものである．われわれは自然か人間かという二者択一の解釈を取る必要はないと考える．以上の説明から明らかなように，彼は自然と人間だけでなく，自然と人間と社会を一体のものとして取り上げたのである．この点をまとめて議論しておこう．

　ワーズワスの未完の大作の詩篇『隠者』（*The Recluse*）は，彼自身が言うように，「人間・自然・社会についての考え方を含む哲学詩」として意図されたものであった．彼はその作品の構造をゴシック式教会の建築になぞらえた．第2部に当る『逍遥』が刊行され，それに付されたいわゆる「趣意書」（プロスペクタス）という文章は，彼の畢生の作品の「構想と範囲」を述べたものとして注目に値しよう．そこから彼の思想の集約的表現を拾うことができる．「趣意書」は107行の韻文から成っているが，そこには次のような単語が含まれている——喜び・悲しみ・苦しみ・恐怖・慰め・真実・壮大・美・愛・希望・情熱・畏敬・信仰・道徳・知性・良心・精神・直観・創造・魂．これらの言葉を使って表明されている思想の2つを取り上げよう．

　(1)「人間の明敏な知性が

　　　愛と聖なる情熱の中で

　　　この美しい宇宙と結合するとき，

　　　これらのものは

　　　日常生活の単なる産物にすぎないことを知る」

　　　　　　　　　　　（「趣意書」第52-55行，『逍遥』訳7ページ）

　(2)「私はこう宣言する．

個人の心は（そして全人類の進歩する能力もおそらく同様に）
なんと優美に外界と適合していることか．
そしてまた，外界はなんと優美に
人間精神と適合していることか．
これは人々の間でほとんど聞かれることのないテーマだ．
そして両者は，交ぜ合わされた力によって，
創造を達成するのだ．
（これより弱い言葉で表すことはできない）
── これがわれわれの崇高な主題である」

(同上，第 62-71 行，『逍遥』訳 8 ページ)

(1)は，人間の知性と情熱，観念と感情が自然と合一する事象は，人々の日常生活における普通の言葉で表現されること，(2)は，外界の自然・社会と内面の人間精神との類稀なる合一は創造性を実現することを表明する．ワーズワスは，「人間・自然・社会」の「日常性」と「革新性」を追求することをみずからの究極の課題としたのである．

ワーズワスとラスキンとの間の関連は，大局的に見れば，次の3点であろう．第1に，芸術の評価基準は生と自然の真実性の表現にあるということ，第2に，芸術は，自然との交流において人間の内面にある感情や構想を育むためのものであるということ，第3に，人間の外部にある社会的正義に対して強い関心を抱かざるをえないということである．しばしば分離されているはずの自然への共感と社会への共感とは，いわば「連鎖的関心」として結びついていた．レイモンド・ウィリアムズは，イギリス・ロマン派の思想状況について，「個人感情についての結論は社会についての結論となり，自然美の観察は人間の全体的・統一的生活に不可欠の道徳的論及を伴っていた」と書いている[26]．「人間・自然・社会」を含む全体を相互関連とその動態においてとらえることは，ロマン主義の本質に属する．

カーライルとラスキン

ラスキンは，自他ともに認めるように，カーライルの弟子であった．カーライルはラスキンよりも 24 歳年上であり，ラスキンが芸術評論に携わって

いた1840年代および50年代には,すでに,『衣服哲学』(1833年),『フランス革命史』(1837年),『英雄および英雄崇拝』(1841年),『過去と現在』(1843年),『現代論パンフレット』(1850年)などの主要な著作を出版し終えていた.ラスキンはこれらのものを読んだ.1850年ごろから両者は交流を持つようになったが,カーライルは芸術には関心がなく,両者の思想的親交は,もっぱらラスキンが執筆活動の最初の10年を費やして社会的な問題意識に目覚め,カーライルの烈しい社会批判に同調することによって得られたものであった.

カーライルはラスキンの最初の社会批判の書である『この最後の者にも』の第1論文を読んで,その快挙に歓声を上げたという[27].この書物は『コーンヒル・マガジン』誌に連載された論文をまとめたものであるが,批評家たちの悪評と非難によって,出版社は4回で掲載を打ち切らざるをえなかったという経緯がある.カーライルはこれを惜しみ,『フレイザーズ・マガジン』誌の編集者に働きかけ,続編の発表をラスキンに勧めた.これが実現して,ラスキンの経済学の著作『ムネラ・プルヴェリス』が生まれたが,これも悪評によって4回で打ち止めとなった.

芸術評論家としての名声を勝ち得ていたラスキンは,社会批判に転向した後,四面楚歌の痛罵に晒されることとなったが,カーライルはラスキンの「輝かしい能力――快活さ,高く純粋な道徳性,天上界の如き輝き」と,「不正,虚偽,卑劣に対する神々しいまでの義憤」を称賛し,ただ1人彼に激励の声を送った[28].一方,ラスキンはカーライルを世界で唯一の理解ある支持者とみなし,絶対の忠誠と信頼を寄せた[29].両者は相互の愛着と嘆賞によって結ばれたのである.

カーライルはワーズワスやラスキンと違って,カント,フィヒテ,ゲーテ,シラーなどの研究を通じて,ドイツの思想と明確な接触を持った.彼は本格的な哲学者ではなく,イギリスへのドイツ文学の紹介に一役買ったけれども,コールリッジのようにドイツ観念論哲学の導入者とはならなかった.しかし,著作活動の初期から,伝統的価値と啓蒙思想との葛藤に苦悩したカーライル自身にとって,彼が接触したドイツ的思想は決定的な導きの星であった.彼の中心的テーマは,現象世界の基礎をなし,現象世界に現実性を与える超越

論的秩序への信念をいかにして獲得するかであって，その鍵を与えるものは，コールリッジを通じてカントから得た「悟性」と「理性」との区別であった[30]．「悟性」は感覚経験から導かれる受動的な印象にかかわるが，「理性」は直観的能力によって現象を超えたものへの洞察を可能にする．必要とされることは，想像・直観・驚異といったものが人間本性の中で正しい位置に復位することである．こうして，啓蒙対反啓蒙の座標軸においてカーライルの立場を特徴づけるものは，歴史叙述と社会批判に示された極端な反合理主義・反経験主義・反啓蒙主義であった[31]．

カーライルの歴史叙述や社会批判の奥底にあるそのような理論的立場こそが，彼のロマン主義思想として識別されるものである．彼の哲学的立場を最も良く示すものは，初期の入念・入魂の著作『衣服哲学』（原題は，「仕立て直された仕立屋」）であろう[32]．この書物は，ドイツ人の主人公トイフェルスドレック（ドイツ語で「悪魔の糞」を意味する）教授の『衣服，その起源と影響』という新著が，語り手の編集者に送られてきたという異様な想定の下で，編集者によるその書物の解説と評価を述べたものである．それはイギリス文学における風刺・皮肉・諧謔・冗談の伝統に従いながら，トイフェルスドレック教授が説くドイツ観念論哲学の主題を論じ，その立場からイギリスの経験論・功利主義を痛烈に批判するというものである．もちろん，カーライルは教授の言葉を通じて自分の意見を語るのである．

衣服哲学の主題としての「衣服」は，隠喩のレトリックを人間および社会に適用したものである．産業革命がもたらした社会的変革と個人の内面世界との間の相剋を克服するために，象徴としての「衣服」の観念によって両者をレトリカルに関連づけることが試みられる．

衣服の第1の目的は，保温や礼儀ではなく，装飾であるという．人間はさまざまな種類の衣服を身に着けることに慣れてしまっているが，人間の本来的自己はそのような外面的装飾であるのか，それとも，それらを剥ぎ取った後に残る裸の身体であろうか．この問いを社会の慣行の中に置かれた人間に比喩的に当てはめるのである．

「眼に見えるすべてのものは象徴である．諸君が見るものは，それ自身の理由で存在するのではない．厳密に言えば，まったく存在していない

のである．物質はただ精神的に，何らかの観念を代表し，それを具現するためにのみ存在する．……あらゆる象徴的なものは，思想によって織られるか，手によって織られるかの違いはあるが，本来的に言えば，衣服に他ならない．」(SR, p. 56, 訳 103 ページ)

社会のしきたりや慣例や制度はすべて「象徴」であり，「衣服」である．カーライルはこのように述べることによって，「社会は衣服の上に建設されている」という命題を確立する（SR, p. 41, 訳 75 ページ）．社会の外面的事象はいわば精神の自己表現としての「衣服」であり，その下に隠されている精神を直覚と想像力によって発見し，その精神の自己発展によって古い「象徴」が破壊され，新しい「象徴」が創造される過程をとらえなければならない．精神は無限の発展を遂げる．自然・人間・社会を含む現象的世界の超越論的基礎をとらえること，これをカーライルは「自然の超自然性」(natural supernaturalism) と呼び，「ここにおいて，衣服哲学は超越論的哲学に到達する」と論じた（SR, p. 193, 訳 344 ページ）．これはとりわけシェリングによって展開された自然哲学の主題に他ならない．現代のロマン主義研究者である M. H. エイブラムズは，自身の重厚なロマン主義研究に『自然の超自然性』という題名を付した[33]．

『衣服哲学』は，その後のカーライルの特徴的な主張の多くを含む．彼の主張の中心は，「自由主義者・経済学者・功利主義者」が社会を引き裂き，死滅させようとしているという認識である（SR, p. 177, 訳 317 ページ）．彼は，自由競争と功利主義への憎悪，幸福の追求に代わる能力の極大化，労働の道徳的価値，社会の宗教的基礎，貧富両極への階層分解の危惧，競争に代わる協調，英雄の必要性を説く預言者であった．彼にとって，英雄とは，物質的外観の奥に隠されている時代の精神的リアリティを洞察し，それを時代の課題として人々に先見的に提起するリーダーのことである．

カーライルが著述活動を始める 20-30 年前から，イギリス・ロマン主義と名づけられる運動はすでにワーズワスやコールリッジらの詩人によって個々に開始されていたが，カーライルがイギリス・ロマン主義文学を継承したという形跡はない．カーライルはドイツの哲学や思想を不可欠の糧とした．一方，ラスキンはワーズワスの詩作および詩論の中にロマン主義の芸術思想

を読み取り，カーライルの社会批判の中にロマン主義の社会思想の型を見出し，みずからはドイツ哲学そのものへの言及をはっきりと忌避した．

　ラスキンに「ドイツ哲学」と題する小論（『近代画家論』第3巻の付録）がある．彼によれば，「無限の有限的認識」といった類の形而上学的概念はまったくのナンセンスであって，経験主義的なイギリス人にはなじまない．「鈍重なドイツ人と気障なイギリス人だけがこうした言葉を好んでいる」(Vol. 5, p. 201)．もちろん，暇を持て余しているひとはそうすればよいが，自分が対象としている読者は忙しい実践的な人々であって，ドイツ人の著作を持ち出す必要はないと，ラスキンは書いている．哲学を見せびらかしのためではなく，使用するための道具として学ぶのであれば，プラトン，ベーコン，ワーズワス，カーライルで十分だと言う (Vol. 5, pp. 424-26)．この言葉は，ラスキンの思想的起源を端的に開示している．

2　絵画芸術論

ターナー論

　ラスキンの芸術論における際立った独自の主張は，ターナーの称賛，ラファエル前派の擁護，ゴシック建築の賛美などである．

　1836年，17歳のラスキンは，かねてよりその画風に共鳴していたターナーの作品が芸術雑誌上で酷評されたことに怒りを抑えることができず，長文の反論を書き送ったというエピソードがある．これを契機として，ラスキンはターナー擁護論の執筆に取り掛かり，24歳の若さで『近代画家論』第1巻（1843年）を刊行した．『近代画家論』は「風景画芸術における近代画家の古代画家に対する優位性」という副題を持ち，ターナーを「近代芸術の父」として位置づけた (Vol. 3, p. 258)．ラスキンはターナーよりも44歳も年下であったが，その画法の近代性を論証するために，自然を対象とした風景画の原理を構築しようとしたのである．ラスキンの次のような誇張された叙述は，彼がターナーをいかに尊崇していたかを物語っている．

　「ターナーは，輝かしい着想と，計り知れない知識と，孤高独立の力を

持ち，……宇宙の神秘を人間に伝えるために，神の預言者として地上に遣わされた黙示録の偉大な天使のように，身に雲をまとい，頭上に虹を掲げ，手に太陽と星を携えて立ち現れた.」(Vol. 3, p. 254)

ラスキンはその著作の冒頭において，偉大な芸術とは何かという問いを正面から提起し，次のように書いた.

「画家や作家のそれぞれの偉大さを究極的に決定するものは，表現や叙述の形式ではなく，何が表現され，何が叙述されるかである.」(Vol. 3, p. 88)

「見るものの心に，何らかの方法によって，最も偉大な観念（idea）の最大多数を伝達する芸術こそが最も偉大なものである.」(Vol. 3, p. 92)

ラスキンは，偉大な芸術作品を生み出す精神的・身体的能力を「卓越した」(excellent) と呼ぶ.「卓越」とは，製作者の能力を特徴づける言葉であって，作品の側についての「美しい」「有用な」「優れた」「偉大な」などの言葉から区別される (Vol. 3, p. 96).

ラスキンは『近代画家論』の主題を，(1) 真実の観念，(2) 美の観念，(3) 関係の観念，の3つであるとし，第1巻はターナーを扱いながら「真実」の観念を展開する (Vol. 3, p. 130).

ラスキンにとって，自然的対象を忠実に模倣し，再現することを芸術の要諦とする当時支配的であった古典主義芸術観は否定されなければならなかった．彼によれば，芸術の目的は単なる「事実の表現」ではなく，何よりも「観念の表現」でなければならない．この2つの目的を重ね合わせることによって，芸術は自然の「真実」を追求しようとする.「真実」とは，対象の「模倣」ではなく，むしろ芸術家の構想力によって形成される思想や観念である.「模倣」は有形の対象についてのみ語られるが，「真実」は有形のものだけでなく，感情・印象・思想といったものをも包含する (Vol. 3, p. 104).「真実」の追求は，対象における偶然的なものを取り除く理論化の作用を持つ．作品がこの意味の「真実性」を欠くならば，芸術に結びつけられている美も崇高も想像力もいっさい意味をなさない.「真実の観念はあらゆる芸術の基礎であり，模倣の観念はあらゆる芸術の破壊である」(Vol. 3, p. 108).

ラスキンのターナー称賛は，ターナーが自然に忠実であると同時に，これ

までの誰にも増して自然の「真実」を描いて見せたという「卓越」の評価に基づいていた．芸術の目的が優れて「観念の表現」であるということは，芸術に伴う美の観念が人間精神における知性的なものか，感覚的なものか，空想的なものかといった類のことを意味するのではなく，むしろあらゆる機能・能力を備えた人間，すなわち「全幅的人間」(the whole man) ないし「全幅的人間性」(the whole humanity) にかかわる道徳的問題であるということを意味する (Vol. 5, pp. 123-24)．

芸術は道徳性を基礎として，「生」を表現し，「生」に貢献するための道具である．そうあるためには，芸術は自然の「真実」と向き合ったものでなければならない．ラスキンがターナーから得た霊感とも啓示とも言うべきものは，自然の中に秘められた神的属性を，人間の誠実で真摯な全能力を通じて解釈することが芸術の使命である，ということであった．

ラスキンは職業的画家ではなかったが，彼の絵画芸術論は高踏的な評論家のそれではなかった．彼はみずから専門家に師事し，長年にわたって画法の習練を積んでいた．1840年代の後半には，水彩画家としての彼の地位は他に引けを取らないものであった．彼にとって，絵画の実践は彼の理論的主張を裏づけるためのものであった[34]．しかし，彼の画風はけっしてターナーを真似たものではなかった．自然や建築を描いた彼の綿密な描写は驚嘆すべきものであるが，それがかもし出すラスキン的なものこそが彼の言う「観念の表現」であろう．

その後，『近代画家論』第3巻（1856年）の冒頭において，彼は10年以上前の議論の枠組みを改めて確認し，芸術における思想性の本質を次の3つのものにまとめている (Vol. 5, p. 17)．(1) 真実の観念，(2) 美の観念，(3) 関係の観念．「関係」(relation) という概念は，上述の「観念連合」との関連において，ロックやヒュームによって使われたものであって，表現された諸事実や諸観念を相互に関連づけることをいう．思想というものは，その主題を諸要素の構造や配置や関連によって展開するものであるから，「関係」の観念は芸術における思想の重要な特性とみなされる．以下で指摘するように，芸術における諸観念の間のパラドキシカルな緊張関係は，ラスキンにおける「ロマン的イロニー」を意味すると言えよう．(1)の真実の観念については，

模倣や模写の観念がそれと対比・秤量されるし，また(2)の美の観念については，以下で「典型美」の分析において見るように，さまざまな対立的観念が比較・考量されるのである．

　さて，『近代画家論』第1巻は，ターナーを主題としながら，「真実」の観念の究明に当てられている．そこでのラスキンのターナー解釈は，一方で，風景画の一般的表現法である「色調・色彩・明暗・遠近法」といった技法にそくして行われ，他方で，風景画の四大構成要素である「空・大地・水・植物」といった対象にそくして行われる．ターナーの多数の作品にそくした長所と短所の徹底的な検証を通じて，ラスキンはこう結論する．ターナーは千変万化する空を描いた唯一の画家であり，大地における山や石を描いた唯一の画家であり，樹木の幹を描いた唯一の画家であり，平穏な水面や狂乱の怒濤を描いた唯一の画家であり，遠方の対象に対する空間の影響を描いた唯一の画家であり，自然の色彩から美を抽象して描いた唯一の画家である，と (Vol. 3, p. 252)．

　ターナーは色彩の多用を抑え，青色と褐色と灰色を基調とすることによって，光と影のコントラスト（明暗）が色彩に優位するものとした．ターナーが後の印象派絵画の先駆と解釈されるのは，このような光の扱いによるものである．ラスキンによれば，ターナーが到達した最高度の境地は「色彩なき光」(Vol. 3, p. 234) というものであった．色彩から光への抽象を主導するものは，「観念の表現」を目指した画家の構想力に他ならない．

　芸術における構想力は感覚的体験を通じて意味を提起する．すべてのものの意味は解釈を必要とする．偉大な芸術は，芸術家が構想力を持ち，みずからの眼と心でものを見ることから生まれる．芸術の対象に固有の諸特性を超えて，芸術における構想力が提起する意味は，観念連合における諸要素の矛盾を含んだバランスではないだろうか．

　現代のある美術評論家は，19世紀の風景画における2つの伝統 ── オランダ画家の描写的なリアリズムと，イタリア画家の理念化された構成的絵画 ── について触れ，ターナーの天才性は両者の間の巧みなバランスを達成したことにあると指摘している[35]．『吹雪 ── 港の沖合いの蒸気船』(1842年) と題するターナーの油絵は，印象派の作品を思わせる傑作であるが，当時は

「石鹸の泡と水漆喰の塊」と酷評された. しかし, この絵は「抽象と再現, 形式と内容, 観察と内面のヴィジョン」のバランスを図る点において, 最も成功した作品と評されている[36].

『近代画家論』第1巻はターナー研究を脊柱とするが, 同時にラスキンのロマン主義芸術論を展開する契機となるものでもあった. 次の一文を見てみよう.

> 「ターナーは, そしてターナーのみがカンバスの上ではっきりとした輪郭の神秘を追求し, 表現した. その神秘とは, 際立って鮮明に見えるけれども, 理解不可能な込み入った豊かさであり, 部分部分を考察すれば, 目には混乱と失敗としか映らないが, 全体として見れば, すべてが統一・均整・真実を構成しているのである.」(Vol. 3, p. 336)

ここには, ドイツ・ロマン主義が強調した「体系と断片」,「模倣と創造」,「完成と無限」といった観念の対立と両立のイロニーが集約されているように見える. ターナーが絵画史上ロマン派として位置づけられているのは, このような特性によるものであろう[37].

ラファエル前派主義

ラスキンは, ターナーと並んで, 当時「ラファエル前派」と呼ばれたイギリスの若い画家集団の運動を擁護した. ラファエル前派とは, W. H. ハント (1827-1910年), D. G. ロセッティ (1828-82年), J. E. ミレイ (1829-96年) を中心とする若い芸術家たちの結社である[38]. 彼らはロイヤル・アカデミーにおける古典主義的な芸術教育に叛旗を翻し, 盛期ルネサンスの代表的画家であるラファエル (1483-1520年) よりも以前の中世イタリアの芸術家 (ジョットやフラ・アンジェリコなど) を模範とみなした. ラファエル以前に帰れというこの運動は「ラファエル前派主義」(Pre-Raphaelitism) と呼ばれる.

1848年に結成されたこの集団は, すでにラスキンの『近代画家論』第1巻および第2巻の影響を受けていたが, ラスキンは, 彼らの反体制的絵画が誹謗と中傷を受けているのを見て, 反駁文を公表し, 彼らを支持する長文のパンフレット『ラファエル前派主義』(1851年) を出版した[39].

ラファエル前派の画家たちは,ラファエル以後のルネサンス様式の絵画教育に見られる「怠惰・無信仰・淫蕩・浅薄な自尊心の交じり合った感情」を批判したが,彼らが自然を真実にそくして描くことができるならば,イギリスにおける新しい高貴な画風を確立することができるだろう,とラスキンは期待をこめたエールを送った.しかし,彼らが中世主義やローマ主義に陥るならば,何も得られないだろうと警告もした(Vol. 12, pp. 357-58).ラファエル前派が取り上げた題材には,神話や歴史に基づく宗教画や歴史画が多いが,それらは物語にこめられた寓意をシンボリックに伝えることを目的としている.ラスキンにとっては,中世復帰が目的ではなかった.以下で見るように,建築におけるゴシック称賛がルネサンス様式の合理主義に対する批判を意味したのと同様に,ラスキンにとっては,絵画におけるラファエル前派主義は近代主義における道徳の衰退を批判するものであった.

このパンフレットは『ラファエル前派主義』と題するものの,半分以上はターナー論によって占められている.ラファエル前派主義とターナー主義とは同じものであった.次に述べる1853年の講演の中で,ラスキンは言う.

「ラファエル前派主義の原理はただ1つあるのみである.それは一切の事物を自然から,そして自然からのみ,その最も微細な細部にいたるまで,描き出すことによって得られる原理であり,それは扱われるすべてのものにおける絶対的な,妥協を許さない真実を見出すという原理である.」(Vol. 12, p. 157)

そして,それはターナー主義の原理でもあった.ラファエル前派主義とターナー主義とは,画法や画題に違いがあるものの,真実の追求と因襲への挑戦という点で軌を一にした.ターナーは「最初にして最大のラファエル前派主義者」であり,彼らに期待されていることはターナーがすでに成し遂げてしまっている,という(Vol. 12, p. 159).

ラスキンは,1853年のエジンバラでの4回の連続講演「建築と絵画」の最終回を「ラファエル前派主義」と題し,ここでラファエル自身を痛烈に批判した[40].ラファエルは1508年,25歳の若さで法王ユリウス二世に招かれ,ヴァチカン宮殿の「署名の間」の天井画および壁画の制作を命じられた.これらのフレスコ画は学問の4領域(神学・哲学・法学・詩学)を題材とし,

哲学の壁には今日でも有名な，プラトンとアリストテレスの像を含む『アテネの学堂』が描かれた．ラファエルはキリストを中心とする『神学の世界』とアポロンを中心とする『詩学の世界』とを並置した．『詩学の世界』や『哲学の世界』においては，描かれるべき人物が描かれていないと，ラスキンは言う．「ヨーロッパ芸術の衰退はこの部屋から始まった」(Vol. 12, p. 150)．「この場所から，この瞬間から，イタリアの知性と芸術は衰退の時代に入った」(Vol. 12, p. 148)．ラファエルのこれらの絵画は，第1に，宗教的信仰心と道徳心に欠け，第2に，思想の代わりに仕上げの完成に心を注ぎ，真実の代わりに美の追求に終始している，というのである．

美と喜びの観念を生む構想力

『近代画家論』第1巻の出版から3年後，ラスキンは「美の観念について」と題する第2巻（1846年）を出版し，「真実の観念」を中心とするターナー論から一転して美学体系の構築を目指した．彼はすでに第1巻において，美の概念の定義を通じて，芸術に対する基本的な姿勢を明らかにしていた．それは次のようなものであった．

>「知性を直接にかつ明確に行使することなく，対象の外的性質を単に凝視することによってわれわれに喜びを与える有形の対象を，私はさまざまな意味で，またさまざまな程度において美しいと呼ぶ．……嫌悪と欲求の自然の法に従いつつ，神が初めに意図した通りに喜びを常に引き出すように，たえずそれを遵守することによって，その法をますます権威あるものとする人，与えられた対象から最大可能な喜びを引き出す人は，趣味の人である．……完全な趣味とは，純粋かつ完全なわれわれの道徳的性質にとって魅力的な有形の源泉から，最大可能な喜びを受け取る能力である．」(Vol. 3, pp. 109-10)

ここで言う趣味とは，美の判断能力を意味する．「美の観念は道徳の主題であって，知的認識の主題ではない．美の観念の研究によって，われわれは芸術の理想的ないし純粋な主題の知識に導かれる」(Vol. 3, p. 111)．

ラスキンは，第2巻において，美と喜びとの関係をいっそう深く問う．芸術の目的は，人生に役立つ実用的なものであろうか，それとも，人生の目的

そのものにかかわる精神的なものであろうか，と．その区別に対応した芸術の成果として，実用的芸術（practical art）と構想的芸術（theoretic art）とがある．この区別は，アリストテレスの実践的知（プラクシス）と観想的知（テオリア）との区別に倣うものである．両者の違いは大工と建築家との違い，配管工と芸術家との違いに匹敵するという．なぜなら，構想的芸術は，美に関して観念による無限の目的追求を可能にし，それを人生の手段ではなく，目的とすることができるからである．「テオリア」（構想）から「歓喜と感嘆と感謝」（Joy, Admiration, Gratitude）が導かれる（Vol. 4, p. 47）．これらの高次の感情は美の構想的喜びを特徴づけるものである．以下でたびたび触れるように，「歓喜と感嘆と感謝」はラスキンの芸術論および経済論におけるキーワードである．

彼は次のように書いている．

「私は，美の印象が感覚的なものであるということを全面的に否定する．それは感覚的（sensual）でも知性的（intellectual）でもなく，道徳的（moral）なものである．そして美の印象を受容する能力について言えば，その能力が単なる知覚とは異なることを説明しようとすれば，ギリシャ人が用いた『構想的』（Theoretic）という言葉よりも正確かつ便利なものはない．私はこの言葉を使い，その能力の作用をテオリアと呼ぶことにする．」（Vol. 4, p. 42）

「構想的」（theoretic）という言葉は，通常美学において用いられる「情感的」（aesthetic）の語に取って代わるものとして，ラスキンが独自に用いたものであって，通常の美概念が高次の理性的な喜びを排除し，感性的な快楽に偏している点を回避しようとする．彼は，利己心や虚飾と結びついた快楽の「動物的意識」を「耽美」（Æsthesis）と呼び，快楽の「歓喜と感嘆と感謝の知覚」を「テオリア」と呼ぶ．このような知覚のみが，神の贈物としての美の完全な観念を与えるのである．ラスキンにとっては，美の完全な観念は，単なる知性的能力でも単なる感性的能力でもなく，道徳的意志にかかわる構想力（テオリア）の問題であった．彼はのちに，激情に基づく芸術表現を「感傷的誤謬」（pathetic fallacy）と呼んだ（Vol. 5, p. 205）．また，美と結びついた喜びの観念は快楽のフローではなく，「知性・感性・意志」から

成る真実の全幅的精神を前提として,喜びを生み出すストックの能力にかかわるものであった.

要するに,芸術が道徳的であるということの意味は,美の追求に当って,動物的な「耽美」が神的な「テオリア」に近づくようになるためには,人間の存在・性格・能力自体が高められなければならない,ということである.人間の存在・性格・能力を高める道徳は「徳」(卓越)の倫理学であって,ラスキンの「美」は「徳」と不可分である.

ラスキンは,イギリスの工業化が支配的となりつつある時代の只中にあって,人々が「屋敷と土地と食料と衣裳」といったものだけが有益であり,「視覚と思想と感嘆」(Sight, Thought, Admiration)の対象となるものは無益であると功利主義的に考えるようになっていることを強く批判した(Vol. 4, p. 29).彼は後半生において,芸術批評から社会批評に転じ,資本主義の体制批判に乗り出すが,すでに芸術論を論じた初期段階において,体制批判の価値観を抱いていた.彼は最初から経済的・社会的要因を芸術論の中に導入し,功利主義による芸術の侵蝕を批判していた.工業化によるこの世の物質的充実の結果,神への感謝と天国への望みは消え失せ,献身と忠誠が貪欲と利己心によって取って代えられ,憐憫と愛情が虚栄と欺瞞によって失われた.これらは道徳的堕落に他ならない,という.彼が一貫して擁護したものは,道徳的・宗教的基礎に基づき,「歓喜と感嘆と感謝」を生み出す構想的美の世界であった.

彼はさまざまな表現によってこの構想的美を説明する.上掲の「歓喜と感嘆と感謝」,「視覚と思想と感嘆」に加えて,さらに次のような一連の表現がある.

「美の観念の存在にとって必要なことは,その基礎となる感性的喜びに,次のものが伴わなければならないということである.まず第1に,歓喜(joy),次に,対象への愛(love),さらに,優れた知性における親しみ(kindness)の知覚,最後に,その知性そのものに対する感謝と尊敬(thankfulness, veneration)である.いかなる観念も,これらの感情から成り立つことなしには,美の観念とはけっしてみなすことはできない.」(Vol. 4, p. 48)

美の観念の成立のためには,「歓喜と感嘆と感謝」を含む喜びの観念が必要である．これらはどのようにして可能であろうか．そのためには，改めて美の定義に立ち返って，美と喜びとが結びつく道筋を明らかにしなければならない．ラスキンは構想力（テオリア）が生む２つの構想的美，すなわち「典型美」（Typical Beauty）と「生命美」（Vital Beauty）とを区別する．

「美という言葉によって，２つのことが適切に意味される．第１は，しばしば語られているものの外面的性質であり，それが石・花・動物・人間のどれに起ころうとも絶対に同一のものであって，神的属性についての典型的な種類である．これを典型美と呼ぼう．第２は，生けるものにおける機能の適切な遂行の表れであり，とりわけ人間における完全な生の喜ばしい正しい行使の表れである．この種の美を生命美と呼ぼう．」(Vol. 4, p. 64)

「典型美」は神の創造物によって表現されている「神の性質」であり，「生命美」は「神の作品」である生ける創造物における機能の発揮・卓越である．したがって，「典型美」は「生命美」に先行する[41]．「典型美」は静態的秩序であり，「生命美」は動態的革新である．これらの２つの定義以外の美の理念は誤ったものとして排除される．この意味で，ラスキンにとって，美は宗教的・規範的な概念である．「典型的美」については後に論ずることとし，まず「生命美」を取り上げよう．

われわれは植物や動物の生命力の表出を見て，「生」の歓喜を共感する．生けるものの真の幸福は，神から賦与された機能・能力・属性の完全な発揮にある．美の真実は神の創造物の中にある．芸術家の構想力（テオリア）はこれらの神的秩序を自然の中から引き出すものでなくてはならない．「生命美」は，あらゆる有機体的形態がわれわれに与える喜びであり，「生命美」の構想力は，生きとし生けるものがそれぞれの機能を果たしている幸せな状態に対して，共感を寄せるよう訴える．「最も幸せなものを最も愛すべきものとみなす」ためには，第１に，喜びへの共感の鋭さと，第２に，非利己的な道徳感覚の公平さが要求される（Vol. 4, p. 147）．

「空気と水と大地」と「感嘆と希望と愛」

　ラスキンの経済学批判の書である『この最後の者にも』の中の最も有名な文章は，次のようなものであって，ここに上述の構想的美としての「生命美」の概念が現れている．

　　「生を措いて他に富はない（THERE IS NO WEALTH BUT LIFE）．生は，愛と歓喜と感嘆（love, joy, admiration）のすべての力を含んでいる．最も富める国とは，高貴で幸福な人間を最も多く育てている国である．最も富める人とは，自分の生の機能を極限にまで完成した上で，その人格と財産によって，他の人々の生に対して有益な影響を最も広く及ぼしている人々である．……最大の生とは，最大の徳によってのみ達成することができる．」（Vol. 17, p. 105）

　経済に関するこの文章では「美」の概念は伏せられているが，ここで「生の力」として述べられている「愛と歓喜と感嘆」は，先に構想的美を定義した一連の喜びの概念と同じものである．そしてこれらの喜びは，感性的な快楽から区別され，上述の「生命美」および「典型美」から生まれる．ラスキンは，『近代画家論』第2巻の中で「視覚と思想と感嘆」という言葉を使った際，「感嘆」の語に脚注を付して，ワーズワスの詩を引用し，その意味を説明しようとした（Vol. 4, p. 29）．それは次のような詩である．

　　「われわれは
　　　感嘆と希望と愛（Admiration, Hope, Love）によって生きる．
　　　これらが良く賢く組み立てられるのに従って，
　　　われわれは品位ある生き方を高めていく．」
　　　　　　　　　　（『逍遥』第4巻・第763-65行，訳223ページ）

　端的に言えば，「愛と歓喜と感嘆」を生む「美」のあり方は，ラスキンの芸術論と経済論にとっての共通の基礎である．しかし，「生を措いて他に富はない」という文章に始まる上掲の命題は，「生」を構成する主体的条件のみを論じており，客体的対象を論じていない点で不完全である．実は，「生」に奉仕する「富」のあり方もまた，彼の芸術論と経済論にとっての共通の基礎であるからである．ずっと後になって，ラスキンは，「生」にとって有用

かつ不可欠なものとして，有形・無形の2組の要素を挙げ，芸術論と経済論について包括的な展望を与えている（『フォルス・グラヴィゲラ』第5書簡，1871年5月）．次の文章には，彼の発想の全体像を解く鍵が含まれている．

「生にとって単に有用であるばかりでなく，不可欠な有形のものが3つある．何人も，それを手に入れるまでは，『生き方を知っている』とは言えない．それらは，きれいな空気と水と大地（Pure Air, Water, and Earth）である．生にとって単に有用であるばかりでなく，不可欠な無形のものが3つある．何人も，それを手に入れるまでは，生き方を知っているとは言えない．それらは，感嘆と希望と愛である．……これらは，経済学が学問となった暁には，経済学によって取り上げられなければならない6つの有用なものである．」（Vol. 27, p. 90）

ここで，ワーズワスから継承した無形の「感嘆と希望と愛」は，有形の「きれいな空気と水と大地」と並んで，「生」を構成するものとして挙げられている．芸術論においては，「空気と水と大地」は，上述のターナー論におけるように，風景画の構成要素の主要なものであって，芸術的「美」の対象としての具象的「自然」環境であり，「感嘆と希望と愛」は，芸術的「美」を構成する人間「精神」の種類である．この2組の対象がラスキンの前半生の「美」の世界である．後半生には，彼はこの2組の対象を経済論における「富」の世界に適用した．経済論においては，「空気と水と大地」は，経済活動によって保護されるべき「自然」環境であり，「感嘆と希望と愛」は，名誉ある「富」の根源として承認されるべき人間「精神」のカテゴリーに他ならない．

第2-1図が示すように，価値としての「美」と「富」は，「自然」環境および人間「精神」と縦横に交わり，「生」の完成と充実に貢献することが求められる．「自然」環境の価値と人間「精神」の価値とは協和するものであって，「自然」のあり方を見れば，そのような「自然」と共生している「精神」のあり方が判定される．われわれはこのような「美」と「富」と「生」の一体性に鑑みて，ラスキンの経済学を「芸術的『生』の経済学」と呼ぶ．

それまでにはなかったことであるが，ラスキンはこの公開書簡の中で「感嘆と希望と愛」のそれぞれについて解説を加えている．「感嘆」とは，「目に

2 絵画芸術論

第 2-1 図 「生」を構成する 6 つの要素

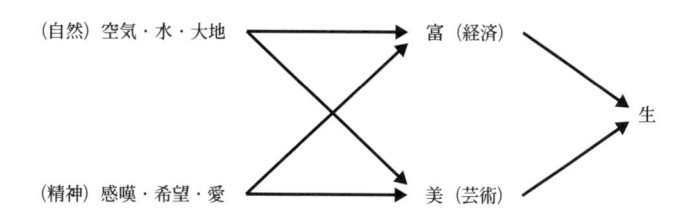

```
(自然) 空気・水・大地 ──→ 富 (経済)
                   ╲  ╱              ╲
                    ╳                 → 生
                   ╱  ╲              ╱
(精神) 感嘆・希望・愛 ──→ 美 (芸術)
```

見える外形の中に美しいものを識別し，喜びを抱く力，そして人間の性格の中に愛すべきものを識別し，喜びを抱く力である．したがって必然的に，みずから美しいものを生み出し，愛すべきものとなろうと努力する力である．」「希望」とは，「正しい予想に基づいて，自分ないし他人によって，より良いことが将来実現するという認識であり，したがって必然的に，われわれの適切な力によって，その実現に向かって率直な惜しみなき努力をすることをいう．」そして，「愛」とは，「誠実で満ち足りた家族および隣人への愛をいう」(Vol. 27, p. 91)．

　これらの 6 つの要素は，「生」のための活動としての芸術（美）と経済（富）がともに重視すべきものである．ところが，「生」の学問であるべき経済学は，もっぱら利己心と市場交換の世界のみに眼を向け，経済活動が一方で，「空気と水と大地」を含む「自然」環境を破壊し，他方で，「感嘆と希望と愛」を含む人間「精神」を堕落させるのを放置した．それどころか，破壊と堕落をますます助長した．経済学は「生」の学問となる代わりに「死」の学問となった．ラスキンの芸術経済論が論ずるように，その結果，芸術の頽廃がもたらされたのである．

ラスキンの三角形──富・生・美

　「富」は経済学の用語である．ラスキンは経済学における「富」の慣習的定義（有用品の蓄積）に挑戦し，「富」は「生」であり，「美」は「生」である，と主張する．こうして，富（経済）＝生＝美（芸術），という三位一体が成立する．ラスキンの経済論に立ち入る前に，彼の芸術論と経済論とを結ぶものは，ロマン主義が意味する「生」の観念であることを指摘し，進んで

「生」の意味を明らかにしておきたい．

　「生」を頂点とし，「富」と「美」とを他の2つの角とする正三角形を「ラスキンの三角形」と呼ぶことができよう．これは第2-1図の右半分に相当する．ラスキンにおいては，「生を措いて他に富はない」という経済論の命題と並んで，「生を措いて他に美はない」(No beauty but life) というもう1つの芸術論の命題が存在する．彼によって明示的にこのような形で書かれたことはないが，この命題は，彼の芸術論において構想力に基づく「生命美」が意味するものに他ならない．すなわち，「美」は「生」の中にのみ源泉を持つ．「生」にかかわりのない芸術のための芸術は「美」を生まない．「ラスキンの三角形」は，彼の芸術論と経済論を統合し，「生を措いて他に富も美も存在しない」(No wealth nor beauty but life) という統合命題を言い表したものである．

　「ラスキンの三角形」については，彼の経済論を取り上げる際に本格的に論ずることにするが，ここでは，彼の芸術論における「生」のとらえ方を明らかにしておきたい．その「生」の概念が経済論に適用されるからである．3つの論点が重要である．

　第1に，われわれは，ラスキンの「生」の概念をストック概念としての人間「存在」と解釈する．功利主義の主張とは異なって，彼がとらえる「生」の概念は快楽のフローを生む「行為」の系列ではなく，能力や機能や性格のストックとしての「存在」である．ラスキンは，「生」は「愛と歓喜と感嘆のすべての力」を含むと述べることによって，「生」をストック概念としての「力」と定義する．そして望ましい「生」は，功利主義道徳が主張するように，「行為」がもたらす善の総計（快楽と苦痛の差引計算）によってではなく，「存在」の「徳」(virtue) すなわち「卓越」(perfection) によって評価される．芸術がもたらす喜びは，「生」の全幅的能力の発揮から生まれ，それを通じて芸術家から鑑賞者へと伝達される．芸術の基礎には，人間「存在」（ストック）を評価する道徳的価値が予定されている．「徳」の倫理学は，功利主義のような「善」の倫理学とは別種のものである．

　第2に，ラスキンの「生」の概念は，絵画における「構図」(composition) の隠喩によって構成されている．「構図とは，画面の中のあらゆるも

のが他のあらゆるものを助け，他のあらゆるものによって助けられている姿である，というのが最も適切な定義であろう」(Vol. 7, p. 205)．しかも真の「構図」とは，あらゆる構成要素が他のあらゆるものを助けるだけでなく，最高のエネルギーをもって助けることをいう．無機物の場合には，部分を除去しても，物理的影響以外の影響はない．しかし，有機物の植物や動物や人間や，有機体としての社会においては，構造の各部分は互いに生きものとして機能的に依存関係にあり，一部分の機能不全や欠如は全体の働きを阻害する．有機体における機能の完璧な発揮は「生命美」の条件である．同時に，「構図」の概念は，後に述べるように，神の属性としての「統一性」という「典型美」を目指すものでもある．

「構図」は第一義的には何よりも絵画にかかわる概念であるが，より一般的な概念としては，芸術における思想性の特性の1つである多元的要素間の「関係」を意味する．芸術において「構図」や「関係」をどのように構想するかが，芸術の目的としての「観念の表現」に他ならない．このことは経済についても当てはまる．

ラスキンは，各部分が互いに他を助け合う力を「生」と呼ぶ．「生」の強さは助け合いの強さに依存する．助け合いがなくなる状態を頽廃（corruption）と呼ぶ．頽廃は究極的に「死」に至る．彼は「生」の別名として「助け合い・相互扶助」の概念を提起する．『近代画家論』第5巻において，「助け合いの法則」が論じられている．

「どのようなものであれ，純粋で神聖な状態は，その各部分が互いに助け合うか，あるいは調和している場合である．各部分は同質的な場合もあれば，そうでない場合もあろう．最高の有機的純粋さは，すべての要素が完全に助け合っている状態である．したがって，宇宙の最高の第一法則は，『助け合い』（help）である．これは生の別名に他ならない．死の別名は『ばらばら』（separation）である．あらゆるものには統制と協働（government and co-operation）があり，それらが常に生の掟である．無統制と競争（anarchy and competition）は，常にあらゆるものにおいて，死の掟である．」(Vol. 7, p. 207)

経済競争に対するラスキンの敵意は，ロマン主義の有機体論的な「総合

性」の観念から導かれるものであった．競争は社会的連帯の絆を切断する．

第3に，ラスキンは漠然とした「生」の概念を「労働」という概念によって具体化する．彼は『この最後の者にも』の中で次のように書いている．

　「労働（labour）とは，人間の生がその対立物と闘うことである．すなわち，『生』という語は人間の知性・心情・身体力を含み，疑問・困難・労苦・物理的力と抗争することを意味する．労働は，生の要素を多く含むか少なく含むかによって，高低の順位がある．そして，どのような種類のものであれ，優れた性質の労働は，身体的力を十分にかつ調和的に規制するだけの知性と感情を常に含んでいる．労働の価値や価格を論ずる際には，常に一定の順位と性質を持った労働を理解することが必要である．それは一定の純度を持った金や銀を論ずるのと同じである．……労働の質や種類が与えられていれば，その価値は他のあらゆる価値のあるものと同じように，不変である．しかし，他のものと引き換えに与えられなければならない労働の量は変化する．この変化を算定するには，常に他のものの価格を労働の量によって測らなければならず，労働の価格を他のものの量によって測るべきではない．」(Vol. 17, pp. 94-95)

持続的なストックとしての「生」は，「労働」という活動によって，「理性・感情・意志」を含む全幅的な精神を用いて，外界および内界の対立物や妨害物と闘う．「労働」は「生」のいわば作用因であり，働き手である．働くことは，苦痛をもたらす負の要因であるだけでなく，「生」を実現する正の要因でもある．このことによって，「労働」は漠然とした「生」の概念に代わって，「生」を測定する基準として，「富」および「美」とそれぞれ具体的な関係を持つ道が開かれるのである．

第2-2図の「ラスキンの三角形」において，「富・生・美」を頂点とする正三角形の重心に「労働」を置いてみると，「労働」と「富・生・美」との間のラスキン的構想を理解することができよう．それは図の中の太い矢印線によって表される．

一方で，「労働」にとって戦力の源泉・ストックとなるものが「富」である．「労働」は，経済活動において，もっぱら「富」を生産するために耐えなければならない苦役ではない．「労働」は，生産と消費の2面において，

2 絵画芸術論

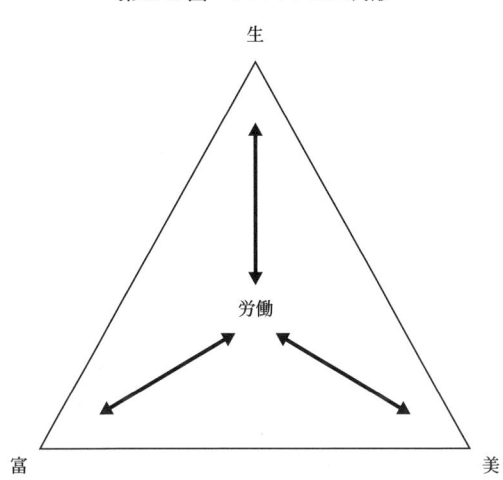

第 2-2 図 ラスキンの三角形

```
         生
          △
         ↕
        労働
       ↙   ↘
     ←       →
   富           美
```

「生」のための「富」の形成にかかわっている．「労働」は「富」を用いて「生」に奉仕するものでなければならないし，「生」に奉仕するような「富」を生み出さなければならない．

　他方で，「労働」は芸術活動において，「美」の生産者であると同時に「美」の享受者であることによって，「生」の質的向上をもたらす．「労働」は，経済活動においても芸術活動においても，「美」の源泉である「生」の喜びを生み出すことに向けられなければならない．経済活動において「生」のための「富」を形成する望ましい「労働」のあり方は，芸術活動において「生」のための「美」を形成する「労働」のあり方を範例とする．

　「労働」は，「生」に貢献する財貨・サービスを作り，消費するだけでなく，生産に従事する過程において楽しく創造的なものでなければならない．ラスキンは『ラファエル前派主義』の冒頭で次のように述べている．

　　「神は人間がこの世界において働くことなしに生きていくことを望むものでないことは，確実に証明することができよう．しかし，それと同じように明らかなことと思われるのは，神は，すべての人間が仕事において幸福であることを望んでいるということである．」(Vol. 12, p. 341)

　ここでは，幸福な仕事の条件が論じられている．その条件とは，才能が仕

事に適し，働き甲斐があるというだけでなく，働きすぎず，仕事の仕方や成果について自律的な審判者でなくてはならない，という．これが芸術論だけでなく，経済論においても主張されるというのがラスキンの言い分である．芸術も経済も，「生」に貢献する上での労働の喜びを表現するものでなければならない．

一応の総括

　「生」を構成する「精神」および「自然」の構図（第2-1図）と，「富・生・美」を頂点とし，「労働」に重心を置く「ラスキンの三角形」（第2-2図）とをまとめて，一応の総括としよう．

　人間の「生」は，一方で，「愛と歓喜と感嘆」のすべての力を含む「精神」のストックによって支えられ，他方で，「きれいな空気と水と大地」を含む「自然」的環境ストックの中で営まれる．これらの2組の要素ないし6つの構成要素は，「生」の不可欠の構成因である．いずれの要素も「美」（芸術）および「富」（経済）を通じて「生」に貢献する．そして，「生」への貢献は，社会的仕組みの中に置かれた「労働」を媒介として行われる．有機的全体として見られた社会は，「生」の作用因である「労働」の編成・管理の制度として成立するからである．「労働」は，神的秩序としての「統一性」の「美」を志向する絵画的「構図」によって示唆される相互依存・相互扶助・協働の社会的枠組みの中に置かれている．この社会的枠組みは，「美」（芸術）および「富」（経済）の生産および消費に向けられた「労働」のための包括的な仕組みに他ならない．「生」の働き手としての「労働」は，芸術的「美」および経済的「富」の真の源泉である「生」の能力を利用し，それらの能力の発揮を可能にする「助け合い」の社会的仕組みを必要とする．

　このような「労働」の観念を触媒的契機とすることによって，一方で，「芸術」の道徳化・社会化が主張され，他方で，「経済」の芸術化・道徳化が主張される．こうして，「生」を頂点として，芸術論と経済論とを総合する「ラスキンの三角形」が組み立てられ，この構造を支える重心は「労働」に賦与された道徳性にある．

典型美の基準とロマン的イロニー

　芸術は観念の表現であり，芸術の美は構想力に依存するとみなした上で，ラスキンは「生命美」と並ぶ「典型美」について，6つの基準をまとめている．それらは，ラスキンにおいて，芸術における美の源泉，または喜びの源泉とも呼ばれているが，この議論は最高の芸術品を構成する客体的条件を定式化したものである．「典型美」は，創造物の中に潜む神の性質の諸タイプを叙述したものである．

　(1)「無限性」(infinity)．けばけばしい色彩の中にではなく，明るい遠景の中に無限性への意識が感じられる．無限は神の本性と栄光を意味する．「紫色の丘陵の背後にある水平の黄昏の微かな囁き，暗い荒海の上の夜明けの緋色の弧形」は，遠景として描かれ，有限の近景とのコントラストを通じて無限を示唆する（Vol. 4, p. 80）．

　(2)「統一性」(unity)．「ものごとが分離し孤立し独立している外観は不完全な姿であって，それに対して，結びつき（connection）や連帯（brotherhood）の外観は，統一されたものの完全性を意味するものとして，また神に帰せられる統一性の典型として，楽しく正しいものである」（Vol. 4, p. 92）．雲も波も樹木も山も，自然は多様性の統一としてとらえなければならない．すべてのものを統合する「本質的統一」は「構成要素の統一」(unity of membership) であって，神への帰依による「人間の愛と幸福と生そのもの」の統合である（Vol. 4, p. 95）．統一を語るためには，構成要素の多様性がなくてはならないが，統一されていない多様性そのものは美の本質ではない．統一のためには，構成要素の間の協働と連帯が不可欠である．このようなラスキンの議論は，ドイツ・ロマン派から見れば，有機体的観念における統一性と多様性との並存というロマン的イロニーを意味するものであろう．

　(3)「安らぎ」(repose)．「情熱・変化・豊富・労働といったものとは反対に，安らぎは永遠の精神および能力の別個の特別の性質である」（Vol. 4, p. 113）．統一がそれとは正反対の多様性を必要としたのと同じように，静態の持つ安らぎは，それとは正反対の動態のエネルギーとの対照を必要とする．ここにもイロニーが成立する．

(4)「均整」(symmetry).「すべての完全に美しい対象においては,部分と部分との間に対立が見られ,対立するものの相互の間に均衡(balance)が見出される」(Vol. 4, p. 125). 絵画が均整を欠く場合,情熱や暴力の要素が増大する. 崇高な絵画は,均整の欠如のために崇高さを獲得するが,それに比例して,均整という美の聖なる性質を失う. ここでもアンティノミーが要請される.

(5)「純粋性」(purity).「純粋な視覚の喜びは,叡智と真実の型としての光という純粋な要素への愛着と交じり合っている」(Vol. 4, p. 130). 純粋の反対物である不純や,光の反対物である闇は,活力やエネルギーが否定され,衰退や腐敗が生じている場合に生まれる,という.「望まれるものは単なる純粋性ではなくて,実体の活動状態である.……したがって,純粋性は,神性の不変の存在とエネルギーの発揮——それによってすべてのものが生き,動き,それぞれの存在を獲得する——を表現することができるがゆえに,われわれにとって望ましいものとされるのである」(Vol. 4, p. 133).

(6)「節度」(moderation). 神が創造したものは,すべて完全な完璧さと無限の配慮によって作られているが,人間としては,美徳としての節度ないし自制(restraint)が必要である. これは他のすべての美の性質の安全弁となるものであり,最も本質的なものである,という.「想像力も革新も勤勉も感受性もエネルギーも,他のどのような良いものも,この自制心がなければ,まったく役に立たない」(Vol. 4, p. 140). このことから,完成度の欠けているものが正当な芸術であるというパラドキシカルな命題が導かれる(Vol. 3, p. 119). 不完全であればこそ,完成を求める人間の無限の努力が芸術を特徴づけるからである.

以上のように,「典型美」のそれぞれを論ずる際,ラスキンはけっして単一の理念や観念のみによって定義を与えてはいない. これらの要素はさまざまな創造物における神性の啓示であるが,彼は有限と無限の間,統一性と多様性の間,静態と動態の間,均整と崇高との間,光と闇との間のコントラストとフィードバックを重視する.「ロマン的イロニー」の観念に従えば,知の「総合化」を求めて,対立・抗争・矛盾を含む理念の間の交互作用が,知の完成に向けての憧憬と努力と緊張を生むのであって,このような普遍的な

イロニーの観念をラスキンの芸術論におけるロマン主義的要素と解釈することができよう.「ロマン的イロニー」を公準として前提する限り，ロマン主義はけっして動態的・破壊的力のみを一方的に強調するものではない.

ラスキン自身は，このような理念相互間の矛盾をはらんだ構造を「ロマン的イロニー」といったドイツ的概念によっては理解していないが，ケンブリッジ美術学校の就任講演（1858年）の中で，みずからの主張の非整合性や逆説性について，次のように語っている.

「おそらく今晩の聴衆の皆さんの中には，私には矛盾したことを言う癖があるという評判をときどき耳にしたことがあるでしょう．実は，私は大いにそうでありたいと願っているのです．……たいていの場合，何らかの重要な問題は三面的か，四面的か，もしくは多面的であります．多角形のまわりを駆け回るのは，かたくなな意見の持ち主にとってはとにかく厳しい仕事です．私自身は，少なくとも3度矛盾したことを言って始めて，問題を適切に取り扱ったと満足することができるのです．しかし，今晩は1度だけにしなければなりません．」(Vol. 16, p. 187)

3度というのは，聖書や叙事詩に見られる常套的表現であるが，ラスキンはここで総合化を求める有機体論的接近の現実的な一面を表している.

生命美の条件と道徳的想像力

先に述べたように，ラスキンによれば，芸術の偉大さはその思想性にある．以上の「典型美」の分析は，思想性の内容に立ち入って，その客体的な条件を挙げたものである．次に，彼は偉大な芸術について，4つの主体的な条件を挙げる．(1)正しい道徳的選択に基づく高尚な主題の選択，(2)正しい感嘆の力に基づいた美を愛する心，(3)感覚・判断・意志の力によって支えられた真実への誠実さ，(4)想像力に基づく創造性 (Vol. 5, pp. 48-69).

これは「感嘆と希望と愛」を生み出す「生命美」についての分析である．4つの条件は何らかの程度において常に満たされなければならないが，この番号の順序は，重要度が(1)から(4)へと高まることを示す．かくして「最高の芸術は純然たる想像力の作品であって，すべての素材が創造性によって形式化されている」(Vol. 5, p. 65).

ラスキンは構想力と想像力とを区別する（Vol. 4, pp. 35-36）．彼が「テオリア」という語を当てた構想力は，対象の全体像を理解し，美の理論的定式化を行う能力であるが，想像力は，それに先行して，直観的洞察を通じて事物の表面を突破し，事物の根底から本質的な真実を取り上げ，また外部的自然から受け取る諸観念を連想を通じて発展させ，調和的な全体にまとめ上げ，構想力に引き渡すという先行的な働きをする．先に触れたように，優れた芸術は単なる事実やものの模倣ではなく，思想や観念の表現である．その意味で，優れた芸術作品は理念的作品であり，想像力の成果に他ならない．これが，カーライルの言う「衣服」の外皮を飛び越えて「自然の超自然性」に到達しようとするラスキンの方法であった．

想像力とは，「眼に写るものを心によってとらえる能力」をいう（Vol. 5, p. 437）．その心の働き方に応じて，彼は想像力の3つの形態を区別している（Vol. 4, p. 228）．(i)結合的・連想的（combining, associative）想像力，(ii)分析的・洞察的（analytic, penetrative）想像力，(iii)凝視的・瞑想的（regardant, contemplative）想像力．これらは截然と区別できるものとは考えられないが，想像力の持つ連想・洞察・創造の3機能を類型化したものであろう．

4つの主体的条件を総括して言えば，偉大な芸術の要件は，人間の能力の総体，人間の精神の全体，「生」の力のすべてを包摂するというものである（Vol. 5, pp. 65-66）．このようなラスキンの議論は，直接的には，自然の模倣・再現を規範とする古典主義芸術論のルールへの批判であり，ターナーを擁護するためのものであった．古典主義のルールは，「典型美」のいくつかについて硬直的な客体的条件を課するのに対して，ラスキンの芸術論は客体的条件について矛盾・対立を許容するだけでなく，「生命美」についての主体的条件について総合性と創造性の優位を主張する点で，ロマン主義的ということができよう．

ラスキンの芸術論は，芸術論の範囲を超えた遠大な射程距離を持つ．ラスキンは，時代精神としての功利主義の「最大多数の最大幸福」に代わるものとして，「最大多数の最大観念」を生むものを優れた芸術の定義として提起した（Vol. 3, p. 92; Vol. 5, p. 66）．偉大な観念とは，以上で見たように，客体的条件および主体的条件によって定義される芸術の諸観念である．

ラスキンは，風景画家の2つの大きな目的は，第1に，見る者の心の中に自然的対象についての忠実な観念を生み出すことであり，第2に，見る者の心を画家自身が抱いた思想と感情へと誘導することである，という (Vol. 3, p. 133)．画家が鑑賞者に対してそのような仕事——「事実の表現」と「観念の表現」——をうまく果たすことができるためには，上述したように，神の創造物の中に，第1に，万物の幸福への「鋭敏な共感」と，第2に，「公平な道徳感覚」を読み取ることが求められる．かくして，芸術の構想的美は，究極的には，生きた万物の幸福から最大の喜びを受け取る「心の優しさと非利己心」という道徳的態度に根ざすのである (Vol. 4, pp. 147-48)．先に見たように，芸術家の主体的条件の中では想像力が最も重要視されたが，ラスキンが意味したその本当の内容は，自然の万物や同胞である人間存在の中に喜びや悲しみを見出し，それと共感する「道徳的想像力」であった．ここに，ラスキンの芸術と道徳との固い結びつきの原点が見出されるのであり，芸術が経済社会の観察に適用される基盤が見出されるのである．先に見たように，ラスキンの「生」はいわば絵画的「構図」であった．その「構図」の観念を成り立たせる主体的条件が「道徳的想像力」である．

理想主義の諸相——純粋派・自然派・官能派

ラスキンによれば，芸術は思想の表現であり，その表現手段である想像力は理想の追求と結びついている．彼は理想を求める想像力の方向性について，3つのタイプを区別する．(1) 善を選び，悪を捨てる「純粋派」(purist) 理想主義，(2) 善も悪もともに受け入れる「現実派ないし自然派」(naturalist) 理想主義，(3) 悪を選び，善を捨てる「怪奇的」(grotesque) ないし「官能派」(sensualist) 理想主義．これは『ヴェネツィアの石』第2巻 (Vol. 10, p. 221) および『近代画家論』第3巻 (Vol. 5, p. 103) においてとられている考え方である．3つの立場についての彼の評価は次のようなものである．

(1)の純粋派のように，芸術において悪のない楽園のみを考えるのは，幼稚な精神と稚拙な芸術形式を意味する．

「悪と悲惨と醜悪の中にあって，美しい幻影に目を向け，一時的ではあれ，愛と喜びと栄誉のみからなる人々と触れ合うことは，しばしば慰め

となろう.しかし,結局において,完全な真実の方が,部分的な真実に比べて正当化されるであろう.非現実的な幻想から得られる救いは,疲れた時に,かぐわしい花の香りや微風から時として受け取る安らぎに似たものにすぎない.確実な救いと着実な用意のためには,われわれはいっそう堅固な現実に目を向けなければならない.」(Vol. 5, pp. 105-6)

(2)の現実派ないし自然派理想主義は,すべての善悪を受け入れ,巧みに配合・調和して全体を形成する.この立場に対して,事物を単にあるがままに写す芸術がどうして理想と言えるのか,また逆に,想像力の役割はどうなるのかという疑問が出されるであろう.ラスキンの答えは,善も悪も全体の宇宙を構成する部分であって,部分は全体の構成にとって不可欠だということ,またあるがままの現実の表現は必ずしも何らかの規則に従うものではないということであって,(2)を真の理想へのアプローチとして弁護する.

「ものごとを単純にあるがままに表現する芸術は,弱点・欠陥・汚点をそのまま受け入れ,それらが崇高な全体を形作るように配置し,調和させるのである.そこでは,各部分の不完全さは無害であるばかりか,絶対に不可欠であり,他方,個々の部分の良い点は完全に発揮されるのである.」(Vol. 5, p. 110)

これは,全体と部分との間の不可分の関係を強調するロマン主義の考え方である.そのような関係に接近する方法として,彼は規則と創造との二律背反を次のように論ずる.

「規則を知り,判断力を働かすことは,空想の流れを阻害し,攪乱する傾向を持つ.芸術家が是非の規則を知れば知るほど,非創造的となり,芸術家が偉大であればあるほど,崇高な創造力に富めば富むほど,規則を知ることが少ないのである.」(Vol. 5, p. 119)

部類(2)の主要な画家の例として,ミケランジェロ,レオナルド,ジョット,ティントレット,ターナーが挙げられている(Vol. 10, p. 222).

(3)の怪奇的ないし官能派理想主義は,あえて偽悪的に醜悪な対象や空想的な対象を作り上げ,象徴の形態と想像力を通じて,難解な真実を表現しようとする.神話や宗教画や妖精物語は象徴的グロテスクの典型であって,道徳的意味を含んでいる.それらはレトリックとしての「諷喩」(allegory)

の方法である.

　「優れたグロテスクは,言葉で表現しようとすれば長い時間を要する真実を,一連のシンボルをひとまとめにして,大胆に恐れることなく関連づけることによって,一瞬のうちに表現する.その真実の関連は見るものに任されている.」(Vol. 5, p. 132)

　象徴としてのグロテスクを用いることによって,「最も恐ろしい最も重大な真実」が巧妙に伝達される.それは高貴な力であって,詩人がたびたび試みている「諷喩」の方法は,絵画芸術においても大いに取り入れられるべきだと,ラスキンは言う.しかし,悪だけを楽しむのは良くない,それは病的である,と批判される.ラスキンは,幸運なことに,部類(3)には完成した形の実例はない,と言う.

　象徴と神話はロマン主義の故郷である.ここで想起されるのは,フランスのロマン主義者ヴィクトル・ユゴーのグロテスク論である[42].それは,フランス・ロマン派芸術のマニフェストともみなされているものである.彼は,芸術は真実を表現すべきであるから,美しいものではなく,特徴的なものを提起すべきであると主張し,光と闇,崇高とグロテスク,美と醜,善と悪の自然な共存を描くべきであると論じた.ユゴーは言う.「真の詩,完全な詩は,相反するものの調和の中にある」(『クロムウェル・序文』訳,25ページ).これは古典主義とは異なるロマン主義の本質的な特徴の1つであって,ラスキンのグロテスク論も,ロマン主義における芸術の「総合化」の論点と結びついている.

レトリックとしての諷喩

　ラスキンの特徴的な手法を理解するための予備知識として,しばらく脱線しよう.

　レトリックの体系の中に,類似性に関連した一連の比喩の方法がある.主要なものは直喩(simile),隠喩(metaphor),諷喩(allegory)などである[43].「直喩」は,主題としてのあるものYを表現するために,それと類似していると考えられる他のものXによって記述する方法である.「直喩」では,喩えるものXと喩えられるものYとが明示的に並べられ,どのような

根拠によって両者が類似しているかが示されている．

　「隠喩」はこれとは違って，比喩に当って類似性の根拠を明示していない．ヘンリーという主題を論ずる際，「ヘンリーはライオンのように勇猛である」という表現は「直喩」であるが，「ヘンリーはライオンのようである」という表現は「隠喩」である．「隠喩」では，Y（ヘンリー）の特性は隠されており，X（ライオン）の周知の特性からの連想は読者の想像に委ねられる．「隠喩」はXの特性をわざと隠しているというよりも，むしろYの特性を適切に表現する言葉がないために，他のものXからの想像に訴えるのである．上の例では，ヘンリーとライオンがどの点で似ているかについて，「勇猛である」といった陳腐な表現を使う代わりに，隠喩に留めることによって，広い豊かな連想の世界を創造する．

　最後に，「諷喩」は，いわば同じ視点から作られた「隠喩」の連続によって，1つのまとまった思考の全体を作るものであって，その全体は寓話，譬話などと呼ばれる．一般に，知の理論モデルは，「諷喩」によって構成された一種の寓話である．

　シンボルとは，まさに喩えられるものYの真実に迫るために，喩えるものXを象徴として提起することである．ラスキンの言うグロテスク・シンボルは，人々のグロテスク感に訴え，あるときは喜悦を，あるときは畏敬を，あるときは恐怖を生むことによって，想像力の広がりをもたらし，真実に迫る単一の「隠喩」または一連の「諷喩」である．象徴としての神話や歴史や宗教が「隠喩」または「諷喩」の題材である限り，象徴という比喩的方法にとって重要なものは想像力である．ロマン主義における象徴性は，古代であれ中世であれ異国であれ，それ自身が把握されるべき宇宙の真実であるというのではなく，真実への想像力を駆り立てる触媒にすぎない．ロマン主義にとって，「隠喩」や「諷喩」のレトリックは不可欠の手段である．

　ラスキンの特徴的な主張は，想像力の作用は単に空想の世界に遊ぶことではなく，世界の真実を表現することであるというものである．そして，真実は想像力の助けを得て初めて真実となる．この一見パラドキシカルな主張を端的に理解するには，グロテスク・シンボルとしてのグリフィンを論じた箇所を見ればよい（『近代画家論』第3巻・第8章・第11-20節，Vol. 5, pp. 140-47).

　そこでは，古典ローマ建築と中世建築におけるグリフィンの２つの像が図示されている．ギリシャ神話に出てくるグリフィンは，頭と前足は鷲の形をし，翼を持つが，胴体と後足は獅子の姿をした怪獣である．それは黄金の宝物を守るという観念のシンボルである．どちらの作品も想像力の産物に違いないが，ラスキンは，中世の作品の方が伝えようとする観念に照らして，鷲と獅子の機能や性質の真実をよく表現しており，「真正のグロテスク」と絶賛し，一方，ローマ建築のグリフィンの方は鷲と獅子の機能や性質を表現する上で不自然かつ幼稚に作られており，「虚偽のグロテスク」と呼んでいる．「真正のグロテスク」は観念と自然との統合である，と言えよう．

総　括

　以上の絵画論を総括しよう．(1)芸術は，道徳感情を含む「生」の諸能力を前提として，想像力と構想力によって「観念」を表現するものであり，その「観念」は真実の世界を描写する．(2)真実の「生」の世界は，対象の全体と部分との緊張関係および協調関係を含む統一性を持った「構図」としてとらえられる．(3)「象徴」を用いるレトリックは，想像力の作用を介して，真実の「生」の把握に接近するための発見的手段である．(4)偉大な芸術が生み出す「美」は，芸術の客体的条件としての「典型美」と，主体的条件としての「生命美」とのバランスによって保証される．(5)対象の中に「典型美」を構成する神的秩序と，「生命美」を構成する「生」の機能の発露との双方を読み取るためには，道徳的共感（感嘆と希望と愛）が要求される．

　これらの命題はラスキンの絵画芸術論をまとめたものであるが，これらの命題を基礎にして，芸術をX，経済をYとする一連の「諷喩」を展開したものが彼の経済論である．芸術論と経済論とは「生」および「労働」の観念を媒介として，「ラスキンの三角形」を形成する．これがわれわれのラスキン研究の指針である．

　彼の著述は，芸術からの「諷喩」を超えて，聖書・神話・古典文学などからの引用で満ち溢れている．彼の著作の題名を見ただけでも，『この後のものにも』，『ムネラ・プルヴェリス』（塵の贈物），『フォルス・クラヴィゲラ』

（棍棒を持つ運命の神），『胡麻と百合』，『プラエテリタ』（過ぎ去りしことども）など，隠喩や諷喩を示唆するレトリックが多い．これらは，衒学（ペダントリー）の嫌いがあるが，彼にとっての既知の知を前提として，未知の知に迫ろうとする彼の独特の発見的手法である．しかし，読者が既知の知を備えているかどうかは疑問である．

3　建築芸術論

建築と道徳

ラスキンは『近代画家論』の第2巻（1846年）を出版した後，第3巻および第4巻（いずれも1856年）が出版されるまでの10年間，絵画芸術論から建築芸術論に視野を拡大し，『建築の七燈』（1849年）および『ヴェネツィアの石』全3巻（1851-53年）を執筆した．彼は，絵画論を一時中断して建築を取り上げた理由について，『建築の七燈』第2版（1855年）に寄せた序文の中で，次のように述べている．

「人類にとって唯一可能な2つの美術は，彫刻と絵画のみである．われわれが建築（architecture）と呼ぶものは，これらのものの壮大な規模における結合に他ならず，あるいはそれらを相応しい場所に位置づけるものである．これ以外のすべての建築は，実のところ，単なる建物（building）にすぎない．」(Vol. 8, p. 11)

建築は，彫刻と絵画を包摂する芸術の現実的な枠組みである．そのように見るラスキンにとっては，どうしても建築芸術論に進まざるをえなかった．ラスキンは芸術性を論拠として，建築と建物とを区別する．機能的目的を果たすだけの建物にとっては，芸術は必ずしも必要ではないが，建築は芸術的要素を不可欠とする．彼は推敲を重ねたあげく，建築を次のように定義した．「建築とは，その用途が何であれ，それを見ることによって，人間の精神的な健全さ・力・喜びに寄与するように，その構築物を配置し，装飾する芸術である」(Vol. 8, p. 27)．

建物と建築との間の違いは，言ってみれば，計算的知性と創造的想像力と

の間の違いである．彼が『建築の七燈』を執筆した動機は，実利主義の時代が進行する中で，過去の優れた建築様式が破壊され無視され，醜悪な実用的建物が増えていることへの烈しい怒りであった．そしてラスキンにとって，建築の考察は，絵画の考察に比して，芸術が社会と結びついていることをいっそう強く認識させるものであった．絵画や彫刻は，限られた専門家によって制作され，個人的収集家によって専有される限り，公衆一般にとっては美術館や限られた公共施設でしか見ることができないが，建築は人々の生活空間そのものを日常的に構成する場であり，見る人も作る人も多く，はるかに公共性に富み，それを創造した民族の精神を如実に反映している．絵画論から建築論への移行は，観察の対象を天才画家の作品から普通の労働者の作品へと拡大することを意味し，作品の基礎にある天才の倫理から労働の倫理への拡大をもたらすのである．

　それでは「建築の七燈」とは何か．ラスキンは建築芸術のあるべき規範・法則を述べようとするが，特定の芸術分野に特有の規範・法則があるとは考えない．むしろ，それは人間行動のすべてに当てはまるものと見る．規範・法則は光であり，燈火（ランプ）は人々の足元を照らし，人々をあるべき方向へと導く．「鏡とランプ」という後の時代の対比は，ラスキンにおいて使われていないが，絵画が鏡に映すように描写の対象を持つことができるのに対し，建築は製作者の精神（ランプ）以外に表現するものを持たない．彼はその精神的法則を次の7つの項目にまとめた．「犠牲（Sacrifice）・真実（Truth）・力（Power）・美（Beauty）・生（Life）・記憶（Memory）・従順（Obedience）」．

　『建築の七燈』は建築を対象とするとはいえ，単に建築の技術様式にかかわるのではなく，建築が表現しようとする精神，ないしは建築の道徳理論もいうべき内容のものである．建築が価値を持つのは，それが道徳的価値を体現しているからである．ラスキンにおいて芸術が道徳に基礎を置くことの意味が，建築論に明瞭に表れている．そして，道徳的芸術観の諷喩がやがて建築批評から社会批評に適用されるのである．

　7つの燈火の意味について言えば，「犠牲」は，建築が神からの贈物ではなく，神への供物であること，「真実」は，建築が自然の真実性を表現する

ものでなければならず,虚偽・虚飾・不正直の作品であってはならないこと,「力」は,建築が力強く,荘厳であるべきこと,「美」は,建築が神の法である有機体の掟に一致することの歓喜の表現であること,「生」は,建築が死せる機械的統一ではなく,生命の躍動を表現すること,「記憶」は,建築が人類の歴史の伝承として作られなければならないことを意味する.そして最後に,「従順」は,建築が社会的文脈と関連を持ち,政治・生活・歴史・宗教などへの信念を体現すべきことを意味する.

7つの基準のうち,とりわけ全体を統合する位置にあるものは「生」のランプである.ラスキンは,「すべてのものは,その中に生が満ちている程度に応じて,高貴である」という(Vol. 8, p. 190).これは「生命美」の定義を与えるものであって,芸術作品には製作者である労働者の幸福が伴わなければならないという(Vol. 8, p. 218).この基準は,経済論に適用された場合,労働の喜びというあるべき経済像の基準として重要な役割を演ずる.

『ヴェネツィアの石』の主張

ラスキンの建築論を特徴づけるものは,ゴシック建築の称賛である.このことは大著『ヴェネツィアの石』全3巻によって果たされた.この本は,『建築の七燈』における理論的考察を基礎にして,建築を時代の精神生活の記録とみなし,ヴェネツィアの街の歴史的建築様式の推移(ビザンチン様式・ゴシック様式・ルネサンス様式)を宮殿や寺院にそくして研究したものである.しかし,それは単なる歴史研究を意図したものではない.それは念入りに構築された現代社会批判であった.

ラスキンは中世のゴシック様式を称賛し,その後に来るルネサンス様式を華美と高慢と不信心の塊とみなし,社会の堕落と没落の表れと解釈した.そして,ヴェネツィアの没落のモラルを現代精神の危険な傾向と重ね合わせ,芸術・道徳・社会を通ずる現代の「生」のあり方に警鐘を鳴らしたのである.彼は『ヴェネツィアの石』第3巻の末尾で,この著作が主張する命題(theorem)を次のように要約している.

「通常『ゴシック』と呼ばれる建築は,キリスト教の理論と同じように,概念においては完璧であるけれども,現実にはけっして完璧には到達す

ることはなく、その後さまざまな敵対的な影響によって妨げられ、堕落させられてしまった．しかし，それは，これまでに示したように，13世紀の終わりごろに最高の完成度に到達し，当時のヨーロッパのキリスト教精神における特有のエネルギーを表現した．15世紀になると，以上で説明した諸原因によってヨーロッパのキリスト教は衰退し，ギリシャ・ローマの建築を模倣した異教徒建築が導入された．ギリシャ・ローマの建築そのものは良いものではなかったが，自然的なものであり，ある面では，またある時代には良いものであった．しかし，15世紀に初めて導入され，それ以後今日まで行われてきた模倣建築は，良いものでもなく，自然的なものでもない．それはいかなる面においても，いつの時代においても，良いものではなかった．その様式に従って建物を建ててきた建築家は，価値のないものを建ててきたのである．したがって，過去300年間に建てられた建築物，そして現在建てられつつある建築物の大部分は無価値である．われわれはこの様式を全面的に放棄し，軽蔑し，忘れてしまわなければならない．そしてこれからは，これまでゴシックと呼ばれてきた完全でキリスト教的な様式によって建築をしなければならない．それは永遠に最良のものである．」(Vol. 11, p. 357)

ゴシック建築は，西ヨーロッパにおいて，10世紀から12世紀にかけて行われたロマネスク建築の後を受けて，キリスト教信仰を内面的原動力として，12世紀後半から15世紀にかけて行われた．ヴェネツィアにおいては，その地理的位置関係から，ゴシック以前には，ロマネスク様式の代わりに東方のビザンチン様式が支配的であった．その後，ゴシック建築は15-16世紀のルネサンス建築によって取って代られた．ルネサンス（文芸復興）を，中世において抑圧されていた人間精神の覚醒とみなし，人間中心の近代社会の始まりと見る立場からは，ゴシックによって代表される中世の芸術・文化は粗野で野蛮なものとみなされた．その結果，キリスト教道徳，勇気，知性，そしてこれらを核とするゴシック芸術は崩壊した．ラスキンが攻撃の対象としたのは，このような近代観に立つルネサンス建築の精神であった．

啓蒙主義思想の先駆けとして，ルネサンス期の合理主義者たちは人文・芸術の分野の合理化を図った．ラスキンによれば，「この合理化された芸術が

通常ルネサンスと呼ばれているものである」(Vol. 9, p. 45). ヴェネツィアでは，ゴシック様式が 13 世紀中頃から 15 世紀初めにかけて，ヴェネツィア共和国の全盛期と符合しつつ発展を遂げたが，15 世紀初めから始まったヴェネツィアの衰退と軌を一にして，ゴシック様式は放棄され，代わってルネサンス様式が作られていった．彼はその姿を次のように記している．

> 「この時期にヴェネツィアにおいて作られた建築は，これまでに人間の手によって建てられたものの中で，最悪かつ最低の部類に属するものであって，とりわけあからさまな嘲笑と傲慢な冷笑の精神によって特徴づけられ，形の崩れた怪物のような彫刻にうつつを抜かし，酔っ払いの下品さを永遠に石の中に刻み込んだものというよりほかに定義の仕様がない．」(Vol. 11, p. 135)

怪奇（グロテスク）そのものは悪いわけではないし，ルネサンスの時代に限られたものでもない．それはゴシックの最良のものの特徴の1つでもある．ラスキンは「真実のグロテスク」と「虚偽のグロテスク」とを区別し，ルネサンス期のものを堕落した「虚偽のグロテスク」と呼ぶ．彼は，ヴェネツィアのサンタ・マリア・フォルモーザ教会と溜息の橋の怪物の首像にこめられた低俗な白痴的嘲笑の精神は，ルネサンス・グロテスクの典型であると言う．

ラスキンはゴシックの善と対照的に，ルネサンスの悪を論じた．彼は，ルネサンス建築の精神を形成した要素を「驕り」(pride) と「不信仰」(infidelity) とみなし，さらに「驕り」を「科学の驕り」，「身分の驕り」，「体系の驕り」に分解した (Vol. 11, p. 46).「科学の驕り」とは，理性に基づく確実知を不当に重んじ，魂に基づく創造の芸術を科学に隷従させることをいう．「身分の驕り」とは，競争の勝者や天才を称賛する貴族的個人主義であり，競争への信頼，奢侈の肯定を意味し，社会的観点からの弱者への思いやりや隣人愛を軽視する．芸術的天才は，地上の神として人間の理想像であるけれども，ラスキンにとっては，ルネサンスの芸術は嫌悪すべき貴族趣味の芸術であった．「体系の驕り」とは，哲学の名による知の定式化・体系化・規範化の傾向をいう．これらの驕り・思い上がりは，ゴシック期においては信仰・勇気・自制・謙虚の徳目によって抑制されていたが，不信仰の広がりとともにルネサンス期において一挙に顕在化した．

『ヴェネツィアの石』は，ヴェネツィアにおける単なる建築様式の歴史を叙述したものではない．またそれは，ルネサンス様式との対比において，ゴシック様式を称揚する懐古趣味の著作でもない．それは，建築様式の中に刻み込まれた道徳感情の解明を通じて，近代ルネサンスの精神が将来においてもたらすであろう巨大な負の経済的・社会的・文化的帰結を予言したものである．近代社会に埋没した読者の眼には，それは時代錯誤の異説にすぎないものと写るであろう．しかし，それは時代を超えた洞察であった．しかも，それは単なる警告ではなく，芸術と社会とを結びつける方法的思索に基づく類稀な論述であった．従来多くの経済学者は，ラスキンの経済学批判を経済学の素人がたわごとを並べたものと嘲笑してきたが，彼らは，ラスキンの絵画論や建築論を読むこともなく，彼の知の総合化志向を1片の想像力を持って受け止めてもいない．

ゴシックの本質

このような明確な意図を持って書かれた『ヴェネツィアの石』において，彼はまず初めに基礎理論を提示する．それは前著『建築の七燈』の考察を別の観点から敷衍したものである．彼は，「建築の徳目」(virtues of architecture) は次の3つから成ると言う (Vol. 9, p. 60)．(a) 建物は住居や移動などの生活目的を構造的に良く果たすこと (It acts well.)．(b) 建物は記念碑的な公共物としての意図を良く表現すること (It speaks well.)．(c) 建物はこれらの目的や意図を果たす際に，美的であり，われわれに喜びを与えること (It looks well and pleases us.)．

このうち，(b) は一部の種類の建物のみを対象とするので，その様式について一般的な法則は存在せず，ただその効果のみが判定基準になるという．他方，(a) と (c) については，(a) の構造上の力強さ，および (c) の装飾的美しさが，それぞれ良し悪しの評価基準を与える．このような建築物の評価を通じて，それを作った人間の叡智や想像力が称賛の対象となるのである．『建築の七燈』における7つの徳目が人間の側における理念のあり方をとらえるのに対して，『ヴェネツィアの石』における (a) と (c) の2つの徳目は，作られた建築物における「構造と装飾」のあり方を問う．人間の理念と建築の徳

目とがリンクすることによって，構築物における人間と社会の足跡が検証されるのである．

『ヴェネツィアの石』第2巻の有名な第6章「ゴシックの本質」によれば，ゴシック建築の精神的特性は次の6つの要素によって表される（Vol. 10, p. 184）．(1) 野性（savageness），(2) 多様性（changefulness），(3) 自然愛（naturalism），(4) 怪奇（grotesqueness），(5) 厳格（rigidity），(6) 過剰（redundance）．

(1)の野性的で洗練されていないことは，不完全さを意味するけれども，ラスキンによれば，機械的・表面的な完全さよりも精神的価値が高く，さらなる創造的変化への原動力となる．不完全さは生命の証左であると同時に，「生命美」の源泉であるとみなされる．この点は，「完成と無限」との関係についてのドイツ・ロマン主義文学の命題と軌を一にする．しかし，ラスキンの場合には，完成と未完成との抽象的な関係が問われるのでなく，職人の手工による粗野な不完全さこそが人間性に相応しく，自然で謙虚なものとみなされている．そこには，労働者を機械のような存在に堕落させ，精妙な創意の加わる余地のない工場制生産の効率性に対する批判がこめられている．そして，ゴシック建築の粗野・不完全の承認は，人間の弱さを前提とするキリスト教精神の体現を意味する．

(2)の変化を愛好するという精神の特性は造形的多様性をもたらす．ゴシック建築の各構造部分は，豊かなヴァリエーションを持った彫刻によって飾られている．ラスキンがとりわけ注目するのは，尖頭アーチと柱頭である．人々は多様性を禁ずるために様式による規格化を考えがちであるが，様式を尊重することは芸術を尊重することではない．一定のルールやモデルに従うパターン化された作業は，芸術の特性ではない．それは工場生産に等しい．しかし，粗野なこと自体が礼賛されるのではなく，思想表現にとって適切な洗練さや仕上げが要求されるのと同じように，変化や多様性のメリットは単調や素朴のメリットと釣り合ったものでなければならない．単調さには，多様性には見られない秩序の荘厳さがあるからである．製作者の側における作品の多様性は，鑑賞者の側における人間精神の多様性に働きかける．

(3)の自然愛は，自然それ自身を目的として愛好し，芸術の規則にとらわ

れずに自然の事物を率直に表現する努力である．しかし，ここでも真実の問題は，「抽象的な構想」と「模写的な表現」との間のバランスを求めることである．言いかえれば，「意匠（デザイン）と事実」との統合である．ラスキンは芸術的能力を意匠的人間，事実的人間，両者を統一する人間の3つに分け，次のように言う．

「最も高尚な芸術は，形式と色彩についての抽象的価値と模倣的能力との正確な調和である．それは，最も高尚な事実を表現するために用いられた最も高尚な構成である．しかし，人間精神は一般にこの2つの完全性を統一することができない．事実を追求するあまり構成を無視するか，構成を追求するあまり事実を無視するのである．」(Vol. 10, pp. 216-17)

先に取り上げた『近代画家論』第3巻における芸術家の3分類（純粋派・自然派・官能派）を用いて言えば，ラスキンは，ゴシック建築様式は自然派の立場に立って，「意匠（純粋派）と事実（官能派）」との中庸的な統合を目指したものであると解釈している．

ラスキンの自然主義は，「ゴシック建築の原初的観念は植物から得られた」(Vol. 10, p. 237) という仮説に依拠している．ゴシック装飾における樹木・草花・葉の絡み合う模様は，万人のために創造された植物の「生」を表現するものであった．

(4)の怪奇性については，上述のように，ゴシック様式とルネサンス様式との対比という観点から象徴的に論じられた．ラスキンは，グロテスクには2つの精神的要素が含まれていると言う．1つは「遊び」であり，今1つは「恐怖」である（Vol. 11, p. 151）．遊びの要素は良い仕事にとって必要であり，仕事がわれわれにとって強制されるのに対して，遊びの形態はわれわれ自身が選択するものである．それゆえに，日常的労働の中に遊びのはけ口を持たない労働者にとって，芸術作品における遊びは重要であり，しばしば怪奇なものに想像力が向けられる．想像力は神の恩寵と死の恐怖の両極に及ぶ．したがって，グロテスクは一方で常に死や罪の恐怖を伴う．こうして，グロテスクは「遊戯と恐怖」の二面を含み，この二面性のあり方がグロテスクの真偽を分ける．低俗なグロテスクでは，不真面目な冗談と冷笑が恐怖に勝っている．高貴なグロテスクでは，遊びが真実の「生」から生まれた恐怖を滑稽

化する．ゴシック的グロテスクの価値は，想像力に基づく寓話・象徴・諷刺を通じて，「生」の二面性を総体として把握し表現するところにある．

(5)の厳格・頑固というゴシック建築様式の特徴は，ラスキンによれば，製作者としての北方民族の感情や習慣の特性に求められる．

> 「北方民族における意志の力，性格の不羈，目的の堅固さ，不当な統制への苛立ち，個人の理性を権威に向けて対抗させ，個人の行為を運命に向けて抵抗させるという一般的傾向，——こういったものは，あらゆる時代を通じて，南方民族における伝統への思想の無気力な服従，宿命への目的の服従と対立してきた．この傾向は，北方のゴシック装飾における厳密な直線，活力ある多様な塊，大胆に算定された独立の構造の中に多かれ少なかれ跡づけられるのである．」(Vol. 10, pp. 241-42)

厳格・頑固は活動力の強靱さをいう．ラスキンはこの特性を最もゴシック的なものとみなすが，ここには，民族の精神構造と建築様式との対置が大胆に試みられている．彼は「最良のゴシック建築は最もゴシック的なものではない」(Vol. 10, p. 242)と述べ，最良のゴシックは，北方的精神の頑固さと，それに対置される南方的精神の柔和さとの融合であるという．上述した「典型美」の取り扱いにおいて，対立する諸特性の並存というイロニーが指摘されたように，ここでも両極の調和が求められている．

(6)の過剰とは，装飾的要素が豊かで多すぎることを意味し，単純性・簡素性の反対物である．彼はこう述べている．

> 「ゴシック建築の第1の必要条件は，最も洗練された精神だけでなく，最も粗野な精神の助けをも容認し，同時にそれらの人々の称賛を得るように訴えることを認めるものであるから，作品の豊かさは，逆説的に見えるかもしれないが，その謙虚さの一部である．簡素な建築ほど傲慢なものはない．簡素な建築は，若干の明瞭で強力な線以外は眼に訴えることを拒否するからである．」(Vol. 10, pp. 243-44)

作品の粗野・不完全性・多様性・過剰を容認し，想像力の多面性・総体性を許容することは，人間の謙遜さ，誠実さの表れであるという．ラスキンのゴシック建築観は，建築という社会的事象を，建築を作る側のあらゆる職人の「協働」と，建築を見る側のあらゆる人々の「共感」とを可能にするもの

ととらえる．それは絵画における「構図」および「助け合い」の概念と共通している．「生」は社会的協働であって，それを構成する全要素は協調・相互扶助の関係に立たなければならない．ラスキンにとっては，建築という芸術は「生」のあり方から離れては考えられないものであった．彼は，そのあり方を最も良く実現している芸術様式をゴシックの中に見出したのである．

社会的協働性と精神的優位性

　ここで，ラスキンの建築芸術論を整理し，彼のゴシック論とロマン主義との関連を論ずることによって，芸術論の総括としたい．

　ラスキンは『ヴェネツィアの石』第3巻の「結論」の章において，彼の芸術論の核心とも言うべき「至高の原理」を次のように述べている．

　　「芸術は，それが善良で偉大な人間精神の人格・活動・生き生きとした知覚を表現している場合にのみ，価値がある．……すべての芸術は，それがはっきりと全幅的で最高の意味における人間性（manhood）の作品である場合にのみ，偉大であり，優良であり，真実である．言いかえれば，それが手足や指だけの作品ではなく，精神がその必要に応じて劣った能力の助けを得ながら作った作品である場合である．それゆえに，このような場合は，その劣った能力が精神の助けを得られずに作った作品である場合とは本質的に区別される．」(Vol. 11, p. 201)

　優れた芸術は，「全幅的人間」における「手（hand）と頭（head）と心（heart）」の協働の結果である（Vol. 16, p. 294）．工芸や技術と違って，芸術には「全幅的人間」が表現されていなければならない．「生」の諸側面を粗野なものから洗練されたものにすることは望ましいが，「生」のある側面が能力において劣っていたとしても，「助け合い」の「構図」の中で，それらが「協働」し，「統一」を図ることの方がいっそう重要であるというのである．そして，構想力による全体としての「構図」の与え方こそが，「観念の表現」としての芸術を特徴づけるのである．この「構図」の性質を問うことは，ラスキンの芸術論の基本的な枠組みを明らかにすることであり，「生」を構成する「全幅的人間」の意味を明らかにすることである．われわれは「構図」の性質を解釈するに当って，次の社会的および精神的な2つの側面

を強調する.

　第1. 芸術は単に「全幅的人間」としての芸術家・製作者・職人の作品であるばかりでなく,同時に「全幅的人間」としての鑑賞者に対して向けられたものでもある.これを芸術における労働の「社会的協働性」と呼ぶことができよう.ラスキンにとって,偉大な芸術は,技術や規則や慣行の支配に屈することなく,「全幅的人間」の総体としての「生」の力を発揮し,それに貢献するものである.このことは単に芸術家にとっての要件にとどまらず,鑑賞者としての労働者にとっての要件でもあった.これによって,芸術を通ずる芸術家と労働者との間の社会的協働が意図される.それゆえに,彼は労働者に対する芸術教育という社会活動を重視したのである.

　第2.「知・情・意」の「協働」からなる「全幅的人間」とはいうものの,その精神構造には優位性の順位がある.すでに述べたように,ラスキンは構想的美の概念を定義するものとして,「歓喜と感嘆と感謝」ないしは「愛と感嘆と称賛」といった一連の言葉を用いたが,これらは「全幅的人間」における「より高貴な」側面を表すものであって,これを彼は知性(intellect)と対比された「精神(soul)の優位性」と呼んだ(Vol. 11, p. 204).精神は聖なるもの・無限なるものを志向し,知性に対して思考の素材と方向を提起する道徳的導き手である.

　ラスキンはルネサンス建築様式の批判を通じて,ゴシック精神の衰退に連なる現代の危機を指摘する.彼によれば,現代の危機は二重である.「空虚な知の驕り」と「空虚な快楽の追求」である(Vol. 11, p. 200).ルネサンス精神の欠点は,一方で,完成美の基準を重視するあまり,表現の粗野を許容せず,理論的完璧を要求し,そのために「生」の高貴なエネルギーを抑圧することにあり,他方で,謙虚と信仰の代わりに,虚栄と誇示のための快楽に耽溺することにある.芸術を通じて社会的協働が果たされるのは,ラスキンが考える構想美が社会の真の「富」に貢献し,社会の危機を克服する道を開くとみなされるからである.

　芸術における「社会的協働性」と「精神的優位性」とは,「労働」を通じて「生」を「構図」の中に構造化するラスキンの2原理と言えよう.言いかえれば,これらの原理は,動的な「生命美」と静的な「典型美」とを芸術作

品の「構図」の中に集約化する手続きを意味する．先にわれわれは「美」と「生」と「富」を結ぶ「ラスキンの三角形」という総合化の観念を提起したが，3者の連関を実際に規定するものはこの2原理である．芸術作品の「構図」が経済社会の「構図」の隠喩として用いられる場合，ラスキンの「芸術的『生』の経済学」はこれらの原理に照らして解釈されなければならない．

ラスキンにおけるロマン主義

　ラスキンの著述の中にロマン主義の要素を断片的に読み取ることはさして困難ではない．ルネ・ウェリクがロマン主義における3つの基本的特性とみなしたもの，すなわち，「想像力・自然への愛・象徴と神話」の要素は，いずれもラスキンが強調したものであるし[44]，またローガン・スミスがロマン主義と結びついた4つの概念とみなしたもの，すなわち，「独創性・創造性・想像力・天才」もラスキンが重視したものである[45]．しかし，このような観念の断片を持つかどうかによって思想性を識別することは，あまり説得的とは言えない．ラスキンをロマン主義的とみなす従来の解釈は，ほとんどこの種のものであって，本格的な思想の解釈とは言えない．個々の要素を統合する枠組みと相互連関こそが思想だからである．

　われわれは，ロマン主義思想の識別のための基準として，3つの条件を考える．第1に，その思想は一定の体系性・構造性を持つことが保障されなければならない．第2に，その思想体系は近代の啓蒙主義批判という方向性を持たなければならない．第3に，その思想体系は哲学的次元（認識論・存在論・価値論）において反主流派的主張を持たなければならない．ラスキンの思想をこれらの条件に照らして吟味しよう．

　ラスキンはロマン主義という言葉については語っていないが，「建築と絵画」と題する講演（1853年）の中で，ロマン的（romantic）という言葉の真実かつ適切な用法は，「比類なき，稀に見るほどの美・崇高・徳」を特徴づけるものであると述べ（Vol. 12, p. 54），これらのものに対する感情，すなわちロマン的感情は，人間存在における最も神聖な真実の部分であると言う．それは彼が好んで用いる「愛と感嘆と歓喜」に相当するものであろう．そして，ロマン的感情の涵養・育成こそが現代の課題であると言う．すなわち，

「われわれのなすべきすべてのことは,情熱的な感情に威厳ある判断を加え,慎慮と先見に対して想像力と感嘆とを交ぜ合わすことである.そうすれば,完全な人間精神(perfect human soul)を持つであろう.しかし,現代の罪悪は,ロマン的感情を育て導く代わりに,それを破壊しようと努めていることである.」(Vol. 12, p. 55)

このラスキンの考えは,「全幅的人間精神」を出発点として,構想美の導きの下に,自然と社会についての有機体的思想体系を芸術論と経済論によって構築するというものであって,ロマン主義的知の「総合化」と呼ぶことができよう.

芸術論の最終段階と経済論の初期段階とが重複する1850年代の末に,ラスキンは『近代画家論』第5巻において,「全幅的人間本性」について次のように論じている.

「人間は神の最高かつ枢要な作品であるから,あらゆる最良の芸術は,……人間自身について語るものでなければならない.またそのような芸術は,人間自身の本性についての真実の観念の下で,人間に言及するものでなければならない.したがって,人間に言及することのないあらゆる芸術は,劣った,無価値なものである.……人間に関する最も下劣な観念は,人間が精神性を持たないというものである.また人間に関する最も愚劣な誤解は,人間が動物性を持たず,また持つべきでないというものである.人間本性は高貴な動物性であり,高貴な精神性である.……どちらの部分も他の部分を排除したり,軽蔑したり,拒否したりすることはできない.あらゆる偉大な芸術は両者を認め,讃えるものである.」(Vol. 7, p. 264)

ラスキンは,経済論を展開した『この最後の者にも』において,「ロマン的」という言葉を経済活動の叙述の中に持ち込んで,次のように書いた.

「世界に存在する需要の4分の3はロマン的なものであり,ヴィジョン・理想・希望・愛情に基礎を置いている.財布の管理とは,本質的には,想像力や心情の管理である.したがって,価格の性質の正しい議論は,非常に高度の形而上学的な,精神的な問題である.」(Vol. 17, p. 94)

ラスキンがここで「ロマン的」という言葉を使って言おうとしたことは,

経済活動といえども，機械的な需要・供給の関係から成り立つのではなく，全幅的な人間本性，とりわけ高貴性を求める人間精神に基づくということである．

われわれは第1章において，フリードリヒ・シュレーゲルにそくして，ドイツ・ロマン主義の体系的理解を試みたが，その体系は主として文学を主題とする「生」の探求であった．すなわち，接近方法についての「文学と哲学との統一」という包括的な命題の下で，文学と哲学との接点に全幅的な「生」を位置づけ，「ロマン的ポエジー」における知の「総合性」と「発展性」をロマン主義の基本構造とみなした．この基本構造の意味を内容的に展開するために，文学＝哲学という知の「目標」として「完成と無限」の対立，知の「方法」として「模倣と創造」の対立，知の「形式」として「体系と断片」の対立が設定された．これらの二項対立は，啓蒙批判としてのロマン主義の方向性を具体化したものに他ならない．ただし，ロマン主義はこれらの対立項の一方の極を主張するのではなく，両極の対立・並存・統合を「ロマン的イロニー」として承認する点に哲学的な独自性を持つものであった．「ロマン的イロニー」は，「ロマン的ポエジー」における「総合性」を通ずる「発展性」の内容を，「矛盾性」を通ずる「総合性」の追求として表現したものである．

ロマン主義は啓蒙思想批判を最大の目的とするが，その批判をどのような知の領域で行うかに応じて内容が異なる．上述のように，ラスキンの場合には，全幅的な「生」を頂点として，芸術（美）と経済（富）を媒介する「ラスキンの三角形」が構想されたが，関心領域の相違に応じて，シュレーゲルの場合には，全幅的な「生」を頂点として，文学と哲学とを媒介する「シュレーゲルの三角形」が考えられたはずである．シュレーゲルの思想は「生」の文学＝哲学であり，ラスキンの思想は「生」の芸術論＝経済論であり，いずれも啓蒙主義や古典主義と対比される知の「総合性」と「発展性」の思想である．

シュレーゲルにおいて，「総合性」（ないし「全体性」）および「発展性」（ないし「無限性」）の観念が基本構造を形作るのに対して，ラスキンにおいては，「構図」を枠組みとする「社会的協働性」および「精神的優位性」の

観念が基本構造を形成する．2人が使う概念は異なるが，意味する内容は類似している．「社会的協働性」は，「総合性」を「構図」概念の中に具体化したものであり，「精神的優位性」は，理論的確定性とは異なる道徳水準の教化による「発展性」を意味するのである．また，シュレーゲルにおいて，「ロマン的イロニー」がこの発展過程の弁証法を表現するのに対応して，ラスキンでは，ゴシック様式の分析に見られるように，「典型美」の基準が常に対立や矛盾を含むことによって，「生命美」の完成に向けて永遠への憧憬と努力と緊張が生み出される．

　ドイツ・ロマン主義者は，古代ギリシャ・ローマの古典主義の芸術を批判の対象とし，それに代わって近代の多元的でダイナミックな芸術がロマン主義として確立されなければならないと考えた．その際，中世ゴシックの様式は，ロマン主義を形成する1つの媒介的契機であったにすぎない．ロマン主義は，過去を過去のゆえに重視するのではなく，中世主義の中に古典主義が忘却した人間的活力を見出し，それを現状の改革の実践的手掛かりとみなしたのである．この意味で，ロマン主義は回顧的契機を含む実践思想である．古典主義対ロマン主義という対決は，ラスキンの絵画論の場合には，中世志向のラファエル前派主義を支持しながら，古典主義のルネサンスを乗り越えるターナーの革新によって象徴的に果たされた．一方，ラスキンの建築論の場合には，ロマン主義の立場は，もっぱらルネサンスによって廃棄されたゴシックへの回帰という形をとったが，それが啓蒙主義・合理主義・人間主義の芸術としての古典主義への批判であることに変わりはない．

ゴシック・リヴァイヴァル

　ラスキンの主観的意識がどうであったにせよ，客観的事実として，彼は同時代のいわゆる「ゴシック・リヴァイヴァル」の理論や実践とかかわりを持った．ラスキンのゴシック擁護の思想はけっして彼ひとりの思想ではなかった．イギリスでは，19世紀半ばごろには，実際にゴシック建築様式の復活が見られたからである．だが，近代的な感覚によって導かれたゴシック・リヴァイヴァルは，彼にとっては醜悪なものであり，幻滅であった[46]．やがて彼はゴシック・リヴァイヴァルを支持することを断固拒否した[47]．

彼は講演集『2つの道』(1859年)[48]の序文の中で,「芸術の重要な原理は,彫刻においても絵画においても,あらゆる高貴な意匠は,有機体的形式に依存するということである」と述べ,このことが世間でまったく認められていないと慨嘆している.彼にとっては,当時盛んに建てられるようになったいわゆるゴシック風の建物は,実のところ,「その様式の諸原理の1つはおろか,その影や断片すらも体現しておらず,過去の時代の高貴な建物を滑稽化し,その精神を取り去ることによって,その形式を侮辱しているにすぎない」ものであった(Vol.16, pp.251-52).彼にとっては,建築の外形的な様式の背後にある建築の精神,すなわち道徳性が問題であった.

ゴシック・リヴァイヴァルに対するラスキンの批判は,ゴシック様式の直後に来たルネサンス様式に対する批判と同じ趣旨のものであった.建築の分野においては,彼は画家ターナーのように古典主義を超克するロマン主義の同時代人を見出すことができなかった.そのために彼のゴシック称賛は中世礼賛と解釈されがちである.

4 芸術教育論

芸術史の謎——ディレットとアレテー

ラスキンの芸術教育論は,芸術の発展を国民的規模において奨励するために,その教育のあり方を論じたものであるが,その中心的な論点は,芸術が国民精神に及ぼす影響を説くことであった.ラスキンはこの問題をいくつかの講演の中で扱っている.それらの講演は,彼が大著において展開してきた専門的な芸術論の大綱を平易な言葉で要約したものである.

彼の基本的な問題設定は,彼自身の芸術論を前提として,芸術の発展は望ましいものでもあり,望ましくないものでもあるというアンティノミーであった.一方で,優れた芸術を得る方法はただ1つしかないという.それは芸術を楽しむことである.諸国民の歴史を調べると,優れた芸術は芸術を楽しむ国民によってのみ作られてきたことが偉大な事実として確認される.他方で,それにもかかわらず,芸術が奢侈や愉悦のためにのみ追求されるところ

では，そのような芸術は，精神の柔和さと脆弱さを生み，国民の衰運と破滅をもたらすことになった．ケンブリッジ美術学校での就任講演（1858年）の中で，ラスキンはこの芸術史の大きな「謎」を解く鍵について，次のように述べた．

> 「芸術が同時に，何らかの真実あるいは真実と思われるもの――すなわち，宗教的，道徳的，あるいは自然的なもの――を教えるためにも使われるところでは，芸術はそのような国民を高め，芸術自身が国民とともに高められるのである．」(Vol. 16, p. 197)

これまでに述べてきたように，真実とは，ラスキンにとって美の要件であった．ラスキンは，芸術を遊び半分の道楽（ディレッタンティズム）として追求することをやめ，芸術を真実の追求というもっと真面目な目的に役立つようにすべきだと言う．外界における偉大な自然の営みや内面における高貴な魂の叫びが，それをとらえる適切な思想の欠如のために，人々に届いていない．芸術というものは，このような真実をとらえることによって初めて，人々の「生」のために美を創造することができるのである．

「芸術の教育」（1858年）と題する国民社会科学協会での講演では，ラスキンは「芸術とイタリア語のディレット（悦楽）との結合は，芸術とギリシャ語のアレテー（美徳）との結合と両立すると同時に，それに依存していることを知らなければならない」(Vol. 16, p. 145)と述べている．芸術をディレッタンティズムに任せてしまってはならない．アレテーとの結合が必要である．つまり，上述の「謎」を解くための鍵は，「悦楽」としての芸術が「美徳」としての芸術と一致すべきこと，言いかえれば，芸術の生産と消費が道徳に基礎を持つべきことが，彼の芸術教育論の第1のテーゼである．

彼は経済学研究に移行した後，オックスフォード大学に新設されたスレード美学講座の最初の教授に選ばれた．その就任講演（1870年）の中で，彼は次のように述べ，これまでのように芸術を抽象的な道徳とリンクすることからさらに進んで，芸術を経済・政治・社会の生活とリンクするところにまで到達した．

> 「いかなる国の芸術も，その国の社会的・政治的徳性がどのようなものであるかを説明する．……いかなる国の芸術，ないしはその一般的な生

産的・造形的活動も，その国の倫理的生活がどのようなものであるかを正確に説明する．……人間にとって最も完全な精神的文化は，彼らの有用なエネルギーに基礎を置くものであって，彼らの最も優れた芸術と最も輝かしい幸福とは，彼らの徳性と結びついている場合にのみ，両立するのである．」(Vol. 20, pp. 39-40)

言いかえれば，偉大な芸術は，国民の強固で高貴な社会生活や人間関係の表れに他ならない．彼は，「芸術は人倫に依存する」というこのテーゼを，すべてのものの中で最も重要なものとして受け取って欲しいと聴衆に念を押している．端的に言えば，「美術産業を規定している法則の中に，すべての産業を規定する法則への鍵を求めること」が必要である（Vol. 20, p. 39）．ここでは芸術と社会との諷喩関係が意図されており，芸術教育論は社会改革論に相似形的に適用される．すなわち，いかなる国の芸術も経済も，その国の倫理的生活の水準を反映するというのである．

ラスキンは，オックスフォードでの開講後第3回目の講義（1870年）の中で，改めて芸術と道徳との関係を取り上げている．芸術の3つの機能として，(1)宗教的感情の強化，(2)倫理的状態の完成，(3)物質的サービスの供与を挙げ，芸術の道徳に対する影響として(2)を論じている（Vol. 20, p. 73）．ここで，彼は，芸術は道徳を生み出すのではなく，道徳を向上させ，完成させるにすぎないという．初めに道徳が存在しなければ，そもそも芸術は存在しないからである．すでに論じたように，彼は，美的感覚は知性や感性よりも，道徳感情に基礎を置くものであり，芸術はその社会の道徳の表現であると考える．彼は言う．

「最高から最低までの絶対的正確さをもって言えることだが，あらゆる芸術の美は，道徳的純粋さと感情の威厳さの指標である．……誤りや例外なしに，数学的正確さをもって，1国の芸術は，それが存在する限り，倫理的状態がどのようなものであるかを説明するものである．」(Vol. 20, p. 74)

2つの道の分岐点

講演集『2つの道』の題名「2つの道」とは，われわれの社会は選択の岐

路に立たされており，1つは「オリーヴの茂る山に至る繁栄の道」であり，今1つは「塩の海の底に至る堕落の道」である（Vol. 16, p. 254）．それぞれは「美徳」の芸術をとるか，「悦楽」の芸術をとるかによって分かれる．

芸術教育論における第2のテーゼは，芸術と道徳とを媒介する要因として，自然の観察と解釈を不可欠の環とみなすというものである．

「芸術そのもののための芸術は，自然の解釈がどのようなものであれ，人間性の最善かつ最も高貴なものを破壊する．しかし，自然は，どのような単純な観察によるにせよ，どのような不完全な知識によるにせよ，自然に対する愛情の深さに応じて，人間性の最も高貴なすべてのものを守り育ててくれる．かくして，芸術は，自然の記録や解釈に向けられている限り，有益であり，人を高貴にすると結論してよい．」（Vol. 16, p. 268）

これは，芸術が自然の「きれいな空気と水と大地」の観察を通じて道徳に及ぼす影響である．芸術が自然的宇宙の事実と向き合うことによって，人々は宇宙における人間の存在を自覚し，謙虚と献身の徳を積むことができるという．神は宇宙の中に美の姿を刻印し，神はこれを愛することを人間の本性としたからである．このように「生」の構成因である自然の表現と解釈を通じて，芸術の活力とその発展は国民の活力とその発展をもたらすという．2つの道の事実上の岐路は，芸術が自然に対する愛情と畏怖の念を持つか否かというロマン主義的基準にあると言えよう．自然への愛は，ラスキンがワーズワスおよびターナーと共有する芸術の至上の条件であった．

芸術と道徳との関係を規定するものとして，ラスキンは自然という要因と並んで，労働や階級という社会的要因を指摘する．ラスキンにとって，社会的要因は「構図」としての「社会的協働性」を意味するものであって，これを彼の芸術教育論の第3のテーゼと呼ぼう．

「歴史の偉大な教訓によれば，これまでのすべての芸術は貴族階級の利己的権力欲によって支配されており，一般大衆の満足や慰安にまでその範囲が及ぶことはなかったが，そのようにして発達し，そのようにして成熟した芸術は，それによって飾られた国の滅亡を早めたにすぎない．……われわれにとっては，芸術の活力と魅力を下層の貧しい人々の手に

届くものにするといういっそう高遠で愛すべき特権がある．過去の時代の壮麗さは，その狭隘さと高慢さによって崩壊したが，われわれの時代は，その普遍性と下方への浸透によって末長く持続するであろう．」(Vol. 16, pp. 341-42)

こうした芸術の方向転換によって，労働の重圧にも虚飾の浪費にも偏することのない平和で活力のある人間社会が展望される．奢侈と悦楽のための芸術という観念は，特権階級による芸術の独占と結びついていた．芸術の方向転換は，芸術の「社会的協働性」の原理から導かれる．

かくして，彼の芸術教育論は「道徳・自然・社会」の3つのテーゼからなる．このテーゼは，「労働」を共通に含む「芸術」と「経済」という社会的活動の基礎に，「道徳」(美徳)と「自然」が存在しなければならないと主張するものであって，第2-1図の「生の構成因」の構図と，第2-2図の「ラスキンの三角形」の構図について，包括的な解釈を与えるものであろう．

『芸術経済論』と文化財

ラスキンは1843年に『近代画家論』第1巻を出版してから1860年に最後の第5巻を出版するまでの期間，建築論への転進を含みつつ，芸術評論家としての活動を続け，名声を確立したが，1850年代の末から一転して経済社会の問題と取り組み，主流派経済学に挑戦する異端の社会思想家としての後半生を開始した．その端緒となったものが『芸術経済論』(1857年)と題する公開講演である．1857年，マンチェスターで「イギリス帝国の美術的財宝」と題する展覧会が半年間にわたって開かれた際，美術評論家として名声を馳せていたラスキンが講師として招かれた．聴衆を驚かせたのは，彼が芸術を論ずる代わりに芸術の経済学を語り，新興工業都市マンチェスターにおいて産業主義批判の毒舌を繰り広げたことであった．この講演は後に若干の追加をした上で，『永遠の喜びとその市場価格』(1880年)という題名で出版された．これは，彼がその後に書いた経済学プロパーの作品と違って，芸術と経済との関係を主題としており，彼の芸術論から経済論への生成を理解する上で無視することはできない．

ちなみに，「永遠の喜び」とは，ロマン派詩人ジョン・キーツの詩『エン

ディミオン』の第1行「美しきものこそ永遠の喜びなれ」から取った言葉である．この章句は，ラスキンが講演を行ったマンチェスター美術館の入口に刻されていた．美術館に収められた芸術品はストックであって，永遠に歓喜のフローを生むものだが，そのような財の市場価格があまりに高価なことはどうであろうか，とラスキンは問うのである．

　この講演は2日にわたり，4つの主題を扱う．まず芸術的才能の発掘・育成を論じた後，文化財としての芸術品の生産・分配・支出という経済学的枠組みに沿って，芸術のための経済運営を論ずる．その議論は，芸術が国民精神にどのような影響を及ぼすかといった芸術教育論の問いではなく，芸術の奨励・振興のための経済の仕組みのあり方を取り上げたものである．彼のその後の経済論の構築と結びつくいくつかの考え方を『芸術経済論』から拾い上げておこう．

　第1に，ラスキンは，産業革命以降の産業化の営みによって，生存に必要な物財は十分に保障されるようになったと論ずる．これが「過剰」（abundance）の命題と呼ばれるものであって，彼の経済論の前提となっている[49]．ラスキンは次のように言う．

　　「世界は神の摂理によって調整されているので，人間の労働はうまく適用されるならば，生涯必要とするすべてのものだけでなく，多くの贅沢で快適なものを提供するに十分なものである．そればかりでなく，長時間の健康な休息と有益な休暇をもたらすのである．」（Vol. 16, p. 18）

　第2に，経済は労働の使用を編成・管理する技術であって，その使用の仕方には賢明なものとそうでないものとがある．「過剰」経済の潜在的可能性にもかかわらず，労働が誤用されるならば，「苦悩と欠乏」の経済が持続する．カネを使って労働を雇用することは簡単だが，カネの使い方によって，作り出される財の望ましさが異なり，社会的有用性が異なる．カネは正のマモンともなれば，不正のマモンともなる．

　　「われわれが利己的で愚かであるか，それとも徳があり思慮に富んでいるかは，われわれがカネを支出するかどうかによってではなく，そのカネを正しいことのためか，それとも悪いことのために使ったかによって示される．われわれが賢明で親切であるのは，一定の期間に一定数の

人々を維持することによってではなく，またその期間にわれわれ自身にとってのみ有益であるような種類のものを作るのではなく，社会にとって有益なものを作るように要求することによってである.」(Vol. 16, p. 49)

ラスキンにとって，財の価値評価の基準は，その財がカネを払った人にのみ私的に役立つものか，社会にとって公共的に役立つものかの区別である．この観点から財は5つの種類に分けられる（Vol. 16, pp. 129-39）. (1)空気や水のように，労働によって生産できない財. (2)労働によって生産可能な基本的な衣食住の財. (1)と(2)は「生命を生産する財」であり，有用品と呼ばれる. (3)肉体的快楽と便益のために役立つ財. これは直接に生命を維持するものではなく，時に生命を破壊するものであって，奢侈品と呼ばれる. (4)知的または情緒的快楽を与える財. (3)と(4)は「生命の対象物を生産する財」と呼ばれる. (5)貨幣や証書のように財の代理をする財.

ラスキンが最も注目するものは(4)の財である.

「知的または情緒的快楽を与える財は蓄積することができ，使ってもなくならない．それどころか，たえず新しい快楽を供給し，他の人々に快楽を与える新しい力を供給する．したがって，これこそが『富』(wealth) ないしは『幸福』(well being) を与えると考えることの正しい唯一のものである．食物は単に『存在』(being) に役立つにすぎないが，この種の財は『良き存在』(well being) に役立つのである．人間の等級の高低を測るに当って，この真の財の所有を基礎にした区別ほど広範な一般的区別は存在しない.」(Vol. 16, pp. 133-34)

芸術や学問を含む文化財は，まさにこの範疇に含まれる財・サービスであって，ストックとして蓄積することができ，しかも機械や工場のような私的資本財とは違って，公共財であるところに特徴がある．豊かな社会において芸術が「生」に貢献するのは，とりわけこの種の財の生産・分配・支出（蓄積）を通じてである．求められる資源配分は，「希少性」を前提とした「効用」(utility) 増大のための配分ではなく，「過剰」を前提とした「壮麗」(splendour) のための配分である（Vol. 16, p. 20）.

第3に，ラスキンは，芸術的才能を含めて，才能に応じた報酬を「不正

義」であると考える．彼の社会的正義の観念は宗教的共同体の観念に根ざすものであって，市場経済のメリットクラシー（能力主義）を否定する．優れた才能の持ち主は，その天与の才能を競争における勝利や利己的虚飾のためにのみ使うのでなく，弱者のために使うことが要請される．「強者や賢者は，弱者を叩きつぶすためではなく，彼らを支援し指導するためにその力を与えられているのである」(Vol. 16, p. 101).

この友愛（fraternity or brotherhood）の思想は，単なるノブレス・オブリージュやヒューマニズムを意味するのではなく，社会は「構図」としての共同体から成り立つという有機体的観念，および神的秩序における統一性の観念に基づいているが，共同体には，リーダーとしての父権（paternity or fatherhood）の観念が存在しなければならないという．

「国民を1つの家族とみなした場合，その家族における統一の条件は，1つには，国民が忠実で愛に満ちたメンバーすなわち兄弟であるということであり，同時にいま1つには，国民は家長すなわち父親を持つということである．」(Vol. 16, p. 24)

この認識は，ラスキンにおいて，「優れた知識と賢明な意志」に基づくパターナリズムの社会制度観を導く．

「構成員全体に対する富と幸福の最善かつ最も豊かな成果は，率直なコミュニケーションと助け合いの労働の制度を維持することによって得られる．そして反対に，秘密と敵意の制度からは，最悪かつ最貧の成果しか得られない．嫉妬と秘密が彼らの社会的・経済的原理となる程度に応じて，各人の幸福と富は確実に減少する．」(Vol. 16, p. 95)

ラスキンはこのようなパターナリズムを1つの普遍的な「真理」と結びつけている．その「真理」とは，「規律と干渉（Discipline and Interference）の観念は，あらゆる人間の進歩や能力のまさに根底に存在するということ，そして『自由放任』（Let-alone）の原則は，人間が関与するあらゆることがらにおいて死の原則である，ということである．」(Vol. 16, p. 26)

次のラスキンの文章は，ジョン・ロールズの格差原理を想起させるが，平等主義（egalitarianism）に基づくものではなく，賢者のパターナリズムに基づくものである．

「奢侈品は，1国全体であろうと1個人であろうと，労働を有用品の生産から引き上げることによって支払われなければならない．いかなる国民も，貧者のすべてが快適な住宅と食物を与えられるまでは，贅沢に耽る権利を持っていない．」(Vol. 16, p. 125)

上述のように，芸術品は公共財であって，金持ちによって専有されることなく，そのサービスは国民に広く安価に提供されなければならない．そうした観点から，ラスキンは芸術品の公共的蒐集・維持管理とともに，芸術品の価格や芸術家の報酬の規制を主張した．優れた芸術は，金銭的対価を目当てにして作られるものではない，というのが彼の信念であった．

『芸術経済論』は芸術の経済学と題しているけれども，重点は芸術の奨励にあり，経済および経済学についての議論は断片的に留まった．本格的な「芸術的『生』の経済学」の構想は，3年後の『この最後の者にも』を待たなければならなかった．しかし，この講演は，第1に，潜在的に豊かな社会を前提とし，第2に，文化財の経済価値と文化価値とを区別し，第3に，公共財としての文化財を資源配分のテーマとして提起し，第4に，家父長的管理経済を主張することによって，1つの完結した経済論を構成するものであった．それは，芸術の価値を経済の価値とは別次元のものとしてとらえた上で，芸術の問題を生産・分配・支出の経済論の枠組みの中に位置づけるユニークなものであった．芸術奨励の根拠としての道徳的パターナリズムを除けば，『芸術経済論』で扱われた問題のいくつかは今日の「文化経済学」（cultural economics）の先駆と考えられる[50]．

5　経済学批判とその体系化

利己心の仮定

『この最後の者にも』は，1860年に『コーンヒル・マガジン』誌に4回にわたって論文として発表され，1862年に書物として刊行された．この著作は「経済学の第1原理に関する4論文」という副題を掲げ，古典派経済学の基本的諸原理を正面から批判することを意図したものである．ラスキンはそ

の「序文」の中で，この著書が2つの目的を持つと予告している．第1は，経済学の基礎概念である「富」の正確な定義を与えること，第2は，富の獲得は社会の一定の道徳的条件に依存すべきことを示すことである（Vol. 17, p. 19）．彼は古典派経済学の基本前提に挑戦するだけでなく，それによって正当化されている資本主義の苛酷で非人間的な仕組みに対して激しい批判を投げかけたのである．

第1論文（「名誉の根源」）は，経済学における利己心の仮定を取り上げる．経済学は，社会活動の支配的諸法則が道徳的な「社会的愛情」（social affection）の作用とは無関係に，個々人の利己心の作用によって決定されると考える．ラスキンによれば，経済学の基本的前提の誤りは，生きた人間をとらえるのでなく，人間が「粗野で貪欲で闘争本能」のみによって動機づけられ，物質的富や外面的名誉のみを追求すると想定していることにある．

ラスキンは，仮説としての抽象理論ないし純粋理論そのものを否定するのではなく，現実世界の問題解決に対するその適用性を否定するのである．古典派経済学は利己心の仮定に立った抽象理論でありながら，それを自然法則のように装うことによって，自由放任のイデオロギーの主張に陥っている．彼は，それを似非科学と呼んだ．彼は，現実の貧困・不平等・不況・失業・労使紛争・環境破壊・戦争などについて，利己心の対立を基にした損得の比較から行為のルールを導くことはできず，人々が他の人々に対して抱く愛情や自己犠牲を基礎にした正義・不正義の判断こそが，行為のルールを与えるべきであると論ずる．現実の社会の中では，誰もが正義・不正義の道徳感覚を持ち合わせている．経済現象のエンジンは，利潤動機という計算可能な機械的動因ではなく，人間の全幅的精神をその動因とみなさなければならない．「競争」の経済制度は，「協調」の経済制度によって取って代えられなければならない．そのことを可能にするものは，まずもって，経済という仕事の社会的・公共的重要性を認識することであるという．

世の中には，軍人・法曹・医師・聖職など，人々の尊敬を得ている人々がいる．これらの人々は，自己の利益や栄達を求めて励むのではなく，自己を犠牲にしてまで，社会や他の人々のために奉仕するという大義に生きる人たちである．それにひきかえ，他人を騙したり，他人を打ち負かしてまで，自

己利益の追求を図るものとみられている経済人が,世間の尊敬を受けることがないのは当然であろう.しかし,生産者や商人は,労働者を雇い,財・サービスを人々に提供するという天職を持っているはずである.彼らの仕事の重要性は,「生」の維持と創造という目的において,軍人・法曹・医師・聖職などの仕事に比べてけっして劣るものではない.商売人も他の人々に対する思いやりを持ち,正直で誠実なプロフェショナルとして仕事に徹しなければならない.そのためには,経済社会は,情愛の徳目を原動力とする公正な共同事業として再編成されなければならず,そのことによって,経済人は失われた「名誉」を回復することができるのである.

経済体制の比較

　第 2 論文（「富の鉱脈」）は,経済体制のあり方として「マーカンタイル・エコノミー」と真の「ポリティカル・エコノミー」とを対比する.第 1 論文が,行為主体の意識や態度や動機を問うのに対して,第 2 論文は,経済学の対象としての経済の体制や仕組みを問う.「マーカンタイル・エコノミー」が,利己心を誘因とする自由放任の市場の下で,企業者の利潤追求を至上目的とする制度であり,またそれを対象とするのが伝統的な経済学であるのに対して,「ポリティカル・エコノミー」は,生産・分配・支出に関するギリシャのポリス的管理の伝統の下で,構成員全体の幸福を高めることを目的とした望ましい制度であり,そしてそれを主題とするのがラスキンの主張する規範的経済学である.彼は次のように定義する.「ポリティカル・エコノミー（国家の経済ないしは市民の経済）は,有益で快適なものを最適の時間と場所において生産・保存・分配することから成る」(Vol. 17, p. 44).

　「マーカンタイル・エコノミー」と比較すると,「ポリティカル・エコノミー」は,第 1 に,利己的経済人の想定を排除して,全幅的人間を前提とし,第 2 に,市場交換の対象となる商業的富の主題を排除して,人間の福祉に貢献するあらゆる「生」の活動を主題とし,第 3 に,貨幣の価値基準を排除して,「生」の価値基準を採用する.このような体制が成り立つためには,企業者が,労働者や消費者に対して父親のような温情を持って配慮すると同時に,国家が社会的正義の実現のために教育を行うというパターナリズム（家

父長的温情主義）が要請される．このようなラスキンの体制論の想源として，クセノフォンの家政論やプラトンの国家論が指摘されている[51]．

ラスキンが志向する経済体制は社会主義ではない．

「私は財産分割という普通の社会主義の考えをほんの少しでも取り入れたり，支持したりするものではない．財産の分割はその破壊であり，それと同時に，すべての希望，すべての勤勉，すべての正義の破壊である．……社会主義者は，強者が弱者を抑圧しているのを見て，『強者の腕をへし折れ』と叫ぶ．しかし，私は『強者にその腕をもっと良い目的に使うことを教えよ』と言う．」(Vol. 17, pp. 106-7)

ラスキンは，資本主義の「マーカンタイル・エコノミー」においては，富裕ないし豊かさ（rich）への道は同時に隣人を貧困（poor）に追いやるものであって，富裕と貧困は相対的概念であると主張する．経済学は豊かさへの道を解明するものと言われるが，利己心の仮定に基づく経済学が教える「富裕になる術は，自分自身が有利になるように，最大限の不平等を作り出す術である」(Vol. 17, p. 46)．富裕は他人の労働を支配する力を意味する．一方，「富」（wealth）は本来個々人の福祉（well-being）を構成する財産であり，経済や経済学は本来これを追求しなければならないが，「富」は，経済学的にも通俗的にも，商業的富を指すものとみなされている．第2論文は「真の富の鉱脈」がどこにあるかを論ずるのであるが，この題名もレトリックであって，「真の富の鉱脈」は深紅色であり，宝石のような岩石の中にあるのでなく，生きた人間の肉体の中にあると言う．

古典派経済学は，その自由放任の主張において，市場で成立する商業的富の不平等は「必然的に望ましい」ものとみなすが，ラスキンは「そのような早まった馬鹿げた想定こそが，経済学の主題に関する通俗的誤謬の大部分の根底に横たわっている」とみなし（Vol. 17, p. 47），商業的富の本質は人間を支配する力にあるのだから，「富」の分配は正義の問題として判断されなければならないと言う．

「国民的富の望ましさに関係するばかりでなく，その量にも関係する問題の全体は，究極的には，抽象的正義の問題に帰着する．獲得された富のいかなる一定量についても，それが単に存在するという事実だけによ

って，その中にいる国民にとって良いか悪いかを結論することはできない．数量の真の価値がそれに付せられた代数的符号によって決まるのとまさに同じように，富の真の価値はそれに付せられた道徳的標識によって決まるのである．」(Vol. 17, p. 52)

このように，ラスキンは「富」のあり方は道徳に依存するという視点を明示した上で，何が「真」の富であるかについて，後の第4論文における「富＝生」の命題の前触れとして，次のように思索の一端を示唆している．

「おそらく，少し思考を凝らせば，人間自身が富ではないだろうか，と考えられるであろう．……おそらく，あらゆる富の究極的な成果とその完成した姿は，生気に満ちた，目の輝いた，心の楽しい人間をできるだけ多く生み出すことであるということが分かるであろう．……1国の製造業の中で，優れた性質の精神を持った人間を生み出すことが，結局において最も利益のあることになるのではないだろうか．」(Vol. 17, pp. 55-56)

この文章は，「富」を人間支配の力を持った悪しき道具から，人間の「生」に奉仕する良き道具へと転換を図ることが必要だというだけでなく，「富」は人間の「生」そのものであるという最終到達点をも見通した洞察を含んでいる．

正義論の基礎

第3論文（「地上の審判者」）は正義論である．このラテン語の題名（Qui judicatis terram）は，「地上の審判者よ，正義を愛せよ」というダンテの『神曲』の言葉から取られている．人々の富裕の追求競争は分配の不平等を生み出すが，ラスキンは，分配は需要・供給の力によってではなく，正義の観念によって決められるべきだと主張する．貧富の対立や貧困の救済のためには，正義の観念なしには，愛や信仰や希望といったものも用をなさない．公正な賃金とは次のようなものである．

「労働者に関する公正な，あるいは当然の賃金についての抽象的な考え方は，労働者がすでに与えたのと少なくとも同じだけの労働，あるいは少ないよりはむしろより多い労働を，彼のためにいつでも獲得するだけ

の貨幣額が賃金だというものである．そして注意すべきことは，この報酬の公正ないし正義は，その仕事を進んでしようとする人の数とはまったく無関係だということである．」(Vol. 17, p. 66)

公正な賃金についてのこの主張の意味は，財の生産に投下された一定の労働の時間や労力は，財への支出に当って支配しうる労働の時間や労力と同量でなくてはならない，ということである．同量ではなくて，多寡が生ずる場合には，過大な報酬か過小な報酬が支払われていることになる．言いかえれば，労働の「市場価格は，需要された当該種類の労働のその時々の貨幣価格であるが，公正価格はその労働についての人類の生産的労働の等価量である．」(Vol. 17, p. 64)

『この最後の者にも』という題名が意味することは，新約聖書マタイ福音書の「ぶどう園の労働者」という話である．ぶどう園の主人が日雇いの労働者を集めて仕事をさせた際，最後にぶどう園に来てわずかの時間働いただけの労働者にも，初めから長時間働いた労働者と同じ額の賃金を払うという話である．労働者の基本的ニーズは同じであるから，需給の変動にかかわらず，一定の固定額を支払うべきだというのである[52]．

ラスキンが想定する望ましい社会は，上述のように，社会主義ではない．財産や所得の絶対的な平等は，あらゆる希望・勤勉・正義の否定である．求められているのは，富を獲得した強者が「優れた知識と賢明な意志」によって人類と社会のために富を使用することである (Vol. 17, p. 74)．

「富＝生」の命題

最後の最も長い第4論文（「価値に従う」）は，価値・富・価格・資本・生産物といった経済学の基本概念を扱う．これらの基本概念を一貫した「生」の立場から扱うことによって，ここで議論の一応の総括が図られている．

ラスキンはJ. S. ミルの経済学を取り上げ，ミルは経済学の主題は「富」であり，「富」は交換価値を有するあらゆる有用品および快適品から成ると考えていることを問題にする．ミルにおいては，有用性と快適性が交換価値の基礎であり，「富」を持つということは，これらの財の大きなストックを持つことであると考えられた．それに対して，ラスキンは価値の真の定義を

提起しようとする．

　「『価値がある』ということは『生に対して役に立つ』ということである．したがって，真に価値があるか，あるいは役に立つものは，そのすべての力をもって生に貢献するものである．」（Vol. 17, p. 83）

したがって，経済学のあり方についても，次のように言う．

　「医学が魔術から区別され，天文学が占星術から区別されなければならないように，真の経済学はまがいものの経済学から区別されなければならないが，それは国民に，生に貢献するものを欲し，そのために働くことを教え，破壊をもたらすものを軽蔑し，廃棄することを教える学問である．」（Vol. 17, p. 85）

「富」の定義をめぐって，ラスキンは「富」を「われわれが所有する有用品のストック」とみなす既存の観念から，「われわれが使用することのできる有用品の所有」とみなす観念へと移行させる．「富」は単に「持つ」ことに依存するだけでなく，「できる」ことに依存するのであって，「富」の正しい定義は単なる「物財の蓄積」ではなく，「生」のための「能力の蓄積」を意味することになる（Vol. 17, p. 87）．さらに，ものが有用であるためには，それは有用に使用しうる人々の手中になければならないのであって，富の平等な分配ではなく，「格差的分配」が必要となる（Vol. 17, p. 88）．われわれは，「富」を蓄積と分配の２面において，「国民の中に存在する力」とみなす考え方に注目する．この「富」の定義は，われわれが先に（本章・第２節）彼の「生」の概念についての二重の解釈として示したものと対応する．すなわち，第１に，「生」を行為や感情のフローではなく，行為や感情を生む力のストックと解釈すること，および第２に，「生」を社会の構成部分の相互依存からなる「構図」として解釈することと対応する．

「富」と「生」との関連を明らかにするためには，先に「ラスキンの三角形」について指摘したように，「労働」という概念をそれらと関連づけることが必要である．「生」は「能力・構図・労働」のタームで理解することが適切だからである．ミルは生産的労働（物質的富を生むもの）と不生産的労働（物質的富を生まないもの）とを区別する．ラスキンは富概念を批判すると同時に，労働概念の区別にも反対する．彼は道徳的観点から，建設的な労

働・生産・消費と，破壊的な労働・生産・消費とを区別する．その区別の基準は，物を作るかどうかではなく，「生」へのプラスの貢献かマイナスの貢献かの区別である．

ラスキンによれば，労働とは，人間の「生」がその対立物と戦うことである．それでは，労働が「生」のために貢献する場面はどこにあるか．

「労働がもたらす結果はさまざまであるから，いかなる国民の繁栄も，その国民が生の手段の獲得と使用のために費やす労働の量に正確に比例する．……単に賢明に生産するだけではなく，賢明に分配し，消費しなければならない．経済学者は普通，消費そのものは良いものではないように論じている．そうではないだけではない．消費そのものこそが生産の目的であり，極致であり，完成の姿である．そして賢明な消費は，賢明な生産よりもはるかに困難な仕事である．」(Vol. 17, p. 98)

労働は「生」のいわば働き手ないし作用因であって，「能力」のストックとしての「富」を使用して「生」の対抗物と闘い，生産・分配・消費の各場面において「生」の再生産に貢献する．ラスキンの芸術論において述べたように，文化財としての芸術品の生産・分配・蓄積はここに位置づけられる．生産の目的は消費であり，消費の目的は「生」である．労働が賢明に用いられず，賢明な貢献をしない場合には，「富」と「生」との間の相互促進的な好循環から労働のエネルギーが漏出していくことになる．消費の倫理性が問われるのである．「経済学の究極の目的は，良い消費の方法と消費の増大を教えることである」(Vol. 17, p. 102)．生産を重視する古典派経済学の立場に反して，消費を経済学の中心に置き，消費者に彼らが費消するものの真の価値を倫理的に判断するように促したのは，ラスキンが最初であったと言われる[53]．

ここで資本概念が批判の対象となる．ラスキンは，これまでの経済学は，資本に関して，あたかも花を咲かせることなく，チューリップの球根の自己増殖に励んでいるのと同じように，蓄積のための蓄積を論じているという．資本は「富」の源泉であり，したがって「生」の源泉であるにもかかわらず，「生」に配慮しない利潤動機に基づく資本蓄積は，あたかも雨という実りを生まない雲の自己増殖のようなものだという．

さらに，労働の配分に当ってもっと愚かな選択をする場合には，単にエネルギーが漏出するだけではなく，「生」と「富」を破壊し，「死」と「害物」(illth) をもたらす．ラスキンは wealth の反対物として，illth という言葉を案出した (Vol. 17, p. 89)．これは，上述の芸術教育論の 3 つのテーゼにおける「道徳・自然・労働」という芸術の 3 側面の破壊と零落を意味するものであろう．ここに資本主義が許容する戦争・自然破壊・営利主義への批判が籠められている．この経済論の中に，芸術論から見た価値の 3 側面（道徳・自然・労働）とのパラレリズムが見出される．そして経済における「生」と「死」とを分けるものは，「統制および協働」(government and co-operation) と「無統制および競争」(anarchy and competition) との違いであることが強調される (Vol. 17, p. 75)．

「ラスキンの三角形」を論じたところで述べたように，この違いは，彼が『近代画家論』第 5 巻の中で，絵画における「構図」が意味する「助け合い」の観念を展開した際に，「生の掟」および「死の掟」と呼んだものに他ならない．『近代画家論』第 5 巻と『この最後の者にも』とがともに 1860 年に発表されていることから想像されるように，彼の芸術論の最終段階と経済論の最初段階とは，基本構想に関して同一の考え方に基づいている．彼の経済体制論の中心的構想である「相互扶助」は，彼の芸術論における「構図」概念のレトリカルな隠喩として適用されたものである．

以上のような議論を経由して，第 4 論文において，ラスキンの有名な命題，すなわち「生を措いて他に富はない」という総括的な命題が導かれる．ここで彼は，「生」は愛の力，歓喜の力，賛美の力のすべてを含むこと，富裕ないし豊かさとは，人間の「生」の機能と価値を，個人的にのみならず社会的にも，極限にまで発展させること，そして最大限の「生」は最大限の「徳」(virtue) によって実現されることを主張する (Vol. 17, p. 105)．これは以上の議論を集約したものである．

支配的経済学に対するラスキンの挑戦は，理論と価値，記述と規範の関係という方法論的問題を含んでいる．従来から，経済学者の側からは，ラスキンの経済学批判は方法論を理解しない素人の謬論にすぎないという反論が絶えない．しかし，彼は，利己心の前提に基づいて成立する理論的構築物その

ものを否定したのではなく，経済学者がそれをあたかも自然法則であるかのように扱うことによって，自由放任のイデオロギーを正当なものとして主張することに反対したのである．彼は初めから規範的経済学の構築を目指し，経済を明示的に道徳の問題として見るべきだという観点から出発した．そして，社会の「富」は人間の「生」に帰着することを論じた後，最後にその「生」は「徳」という存在の道徳によって促進されると結論した．

彼は芸術および経済の双方の根底に道徳を位置づけたが，その道徳の性格は人間存在としての「生」の倫理，すなわち「徳」の倫理であった．「徳」とは，功利主義の「善」ないし「幸福」の概念を質の観点から修正する価値である．ラスキンが望む人間は「高貴で幸福な」(noble and happy) 人間であった (Ibid.)．彼は，資本主義の現実が倫理的に歪んだものであると見る以上，利己的個人を前提とした理論が資本主義の現実に近いからといって，批判の対象とすること以外にその理論に価値を認めることはなかった．

『ムネラ・プルヴェリス』と規範的経済学

1862年から1863年にかけて，ラスキンは，前著の続編として，今度は『フレーザーズ・マガジン』誌に4回にわたって経済学の論文を寄稿した．その後，これらの論文を改訂し，10年後の1872年に6章からなる体系的論著として出版したのが『ムネラ・プルヴェリス──経済学の諸要素に関する6論文』である．

題名は再び衒学的であり，論述は語源的考証と聖書を初めとする古典からの無数の引用によって溢れている．「塵の贈物」という意味の題名は，ローマの詩人ホラティウスの詩から取られたものであるが，その意味はラスキンの用語の中でも最も謎めいたものと考えられている．しかし，ラスキン全集の編集者の解釈によれば，それは塵を神聖なものと見間違えて，せっせと塵を掻き集めている経済学者の富の概念に対する攻撃と風刺を意味するという (Vol. 17, pp. lxvi-lxviii)．本書は，ラスキンを「一切の重要な仕事に駆り立てた盟友にして教師」カーライルに捧げられている．

ラスキンは「序文」において，賃金を含む諸価格が需要・供給の競争によって決定される不変の法則であるという経済学者の見解を否定し，賢明な経

済は競争とは異なる仕組みによって構成されるはずだと主張する（Vol. 17, pp. 136-37）．この主張は正しい．彼は現実の市場経済システムの説明をめぐって古典派経済学を批判するのではなく，それとは異なる望ましい非市場経済システムの見取図を描こうとするのである．『ムネラ・プルヴェリス』は，ミルの『経済学原理』と競合するような記述的経済学ではなく，規範的経済学である．

　市場経済システムも非市場経済システムも，ともに何らかの道徳的基礎なしには成立しえない．彼は「経済の3つの道徳的基礎」として，「勤勉（industry）・倹約（frugality）・慎慮（discretion）」を挙げる（Vol. 17, p. 138）．現代社会では，これらが否定されているという．例えば，ラスキンは富者の贅沢は貧者の利益になるという通説を繰り返し攻撃するが，彼の批判の論点は，富者の奢侈が貧者に雇用や賃金を与えるという事実を否定することではなく，その事実の倫理的評価を問題にするのである．なぜなら，奢侈品の生産に用いられた労働は，もっと生産的な仕事に向けることができ，「生」を高めることに貢献しえたはずだからである．彼は，勤勉な人間が怠惰な人間よりも向上し，倹約な人間が浪費家よりも報いられ，賢明な人間が愚かな人間よりも尊ばれるような社会が望ましいと考えた．かくして，『ムネラ・プルヴェリス』の主要な目的は，「富の分配法則の道徳的帰結と可能な修正を考察すること」である（Vol. 17, p. 144）．

　最初の課題は，経済の目的，「富」および「豊かさ」の定義を通じて，議論の枠組みを構築することである（第1章）．1国経済の公共的な目的は，人間の健康で幸福な「生」の維持・拡張である．「生」とは，肉体と精神を含む「全幅的人間本性」（entire human nature）の幸福と力をいう（Vol. 17, p. 149）．ラスキンにおいては，「生」は，「肉体・感性・知性」の完成・卓越を求めるという規範的な目的概念である．したがって，経済が生産し使用する物財や社会の仕組みは，この目的に役立つとき，有用である．逆に，この目的に役立たないものは，「生」にとって無用であったり，破壊的であったりする．そこで経済学の重要な仕事は，何が真に有用な経済活動であるかを決定することであり，その研究領域は，(1)自然科学としての「富」の研究，(2)商業学としての貨幣の研究，(3)モラル・サイエンスとしての「豊かさ」

(riches) の研究, から成る. (2)のテーマは法技術的な問題であるから, 経済学の問題は (1) と (3) である.

ラスキンは次のように言う.

「読者が価値を費用や価格と混同しないようにあらかじめ注意しておきたい. 価値は, 任意のものの生を賦与する力 (life-giving power) である. 費用は, そのものを作るのに必要とされる労働量である. 価格は, そのものの所有者がそれと引き換えに受け取る労働量である. 費用と価格は, 貨幣の題目の下で研究される商業的条件に他ならない.」(Vol. 17, p. 153)

ここで, 一方の価値と, 他方の費用および価格とは異なる次元に置かれていることが分かる.

ラスキンによれば, たしかに「富」は「価値」のあるものから成り立っているが, 経済学が説くように「価値」とは市場で評価される交換価値ではなく, 「生」に貢献するものの力を表す. また, ものの生産に投ぜられた労働量や, ものと交換に支配することのできる労働量の多寡が価値の源泉ではない. 投下労働や支配労働とは別に, 作られたもの自体の中に価値が内在するのである. 「生」に貢献する力を持った財・サービスの生産・分配・消費のあり方が問われなければならない.

そこで, ラスキンは, 「価値」とは, 固有価値 (intrinsic value) と実効価値 (effectual value) との二重性から成るという議論を提起する. 固有価値は, 財の特性に応じて, そのものが「生」に貢献する固有の潜在的な力である. 実効価値は, それに加えて, 人間の側にそのものを使いこなす能力がある場合に生ずる価値である. 固有価値の生産と使用能力の向上とが相俟って, 実効価値, すなわち真の意味での「富」が成立する. たとえて言えば,

「食物・空気・草花が人間にとって十全の価値を持つためには, 人間の消化機能・呼吸機能・知覚機能が完全でなければならない. ……どんな高尚なものも, 高尚な人間以外の人にとっては富ではありえない. 使用者の適性が増すにつれて, 使用するものの実効価値が増すのである.」(Vol. 17, p. 154)

芸術などの文化財を含む固有価値の高い財・サービスを選択し, それにつ

いて実効価値を高めるためには，知と徳の教育以外に方法はありえない．

次に，モラル・サイエンスの課題である「豊かさ」ないし「富裕」は，貧困と結びついた相対的概念であって，「富」の国内的または国際的比較の問題である．各人が受け取る「富」は，各人の勤勉・能力・幸運・意欲に応じて異なるが，この問題については，人々の間のしかるべき関係や，労働のあり方を論じなければならない．「豊かさ」は経済全体の「富」の集計量の問題ではなく，人々の間における「富」の分配の正義やそれによって可能になる自由の問題であって，規範的判断と国家的管理を必要とする（Vol. 17, pp. 160-63）．

ラスキンにとっては，不平等を伴う「富裕」の状態がどのような経済過程を通じて生み出されたかに注目することが重要であって，「富裕」を判断する視点もまた，その状態およびそれをもたらした過程が「生」を高めることに貢献するかどうかということである．かくして，1国の富および富裕を規定する要因は，(1)財の固有価値，(2)人間の受容能力，(3)富の分配状況，の3つである．これが，ラスキンが『ムネラ・プルヴェリス』の本論部分において論じたかった主要テーマである．

以上の考え方の大枠は，『この後の者にも』におけるものと同じであるが，若干の新しい概念が使われることによって，「生を措いて他に富はない」といった唐突なアフォリズムとは違って，思想の体系化の努力の跡が見出される．『ムネラ・プルヴェリス』の内容が最初に雑誌に論文として連載されたとき，それは体系的な経済論への序論を企図したものにすぎなかった．それから10年を経て，単行本として出版されたときにも，結局，本論らしいものの展開は含まれていなかった．彼の意図に反して，その書物は経済学の体系的論著とはならなかった．しかし，その構想は市場経済体制の代替物を提起したものとして注目に値するであろう．われわれはその構想のユニークさを「芸術的『生』の経済学」という言葉によって表現し，その構造を検討したい．

6　芸術的「生」の経済学

芸術論から経済論への展開

　ラスキンが生涯の前半期に展開した芸術論と，後半期に展開した経済論とは無関係ではない．『近代画家論』は全5巻からなるが，第2巻と第3巻との間には10年の間隔があり，その間，ラスキンは絵画論から離れ，建築論として『建築の七燈』と『ヴェネツィアの石』全3巻を書いた．これらの著作における建築論は，絵画論における道徳的観点をいっそう顕著なものにすると同時に，自然の風景絵画を中心とした初期の芸術論から，社会の人間労働を中心とした後期の芸術論への移行をもたらした．こうして，彼の建築論は芸術論から経済論への転進のためのステッピング・ストーンとなった．

　われわれは先に，「富・生・美」の3要素から成る「ラスキンの三角形」という言葉を使って，あらかじめラスキンの芸術論と経済論の全体を展望する枠組みを提示しておいた（本章・第2節）．ここで改めて，ラスキンの芸術論がどのようにして経済論にまで展開されたかを検討しよう．

　彼の芸術論は「美」を「生」と関連づけることを根幹とするものであって，われわれの整理によれば，「生」は「能力・構図・労働」の3つを主要概念とする．芸術論の観点から見た「生」と「美」との関係は，第1に，「美」は，人間の「生」を表す「全幅的人間精神」から成るストックとしての「能力」から生まれる喜びであること，第2に，「生」は，構築された芸術対象の部分間の相互依存・協調関係の「構図」から隠喩的に成り立つこと，第3に，「生」の具体的担い手は，「美」の生産者・享受者である「労働」であり，芸術は「労働」の喜びを表現するものであること，という3つの議論によって展開された．

　これらの主要概念は彼の芸術論の根幹であって，それらをさらに集約すれば，「生を措いて他に美はない」という命題，および「芸術は道徳と自然に基礎を置く」という命題に総括されるであろう．1860年ごろまでのラスキンの芸術評論家としての名声は，この2つの命題によって確立されたといっても過言ではない．

しかし，ラスキンは，自然を対象とした芸術を追求するだけでは，社会における「生」の破壊と「美」の頽廃を食い止め，「生」と「美」の増進を図ることはできないという結論に達した．彼は，ヴェネツィアの興亡の歴史の検討を通じて，芸術論だけでは，芸術の発展がかえって道徳的衰退を招くという「芸術史の謎」を解くことはできないことを悟ったからである．芸術は経済社会から独立ではありえないという認識から進んで，彼の関心の対象は，時代の趨勢を支配し，自然の美の破壊と芸術的精神の衰微をもたらしている経済の仕組みそのものに向けられた．『近代画家論』の最後の第5巻（1960年）の末尾において，彼は次のように書いた．これは，彼が雑誌に『この後の者にも』の連載を始めたのと同じ時期である．

「かつては，私は美しいものについて楽しく語ることができ，そのように理解されるものと考えていた．しかし，今や，私はそうすることができない．なぜなら，誰も美しいものをそのように考えていないように思われるからだ．イギリスや諸外国を見たり旅したりするたびに，私は，人間が行くことのできるあらゆる場所で，すべての美を破壊しているのを目にするのだ．」(Vol. 7, pp. 422-23)

彼は，第1に，経済は芸術と同じように「生」に奉仕すべきであること，そして第2に，経済は芸術と同じように「道徳」と「自然」を基礎に持つべきことという二重のパラレリズムを構想した．そして，ゴシック建築における「労働」の精神を媒介的隠喩とすることによって，芸術的「生」の理論を経済に適用した．このようにして，経済の仕組みの改革によって，芸術が目指した「生」の増進を図ろうとしたのである．

ラスキンの経済論は，「富」および「富裕」という2つの概念を視野に入れることによって始まる．彼はこれらの概念を既存の経済学における批判されるべき中心概念として取り上げ，独自の考えによってそれらを再定義する．その独自の考えこそが，「能力・構図・労働」の3主要概念によって構築された「生」の芸術論の適用であった．その意味で，彼の経済論は「生」の芸術論の転形に他ならなかった．上掲の芸術論の2つの命題に対応して，われわれは「生を措いて他に富はない」，および「経済は道徳と自然に基礎を置く」という経済論の2つの命題を見出すことができる．第2-1図が示すよう

に，芸術と経済を見るラスキンの眼は常に「自然」と「道徳」の複眼であった．

1国経済の目標を「福祉」(well-being) という言葉で表すとすれば，「福祉」の概念は大きく分けて，古典派経済学におけるように，「富」の指標としての「物財」の集計によって表されるか，または中世スコラ哲学や功利主義や新古典派経済学におけるように，個人の「富裕」の指標としての「満足」ないし「効用」の集計によって表される．「国富」を増大し，「富裕」への道を指し示すことを公言する伝統的経済学に反対して，ラスキンは「物財」および「効用」という既定観念を退けた．ラスキンはいずれにもくみせず，いわば両者の中間に「生」への貢献という独自の基本概念を構築した．その考え方の根拠は二面的であって，一方で，単なる「物財」は真の「富」とは言えず，他方で，社会全体の「満足」の集計量は真の「富裕」とは言えないという認識にある．前者の認識は「富」の研究のテーマであり，後者の認識は「豊かさ」の研究のテーマである．両者に共通するものは「生」の統一観念であり，それを特徴づけるものは芸術的「生」の観念である．言いかえれば，彼の芸術論が彼の経済論の中心に理論構築の核として持ち込まれるのである．「能力・構図・労働」の3主要概念が経済論においてどのように拡充・展開されたかを見よう．

物財と「能力」

「富」をめぐる議論において導入された「固有価値」および「実効価値」という概念は，単に欲求された「物財」をそのまま「富」とみなす代わりに，それが「病的欲求の偶然の対象」ではなく，「正当な欲求の不易の対象」(Vol. 17, p. 165) であるかどうか，またそれを利用する十分な「能力」が存在するかどうかに注目する．ラスキンは，この着想は別に新奇なものではなく，昔から賢明な人々によって知られていた真理であるとして，古代ギリシャのクセノフォン（前430頃-前354年頃）の『家政論』を引用している．『家政論』には次のような文章がある．

「有用な物は価値対象物であるが，有害な物は価値対象物ではない．そうだとすれば，物はそれを使用する法を心得ている人にとっては価値対

象物であるが，心得ていない人にとっては価値対象物ではない．」[54]

「富」と「害物」を定義するに当って，「富」への欲求が正当であるか病的であるかは，それが「生」に貢献する欲求であるかどうかに依存しており，その判断は宗教的・道徳的な価値判断である．

先に「富＝生」の命題の解釈において示したように（本章・第2節および第5節），「能力」の重視は，「生」を行為や感情のフローとしてではなく，機会に応じてさまざまな行為や感情を生む力のストックとして解釈することに基づいている．「肉体・感性・知性」から成る全幅的人格の「能力」を高めることは，偉大な芸術のための要件であると同時に，芸術が「生」に及ぼす福祉的・教育的効果であった．言いかえれば，芸術は「生」の表現であると同時に，「生」のための手段である．経済の世界においても，「生」は力のストックであり，経済は「生」の表現であると同時に，「生」のための手段である．「生」の拡大や向上に貢献しないものは「富」から排除され，「害物」とみなされなければならない．

「富」が人間の能力や活力に依存するという認識は，経済学においては異端の説である．経済学の主流は，「物財」アプローチか「効用」アプローチによって占められてきたからである．「物財」と「効用」との中間に，真の「福祉」の指標として固有価値と使用能力を置くというラスキンの発想は，その後100年を経て，アマティア・センの潜在能力（capability）理論によって受け継がれていると考えられる[55]．センにはラスキンへの言及はないが，アリストテレスの『ニコマコス倫理学』における人間の機能（エルゴン）および卓越性（アレテ）による幸福（エウダイモニア）の規定への言及がある．

センの潜在能力理論は，福祉の経済学，すなわち規範的経済学である．ラスキンの経済学も道徳的立場からの古典派経済学批判を企図した規範理論である．この性格の共通性を前提として，両者を比較することは有益であろう．両者は，経済学にとっての既成観念である「物財」と「効用」を「福祉」の指標としない点で共通し，また「物財」と「効用」との中間に人間の「能力」を置き，そこにブレイクスルーを求める点でも共通する．

センの潜在能力アプローチにおいては，「物財」の使用によって，人間はさまざまな「機能」（functionings）を果たすことができ，「機能」の組み合

わせを通じて,さまざまな生き方(人間の存在beingsおよび行為doings)を実現できると考えられている.そして「潜在能力」とは,現実の生き方の選択行為の背後にある達成可能な生き方の機会集合である.現実には,人々はその集合の中からある「機能」の組み合わせ(生き方)を選択している.その際,センは,豊かな「潜在能力」を持つことはそれ自身で価値を持っており,それを「福祉的自由」と呼ぶ.さらに,「潜在能力」の集合は何らかの社会的目的や価値によってあらかじめ制約されているが,民主的な社会的選択の過程を通じて,人々にとっていっそう多元的な目的や価値の追求が可能であることを「行為主体的自由」と呼ぶ.センの潜在能力アプローチはこの二重の自由論からなる[56].

　ラスキンにおいては,このような精緻な定式化は見られないが,第1に,「富」の問題において,物財の性質と人間の使用能力とを区別し,両者が相俟って「生」に貢献することができると考えた点,および第2に,「豊かさ」の問題において,物財の「実効価値」の個人間分配の不平等が正義や自由の観点から検討を要すると考えた点は,センの二重の自由論と対応するものであろう.「潜在能力」の拡大と「実効価値」の増大とは同じものであり,どちらも「富」および「豊かさ」という2つの主題に向けられている.ラスキンに芸術論の背景があることを別とすれば,両者の間の唯一の相違は,「行為主体的自由」を規定する社会的選択の方法として,ラスキンがパターナリズムをあらかじめ採用していることである.

全体像としての「構図」

　ラスキンの経済論における「豊かさ」をめぐる議論は,貧富の格差,貧者の窮乏,弱者の収奪といった問題を抜きにして,富者の上品な暮らしぶりや奢侈の快楽のみを見て,1国の「豊かさ」を論ずることはできないというものであって,分配的正義の問題を提起する.

　ラスキンは,利己心に基づく「競争」の制度は,社会や人間の利己的な一面のみを強調したものであり,代替的な経済像を論ずるためには,社会的愛情に基づく「協調」の制度によって取って代えられなければならないと考える.全体の「構図」は想像力と構想力によって構築される.価値判断を含む

この問題を扱うラスキンの立場は,再び芸術論の適用であった.しかも,それは,ロマン主義芸術論の核心である有機体論を経済学に適用するという注目すべき試みであった.

絵画における「構図」の理論は,カンバス上の部分の間の相互依存からなる全体の構造的バランスが「美」を作り出すというものであって,これが比喩のレトリックを通じて,経済社会における階級や雇用関係を通ずる「助け合い」や「協調」の理論となる.ゴシック建築論で論じられたように,芸術制作における人々の間の「協調」は「生」の力を高めるために不可欠である.これは,われわれが芸術における「社会的協働性」と呼んだものであり,彼の「芸術的『生』の経済学」の本質的部分を成す.ラスキンによれば,古典派経済学が描く「マーカンタイル・エコノミー」は「無統制と競争」の死の掟から成るが,ラスキンの「ポリティカル・エコノミー」は「統制と協働」の生の掟から成る.古典派経済理論は,「マーカンタイル・エコノミー」における交換法則を人為によって変えることのできない「自然法則」とみなしているが,ラスキンの「生と死の掟」はそれに取って代わるものである.

ラスキンは,労働者階級に宛てた書簡集『時と潮』(1867年)[57]の第1書簡において,「協調」(co-operation)の2形態について語っている(Vol. 17, pp. 315-18).それまでは,彼は絵画的「構図」概念に基づく「協調」の考え方を経済世界に適用する場合,それを「競争」に対立するものとして扱ったが,もう1つの視点として,新たに「協調」の体制を「マーカンタイル・システム」における「支配」(mastership)の体制に対立するものとして解釈した.「支配」は,私利私欲の利潤至上主義に基づく労使関係や分配関係を指すものであって,『ムネラ・プルヴェリス』の第6章のタイトルにもなっている.「協調」の体制を支配する原理は,パターナリズムに基づく社会的正義である.かくして,「協調」は,ラスキンの経済思想において,「競争」と「支配」に対抗して「生」をポジティブに構築する基本要素であると考えられる.

「構図」という概念は,絵画論では,第一義的にはカンバスの上の構成要素間の相互関係によって創出される統一性・均整・節度などの「典型美」を指すが,それが経済や社会といった文脈に移し置かれるとき,人間同士の間

の助け合いを通ずる「生命美」そのものを意味するのである．

行為主体としての「労働」

「能力」と「協調」という枠組みに加えて，ラスキンの「芸術的『生』の経済学」における行為主体は「労働」である．経済論と芸術論を結びつける重要な要因は，「生」の作用因としての「労働」である．先にわれわれが「ラスキンの三角形」のいわば重心として提示したものはこれであった（本章・第2節）．

工業化と効率化の世界を特徴づける制度的仕組みは分業である．ラスキンは，この仕組みの下で分割されたものは，労働であるというよりも人間の人格そのものであり，人間は機械のようなばらばらの部品のような存在になってしまったと言う（Vol. 10, p. 196）．

彼によれば，ゴシック建築の労働者たちは，仕事の中で全幅的人格性に基づく「生」の幸福を享受していた．工場制生産における危険・苦痛・単調な仕事を通ずる機械的効率性の追求は，労働における人間的「生」の否定を意味する．労働者は工場労働から喜びを得ることができず，そのために専ら物質的な欲求の充足に喜びを見出さざるをえない．19世紀後半において，労働の自己疎外をめぐる資本主義批判はけっしてラスキンの独創ではない．彼の独自性は，労働の芸術的「生」を根拠とする体制批判であった．彼の批判的立場は，有機体的社会像の「構図」の理念を基礎として，「能力」の十全な発揮を「労働」の現場において可能にすることを求めるという「徳」の規範理論であった．

ラスキンは『ムネラ・プルヴェリス』の第2章において，1国の富の管理のあり方を問う．競争的市場から成る「マーカンタイル・エコノミー」においては，「労働は資本によって制限される」というジョン・スチュアート・ミルの命題が主張されるが，ラスキンは，彼が主題とする「ポリティカル・エコノミー」では，労働雇用の真の制約因は労使関係の当事者の道徳的構想力であると論ずる．

「賃金に用いうる一定量の基金からは，労働者を鼓舞する意志の量に応じて，得られる労働は多くも少なくもなりうるのであって，労働の真の

制約はこのような意志および肉体力の道徳的刺激の制約の中にのみ存在する．……労働は，頭と心と手という偉大な本源的資本によってのみ制限される．」(Vol. 17, p. 177)

ここで言われている「頭と心と手」という言葉は，上述したように（本章・第3節），彼が『ヴェネツィアの石』において，優れた芸術の条件として「全幅的人間精神」の諸要素の協働性を論じたときに用いたものである．「頭と心と手」を「偉大な本源的資本」と呼ぶのは，彼が「生」を構成するものは全幅的人間の「ストックとしての力」であると考えるからである．たしかに，日々の暮らしにおいて，火をおこすためには物財としての燃料が必要である．しかし，燃料と火との関係を現実に決定するものは風であったり，水であったりする．この比喩を用いるなら，「生」の力を高めたり低めたりすることに貢献する風や水に相当するものは，道徳・非道徳という人間の性向である．ラスキンにとって，経済における道徳・非道徳の問題は，富裕と貧困との関係，すなわち社会的正義の問題に他ならない．正義もまた「生」の力に奉仕する価値である．

「富」および「富裕」の定義に続いて，「費用」および「価格」が定義される．すべての「費用」および「価格」は「労働」によって測られる．すでに前著において，「労働」は人間の「生」がその対立物と闘うことであると定義されていた．古典派経済学においては，「労働」は「生」にとっての苦痛や犠牲であって，「生」の損耗・損傷を意味し，その代償として賃金が支払われる．それに対して，ラスキンにおいては，「労働」は「生」を積極的に作り出す努力であって，賃金はそのような能力の発揮に対する報酬として支払われる．「ほとんどすべての労働は，単純に正の労働と負の労働とに分けることができる．正の労働とは生を生むものであり，負の労働とは死をもたらすものである」(Vol. 17, p. 97)．ラスキンの理想的経済運営は，負の「労働」を極小にし，正の「労働」を極大にすることである．「労働」はラスキンの「生」の経済学において重要な位置を占める．

すでに見たように，ラスキンによれば，ものの「価値」は，市場価値や交換価値ではなく，「生」への貢献を基準とし，固有価値と実効価値とから成る複合的な概念として示された．また，間接的に，生産過程における労働意

欲のあり方が,「生」への正または負の貢献として考慮に入れられた.

彼が構想した価値論は,「マーカンタイル・エコノミー」を前提とした投下労働説でも支配労働説でもなく,また主観的効用説でもなく,「ポリティカル・エコノミー」を前提とした「生」への貢献度を計測する理論を意図したものであった. ラスキンは,自己実現を図る道徳的作用因としての「労働」を梃子として,貨幣価値の支配する「マーカンタイル・エコノミー」の批判的考察に向かおうとしたのである. しかし,価値論の定式化は成らなかった.

ラスキンは,労働の賃金が競争によって定められるという経済理論に対しては,よほど腹に据えかねていたのであろう. 彼は『ムネラ・プルヴェリス』では,このような経済理論の「野獣的白痴性」(bestial idiotism) を攻撃するのに相応しい言葉を,英語・ギリシャ語・ラテン語・その他の主要言語の中に見出すことはできないと,毒舌を吐いた (Vol. 17, p. 263).

「支配」(mastership) と題する最後の第6章は,雇主と労働者との間,ないしは富者と貧者との間の雇用関係を論じ,賃金水準は道徳的条件に依存しなければならないと結論する. 自由放任の教義に代えて,「協調」の体制を支えるためには,一連の徳性が重視されるべきであるということが,ラスキンの経済論の一貫した主張であった.

道徳的価値の構造

ラスキンの経済論と芸術論を総括しよう. 彼は芸術について「芸術は道徳と自然に基礎を置く」,「生を措いて他に美はない」と言い,経済について「経済は道徳と自然に基礎を置く」,「生を措いて他に富はない」と言う.「道徳」と「自然」は,芸術(美)および経済(富)の共通の基礎であって,芸術(美)と経済(富)を考察する際の複眼的視座であった. まとめて言えば,「生を措いて他に富も美もない.」そして「生は道徳と自然によってのみ高められる.」

最後に,芸術論と経済論の基礎にある「道徳」の性質を明らかにしておきたい. 彼は,「美」と「富」については,それなりの努力を払って独自の定義を試みたが,道徳の観念については,多分に自明のものと考えていたよう

に思われる．彼は経済学批判に当っては，批判の対象としてミルなどの経済学者の著作を取り上げているが，倫理学批判の対象としての功利主義については，ミルやシジウィックを取り上げるべきであるのに，まったく無関心であった．彼がいろいろなところで書いている簡単な文章が，彼の道徳観を判断する材料となる．

(1) 彼は『胡麻と百合』(1865年)[58]の序文 (1882年) の中で，同書の主張の基礎にある考え方は，「書物や芸術や人の性格には，本質的な善といったものや本質的な悪といったものが実際に存在すること，そしてこの本質的な善や悪は，時代や流行や世論や革命などから独立していること」への確信であると記している (Vol. 18, p. 50)．普遍的道徳価値への信念はラスキンの根本的価値態度であった．財が内在的に不変の固有価値を持つという彼の経済論の考え方は，このことの表れである．

(2) 自明のことがらとしての道徳的基礎を改めて確認する目的からであろうか，ラスキンは『ムネラ・プルヴェリス』の末尾に付録をつけ，「防備のための諸徳性」(fortifying virtues) と題する説明を行っている (Vol. 17, pp. 285-86)．「防備のための諸徳性」とは，自由放任を唱える経済学に対して徳性をもって対抗するという意味であろうか．この叙述は，規範経済学を論ずるに当って，彼が暗黙裡に承認していた「生」の価値基準の全貌を明らかにしている．

彼はまず古代以来の4つの枢要徳 (cardinal virtue) である「慎慮 (prudence)・正義 (justice)・勇気 (fortitude)・節制 (temperance)」を挙げ，これらは「単に生そのものを保護し促進する手段であるだけでなく，生の物質的手段の主要な番人ないし根源であり，経済の支配力であり，君主である」と言う．しかし，同時に，キリスト教の対神徳としての「信仰 (faith)・希望 (hope)・慈愛 (charity)」といった内面的徳性が欠けてはならないと言う．ラスキンがワーズワスの詩から「感嘆と希望と愛」の観念を受け取り，「生」を「愛と歓喜と感嘆のすべての力」を含むものと定義したとき，念頭に置いていたものはこれらの内面的徳性であった．彼が当然のこととして受け入れていた倫理学は，「善」の理論でも「正」の理論でもなく，「徳」の理論であった．

(3) ラスキンは，『芸術経済論』講義の中で，シエナの市庁舎「平和の間」に描かれた14世紀の画家アンブロージョ・ロレンツェッティのフレスコ画『良き政府のアレゴリー』について語っている（Vol. 16, pp. 54-56）．これは，シエナ共和国の善政の姿をさまざまな徳性の擬人像によって描いたものである[59]．共和国の君主の像を中心として，6人の美徳の像（四枢要徳に加えて，「雅量 magnanimity」と「平和 peace」）が横一列に並び，君主の頭上には，翼を持った3つの徳（「信仰 faith・希望 hope・慈愛 charity」）の像が描かれている．ラスキンは，政治経済体制におけるこの3つの徳の位置づけに賛同しながら，壁画における宗教的意味合いを離れて，「信仰・希望・慈愛」を第一次的徳性として承認したのである．

(4) ラスキンの全著作の中で，専ら道徳の問題を扱っている作品はおそらく『塵の倫理』（1866年）であろう[60]．これは女子学生を相手にした対話形式の道徳論であるが，変わっているのは，鉱物学を背景とした寓話から成り立っていることである．塵の倫理とは，個体としての塵が集まって，さまざまな鉱物を作り上げている際の集合体の倫理とも言うべきものを隠喩として用い，人間社会の秩序形成を論じたものである．

彼が道徳とみなすものの内容は「徳」（virtue）であって，「『徳』という語は『行為』（conduct）を意味するのではなく，『力』（strength）を意味する．すなわち，心に存在する生命の活力（vital energy）を意味する」（Vol. 18, p. 288）．また，「真の徳の本質的観念は，生きた人間の力（vital human strength）であって，これによって人は本能的に，不断に，動機なしに，正しいことを行うことができるのである」（Vol. 18, p. 301）．彼は言語学者の説を引用しながら，Vで始まる言葉は，「生命の」（vital），「徳のある」（virtuous），「活力のある」（vigorous）のように，意味の関連性があると言う．かくして，われわれはラスキンにおける能力のストックとしての「生」とそれを評価する価値としての「徳」との関連に到達する．これはラスキン特有の言語的レトリックによる論述法であるが，彼が「経済的価値」とは「生」への貢献度であると言うとき，それは「徳」への貢献度としての「倫理的価値」を意味することが判明するのである．

(5)『フォルス・クラヴィゲラ』（1871-84年）という奇妙な題名の書簡集

は,『時と潮』に続いて,イギリスの職人・労働者階級に宛てて書かれ,ラスキンが晩年の十数年にわたって断続的に出版したものである[61]. それは彼が考える理想社会の構想の雑録集である. なかでも,彼の主張の根本を16項目に整理したまとめの文章(第67書簡,1876年7月)は,構想の全体における道徳の位置を示すものとして注目に値しよう.

彼にとって,社会改革のための最も重要な方策は教育であった. その概要は次のようである.

「すべての教育は,第1に道徳教育,第2に知識教育でなくてはならない. 徳育なき知育は完全な形ではありえないものであり,不完全な形では災難をもたらすものである」(第12項).「道徳教育は,人間を清潔かつ従順に教育されるようにすることから始まる」(第13項).「次に,道徳教育は,人間をその能力の性質と程度に応じて,他の人々のために実際に役立つようにすることである. ……道徳教育は,人間が喜びをもって十分にその仕事を果たすようにさせられたとき,完成する. しかし,知識教育がある程度伴わなければ,このことは不可能である」(第14項).「知識教育は,人間に感嘆・希望・愛の能力を与えることから成る. これらのことは,美しい自然の研究,高貴な人間の思想や歴史,高貴な行為目的の説明を通じて教えなければならない」(第15項). (Vol. 28, pp. 655-56)

ここで使われている「感嘆・希望・愛」という言葉は,以上で指摘したように,ラスキンがワーズワスから受け取り,「生命美」の源泉とみなしたものであって,「富=生=美」の命題の核心にある喜びを定義した重要な概念である. 第15項の叙述は,美の喜びの源泉を豊かにすることを知育に求めるものであって,一見したところ奇異な印象を与える. しかし,彼によれば,美の源泉としての喜びの観念は,単なる感性的なものではなく,知性に対する尊敬と理解を伴わなければならない. 芸術における思考と観念の枠組みによる感情の再構成がイギリス・ロマン主義の特質であって,ラスキンはそれを「テオリア」(構想力)に基づく「構想的美」と名づけた.

(6) ラスキンの教育論の本質は,『ムネラ・プルヴェリス』の中の次の言葉に尽きると言ってよいであろう.

「真の教育は、もろもろの能力およびそれに比例する意志を発展させること以外の機能を持つものではない。学識を教育と誤認することは、近代知性が犯した大きな誤りであった。教育をするということは、人にその人がこれまで知らなかったことがらを教えることではなく、人をこれまでのその人とは異なった存在に変えることである。」(Vol. 17, p. 232)

このように、知育であれ徳育であれ、教育は知識の伝授ではなく、能力の開発向上を目的とするという意味で、ラスキンの教育論は「徳」ないし「卓越」の倫理学に基礎を置いている。「徳」の理論によれば、徳育はもとより、知育もまた、人間存在の質を高めることを至上の目的とするのである。

結　語

ラスキンの規範的経済論は単に抽象的な概念の次元にとどまるのではなく、さまざまな具体的問題を含む実践的な社会改革の提案に及ぶものであった。これらの議論は、主として『時と潮』および『フォルス・クラヴィゲラ』における書簡形式のシリーズ論文によって展開された。しかし、われわれにとっては、彼の理論的構想の解釈が目的であるので、時代的環境によって制約されたこれらの個別の評論には立ち入らないことにする。

われわれは「ラスキンの三角形（富・生・美）」というイメージに基づいて、彼の経済論を「芸術的『生』の経済学」と呼んできたが、それは2つの意味を持っていた。第1の意味は、経済論の展開に当って、芸術論を隠喩として用いるというレトリック的形式の側面であり、「生・美・道徳・自然」という芸術論の構造を「生・富・道徳・自然」という経済論の展開にパラレルに適用することを意味する。その意味は、前章で見たロマン主義の「文学＝哲学」の統一命題に照らして理解されるであろう。「文学＝哲学」の統一命題は、文学（芸術）と哲学（学問）の共通の接点を全幅的人間の「生」に置き、一体化した総合的知の解明という共同作業を要請するものであった。

「芸術的『生』の経済学」の第2の意味は、芸術論の内容を経済論に重ね合わせ、「美」の構想によって支配された経済の編成を図ることであって、これはバーリンがロマン主義の本質を「生活に対する芸術の一種の専制」と呼んだものに等しい。またシラーの美的教育論は、単なる芸術教育を意味す

るのではなく,「総体性としての美」および「自由としての美」を実現するような包括的な社会形成原理を提起するものであった.「芸術的『生』の経済学」とは,内容的には,経済のロマン化,すなわち「美」の原理に基づく経済社会の編成を論ずる規範的経済学に他ならない.そして,ラスキンにおける芸術論と経済論との実質的な重ね合わせの根拠は,われわれが第2-1図で示したように,経済論（富）と芸術論（美）とが共に,「自然」（空気・水・大地）と「精神」（感嘆・希望・愛）を「生」の構成要素としてとらえる構想力に見出される.

ラスキンの「芸術的『生』の経済学」は,このような2つの意味において,1つの総合的社会科学を志向する試みであった.しかし,われわれはラスキンの思想を「倫理的『生』の経済学」と呼ぶことはできない.それは,彼の思想における倫理的価値の基本的重要性にもかかわらず,倫理学的考察が欠如しているからである.

以上のような特徴づけとその限界を認めた上で,彼の経済学の道徳的性格,すなわち規範経済学の性格を示すために,「卓越的資源利用の経済学」という言葉を使いたいと思う.われわれは,倫理学体系として「正（正義）・徳（卓越）・善（効率）」の3大価値を設定し,その規範経済学への適用として,これまで周知のこととされてきた「効率的な資源配分」および「公正な資源分配」に加えて「卓越的な資源利用」という次元を識別し,その次元の開発をラスキンの真の功績として評価するのである[62].

私は別の機会に,イギリスの19世紀末および20世紀初めにおける福祉国家観（いわゆるニュー・リベラリズム）の台頭は,イギリス経済学の正統派であったケンブリッジ学派の功利主義哲学および新古典派経済学の思想に基づくものではなく,オックスフォードにおける理想主義哲学および歴史派経済学の思想に基づくものであることを論じ,それを福祉国家論への「オックスフォード・アプローチ」と呼んだ[63].そのアプローチにおいて指導的役割を演じたのが,ラスキンとグリーンであって,彼らはトインビー,ホブソン,ホブハウスらの後継者を持った.ラスキンの規範的経済理論は芸術的「生」に基礎を置くものであったが,「倫理的『生』の哲学」にまで掘り下げる試みはグリーンの仕事となった.これを取り上げるのが次章の課題である.

注

1) E.T. Cook and A. Wedderburn (eds.), *The Works of John Ruskin*, 39 Vols., London: George Allen, 1903-12. 本文中のラスキンの著作の引用はこの全集の巻数とページ数による.
2) John Ruskin, *Modern Painters*, 5 Vols., 1843, 1846, 1856, 1856, 1860. (Vols. 3-7 of *The Works of John Ruskin*.)
3) John Ruskin, *The Seven Lamps of Architecture*, 1849. (Vol. 8 of *The Works of John Ruskin*.)(杉山真紀子訳『建築の七燈』鹿島出版会, 1997年.)
4) John Ruskin, *The Stones of Venice*, 3 Vols., 1851, 1853, 1853. (Vols. 9-11 of *The Works of John Ruskin*.)
5) John Ruskin, *The Political Economy of Art*, 1857. (Included as *A Joy for Ever* in Vol. 16 of *The Works of John Ruskin*.)(西本正美訳『芸術経済論――永遠の歓喜とその市場価格』岩波書店, 1927年.)
6) John Ruskin, *Unto This Last*, 1862. (Included in Vol. 17 of *The Works of John Ruskin*.)(飯塚一郎訳「この最後の者にも」五島茂編, 世界の名著41『ラスキン／モリス』中央公論社, 1971年.)
7) John Ruskin, *Munera Pulveris*, 1872. (Included in Vol. 17 of *The Works of John Ruskin*.)(木村正身訳『ムネラ・プルウェリス――政治経済要義論』関書院, 1958年.)
8) John Ruskin, *Love's Meinie*, 1873-81. (Included in Vol. 25 of *The Works of John Ruskin*.)
9) John Ruskin, *Proserpina*, 1875-86. (Included in Vol. 25 of *The Works of John Ruskin*.)
10) John Ruskin, *Deucalion*, 1875-83. (Included in Vol. 26 of *The Works of John Ruskin*.)
11) Francis O'Gorman, "Ruskin's Science of the 1870s: Science, Education, and the Nation," in Dinah Birch (ed.), *Ruskin and the Dawn of the Modern*, Oxford: Oxford University Press, 1999.
12) James Clark Sherburne, *John Ruskin, or the Ambiguities of Abundance: A Study in Social and Economic Criticism*, Cambridge, MA: Harvard University Press, 1972.
13) John D. Rosenberg, *The Darkening Glass: A Portrait of Ruskin's Genius*, New York: Columbia University Press, 1986, p. 7.
14) William Wordsworth and Samuel Taylor Coleridge, *Lyrical Ballads*, 1798, Celia de Piro (ed.), Oxford Student Texts, Oxford: Oxford University Press, 2006. (宮下忠二訳『抒情歌謡集』大修館書店, 1984年.) 本文中の引用はLBと略記する.
15) Walter Jackson Bate, *From Classic to Romantic: Premises of Taste in Eigh-*

teenth-Century England, Cambridge, Mass.: Harvard University Press, 1946.（小黒和子訳『古典主義からロマン主義へ——18世紀英国の文学的風土』みすず書房，1993年，第4章.）

16) 同上，112-13ページ.
17) 浜下昌宏『18世紀イギリス美学史研究』多賀出版，1995年，第5章.
18) Lilian R. Furst, Romanticism in Perspective, London: Macmillan, 2nd ed., 1979.（床尾辰男訳『ヨーロッパ・ロマン主義——主題と変奏』創芸出版，2002年，265ページ.）
19) 『古典主義からロマン主義へ』訳，第6章.
20) William Wordsworth, The Excursion, 1814.（田中宏訳『逍遥』成美堂，1989年.）
21) 並河亮『ワーズワースとラスキン——湖畔地方とヴェニスの石』原書房，1982年，42-51ページ.
22) M.H. Abrams, The Mirror and the Lamp: Romantic Theory and the Critical Tradition, Oxford: Oxford University Press, 1953.（水之江有一訳『鏡とランプ——ロマン主義理論と批評の伝統』研究社，1976年，第11章.）
23) M.H. Abrams, "Introduction: Two Roads to Wordsworth," in Abrams (ed.), Wordsworth: A Collection of Critical Essays, Englewood Cliffs, N.J. Prentice-Hall, 1972.
24) F.W. Bateson, Wordsworth: A Re-Interpretation, London: Longmans, Green and Co., 1954, Chapter 1.
25) 原一郎『ワーズワース研究——詩魂の転変の跡を追って』改訂版，北星堂書店，1970年，309-58ページ.
26) Raymond Williams, Culture and Society 1780-1950, London: Chatto & Windus, 1958.（若松繁信他訳『文化と社会 1780-1950』ミネルヴァ書房，1968年，36ページ.）
27) Fred Kaplan, Thomas Carlyle: A Biography, Berkeley: University of California Press, 1983, p. 441.
28) Frederick William Roe, The Social Philosophy of Carlyle and Ruskin, London: Geoirge Allen & Unwin, 1921, pp. 141-42.
29) John Batchelor, John Ruskin: No Wealth but Life, London: Chatto & Windus, 2000, p. 244.
30) A.L. Le Quesne, Carlyle, Oxford: Oxford University Press, 1982.（樋口欣三訳『カーライル』教文館，1995年，22-23ページ.）
31) A.L. Le Quesne, "Thomas Carlyle," in Edward Craig (ed.), Routledge Encyclopedia of Philosophy, Vol. 2, London: Routledge, 1998, pp. 205-206.
32) Thomas Carlyle, Sartor Resartus, 1833. K. McSweeney and P. Sabor (eds.), Oxford World's Classics, Oxford: Oxford University Press, 1987.（石田憲次訳『衣服哲学』岩波書店，1946年.）本文中の引用はSRと略称する.

33) M.H. Abrams, *Natural Supernaturalism: Tradition and Revolution in Romantic Literature*, New York: Norton, 1971.（吉村正和訳『自然と超自然――ロマン主義理念の形成』平凡社，1993年.）
34) Robert Hewison, Iwan Warrell and Stephen Wildman, *Ruskin, Turner and the Pre-Raphaelites*, London: Tate Gallery Publishing, 2000, pp. 147-48.
35) John Walker, *Joseph Mallord William Turner*, New York: Harry N. Abrams, 1976.（千足伸行訳『ターナー』世界の巨匠シリーズ，美術出版社，1977年，52ページ.）
36) 同上，134ページ.
37) David B. Brown, *Romanticism*, London: Phaidon Press, 2001.（高橋明也訳『ロマン主義』岩波世界の美術，岩波書店，2004年，8ページ.）
38) 齊藤貴子『ラファエル前派の世界』東京書籍，2005年.
39) John Ruskin, *Pre-Raphaelitism*, 1851.（Included in Vol. 12 of *The Works of John Ruskin*.）
40) John Ruskin, "Lectures on Architecture and Painting," 1854.（Included in Vol. 12 of *The Works of John Ruskin*.）
41) David M. Craig, *John Ruskin and the Ethics of Consumption*, Charlotteville, Va.: University of Virginia Press, 2006, pp. 53-54.
42) Victor Hugo, *Cromwell* 1827.（西節夫訳『クロムウェル・序文』ヴィクトル・ユゴー文学館・第10巻，潮出版社，2001年.）
43) 塩野谷祐一『シュンペーターの経済観――レトリックの経済学』岩波書店，1998年，第1章「レトリックの理論」を参照.
44) René Wellek, "The Concept of Romanticism in Literary History," *Comparative Literature*, 1949.
45) Logan Pearsall Smith, "Four Romantic Words," in *Words and Idioms: Studies in the English Language*, London: Constable, 1925.
46) Kenneth Clark, *The Gothic Revival: An Essay in the History of Taste*, London: Constable, 1928.（近藤存志訳『ゴシック・リヴァイヴァル』白水社，2005年，第10章.）
47) Chris Brooks, *The Gothic Revival*, London: Phaidon Press, 1999.（鈴木博之他訳『ゴシック・リヴァイヴァル』岩波世界の美術，岩波書店，2003年，304ページ.）
48) John Ruskin, *The Two Paths*, 1859.（Included in Vol. 16 of *The Works of John Ruskin*.）
49) James Clark Sherburne, *John Ruskin, or the Ambiguities of Abundance: A Study in Social and Economic Criticism*, Chapter 4.
50) David Throsby, "Ruskin and Contemporary Cultural Economics," *History of Political Economy*, Summer 2011.
51) Willie Henderson, *John Ruskin's Political Economy*, London: Routledge, 2000,

Chapter 4, 5.
52) Clive Wilmer, "Commentary," in C. Wilmer (ed.), *Unto This Last and Other Writings*, London: Penguin Books, 1997, p. 158.
53) Craig, *John Ruskin and the Ethics of Consumption*, p. 6.
54) 田中秀央・山岡亮一訳『クセノポーン 家政論』生活社, 1944年, 5-6ページ.
55) Amartya Sen, *Commodities and Capabilities*, Amsterdam: North-Holland, 1985.(鈴村興太郎訳『福祉の経済学——財と潜在能力』岩波書店, 1988年.)
56) 鈴村興太郎・後藤玲子『アマルティア・セン——経済学と倫理学』実教出版, 2001年, 222-25ページ.
57) John Ruskin, *Time and Tide*, 1867. (Included in Vol. 17 of *The Works of John Ruskin*.)
58) John Ruskin, *Seasame and Lilies*, 1865. (Included in Vol. 18 of *The Works of John Ruskin*.)(木村正身訳「ごまとゆり」五島茂編, 世界の名著41『ラスキン／モリス』中央公論社, 1971年.)
59) 石鍋真澄『聖母の都市シエナ——中世イタリアの都市国家と美術』吉川弘文館, 1988年, 第9章.
60) John Ruskin, *The Ethics of Dust: Ten Lectures to Little Housewives on the Elements of Crystallisation*, 1866. (Included in Vol. 18 of *The Works of John Ruskin*.)
61) John Ruskin, *Fors Clavigera*, 3 Vols., 1871-73, 1874-76, 1877-84. (Vols. 27-29 of *The Works of John Ruskin*.)
62) 塩野谷祐一『経済哲学原理——解釈学的接近』東京大学出版会, 2009年, 328-36ページ.
63) Yuichi Shionoya, "The Oxford Approach to the Philosophical Foundations of the Welfare State," in Roger E. Backhouse and Tamotsu Nishizawa (eds.), *No Wealth But Life: Welfare Economics and the Welfare State in Britain, 1880-1945*, Cambridge: Cambridge University Press, 2010.

第3章 グリーンと倫理的「生」のロマン主義

1 イギリス理想主義，ニュー・リベラリズム，オックスフォード・アプローチ

問題意識――ラスキンとグリーン

　本書に登場する3人の主人公の1人として，ラスキンに続いてオックスフォードの哲学者トマス・ヒル・グリーン（1836-82年）を取り上げる．われわれの問題意識は，グリーンをラスキンと関係づけることが，知の整合化にとって望ましい見方を与えるというものである．

　通常の理解によれば，グリーンは「2つの顔」を持つ．グリーンは「イギリス理想主義」（British idealism）および「ニュー・リベラリズム」という2つの「知識の場」において論じられている．「イギリス理想主義」は，「イギリス観念論」と呼んでもよいものであるが，19世紀の半ば以降，カント，フィヒテ，ヘーゲルの観念論哲学をイギリスに移入することによって形成された哲学思想であって，グリーン，ケアード，ブラッドリー，ボーサンケト，リッチーなどの哲学者を含む．若干の先駆者は認められるものの，グリーンはこの学派の創始者であると言ってよい．「ニュー・リベラリズム」は，狭義には，1906-14年の自由党の福祉改革プログラムを指すが，広義には，1880年代以降のイギリスにおいて，古典的自由主義の修正として，国家の役割の拡大を主張する政治・経済・社会思想の変革を指す．ここで問題にするのは広義の「ニュー・リベラリズム」であって，最も著名な「ニュー・リベラリスト」として，グリーン，ホブソン，ホブハウスなどが挙げられる．

　グリーン研究者の関心がこのような2つの場に限定される場合，ラスキン

がグリーンと関連づけられることはめったにない．ラスキンは「イギリス理想主義者」にも「ニュー・リベラリスト」にも数えられることはない．しかし，ラスキンの企図は，グリーンの「2つの顔」の連結を通じて，いっそうの発展と一応の完成を見たと考えられるのであって，2人の思想を補完的な知の体系への試みとしてとらえることが啓発的ではなかろうか．このことを説明しよう．

　第1に，ラスキンは，ロマン主義を思想的背景に持ち，古典主義芸術論および古典派経済学への批判を通じて，芸術論と経済論との統合を図った稀有の思想家であった．彼の議論は，芸術論と経済論の双方において，本質的に倫理的価値に依拠するものであった．彼が芸術と経済を見る眼は，「自然」と「精神」の複眼であった．「自然」と「精神」との交流は，有機体的関連を通して「生」の繁栄をもたらすものであり，彼はそのような「生」の展開を芸術と経済の2つの知の領域の革新によって表現しようとした．彼にとって，哲学のための哲学は無縁であった．彼にとって意味のある哲学は，実践のための規範原理としての倫理学のみであった．しかし，彼は特定の倫理的規範を自明のものとして受け取っていたために，体系としての道徳哲学を根底から批判的に構築するということはなかった．彼は独創的な形で「芸術的『生』の経済学」と呼びうるものを素描したけれども，その哲学的基礎は脆弱であった．この仕事に向かったのがグリーンである．

　2人の間の関係は，グリーンがラスキンから直接に影響を受けたとか，ラスキンの取り組んだ問題の解明をいっそう発展させようと意識したといったような思想史的に明確な事実ではなく，われわれ自身による思想の再構成である．再構成に当って両者を結びつける鍵は，功利主義に対抗する卓越主義（perfectionism）の倫理学である．グリーンの第1の顔は，ラスキンが依拠した戦闘的な倫理の哲学的構築に向けられた．それだけでなく，観念論哲学者としてのグリーンは，認識論・形而上学・道徳哲学・政治哲学の全体を一貫した形で展開し，ラスキンが達成しえなかった「倫理的『生』の哲学」を構築した．グリーンの「倫理的『生』の哲学」は，ラスキンが駆使した「自然」と「精神」の複眼的思考を哲学的に構成したものとなっている．グリーンの哲学構築の基礎は「永遠の意識」に関する形而上学である．

第2に，ラスキンの資本主義批判および経済学批判は，それ自身ではカーライルと同じ次元での挑発的なイデオロギーにとどまった．ラスキンのイデオロギーは，ターナーの審美的知のアナロジーによってではなく，国家介入を是認するグリーンの社会科学の概念的枠組みと結びつくことによって初めて，社会的危機の警告を超えて，望ましい体制を古典的自由主義の修正という形で提起することができた．ラスキンとグリーンに共通する思想は，「能力」のタームによる「徳」の倫理学に基づいた「管理的伝統」の復活であった．ラスキンの「マーカンタイル・エコノミー」と「ポリティカル・エコノミー」との区別に対応して，グリーンの第2の顔は，「市場・利己心・自由競争」の体制に代わって，「国家・共通善・協働」の体制を理論的に構想することに向けられた．前者の体制の基礎に「消極的自由」と自然主義的人間の観念が置かれたのに対し，後者の体制の基礎に「積極的自由」と全幅的人間の観念が位置づけられた．全幅的人間の「生」を前提とするとき，個々人の善の調和的な追求は，「積極的自由」の下で，共同体における他者との絆（「共通善」）の認識を通じてのみ可能となる．グリーンは経済学を論じなかったけれども，「倫理的『生』の哲学」の基礎の上に，所有・自由・権利・義務・国家などの制度概念を構築することによって，望ましい経済体制のあり方を示唆し，その後，社会改良にたずさわる多くの「ニュー・リベラリスト」の輩出をもたらした．

われわれの問題意識は，グリーンの「2つの顔」を別個のものとして扱うのではなく，彼の哲学論と体制論とを連結してとらえることである．グリーンの「2つの顔」は，一方では，功利主義批判としての卓越主義倫理学を展開し，科学哲学・道徳哲学・政治哲学の全体を「倫理的『生』の哲学」として統一的に構築し，他方では，その哲学の実践的適用として，主流派の自由主義体制論に対抗して，国家介入を含む望ましい社会経済体制を構想するための普遍的なキーワードを用意した．前者の論点は，グリーンを「イギリス観念論」哲学の中心的存在とみなすものであり，後者の論点は，彼を体制論としての「ニュー・リベラリズム」の思想的指導者とみなすものである．そして，2つの論点は相俟ってラスキンのプロジェクトを完成に導くものであった．

グリーンの哲学における最大の特徴は，体制論における「積極的自由」の観念が，倫理学における「共通善」の観念を媒介として，形而上学における「永遠の意識」の観念と対応することに端的に見られるように，観念論的形而上学と実践的体制論との結合である．「永遠の意識」の形而上学は，グリーンにおける経験主義批判とロマン主義思想の受容を意味すると考えられる．それは，「ニュー・リベラリズム」の諸改革におけるロマン主義的・卓越主義的な人間観・社会観に哲学的基礎を与えるものである．

伝道師像を超えて

グリーンをラスキンと関連づけることは，通説には見られない試みであろう．ラスキンの「芸術的『生』の経済学」をグリーンの「倫理的『生』の哲学」と接合することによって，福祉思想としての「倫理的『生』の経済学」を構想することができるのではないか．そこで，グリーンを「イギリス理想主義」または「ニュー・リベラリズム」の思想家として整理するのでなく，第3の特徴づけを提起したい．それはラスキン，グリーン，および彼らの弟子たちを含む福祉経済および福祉国家論への「オックスフォード・アプローチ」という概念である．

ラスキンは，近代福祉国家の道徳的元祖とみなされている．しかし，その実際の影響については，一般論を除けば，研究があまりなされていない[1]．奇妙なことに，ラスキンとグリーンに関する文献では，私の知る限り，次の引用文を超えるほどの関係を2人について論じた記述は見当らない．

> 「その後［1860年代後期以後］，おそらくラスキンを除けば，人々を因襲的な忠誠心から目覚めさせ，彼らに改革によってなされるべきことが多くあることを気づかせる力において，グリーンに匹敵する人はオックスフォードには誰もいなかった．」[2]

ラスキンとグリーンの両者は，時には19世紀のオックスフォードが生み出した半ダースほどの数の伝道師の中に数えられている (Ibid., p.137)．たとえ両者がともに熱烈な説教家であったとしても，決定的な相違があった．ラスキンの挑発的レトリックは，福祉に関するオックスフォード的伝統の形成に対して先駆的な役割を演じたが，それに対して内実のある，思慮に富ん

だ倫理学的基礎を賦与したのは哲学者グリーンであった．グリーンの「徳」（卓越主義）の倫理学はラスキンのヴィジョンから独立に展開されたが，それはラスキンの富および価値に関する人間主義的観念を哲学的に定式化したものであった．ラスキンのレトリックとグリーンの倫理学に基づいた2つの経済学――トインビーの歴史的・倫理的経済学とホブソンの理論的・倫理的経済学――は，「オックスフォード・アプローチ」のための経済学的足場を構築したものであって，「ニュー・リベラリズム」の社会的・政治的運動を導くものとなった．

経済学・倫理学・イデオロギー

「倫理的『生』の経済学」は人間のための福祉の規範的経済学の理念である．その考え方を整理するために，福祉経済および福祉国家論への「オックスフォード・アプローチ」の概念的枠組みを用意したい．その枠組みは，第1に，「経済学・倫理学・イデオロギー」という3つの思想領域によって福祉思想を構成し，第2に，「正・徳・善」という3つの価値概念によって倫理学体系を構成するというものである．

3つの思想領域のうち，経済学と倫理学はそれぞれ身分のはっきりとした学問であるが，イデオロギーは政治的な世界観や綱領や立法に現れる実践的アートの思想である．福祉の思想は，多元的な知的接近に基づき，多くの場合，経済的・政治的・社会的思想の混合から成り立っている．従来の「ニュー・リベラリズム」研究においては，主として自由対計画という政治的イデオロギーの部分が問題にされてきた．福祉国家という包括的な社会システムの理解に当っては，イデオロギーだけでなく，どのようなタイプの経済学と倫理学がその基礎にあるかを考える必要があろう．

1920年代にピグーによって福祉経済学（厚生経済学）が体系化され，1940年代に近代福祉国家の源流の1つとして，ベヴァリッジによって福祉国家のプログラムが制度化されたが，福祉に関する思想は，それらが示唆するよりももっと長い歴史を持っていた．少なくとも19世紀後半から20世紀初頭にかけて，イギリスおよびドイツにおいて，福祉に関する「経済学・倫理学・イデオロギー」の総体が，歴史上初めて体系的なパターンを生み出し

たと考えられる.1880年代のドイツにおけるビスマルクの社会政策は,近代における福祉国家のもう1つの源流とみなされている.この時期は,経済学史についてシュンペーターが「1870年から1914年まで」と名づけた時期と一致する.もちろん,この時期の主要な経済学史上の論題は「限界革命」による新古典派経済学の成立と発展であるが,彼はこの時期の一局面を「社会政策(Sozialpolitik)と歴史的方法」と名づけることを忘れなかった[3]).

　自由放任と普遍主義の経済像から出発したイギリスと違って,社会政策と歴史主義との関係はすぐれてドイツ的なものである.両者を関係づける不可欠の要素は倫理である.ドイツ新歴史学派の指導者であったグスタフ・シュモラーは,この時期全体にわたって活躍し,この学派の研究計画を「歴史的・倫理的接近」と呼んだ[4]).シュモラーにとって,倫理的観点は歴史研究に指針を与えるものであったが,究極的には,時代の「社会問題」の解決に役立つ社会政策の基礎を提供するものでなければならなかった.したがって,シュモラーの経済学への接近は,むしろ「歴史的・倫理的・現実的接近」と名づける方がよいと思われる[5]).彼の「歴史的・倫理的接近」は単なる歴史の叙述でも道徳の唱道でもなく,社会改革のための「社会問題」の実践的な解決を目指すものであった.この目的のために,彼は,家計と企業の他に,発展の異なる段階に応じた公共的地域共同体の類型(村落経済・都市経済・領邦経済・国民経済)を含む社会学的概念を用いた.ここではドイツ側の展開に立ち入ることはできないが,彼の経済発展段階論は,「制度変化の公共経済モデル」(public economy model of institutional changes)として解釈すべきものであって,福祉国家論への歴史主義的接近を示すものであった.後に見るように,この点は「オックスフォード・アプローチ」の経済学を特徴づける歴史主義的要素として識別されるであろう.

正(正義)・徳(卓越)・善(効率)

　「倫理的『生』の経済学」を考える上で不可欠な前提は,倫理的価値を整合化した体系を用意することである.アリストテレスから現代までの多様な道徳哲学は,「正」に関するカント=ロールズの理論,「徳」に関するアリストテレス=グリーンの理論,「善」に関するベンサム=ミル=シジウィック

の功利主義の理論の3つに大別されるが，倫理体系の整合化とは，「正（right）・徳（virtue）・善（good）」という3つの基本的価値概念の適用対象を定義し，価値概念の間の優位関係を決定することである．優位関係の順序は，以下で説明するように，「正」＞「徳」＞「善」という優越関係によって示される[6]．

現代の道徳哲学は，一方で，「正」と「善」との対立，他方で，「正」と「徳」との対立を基礎的論点としている．前者は，契約主義（contractarianism）と功利主義（utilitarianism）との間の論争であり，ジョン・ロールズの正義論における「善に対する正の優越」の命題によって始められた．後者は，契約主義と共同体主義（communitarianism）との間の論争であり，自律的・原子論的な「負荷なき自我」と，共同体の歴史・伝統の中に「埋め込まれた自我」との対立として提起された．この問題に関連して，「ニュー・リベラリズム」に関する最近の研究によれば，「ニュー・リベラリズム」は，伝統的な自由主義における自己中心的な，狭い個人主義の観念を，徳・共同体・市民的連帯の発展を通じて変革し，自由と共同体との統合を図ったものとみなされている[7]．倫理学体系の全側面を整備するためには，さらに「徳」と「善」との関係が問われなければならないが，この問題は，1870年代および80年代におけるケンブリッジのヘンリー・シジウィック（功利主義）とオックスフォードのトマス・ヒル・グリーン（卓越主義）との間の対立を改めて問うものに他ならない．グリーンの「徳」の理論は，功利主義における自然主義的人間観と「善」の質の無差別性を批判するものであった．

福祉思想におけるケンブリッジ対オックスフォード

「経済学・倫理学・イデオロギー」の3領域と，倫理学における「正・徳・善」の3体系とを議論の枠組みとすることによって，この時代の福祉思想の2つのアプローチが区別される．それを「ケンブリッジ・アプローチ」と「オックスフォード・アプローチ」と呼ぼう．

「ケンブリッジ・アプローチ」の根幹は，経済学における新古典派経済学と倫理学における功利主義との結合から成る．この学派は，シジウィック，マーシャル，ピグーという絢爛たる一群の学者を擁した．その政策勧告は市

場の失敗，貧困，所得不平等などの改善策から成っていた．ピグーの経済理論は，福祉思想の「ケンブリッジ・アプローチ」を「厚生経済学」という新しい名の下に体系化することに成功したが，当時の没価値的経済学および実際の社会政策の双方にとって受容されるものではなかった[8]．それにもかかわらず，理論中心の経済学界の内部では，「ケンブリッジ・アプローチ」は，おそらくマーシャルの権威によって，あたかも福祉思想における支配的理論であるかのように受け取られてきた．その後，経済理論のフォーラムでは，このアプローチは「旧」厚生経済学と呼ばれ，没価値的立場を表明するパレートの「新」厚生経済学によって取って代わられたが，20世紀における福祉思想の源流はこのアプローチに帰せしめられた．

しかし，より広い視野の下で思想史を観察するならば，福祉の思想と実践はもっと多様であって，とりわけ「オックスフォード・アプローチ」と呼ばれるべきものが，ラスキンのイデオロギーによって先鞭をつけられ，グリーンの理想主義哲学およびアーノルド・トインビーの歴史派経済学に基づいて形成され，さらに，ホブソンやホブハウスの「ニュー・リベラリズム」の運動に貢献したと考えることができる．われわれは，「ケンブリッジ・アプローチ」の型に嵌め込まれた厚生経済学の陰で，これまで主役の役割を与えられることなく，漠然とした社会思想の部類に入れられていた「オックスフォード・アプローチ」の再構築を図る．「1870年から1914年まで」と名づけられた時期に，福祉思想の原型である「社会政策と歴史的方法」をイギリスにおいて担ったのは，「オックスフォード・アプローチ」であった．以下で主張するように，このアプローチに対して理論的基礎を与えたのはグリーンの哲学であったが，彼が創始したイギリス観念論哲学は，それに続く分析哲学の興隆の中で，価値のない時代遅れのものとして不当に軽視されることになった．われわれの問題意識は，経済学と哲学の双方における非主流派の思想を顧みることである．

本章の以下の議論は，「オックスフォード・アプローチ」を，一方で，「ケンブリッジ・アプローチ」とは異なるものとして定型化することを目的としながら，他方で，主としてイデオロギーとして特徴づけられてきた「ニュー・リベラリズム」の概念とは違って，経済学および倫理学を含む理論的接

近として説明することを目的とする．このことによって，「オックスフォード・アプローチ」の検討は，「ニュー・リベラリズム」の理論的解釈を意味するだけでなく，福祉および福祉国家の現代的構想に資することが期待されよう．これが，ラスキンの「芸術的『生』の経済学」とグリーンの「倫理的『生』の哲学」との接合によって期待される「倫理的『生』の経済学」の輪郭である．そして，福祉思想としての「オックスフォード・アプローチ」を識別することによって，われわれは福祉思想におけるロマン主義の位置を確認することができるのである．

議論の順序は次の通りである．まず，この分野の政治思想史の研究状況を概観する（第2節）．次いで，整合的な倫理学体系に基づいて，福祉国家ないし社会保障の道徳哲学を議論し，福祉概念にとっての「徳」の倫理学の重要性を指摘する（第3節）．以上の二重の準備をした上で，グリーンの形而上学・道徳哲学・政治哲学をロールズ以後の現代的視野から検討する．グリーンはイギリス経験論哲学に対抗して「永遠の意識」の形而上学を提起し，その基礎の上に立って，功利主義哲学に対抗して卓越主義の道徳哲学と積極的自由の政治哲学を展開した（第4節・第5節・第6節）．グリーンの形而上学を通じて，イギリス理想主義におけるロマン主義的要素が確認されるであろう．「オックスフォード・アプローチ」はラスキンの「芸術的『生』の経済学」とグリーンの「倫理的『生』の哲学」を土台とするものであって，その影響の下で形成された「オックスフォード・パラダイム」と言うべきものを，アーノルド・トインビーらのオックスフォード歴史派経済学者，およびホブソンやホブハウスらの「ニュー・リベラリズム」の担い手について検討する（第7節）．最後に，「ケンブリッジ・アプローチ」との対比において，「オックスフォード・パラダイム」を要約する（第8節）．

2　グリーンをめぐる対立的解釈

グリーン解釈の2つの問題

福祉思想におけるグリーンの位置をめぐる解釈の状況から始めよう．ここ

には2つの解釈問題が含まれている．第1は，グリーンの哲学体系全体の解釈の問題である．グリーンと「イギリス理想主義」との関係は自明であって，異論の余地はない．問題は，彼の道徳哲学や政治哲学を受け入れた上で，それらを彼の形而上学から切り離して理解しうるか否かというものである．彼の形而上学は難解であり神秘的であるとの批判に晒されてきたからである．第2は，グリーンと「ニュー・リベラリズム」との関係を問うものである．すなわち，グリーンは「ニュー・リベラリズム」運動の先導者であったかという問題である．

もちろん，2つの問題は絡み合っている．イギリス哲学界における「イギリス理想主義」の評価の浮沈が，そのままグリーンの哲学の支持・不支持となって現れたし，そのことが彼の「ニュー・リベラリズム」への寄与の評価を左右するものでもあったからである．第1の問題は彼の哲学を取り上げる段階で扱うことにして，まず第2の問題を取り上げよう．

自由主義の基礎的観念が19世紀後半期に決定的な仕方で変貌を遂げたということは，一般に合意されている[9]．しかし，グリーンを「ニュー・リベラリズム」の主唱者とみなすことについては，否定的な評価が一時支配的であった．このような評価は，グリーンに自由主義から集団主義への転換を帰せしめたA. V. ダイシーの大雑把な解釈に対する反動的な批判であった[10]．

ピーター・クラークは次のように述べている．

「グリーンの理論は，国家の新しい広範囲な責任を正当化する概念を提供したが，それは実際には，典型的に個々の市民の義務を強調するために用いられた．共通善は，集団主義の理論的根拠として主張されたのではなく，むしろいっそう強固な個人主義に拍車をかけるための倫理的基準として適用された．……グリーンを集団主義者ないしは福祉国家の建設者として称讃するのは，誤りである．彼は，講義『自由主義立法と契約の自由』(1881年)の中で，土地制度の穏健な改革と，よりいっそう熱心に酒販売の法的規制を唱える以上のことをしてはいない．」[11]

クラークは，後になっても，イギリス史の権威的著作においていっそう一般的な形で同じ考え方を繰り返した．

「1906年当時は，ヘーゲル主義哲学者T. H. グリーンが死んでからすで

に四半世紀を経過しており，エドワード時代の自由党の立場を理解する際，彼の死後の影響があまりに頻繁に引き合いに出された嫌いがある．明らかに新自由主義者のすべてが哲学者ではなかったし，まして新ヘーゲル主義者ではなかった．グリーンの道徳再興の政治は福祉国家のようなものを予見するものではなかった．」[12]

マイケル・フリーデンは次のような詳細な分析を提示し，反グリーン解釈に同調している．

「せいぜいのところ，理想主義は，イデオロギー・哲学・経済学・科学・現実政治における一般的な進歩的運動の中の1要素とみなされなければならない．もしグリーンがいなかったとしても，自由主義は依然として集団主義的となり，進歩的改革にとって有利な方向に向かったであろう．……理想主義が，少しの間，イギリスの知的・政治的エリートの教育の場であるオックスフォードを支配したという歴史的「偶然」の事情のために，理想主義は，イギリスの思想的風土において正常に受け入れられる状態に比べて，不釣合いなほどの重要性を持つようになった．……オックスフォードは，知的正当化や社会改革の枠組みを提供する代わりに，社会問題の研究や社会活動の実践のための感情的な雰囲気や動機を醸成した．理想主義が新しい形の自由主義を生み出したというよりも，むしろ自由主義の方が，理想主義のある側面を主流派の思想の中に吸収し，理想主義の教義に新しい意味を賦与することができたのである．」[13]

これらの反グリーン評価の背後には，メルヴィン・リヒターの知識社会学に基づくグリーン研究の影響があろう．リヒターは早くも1960年代に，グリーンとマンチェスター自由主義（ブライトやコブデン）との類同性を指摘し，また福音主義を，信仰と理性との統一を志向する形而上学体系によって置き換えようとするグリーンの宗教的意図を明らかにした[14]．この観点から見れば，グリーンが伝統的な自由主義に属するという解釈は，彼を集団主義的であるという非難から救うものであった．

リヒター＝クラーク＝フリーデンの解釈をそのまま受け入れることは危険であろう．第1に，これらの解釈は，グリーンの政治学講義や公共的活動に

おいて表明された実践的改革案の考察からのみ導かれており，彼の基礎的な道徳哲学の影響が無視されている．第2に，これらの解釈は，彼の哲学が特定の立法に及ぼした影響が見られないという事実関係の判断に基づいており，広義の「ニュー・リベラリズム」の思想に対する一般的な影響を考慮に入れていない．第3に，これらの評価の基準は，19世紀の常套的論法であった個人主義対集団主義という二分法から成り立っている．グリーンが個人主義に属するか，集団主義に属するかと問えば，個人主義という答えになるのは当然であろう．また，「ライン河の流れをテームズ河に入れるな」というドイツ観念論忌避の先入見が，イギリス歴史家の意識の中にあったであろう．哲学界における地位に関して言えば，同時代のラッセルやムアの分析哲学の興隆が観念論の低評価と結びついた．これは上述の第1の解釈問題である．

イギリス理想主義の哲学が影響力を持ったのは，グリーンの生前の1860年代から1920年代までの期間であった．イギリスとドイツが抗争した第1次世界大戦後の1920年代から，第2次世界大戦の惨劇とその余波の時代を含む1980年代までの期間には，その評価は地に堕ちた．グリーンを福祉国家論の先駆として解釈することへの拒否反応は，多分に後者の時期における思想界の一般的雰囲気を反映したものであった．

英米系の分析哲学がイギリス理想主義を哲学史から抹消したといっても過言ではない．最近，イギリス理想主義の歴史について大著を著したマンダーは次のように書いた．

> 「われわれの大学において教えられたイギリス哲学史の記録はミルのところで止まり，ラッセルとムアにおいて再び始まり，その中間の時期にはまったく何事もなかったかのように語られた．しかし，われわれがこのギャップを埋めようと努めてみると，何たる驚異がわれわれを待ち受けていることか！」[15]

グリーン再評価

しかし，社会政策・福祉国家の理念史におけるグリーンの位置について，次第に肯定的な評価が現れるようになった．過去20年間，道徳哲学・政治哲学の発展に対するグリーンの役割を再評価する顕著な動きが認められる[16]．

さらに，イギリス理想主義全体についても関心の復活が見られる[17]．

イギリス理想主義に関する研究の再開は，英米系分析哲学の一方的な支配の終焉と，それに伴って現れた大陸哲学への関心の高まりを物語る1つのエピソードであろう．このような全般的な背景に加えて，道徳哲学の領域においては，ジョン・ロールズの正義論が規範的倫理学の再生を実現し，その潮流の中で，共同体主義・共和主義・卓越主義などの新しい着想がグリーンの道徳哲学・政治哲学における先駆性の再評価を生み出したことが挙げられるであろう．実際には，ピーター・ニコルソンらの努力が大きく貢献した．彼は，イギリス理想主義者たちに対する初期の狭隘で敵対的な評価は不公正かつ不相応であるとして，再評価運動の先駆的役割を担った．彼は次のように述べ，グリーン学派の真価は個人と社会の二元性の調和にあるとアピールした．

「一般的なレベルにおいて，すべてのイギリス理想主義者が同意したことは，人間は別々の個人であること，および社会の構成員であることという2つの観点から考察されなければならないということである．個人として見られた各人は，自由な道徳的主体であって，最善の仕方でみずからの生を方向づけ，みずからの性格を形成することができる．同時に，各人は，肉体的および精神的に社会的な存在であって，道徳的人格となり，個人として生を享受するためには，他者と社会の中で共存しなければならない．究極的な善とは，道徳的に価値のある生である．……国家は，個人が良い生を選択する機会を持つことができるような適切な枠組みを用意することができる．」[18]

敷衍して言えば，共同社会において，自己の利益と他者の利益とを同一のものとみなすグリーンの「共通善」の考え方は，マンチェスター派自由主義の考え方とは明らかに異なるものであって，グリーンが個人を重視しているとはいえ，彼の立場を古典的な自由主義に解消させてしまうことはできないのである．

また，ピーター・ワイラーはグリーンに対する積極的な評価を提起し，「ニュー・リベラリスト」たちが，資本主義の生み出す広範な貧困の問題をグリーンよりもはるかに深刻視したことを認めた．彼は言う．

「グリーンの道徳的関心は社会改革者の全世代に影響を及ぼし,いっそう重要なことだが,福祉国家の自由主義的正当化の基礎を提供した.自由と社会についての彼の再定義は,国家の政策がすべての人々に上品な生活を保障することを可能にした.積極的な力としての国家という観念は,ニュー・リベラリストたちによって共有された.しかし,彼らの提案はグリーンの提案の延長以上のものであった.」[19]

ジョーズ・ハリスは,1870年代から1940年代までの期間にわたってイギリスの福祉政策の転換の背後にある知的背景を回顧し,イギリス理想主義とニュー・リベラリズムとの関係について次のように結論する.

「私は,理想主義や他のどのような形の理論であれ,それがイギリスの20世紀における転換を説明する唯一の鍵を与えると言うつもりはない.しかし,理想主義の支配——これは集団的アイデンティティ,個人的利他主義,倫理的義務,積極的市民参加を強調するものだが——は,20世紀の前半において,多くの異なったレベルで,イギリスにおける社会政策の日常的活動と交じり合い,互いに影響し合った.」[20]

われわれは,グリーンの道徳哲学が福祉国家の理論的基礎を提供し,福祉思想のさまざまな分野に影響を及ぼした可能性を検討したいと考える.この企ては,上述のリヒター＝クラーク＝フリーデン解釈と必ずしも矛盾するものではない.彼らの解釈は,理論的研究よりも歴史的研究に向けられているからである.グリーンについての「歴史的再構成」と並んで,「合理的再構成」を試みることは可能である.たとえ,「ニュー・リベラリズム」の理論と実践および福祉国家の形成に関するグリーンの直接的な発言が,歴史的文脈において限られたものであったとしても,なお,彼の「徳」の倫理学に基づく「共通善」および「積極的自由」の観念は,福祉国家思想の構築に対して不可欠の基礎を提供すると論ずることができる.福祉国家の思想に対するグリーンの貢献を論ずるに当って,われわれは以下で今日的な倫理学の概念的枠組みを提起した上で,その「合理的再構成」を試みる.それは,福祉国家思想の知性史の一局面を形成するものと言えよう.

3 福祉国家の卓越主義的定式化

資本主義・民主主義・社会保障

　福祉国家は「資本主義・民主主義・社会保障」という3層のシステムから成ると考えることができる[21]．福祉国家の活動範囲に関する限り，この考え方は，「市民権」(citizenship) の歴史的発展を定式化した T. H. マーシャルの理論と調和している．彼によれば，福祉国家の考え方は3段階にわたる市民権の発展を通じて展開されてきた．第1に，18世紀において，個人的自由のための「市民的権利」が発展し，第2に，19世紀において，個人の公共的意思形成への参加のための「政治的権利」が発展し，第3に，20世紀において，経済的福祉と安全のための「社会的権利」が発展した[22]．このような3段階にわたる発展の結果は，マーシャルによって「民主的・福祉的・資本主義」(Democratic-Welfare-Capitalism) と命名された．これは「資本主義・民主主義・社会保障」から成り立つ福祉国家に他ならない．

　この定義に含まれる福祉国家の重要な意味合いは，資本主義の市場体制が民主主義と社会保障という2つの非市場的制度によって制約を課されているということである．逆に言えば，制度としての社会保障は，資本主義の経済体制と民主主義の政治体制なしには，成立しえないのである．社会保障は財源に関して資本主義経済に依存し，意思決定に関して民主主義の政治過程に依存するからである．

　上述の福祉国家の定義における「社会保障」は，人間存在の「基礎的ニーズ」を満たす目的で，経済的資源を配分する公共経済の制度を意味する．「基礎的ニーズ」とは，市民権の完全な状態を達成するために満たされなければならないものである．それは，人間が個人的および公共的に正常に活動するために必要とする諸要素である．公共的制度としての社会保障は2つの目的を持つ．第1に，社会保障は，個々人が自分の「基礎的ニーズ」を充足できないときに直面するリスクを回避するために，公共的な「セーフティー・ネット」(安全網)を提供する．第2に，社会保障は，「基礎的ニーズ」の充足を通じて，個々人に自律の達成，能力の発揮，自己の実現を可能にす

るために，経済的・社会的機会の保障を意図した「スプリングボード」（跳躍台）を提供する．2つの目的のうち，われわれにとって重要なのは後者である．

制度・存在・行為

ここで，福祉国家の道徳的性質を道徳哲学の体系に照らして素描しておこう[23]．福祉思想の構成要素は多元的であって，これらを扱うためには，「国家介入か自由放任か」とか「集団主義か個人主義か」といった素朴な二分法とは異なった概念的枠組みが必要である．

アリストテレス以降現在に至るまでの道徳哲学は，道徳的評価の対象として，次の3つの異なるものを設定してきた．(a)社会の制度・ルール，(b)個人の存在・性格，(c)個人の行為．これらの3つの対象に応じて，道徳哲学の3つの接近方法ないしパラダイムが区別される．第1に，(a)についてはカント（およびロールズ）の「正」の理論，第2に，(b)についてはアリストテレス（およびグリーン）の「徳」の理論，第3に，(c)については功利主義者（ベンサム，ミル，シジウィック）の「善」の理論がそれである．これらの理論は議論を展開するためにさらに多くの概念を必要としており，それらを整理しなければならない．一方で，「正・徳・善」という基本的価値言語は，それぞれ「正義・卓越・効率」という操作的価値言語に変換される．他方で，基本的価値言語および操作的価値言語が想定している究極目的ないし基底的価値の特定が必要である．「正・徳・善」という基本的価値言語は，それぞれ「権利・能力・効用」という目的観念を持つ．このようにして，「制度・存在・行為」について道徳的判断を行う3つの倫理学は，それぞれ「正―正義―権利」「徳―卓越―能力」「善―効率―効用」という概念のセットによって特徴づけられる．これを第3-1表に示す．

歴史上に実際に現れた3つの倫理学は，それぞれ自己充足的・包括的な体系であることを主張し，互いに競合し対立する関係にある．それらを統合しつつ活用する整合的な立場が必要である．そのために，われわれは「正・徳・善」の倫理的ヒエラルキーについて，次のように考える．人々は「行為」の選択に当って，利己心と合理性を前提として，自分が欲求するに値す

第3-1表　倫理学の体系

評価対象＼価値概念	基本的価値言語	操作的価値言語	究極目的
(a) 制度	正	正義	権利
(b) 存在	徳	卓越	能力
(c) 行為	善	効率	効用

ると考える「善」の最大値を追求するが，希少性の支配する世界では，個々人の「善」の追求は対立を免れない．社会が公正な協働のシステムであるためには，個々人の「善」の追求が互いに両立するような制度・ルールを設定しなければならない．それが「正」の観念である．したがって，「正」（正義）は「善」（効率）に優越する．

次に，人間の「行為」の根底にあるのは，人間の持続的な「存在」（性格・能力）である．「徳」の倫理は，人間本性の向上・育成・発揮を要請する．「徳」の観念は，倫理的観点から人間の「存在」のあり方を評価するものであって，人々が「行為」を通じて追求している「善」の質を批判的に評価する地位にある．したがって，「徳」（卓越）は「善」（効率）に優先する．

最後に，「正」は，社会における人々の共存を図る制度・ルールであるから，「善」に対して優越するのと同じように，「徳」に対しても優先する．このようにして，単純化して言えば，整合的な倫理体系として「正」＞「徳」＞「善」という価値のヒエラルキーが成立する．「良い社会」はこの3つの価値を備えていなければならないが，なかでも重視されなければならないのは，人間「存在」の「徳」である．「徳」は「正」の感覚を支え，「善」の質を高める持続的な基底であるからである．われわれがラスキンやグリーンの「徳」の観念に注目するのは，この理由からである．

福祉国家の道徳的基礎

社会保障は人間「存在」の「基礎的ニーズ」の充足を目的とするから，その第1の道徳的基礎は，人間の存在的側面(b)にかかわる「徳」の理念である．「基礎的ニーズ」は，生物学的生存という最低限の条件を意味するのではなく，人間的卓越・向上・完成のための条件を意味する．「基礎的ニーズ」の充足によって支えられた卓越・完成の理想は，他者との協働の文脈におい

て，すべての人々の能力の開発・人間本性の開花を支持する．社会保障の「スプリングボード」機能は，人間存在を評価する「徳」の理念によって基礎づけられる．

伝統的に，社会保障を「セーフティー・ネット」とみなす観念は，社会生活におけるリスクに対する防衛措置として強調されてきた．この考え方は正義の契約理論，とりわけロールズの格差原理によって適切に説明されるであろう[24]．彼の正義原理は，平等な基本的諸自由，公正な機会均等，自尊のための社会保障を制度化した上で，市場活動および市民活動の結果として生ずる経済的・社会的格差を承認するというものであり，「資本主義・民主主義・社会保障」という福祉国家の3層の構造を制度的に定式化したものと言える．社会保障の第2の道徳的基礎はこのような「正」の原理であって，社会の制度・ルールの側面(a)を特徴づける．

社会保障の第3の道徳的基礎は，リスクの集団的管理のための保険市場の欠陥から導かれる．「基礎的ニーズ」が満たされないことがある場合でも，個人的にリスクに対処する措置として，私的保険が市場において得られるはずである．保険は，被保険者が保険料を拠出することによってリスクのプーリングを行い，リスク発生の被害を緩和する仕組みである．しかし，不確実性の経済学が教えるように，保険者と被保険者との間の情報の非対称性が逆選択を招く．逆選択とは，保険に加入する人は，保険者が提示する保険料率よりも高いリスクを持つと考える人々ばかりとなり，私的保険の仕組みが市場で成立しないことをいう．これはいわゆる「市場の失敗」のケースである．「市場の失敗」を回避することによる効率の改善は，強制的社会保障制度を支持する第3の根拠である．効率は人間の行為側面(c)にかかわる基準である．

要約すれば，非市場制度としての福祉国家の道徳的基礎は，「卓越」「正義」「効率」の3つである．福祉国家は，単に所得の再分配や貧困への対応によって，最低水準の物質的条件を確保しようとする技術的手段ではなく，社会構成員の人間的資質・能力を開発するための道徳的共同体として構想されなければならない．

フリーデンは，福祉イデオロギーの歴史研究を通じて，福祉政策の背後に

ある原理として「徳の社会化・リスクの集団化・ニーズの特定化」の3つを導き出している[25]．これらの概念を順番にわれわれの用語によって解釈してみれば，第1のものは，徳の社会的実現のための「スプリングボード」機能，第2のものは，リスクのプーリングとしての「セーフティー・ネット」機能，第3のものは，人間にとって共通の「基礎的ニーズ」の特定化に相当することになろう．言いかえれば，フリーデンの3つの言葉が意味することは，福祉国家における積極的および消極的福祉政策はともに「基礎的ニーズ」の概念に基づいており，そのニーズが充足されるか充足されないかが，人間的繁栄をもたらすか（卓越の実現），それとも人間的悲惨をあらわにするか（リスクの発生）ということである．

徳ないし卓越の価値が今日の福祉思想にとって持つ大きな意義は，イギリス労働党の「第3の道」としての「積極的福祉」[26]，アマルティア・センの「潜在能力」[27]，共同体主義における「共通善」[28]などの考え方と類似性を持つことから確かめられるであろう．これらの著者はラスキンやグリーンの倫理学への言及を一切行っていないが，これらの思想はけっして断片的な思いつきではなく，福祉の公共制度の哲学的基礎の反省に基づいており，したがってラスキンやグリーンと同じものを目指している．

4　認識論と形而上学

経験論と近代精神との間の矛盾

グリーンを取り上げるに先立ってまえおきが長くなったが，彼の著作に向かうことにしよう．グリーンはオックスフォード大学のベリオール・カレッジに在学中，ギリシャ哲学およびドイツ観念論哲学の研究者であったベンジャミン・ジョウェットの指導を受けた．イギリス理想主義者グリーンはジョウェットの影響の下に生み出されたと言われる．グリーンは1860年，ベリオールのフェローとなり，1878年に道徳哲学講座の教授となったが，1882年に急逝した．わずか46歳であった．生前には出版された著作はほとんどなく，彼の主著とみなされている『倫理学序説』（1883年）や『政治義務の

原理』(1895年) は死後に編纂されたものである[29]. 全集は5巻からなる.

グリーンは『倫理学序説』の「序論」を「道徳の自然科学という観念」と題し, 思想的対決の対象を明確にする.

> 「道徳哲学者は, まず初めに, 彼が実験や観察によって確かめられる事実の問題とは異なった研究主題が存在すると主張するのはなぜか, それはどのような意味においてか, そしてこのような主題の中で道徳に対してどのような位置を割り当てるのかを明らかにすべきである.」(Vol. 4, p. 3)

彼は, このような研究主題を倫理学体系の正当な基礎としての「道徳の形而上学」と名づけ, なぜこれが可能であり, 必要であるかを論ずる. 倫理学を形而上学の上に構築するというアプローチは, イギリス経験論の伝統の中では勇気を要する異端であって, アナクロニズムと受け取られかねないことを意識しながら, グリーンは道徳の経験論批判を始めている.

彼のこうした企図は,「生との関連における流行の哲学」(1868年) という初期の論文においていっそう明確に述べられている[30]. 彼が直面した19世紀半ばのイギリス哲学思想の大勢はロック, ヒュームの経験主義哲学であり, それに同調するベンサム, ミルの功利主義およびスペンサー, ルウィースの進化論であった. 彼はこれらを「現代流行の哲学」と呼び, 早くからこれらに対する批判的な問題意識を抱いた. その趣旨は次のようである.

彼は啓蒙主義によって生み出された近代精神を次のように説明する.

> 「自由であること, 世界を理解すること, そして人生を享受すること——これらは近代精神の要求である. この要求は, 絶えずより正確に表現されるようになり, みずからをよりよく意識するようになっている. それは社会の新しい階級から絶えず聞こえており, 生活環境の中にますます深く浸透しつつある. 同時に, この要求は現実の思想対立の中で絶えず新しい表現を見出しており, 思想対立は, それ自体この要求の所産であるレトリックによって常に操作され, 縒り合わされ, 人間の感情や利害の中に織り上げられている.」(Vol. 3, p. 94)

「自由」であることは社会制度の改革を意味し,「理解」することは科学的精神による宇宙の真理の探究を意味し,「享受」することは芸術・教養によ

る人間性の涵養を意味する[31]．これらの要求は，共通して自我の発展という1つの理念の多側面にわたる活動を表している．ところが，「現代流行の哲学」の近代的起源となった経験論哲学は，感覚と知性とを融合し，自然的世界と道徳的世界をレトリックによって混合した．「現代流行の哲学」の倫理学は自然的感覚経験を偏重する快楽主義に陥り，「自由」と「真理」と「享受」の要求と背馳する．かくして，近代精神の要求と「現代流行の哲学」との間には矛盾があり，グリーンは，近代精神の要求を哲学的に支持するためには，哲学の再構築が要請されると考えた．

その後，グリーンは経験論の系譜に属するロック，ヒューム，ミル，スペンサー，ルウィースの認識論について，微に入り細にわたる批判を展開した（Vol.1, Vol.2）．われわれは，彼の経験論の批判的考察よりも主著『倫理学序説』における自説の積極的展開に眼を向けたい．同著の冒頭の「序論」と第1部「知識の形而上学」は経験論批判の要約に相当する．

知識の形而上学

グリーンは経験論的認識論の批判から始め，知識の源泉は主体の外部から与えられる感覚的データではなく，主体の精神によって作られる先行的な知の枠組みであるという立場から，ドイツ観念論に由来する超越論的哲学を展開する．さらに，彼は観念論の立場から倫理学の自然主義的系譜を批判し，意識主体に先行する「感覚された欲求」といったような外的世界の経験は存在しないと論ずる．したがって，利己心に基づく欲求や快楽を唯一の行為動機とみなす快楽的功利主義を拒否する．それに代わって，道徳的行為者は多面的な欲求を反省の対象とし，それに従って行為を決定すると考える．

経験論哲学に依拠する「道徳の自然科学」を批判するに当って，グリーンは次のような問題を提起する．

> 「自然に関する知識は，それ自身，知識の対象である自然の一部，または自然の所産でありうるだろうか．これがわれわれの最初の問いである．もし答えが否定的ならば，われわれは少なくとも知識と呼ばれる機能に関しては，人間は単なる自然が生み出したものではないということを納得するであろう．われわれは人間の中に自然的なものではない原理の存

在，そして知識を可能にするこの原理の特別な機能の存在を確認するであろう．かくして，カントの言葉をもってすれば，理論理性批判から実践理性批判への道を開く第2の問いが用意される．すなわち，上記のものと同じ原理が，経験の確定およびそれを通ずる世界の知識の中に現れる以外に，道徳的理想の意識およびそれによる人間行為の決定の中に現れることはないだろうか．」(Vol. 4, p. 11)

もし「道徳の自然科学」，すなわち自然科学的な因果関係に基づく道徳理論の正当性が認められるならば，道徳感情や道徳判断は自然科学が対象とする自然現象と同じように扱われ，道徳哲学の実践的・規範的部分は廃棄されることになろう．もし人間が自然の力に従って，快楽・苦痛の感受性に従って行動するということが正しいならば，人間に自然の法則に従うように命ずることは意味がないからである．しかし，人間の道徳には，自然の力とは別個の精神的な何かが存在する．道徳哲学は人間がいかに行動するかの説明だけではなく，いかに行動すべきかの説明を与えるものである．人間の道徳行為や自由意志に基づく行為は，自然法則的動機づけに従うものとは異なるものとしてとらえなければならない．非自然的・精神的原理が認識論と道徳哲学とを結びつけるのである．

グリーンは，カントの認識論におけるいわゆる「コペルニクス的転回」に依拠して，客観的世界がわれわれに対峙して存在するのは，悟性（understanding）または意識（consciousness）の作用を通じてであると論ずる．

「われわれが自然の秩序を認識するためには，すなわち空想から区別される事実の客観的世界を認識するためには，自然的根拠によっては説明できないような形式の意識が必要である．言いかえれば，その意識の原理を指すのに悟性という言葉が最も適しているのだが，他のものには還元されない悟性が，われわれに対して，そのようなものが存在すると考えることを可能にするという意味で，『自然を作る』(makes nature) のである．」(Vol. 4, p. 22)

グリーンは経験論批判に当ってはカントに依拠しながらも，観念論の構築に当ってはカントから離反する．自然認識は現象を取り扱うが，個々の経験から普遍的認識を導くためには，経験の体系化に向けて「関係」(relation)

の構築が必要である．「関係」は個々の経験を関連づけるものであって，自然の中には存在しない精神的統一原理（すなわち意識）によってのみ作り上げられる．しかし，人間は個人としては世界全体を作ることはできない．人間の知は，すべてを包摂する「永遠の意識」が経験するものの一部と考えられる．

　カントの場合には，具体的な質料を伴った対象は，感性の直観形式（時間・空間）と，悟性の概念形式としてのカテゴリー（量・質・関係・様相）を通じてのみ現象として現れるものであり，対象そのもの（「物自体」）としてではない．カントにおいては，「物自体」はわれわれの意識の外部にあって，悟性によっては作られず，認識することはできず，現象の質料的根拠とされるものである．直観の形式と悟性の形式の区別と結びついて，「物自体」と現象の区別，質料と形式の区別が導入されたのである．しかし，グリーンはこのような2つの世界の分裂をもたらす「物自体」の概念を否定する．彼は拡大された悟性（意識）の形式として，カントの直観形式およびカテゴリーのすべてを含めて，「関係」の概念を用いる．これは，すべてを意識からの構成とみなし，知の体系の外に「物自体」を残すことがないという意味で，徹底した観念論である．

永遠の意識

　「永遠の意識」（eternal consciousness）という概念は，グリーンの形而上学の中心であるばかりでなく，彼の認識論・道徳哲学・政治哲学の全体系を統合するものとみなされている．同時に，それは曖昧かつ不可解であると批評され，先に指摘したように，その解釈はグリーン研究における問題点を形成している．彼の道徳哲学や政治哲学を肯定的に評価する人々も，彼の形而上学を余計なものとして無視することが多い．しかし，われわれはそこにロマン主義思想を見出し，それが彼の体系の支柱であると考えるので，これを簡単に無視するわけにはいかない．グリーンの倫理学を含む全体系がロマン主義的な形而上学に基礎を置くということは，その体系が内容的にも形式的にもロマン主義的であるということを意味する．

　グリーンは意識の2つの側面を区別する（Vol. 4, p. 72）．1つは生物有機

体の機能としての人間の意識であり，いま1つは真の認識の源泉としての「永遠の意識」である．前者は時間的流れと有限の個々人の中で生成し，後者の不変の「永遠の意識」を実現するための手段として働くものとみなされる．「永遠の意識」はすべての知識の到達目標としての理想である．人間の知の形成と行為の実践を通ずる「自己実現」は，彼にとって最高の倫理的目標であるが，これは「永遠の意識」を目標として行われる．その目標はけっして到達することのない永遠の目標であり，人間の知的・道徳的進歩はこの目標に向かっての接近である．「永遠の意識」に含まれる宇宙の秩序は，人間の意識の変遷にかかわりなく不変である．「永遠の意識」は「普遍的意識」とも「神的（divine）意識」とも呼ばれる．人間の知的活動も道徳的活動も，神の「永遠の意識」が人間の自我として自己を再現するという形而上学的な想定によって初めて，説明が可能になるという (Vol. 4, p. 181)．神の命令は人間の内面的な義務として受け取られる．人間の生活には，快苦のレベルにおいて作用する感覚的経験の意識を超えたものが存在する．それを説明するものが「永遠の意識」である．「永遠の意識」の概念は，グリーンの観念論的認識論から導かれたものである．

以上の2つの意識の間の関係は，相互依存的な永続的な包摂化の過程である．人々は断片的・即時的な快苦のレベルに反応するのでなく，全体としての「自我の満足」(self-satisfaction) の状態を目指す．さらに，人々は「永遠の意識」を個々の人格の中に個性化して表現すると同時に，世界全体としてのホーリスティックな「永遠の意識」の実現に共同して貢献する．人々は「永遠の意識」を自己の中に実現するという形を通じて，経験や知識を共有し，共同して世界を作るのであって，「永遠の意識」から離れて独立に存在するものではない．これが，グリーンにおける「永遠の意識」に基づく個性化と総合化の世界像である．

グリーンにとって，知を導く条件を論ずることは，人間の自由に関する観念を得るためであり，その観念は，自然科学とは異なる倫理学の可能性の根拠を明らかにするためであった．知の認識論に関する結論は，次のように要約されている．

「一方において，人間の意識は常に経験的に条件づけられている．その

意味は，感覚に関連した一連の事象（ある事象は過去の意識の歴史に属するものであり，ある事象は意識に固有の動物組織に作用するものである）がなかったならば，人間の意識は存在しなかったであろうということである．しかし，他方において，人間の意識は，上述のような経験的に条件づけられた過程を通じて，永遠の意識の自己実現ないし再現を行うことがなかったならば，知る者としては，すなわち叡知的（intelligent）経験の主体としては，存在しなかったであろう．永遠の意識は時間の中に存在するものではなく，時間秩序を存在させる条件であり，経験の対象ではなく，叡知的経験を存在させる条件である．この意味で，永遠の意識は『経験的』（empirical）ではなく，『叡知的』（intelligible）である．知る者という人間の性質のゆえに，明確な意味において，人間は『自由な作動因』であると言うことができる．」（Vol. 4, p. 79）

このような「永遠の意識」における叡智性の観念は，それが経験に先行することによって，経験認識を可能にするメタ条件を与えるという意味において，カントの「超越論的」（transzendental）認識と同じものであろう．カントの場合には，感性によって与えられる経験的データの認識は，悟性によって課せられるアプリオリな主観的条件の枠組みの下で成立する．自我における感性の「受容性」と悟性の「自発性」とが結合する．グリーンにおいては，上述のように，悟性と感性とは分離しえないという理由から，拡大された悟性（意識）の形式として「関係」の概念が用いられ，意識は形式的なカテゴリーを生むのではなく，宇宙に関する全知識を包含する神の叡智の再現を生むと考えられる．ただし，彼は，「永遠の意識」を不完全な直観的・宗教的概念によって説明することは避けるのが望ましいと言う．「永遠の意識」は，客観的世界の永遠に続く科学的追求によってのみ知りうるものであって，永遠に果たされることのない理想である．この点において，グリーンは，哲学体系が宇宙の真理を把握しうると考えたヘーゲルと意見を異にした．

グリーンにおけるロマン主義

われわれは，グリーンの「永遠の意識」の観念がロマン主義的色彩を持つことに注目する．第1に，第1章で見たように，古典主義が芸術の目標を

「完成」の理想に置くのに対して，ロマン主義は「無限」の絶えざる追求を理想とする．グリーンにおいて，現実の自我意識の生成にとって規矩となる「永遠の意識」は，ロマン主義的「無限」ないし「永遠」として解釈することができよう．自我意識は生成するけれども，けっして完成することがなく，未完成のゆえに絶えず発展しなければならない．後に見るように，グリーンの「永久的善・社会的善・共通善」に関する倫理学は，このロマン主義的観念によって基礎づけられている．

第2に，グリーンの自我意識は，悟性と感性，欲望と意志を恣意的に区別することなく，「理性・感情・意志」から成る「全幅的人間精神」を包摂する点において，ロマン主義的人間像を前提とする．ロマン主義が強調する対象の「総合的・発展的」把握は，人間的「生」の「全体性」に基づいている．グリーンにおいては，対象の「総合的・発展的」把握は，認識と実践，科学と道徳，科学と宗教とが同一の非自然的・・精神的原理に基礎を置くことによって果たされている．逆に言えば，この統一原理によって「人間の自然科学」は否定されるのである．

第3に，グリーンにおいて，対象の「総合的・発展的」把握を基本的に特徴づけるものは，神的とも表現される「永遠の意識」と有限の人間の意識との間の関係という形而上学的命題である．「永遠の意識」は，一方で，「自由な作動因」としての個人を通じて初めて実現されるものであると同時に，他方で，神的原理の手段ないし機関として働く個人によって意識される永遠の目標を与える．これを循環論法として批判することは簡単である．しかし，これは，一方の理解が他方の理解を前提とするという個体と全体，現実と理念との相互依存関係を意味するのであって，「解釈学的循環」とみなすべきであろう[32]．また，「永遠の意識」の形而上学に含まれる有限と無限とのアイロニカルな共存関係は，「ロマン的イロニー」の本質的部分とみなすことができよう．

第4に，ロマン主義は，ともすれば啓蒙主義への反動と解釈されやすいが，ロマン主義は自然主義に偏した啓蒙が人間本性の開花への足枷となることを批判したのである．グリーンは人間本性の全幅的な繁栄（自由・認識・芸術）を近代化の中核的命題とすべきであると主張し，この点において，中世

への憧憬を抱くロマン主義者よりも純粋にロマン主義的であった．

自我の理論――欲望・意志・性格

　グリーンは知識の形而上学から出発して，主題である道徳哲学を目指すが，中間地点として欲望・意志・性格の問題を扱う．これを自我の理論ないし行為論と呼ぼう．このアプローチは，彼が認識の問題について，感覚的経験が知の根源であるとみなす経験主義を批判したのとパラレルに，欲望の問題について，感覚的経験が欲望の根源であるとみなす快楽主義を批判する．彼は，認識の問題についても，欲望の問題についても，感覚的経験に先立って非自然的な自我意識があり，自我の設定する枠組みの中で経験と結びついて初めて，認識および欲望が成立すると論ずる．

　「われわれは，欲望と認識という2つのともに原初的な，同格の可能性を，自我意識の精神である人間に帰せしめなければならない．……両者は，同一の自我意識の中に共通の起源を持つ．……われわれの道徳的経験の一部をなす欲望は，もしそれが認識を含む主体の欲望でなかったとすれば，そのものとして存在しなかったであろう．また，われわれの知性の行為は，もしそれが欲望を含む主体の行為でなかったとすれば，そのものとして存在しなかったであろう．」(Vol. 4, pp. 134-35)

　自我の理論は，何が自我を満足させるかを問う目的論の体系である．グリーンによれば，「自我の満足」が，欲望を選択し，行為する際の単一の動機である．自我が意欲するものは，人間の内面では欲望となり，意志となり，外面では行為となって実現する．意識主体における目的としての「自我の満足」の観念がなければ，欲望は人間の動機とはならない．欲望は，自我の外部から人間に賦課される自然的要素ではない．意識的な反省と選択の介入によって初めて，欲望は動機となり，動機に基づく行為は自由となる．

　グリーンは動機の絶対的重要性を強調する．行為の道徳的性質は，功利主義が主張するように行為がもたらす結果よりも，それを導く動機に依存し，絶対的に望ましいものは「善意志」の動機である．しかし，以下で述べるように，彼は同時に「自我の満足」ないし「自我の実現」を道徳的理想として掲げる．したがって，彼の倫理学的立場を義務論か目的論かという区分で割

り切ることはできない．特に，後に述べるように，目的としての「自我の実現」の状態がどのようなものであるかについて知識が乏しいために，目的論に重心を置くわけにはいかない．彼は次のように述べて，一種の折衷論を試みる．

「われわれが，行為者の発展を彼自身の完成の理想によって支配されるものとして説明しようとしている場合，意志についての同一の条件を手段でもあり，目的でもあるというふうに語らざるをえない．手段としての意志ないし人格の善は，目的としての同一の善の方向にあるものと言わなければならない．なぜなら，目的は能力の完全な自意識的実現であり，その目的のための手段もまた同じ能力の自意識的行使であるからである．手段の行使は能力の不完全な実現をもたらすにすぎないが，それはより完全な実現が望ましいという支配的観念の下での活動である．」
(Vol. 4, pp. 205-6)

個人の欲望・意志・行為が「自我の満足」を目的とするということは，功利主義者も認めるような形式的・一般的な性質にすぎない．グリーンが重視するのはその現実的な性質であって，それは自我満足の性質に依存するという．「意志の主体としての人間の現実的な性質——すなわち，彼の性格——は，彼が自我満足を求める際に専ら用いる対象の性質に依存する．」(Vol. 4, p. 161)

ここには，グリーンの道徳理論を特徴づける重要な3つの論点が含まれている．第1に，道徳理論は欲望・意志・行為を論ずるに当って，それらが結果としてもたらす満足や快楽の次元を問うのではなく，意思決定を規定する「性格」や動機の次元に立ち入るという点である．意思決定の仕方は個々人の間で同一ではなく，また偶発的なものではない．そこには特徴的な個々人の「性格」というものが見出される．「性格」は，外界に対する自我の反応の累積であって，人間が具体的な対象を自我満足をもたらす善として，意識的にみずからに表象することによって形成される．

第2に，「性格」が道徳的評価の対象とされるということは，人間を「理性・感情・意志」のすべてを含む「全幅的人間精神」の所有者として想定することを意味する．グリーンにおいては，「欲望・情緒・思考・意志」の能

力を区別することすら拒否されている（Vol. 4, p. 158）．とりわけ，行為を規定する意志は，全幅的人間そのものの表現とみなされる．その結果，道徳的価値の対象は，行為の結果としての快楽・満足・効用に一元化して求められるのでなく，「意識・願望・動機」のすべてにわたって多元的に求められる．かくして，自己意識の反省と選択によって制約された「自我の満足」は，功利主義が想定する快楽・満足・効用とは異なる．

第3に，「性格」は，消え去っていく快楽と違って持続的なものであるが，所与のもの，固定的なもの，完成されたものではなく，現実の経験と学習を通じて進化するものである．なぜなら，規範的な「永遠の意識」に照らして，絶えず自己改善（being better）の力が作用すると解釈されるからである．「性格」の性質とその進化が道徳的進歩を可能にする．

かくして，自我は，一方において，「気質・性格・能力」（Vol. 4, p. 106）から成り，他方において，「感情・欲望・思想」（Vol. 4, p. 104）の多元性を統一したものである．ここに，グリーンの卓越主義倫理学を特徴づけるものとして，(1)人間的存在のストック概念としての「性格」，(2)行為の道徳的性質を動機や「性格」の多元性に求める非帰結主義的アプローチ，および(3)「自己実現」の未完成ゆえの発展という規範的観念が生まれる．これらの観念は，快楽主義・功利主義における3つの要素——すなわち，(1)人間的経験のフロー概念としての快楽の観念，(2)行為の道徳的性質を一元的な結果によって判断する帰結主義的アプローチ，および(3)快楽の集計値の最大化・最適化という規範的観念——に対する反対物を意味する．以上のような自我の理論は，グリーンの道徳理論の全貌を予想せしめるに十分である．

5　道徳哲学

道徳的理想——能力の完成・卓越・自己実現

グリーンの哲学の中心的関心は道徳哲学ないし倫理学である．彼の倫理学は，彼自身の言葉では，人間的完成としての「善」の理論である．彼の「善」の概念は，われわれが倫理学の概念的枠組みとして用いる「正・徳・

善」の中の「善」を意味するのではなく，人々が追求する最高の道徳的価値・理想を意味する．彼はそれを定義するために，「完成（卓越）としての善」(good as perfection) という概念を使う．何の完成かと言えば，それは，アリストテレスに従って，「能力の完成（卓越）」(perfection of capabilities) であり，それを通じて「自己実現」(realisation of self) が達成される．人間としての能力の完成・卓越・自己実現は，道徳的行為者の究極的な目的と考えられており，それ自身が目的である．行為はこの目的を実現するように動機づけられている．倫理学の課題は，「私は何をなすべきか」という功利主義的な問いから，「私はいかなる人間であるべきか」という古典的な問いに復帰したのである．グリーンの理論は，われわれの概念的枠組みによれば，典型的な「徳」の倫理学である．

「徳」が評価対象とするのは人間の「性格・能力・存在」であって，直接に人間の「行為」や社会の「制度」のあり方を問うものではない．「徳」の価値が発生するのは人間自身の内面的な性質からであって，人間に付随する外部的なものからではない．彼は「徳」(virtue) の概念を次のように定義する．「徳の観念は，ある種の性格ないし意志の習性について構築された社会的価値の観念である」(Vol. 4, p. 264)．そして，それは「知識・芸術・社会生活における人間能力の現実的・漸進的実現」の活動を通じて実践されてきた (Vol. 4, p. 276)．

次のグリーンの文章は，彼の道徳哲学の主要な特徴を総括している．

「われわれが主張しようとする原理は次の通りである．[1] 人間の性格の完成は，人間にとって絶対的ないし本質的な価値の唯一の対象である．その場合，個人の完成は社会の完成でもあり，社会の完成は個人の完成でもある．[2] この完成は，神的観念ないし神的計画に従った人間能力の実現であって，われわれは，すでに達成されているもの以外には，それが何であるかを詳細には知りえないし，述べることもできない．[3] しかし，その達成に向けての進歩の絶対の条件は，その達成を求める支配的な関心と意志が，さまざまな形を取りながら，人間の中に作用していることである．[4] その関心は，他の関心から抽出されたものではなく，むしろ他の諸関心を組織化する力を持つものであり，人間能力の完

成に向けての接近を共有するあらゆる性格の中で活動するものでなくてはならない.」(Vol. 4, pp. 266-67, カッコ付きの番号は引用者が加えたもの)

[1] は, 道徳的理想を社会的関連の中で「人間本性の完成 (卓越)」として定義したものである. [2] は, その道徳的理想の内容はあらかじめ規定されているものではなく,「永遠の意識」の具現として漸次的な達成を通ずる「道徳的進歩」に依存すること, [3] および [4] は, 道徳的進歩の条件として, 卓越への関心が他の関心事よりも優先し, 社会的に「共通善」(common good) として共同して追求されるべきであることを主張する.

グリーンの「徳」の倫理学を特徴づけるものは, 単に「人間本性の完成 (卓越)」を至上の道徳的理想として掲げるだけでなく, その理想を社会的文脈において「共通善」として定義していることである. 一般に,「徳」の倫理学は3つの特有な側面を持っている. 要約して述べるために, それぞれをキーワードによって表せば, 第1は,「徳」の素材的側面について「徳―直覚―常識的道徳」, 第2は, その個人的側面について「徳―存在―人間本性」, 第3は, その社会的側面について「徳―実践―共同体」である[33]. 前の章で論じたラスキンの倫理学は, ここでの区別に照らして言えば, 第1の常識的道徳のレベルにおける「徳」論であったが, グリーンの倫理学は第2および第3のレベルの哲学的「徳」論に相当する.

グリーンの思想体系の中心的課題は,「徳―存在―人間本性」という個人的・存在論的側面 (「自己実現」) と,「徳―実践―共同体」という社会的・共同体的側面 (「共通善」) との関係を分析することにあったと言っても過言ではない. 彼にとって, 道徳的理想はあくまでも個人としての人間存在の完成であるが, その具体的・実践的な実現の方法は社会的・共同体的側面に頼らなければならない. この意味で, 行為論における「自己実現」と道徳哲学における「共通善」とは一対の概念である.

彼の共同体的思考は,「共通善」という倫理学的観念を中心として, 一方で,「永遠の意識」の形而上学的観念によって支えられ, 他方で,「制度」の政治哲学的観念に依存するという構造を持つ. 「永遠の意識」によって意味される神的宇宙の全体観と, 日常生活を規制する「制度・慣行」の観念とは,

第3章　グリーンと倫理的「生」のロマン主義

第3-1図　グリーン体系のキーワード

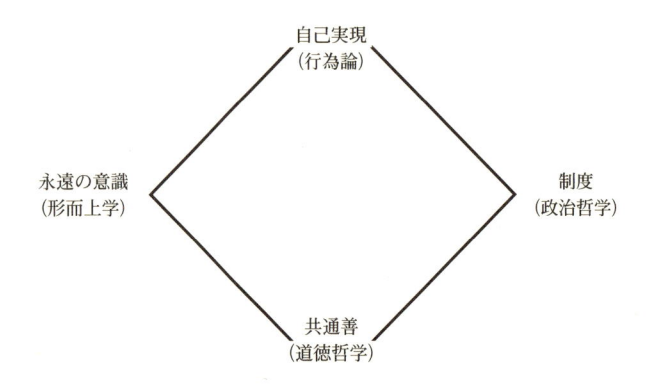

```
              自己実現
              (行為論)
             /        \
            /          \
   永遠の意識            制度
   (形而上学)           (政治哲学)
            \          /
             \        /
              共通善
             (道徳哲学)
```

ともに「共通善」の倫理学を支える．「永遠の意識・共通善・制度」という3つの観念は，グリーンの形而上学・道徳哲学・政治哲学のそれぞれを代表するキーワードであり，それらを相互に統合する連結環である．

一方，個人についての行為論的思考においては，「永遠の意識・自己実現・制度」という3つの観念は，形而上学・行為論・政治哲学のそれぞれを代表するキーワードであり，上述の共同体的思考の3つのキーワードと対の関係に立つ．ここに，われわれは，グリーンの体系における形而上学・行為論・道徳哲学・政治哲学の4者の一体的構造を見ることができる．

以上の関係を図示すれば，第3-1図が得られる．「自己実現」と「共通善」とは，形而上学に基づいて「永遠の意識」によって媒介されると同時に，政治哲学に基づいて「制度」によっても媒介される．個人的価値である「自己実現」と社会的価値である「共通善」との統合を媒介するものとして，神の「永遠の意識」と国家「制度」とが別々に想定されるが，その両者は，国家「制度」を形而上学的「永遠の意識」を実現するための手段とみなす目的論によって結びつけられている．言いかえれば，グリーンの国家は道徳的国家である．その意味は，国家が個人に対して道徳的義務を強制するのでなく，個人の道徳的自発性を前提とした制度的環境整備を行うということである．

共通善の理論

　このようなグリーンの思想構造の中心にある「共通善」の性質を明らかにしなければならない．グリーンは，人間能力の完成という意味での「自己実現」ないし人間的卓越を道徳的行為者が要求する最高善とみなす．その要求の中には他人の善に対する関心が含まれる．彼によれば，完全な「自己実現」は，社会的存在としての道徳的行為者の間に互恵的な関係が成立する場合にのみ達成される．「自己実現」ないし卓越は，個々人の人間能力の発揮という意味で，「個人的善」（personal good）の観念を意味するが，同時に各人が他人をも同じ人格として認め，他人の関心事を自分の関心事のように配慮するあり方を特徴づけるものとして，「共通善」の概念が提起される．「自己実現」は誰にとっても共通する理想である．「共通善」の基礎は，各個人が他の個人を「第2の自我」（alter ego）とみなすことである．

　「共通善」は社会的文脈を通じて確立される目標であって，「自己実現」は，社会の一員として，他人との相互的なかかわりの中でのみ果たされる．一方，社会もまた，個々人が互恵的な関係の承認に基づいて，「自己実現」を追求する場合にのみ，共同体として成立が可能となる．その結果がどのようなものであるかについて，グリーンは次のように人格論を総括する．

> 「人間精神が，個人の中でのみ自己を実現し，その観念を完成することができるということも，また人間精神が，社会を通じてのみこれらのことをすることができるということも，同じように真実である．なぜなら，社会は人格の発展のための条件だからである．しかし，社会の機能は人格の発展であるから，社会における人間精神の実現は，この機能がどの程度果たされているかに依存している．とはいえ，すべての人が同じ仕方で発展すべきだということにはならない．……社会的地位や権力の相違は，人格の発展に必然的に付随するもののように見える．人格の発展は，承認された物的力の所有なしには不可能である．この所有の効果は，才能と機会に応じて異ならざるをえず，この相違から再び人々の人格の形の相違が結果せざるをえない．相互依存の感情を引き出し，『第2の自我』として自他合一人格の承認を促進する互恵関係も，各人の人格発

展の範囲，言いかえれば個人的関心の範囲を決定する機能および能力の異なる限定なしには，可能とは思われない.」(Vol. 4, p. 201)

人格の「自己実現」という道徳的理想の達成は，現実的な観点から戦略的に言えば，個人的な意志の問題であるよりも，社会的な制度の問題であって，ここで「物的力の所有」の「制度」を論ずる政治哲学の課題が示唆されている.

「共通善」は，誰もが共通に欲求する特定の対象（財・サービス）を指すのではなく，誰もが共通に「自己実現」をしようとする性向を指す.また「共通善」は功利主義におけるような快楽・満足・効用の集計値ではない.言いかえれば，「共通善」は人間にとって外部にあるものではなく，内部にあるものであり，内部にあるとしても，感情のフローではなく，性格のストックにかかわりを持つ.

シムホニーはグリーンの「共通善」における「共通」という語の3つの意味を指摘している．すなわち，「共通善」としての自己実現は，第1に，「私的な（separate or private）善」ではなく，「互恵的な（mutual or joint）善」であり，第2に，「排他的な（particular or exclusive）善」ではなく，「普遍的な（universal）善」であり，第3に，「集合的な（collective or aggregate）善」ではなく，「配分可能な（distributive）善」である[34]．ここでの「善」という言葉を「性格」という言葉によって置き換えれば，いっそう正確な理解が得られよう．すなわち，第1に，性格完成の便益は個人間で競合せず，プラスの外部性を伴って互恵的であり，第2に，性格完成の行為は個人によって専有されず，普遍的に成立するものであり，第3に，性格完成はマクロ的な活動ではなく，個々人に帰属する活動である.

経済学における「公共財」（public goods）の理論を援用するならば，上述の「共通善」の第1の特徴は「消費の非競合性」であり，第2の特徴は「供給の非排他性」である．「公共財」はこの2つの特徴の双方または一方を持つ．「公共財」と対照を成す「私的財」は，逆に「消費の競合性」と「供給の排他性」の双方を持つ．「共通善」の特質は，「公共財」の特徴を満たしながら，さらに第3の特徴を持つことにある．純粋「公共財」の例として，国防・外交・警察などの一般行政サービスが挙げられるが，それらが社会全

体を対象とした集合的・マクロ的な活動であるのに対して,「共通善」としての性格の完成は,あくまでも個人の人格における活動である点でユニークである.ここに社会性と個人性との独特の調和が見出される.

競争的市場社会では,個々人は所得や富や地位や名声といった外形的な対象物を「私的善」として追求し,その便益を専有しており,そこでは「共通善」は成立しない.人格の心の状態ないし性格の完成が共通に追求されるのでない限り,社会生活は対立と闘争を免れない.個々人が「共通善」として自己を実現するということは,競争社会において自己利益を追求する自己中心的な,孤立した個人という概念とは異なり,個人性と社会性との調和の追求を意味する.しかし,グリーンにとって,社会性は,有機体的社会によって個人に賦課される社会的規制ではなく,あくまでも個人の中に内在する倫理的属性と考えられる[35]).

道徳的進歩と自我の投企

それでは,人間の能力の完成とはどのようなことか.そして,個人がこの道徳的理想を志向することはどのようにして可能であろうか.「共通善」の倫理学は個人性と社会性との調和を主張するものであるが,グリーンの体系において,個人性と社会性との形而上学的な調和を媒介するものが「永遠の意識」の観念であるとすれば,個人性と社会性との実際的調和を媒介するものは「制度」の観念である.

グリーンは道徳的理想について,人間の能力の完成という形式的な定義を与えた上で,それについての具体的な知識は存在しないと言う.

「われわれは,能力の完全な実現についての知識を持っていない.われわれはその達成のためにこれまでにしてきたこと,ないしは現在していることの程度に応じて,それを知っているにすぎない.そしてこのことは,われわれは無条件的善としての人間の完成についての知識を持たないということである.しかし,われわれは無条件的善への手段として,またそれを追求する努力において,獲得されてきた善ないし善意志についての知識は持っている.無条件的善は,人間の思弁的知識の対象ではなく,その観念,すなわち無条件的善といったものが存在するという確

信が影響力を持ち，人間の生をその達成に向けさせるのである.」（Vol. 4, p. 206）

グリーンの完成・卓越の理想は，一定の道徳的理想が実現された静態的な究極状態ではなく，生成する道徳的進歩の過程である．彼の道徳的理想の観念そのものを仔細に検討すれば，理想の実現にとっての条件が未知であるという要素がすでに考慮に入れられていることが分かる．彼は最高善を生成する存在として論ずる．

「絶対的に望ましいものという観念は，自我にとっての目的としての自我の意識から生れるものであり，あるいはそれと同じものである．この観念は，絶対的目的としてみずからを意識すると同時に，生成の生活（life of becoming）——すなわち，可能性から実現へ，実現から再び新しい可能性への絶えざる推移——として意識する主体にとってふさわしい投企（forecast）である．投企とは，自己の完全な実現としての良き生（well-being）の投企である．」（Vol. 4, p. 210）

道徳的理想は形式的には特定されるとしても，その具体的知識は完全な形では存在しない．それは試行錯誤的に見出され，生成するものであり，その生成は将来に向けての人間の意志の「投企」によるものである．実践のための知の空白状態を埋め，意志の「投企」を支えるものが，「永遠の意識」の形而上学と「制度」の政治哲学である．一方で，「永遠の意識」の形而上学は，人間が世界の神的計画に従って成就すべき人間的完成の状態といったものが存在しなければならないという確信を与える．他方で，「制度」は，個人に対して具体的な道徳的義務を指示し，個人に内在する道徳的意志を喚起する機能を持つと同時に，個人の道徳的意志を様式化し，集積したものである．

しかし，このような相互作用の中にある人間の「能力」も社会の「制度」も，完全な規範的理念を実現したものではない．あるべき「能力」や「制度」の姿は未知であるが，それらが方向性を欠いたまま浮遊するのでなく，それらを完全性に向けて方向づけるものは「永遠の意識」の形而上学である．この神的原理は，人間に道徳的理想を追求する能力を賦与し，より良い「自己実現」の状態についての判断を可能にする．「永遠の意識」を支配する神

的原理は「人間の意志と理性の根拠」となる（Vol. 4, p. 190）．道徳生活は人間精神における神的観念の実現を目指すものであるとしても，人間は神のように全能ではない．そこで人間は「制度」という社会的仕組みを利用しなければならない．

理性としての制度

しかし，グリーンは「永遠の意識」と「制度」との関係を，理想的目的と現実的手段との関係とは考えていないようである．「制度」の性質について，彼は次のように述べている．

> 「道徳を理性ないし人間の自己対象化意識の中に基礎づけることは，道徳を共同生活の制度の中に基礎づけることと同じである．ただし，制度は共通善に向けて作られているとしても，機械的に作られているわけではなく，制度に服従する人々の側における善の意識を前提としなければならない．このような制度は，いわば人々の中にある実践的な理性の形式および内容である．このような制度がなければ，合理的，自我意識的，道徳的人間は存在しないのである．」（Vol. 4, p. 216）

> 「われわれの何世代もの祖先を通ずる法律や権威的慣行の作用が存在しなかったならば，われわれ自身の中に見出される道徳的感受性は存在しなかったであろう．これは常識であり，この常識はまったく真実である．しかし，この法律や慣行の起源やその維持の中に含まれる理性能力を看過することは，誤りである．個人の最も初歩的な道徳的感化は，常に快楽の性向に対抗して，強制される要求の存在を意識することにあったに違いない．」（Vol. 4, p. 217）

グリーンがこれらの文章において言おうとするのは，道徳が，一方で，理性によって基礎づけられ，他方で，制度によって体現されるという別々の過程があるのではなく，「永遠の意識」も「制度」もともに，同一の理性の表れであるということである．

グリーンにおいては，「制度」は，ハイエクが言うように経験の蓄積として自生的に生成する秩序ではなく，あくまでも個人に内在する善の意志，ひいては不易の「永遠の意識」が不完全な部分的ルールとして実現したものと

考えられている．グリーンにとって,「制度」の源泉は,人間に内在する善の理性的・設計的能力であり,「制度」の媒介を通じて人間の「能力」そのものの向上・進歩が期待されるのである.「永遠の意識」の超越論的・神的原理性と比較して,有限の人間がかかわる「制度」や「能力」はともに不完全であり,それゆえに道徳的進歩の可能性が保障されていると言うことができる．

　要するに,道徳哲学の領域では,グリーンの議論は,「個人的善」としての「自己実現」を「社会的善」としての「共通善」にまで発展させるものであるが,それ自体で議論が完結するのでなく,彼は人間能力の完成という「共通善」の理想を社会において実現するために,「永遠の意識」という形而上学的観念と「制度」に関する政治哲学的観念とを必要とした．

功利主義批判と存在論的自我

　以上の議論は,すでに暗黙のうちにグリーンの功利主義批判を含むものであるが,ここで改めて批判の論点をまとめておこう．功利主義によれば,行為の道徳的評価は行為の結果について行われ（帰結主義),快楽の最大値を結果としてもたらすものを道徳的善とみなす（快楽主義).ここで使われる「善」は道徳的理想という意味である．倫理学の異なる学派は「善」の内容をめぐって争ってきた．功利主義は快楽の最大値を道徳的理想とみなす．グリーンは,このような議論は快楽と善（道徳的理想）との関係を転倒していると言う．

> 「あらゆる欲望の充足には快楽が伴う．したがって,対象における快楽は,善であることの必然的な付随物である．われわれは,結果的に快楽を生むものと考えることなしに,対象を善と考えることはできない．しかし,その快楽はその対象が善であることに依存するのであって,それに付随する快楽にその善が依存するのではない．」(Vol. 4, p. 178)

　グリーンは,功利主義者が快楽をあらゆる欲求の対象とみなすことを批判する．彼にとっては,道徳的行為は道徳的善,すなわち道徳的理想を実現するものであって,それが何であるかが先決されなければならない．上述したように,彼は言う．

「われわれが道徳的理想と考えるものは，それ自身が目的と考えられた人間・性格・人格的活動のある種のタイプである．しかし，快楽主義的功利主義の理論によれば，そのようなタイプの人間・性格・人格的活動は，けっしてそれ自身としての目的とはみなされていない．」(Vol. 4, p. 205)

自己の快楽以外に欲求の対象となるものは，たとえば，他人の幸福であったり，道徳的意志であったり，行動の動機であったり，性格であったり，人格的価値であったりする．グリーンはこれらの代替的な概念を，場合に応じて，彼の立場を擁護する説明として用いているが，功利主義に対抗する統一的観念は，彼の自我の理論であろう．功利主義に対するグリーンの批判的立場の重要な点は，単に人間の究極目的が快楽であるか自己実現であるかということではなく，自己というものを刻々と現れては消え去っていく気まぐれな感情としてとらえるか，時間的に持続する同一の存在としてとらえるかということにある．グリーンにおいては，より価値のある欲望を持った，より良い人間存在となることが，自我満足をもたらすのである．

上述の自我の理論の箇所でまとめたように，グリーンの自我は「性格としての自我」，「全幅的人間精神としての自我」，および「自己改善する自我」から成る．このような自我は，「次から次へと，想像によって欲望の対象として喚起される快楽の瞬間性」によって定義される功利主義の自我と違って，「これらの欲望を通じて残存し，永続する自我」である(Vol. 4, p. 245)．われわれはこの対照的な自我概念を，「フローとしての快楽」と「ストックとしての性格」との相違と呼ぶ．瞬間的に消え去っていく快楽の流れとは違って，永続する主体としての自我が，人間の状態としての「良き生」(well-being)を判断するのである．そのような持続する主体を前提とすることなしには，行動を通ずる学習(learning by doing)によって自己の改善を図ることはできない．

グリーンの自我の理論は，ハイデガーの言葉を使えば，存在論の哲学である．過去・現在・将来の時間を通じて存在する「ストックとしての自我」を前提として初めて，世界内存在として社会の過去の伝統の中に「被投」されていると同時に，将来の革新・改善に向けて「投企」する自我として，道徳

的人格を表現することができる[36]．「自己改善する自我」は，社会の中の永続する主体を前提として初めて，生成する自我として道徳的進歩を担うことができる．道徳的理想の内容は未知であるために，試行錯誤的に自我は生成しなければならない．ここで功利主義批判のもう1つの論点が浮かび上がってくる．それは個人と社会との関係である．

功利主義の現代的定義によれば，それは帰結主義，効用主義（または快楽主義），および集計主義の3つの要素を含む[37]．最初の2点に対する批判は先に取り上げたが，いま問題にするのは第3の集計主義である．功利主義は道徳的善を個人的快楽の社会的総計として定義する．グリーンは道徳理論の社会的側面について，功利主義の「集計的善」の概念とはまったく異なる「共通善」の概念を提起する．彼はその概念の出自を次のように説明する．

「人間は，良き生または悪しき生の可能性を持った永続的主体として，自己を将来に投企する（projecting）ことによって，──彼は永久的善を追求するに当っては，そのように自己を投企しなければならない，──自己を同胞と結合する．このような結合によって，さもなければ死の予想が永久的善の追求に及ぼすであろう影響が消去されるのである．」(Vol. 4, p. 247)

ここでの「死の予想」はハイデガーの「死に向かう存在」と類似したものであり，グリーンにとっても自我論の出発点となっている．彼は次のように結論する．

「人間意識の最も初期の段階においても，真の善ないしは永久の善の観念は，人々が瞬間的に魅惑的な快楽の善に対して疑問を提起することを可能にしたのであって，それはすでに社会的善の観念（人間自身にとっての私的な善ではなく，社会の一員としての人間にとっての善）であった．そのようにならざるをえない理由は，次のように結論される．[1] そのような善の観念を生み出すものは，永続的存在としての自我の観念であるということ．[2] 永続的存在としての自我の観念は，自我と他者との同一化（identification）から切り離すことはできず，人は他者との持続的な生活の中で自己の生を実感するということ．[3] さらに，このことの結果として，この観念を実現するための努力によってもたらされ

る対象を考慮する中で，永続的善の観念は，盲目的に作用する段階からより明確に意識的な段階へと移行するようになったが，そのような対象は，共通の良き生に貢献するように計算された生の編成，行動の慣行，自然の諸力や産物の応用である.」(Vol. 4, pp. 247-48, カッコ付きの番号は引用者が付したもの)

この文章において，[1] は，「社会的善」ないし「共通善」の観念は，永続的主体としての自我の観念より発すること，[2] は，そのような永続的自我の観念は，他者との同一化・社会との同一化によって，死による断絶を回避し，永久的な社会的生の観念を得ること，[3] は，永久的善を実現するためには，「共通善」の具体的な社会的・制度的編成（生活秩序）が必要であることを述べている．有限の自己は，真の認識の源泉としての「永遠の意識」とは対照的であって，未知の永遠の生の理想を求めて，他者および社会との「同一化」を望み，自己を将来に向けて「投企」し，共通の価値を「制度」の中に定着させるのである．これが「共通善」の観念に含まれるエッセンスである．「永遠の意識・共通善・制度」という一体的連結構造の根底にあるものは，「死に向かう存在」の有限性を社会的同一化によって克服するという存在了解である．

「共通善」の観念は，功利主義の「集計的善」と対比したとき，社会的意味合いに関して次のような対照的な帰結をもたらす．第 1 に，個人は多様な種類の「能力」を 1 人で実現することはできない．全幅的「能力」の実現は，社会の構成員の間で分担し合わなければならない．そこで有限の自己は，社会を構成する他者との「同一化」を通じて，「社会的善」および「永久的善」を求める共同的主体として自己を将来へ投企する．この投企の努力こそが人類の道徳を改善する原動力である．それは，不確実な可能性の中で，目的自体の変更をも含む「漸次的に自己の充実を創造する観念」である（Vol. 4, p. 259）．それに対して，快楽主義においては，道徳的進歩とは，一元化された目的としての「快楽」をもたらす手段を効率的に発見することに帰着する．そこでは，人間や社会がどのように変わるかは問われないのである．

第 2 に，功利主義における個人的快楽の社会的集計の考えは，個人間の分配を無視し，分配的正義の観点を欠くという批判を免れない．グリーンの

「共通善」の考えは，「快楽」のレベルにかかわるのでなく，「能力」のレベルにおいて，性格の改善・完成・卓越を図ることを誰もが共同作業として欲求すべきものとみなす．これは「人格への平等の配慮」という意味での平等主義を意味する．その結果，個々人は互いに他者に対して等しい義務を負う．「快楽」という一元的な尺度に照らして，少数者の犠牲よりも，多数者によって享受される利益の合計の方が大きければよいという功利主義的集計の思考法は否定される．功利主義が「快楽」の個人間分配を無視するという常套的な批判点に加えて，グリーンの独自の論点は，社会的規模における自己実現のための「能力」の個人間配分に着目することにある．

第3に，個人から社会に移行する論理は，功利主義においては，「快楽」のタームによる個人の「集計」(aggregation) という手続きであるのに対して，グリーンにおいては，「快楽」の感情に先行する存在ないし「能力」のタームによる個人間の「同一化」(identification) という手続きである．「同一化」の手続きによって得られる「共通善」は，存在概念としての「良き生」への関心の共通性によって個々人を統合する．「共通善」は「社会的善」および「永久的善」という2つの側面を持ち，一方で，孤立的個人を社会の無数の他者と結合し（共時的同一化），他方で，有限の個人を社会の無限の将来と結合する（通時的同一化）．われわれは先に「共通善」の概念について，それが個人性と社会性との間の独特の調和であると述べたが，今や「共通善」は，個人を社会に対して共時態および通時態の2面にわたる「同一化」を通じて結びつけるものであることが判明する．

グリーンは功利主義を全面的に拒否したのではない．彼は功利主義が「良き生」の妥当範囲を拡大するという実践的役割を評価するのにやぶさかではなかった．彼は次のように述べている．

「功利主義によってなされた実践的な貢献は，それが行った良き生ないし善の分析とは無関係であった．功利主義が人間生活の組織を改善したのは，『最大多数』の最高善を考慮すべきであると主張したためであって，快楽の純最大値を最高善とみなしたためではなかった．功利主義は，公共的精神，すなわち善への欲求に対してより広い，より公平な範囲を与えたのである．」(Vol. 4, p. 364)

共通善と政治哲学の課題

　われわれは，グリーンの道徳哲学をラスキンの競争社会批判の理論的基礎を構築するものとしてとらえた．ここまでのところで，現実問題への展望に関してどのような理解が導かれるであろうか．グリーンは『倫理学序説』の理論的部分の最後において，次のように述べている．

　「市民社会は，共通善が存在するという観念の上に建てられる．しかし，この観念は，社会の不遇な成員については，実際のところ実現されていない．その理由は，競合する対象について善が追求されているからである．そのような対象は，万人が等しく獲得することができないものである．これを得たものの成功は他の人々の成功と両立しない．善として広く追求されている対象が精神の状態や性格となり，各人がそれを達成することがあらゆる他の人々の達成への貢献となるようになるまでは，社会生活は一種の戦争として続かなければならない．」(Vol. 4, p. 263)

　不完全な現実社会を前にして，グリーンは「徳」の理論は空疎な観念にすぎないかと問う．人間と社会が「人間精神の能力の完全な実現」を通ずる「人間的生の完成」という道徳的理想に近づくためには，一方で，人間の精神的進歩が必要であり，他方で，社会の習慣・制度の改善が必要である．両者は相互依存の関係にある．これを論ずることは，道徳哲学から政治哲学に移行することである．

　彼はこのような観点から道徳的理想の発展を回顧し，アリストテレスによって確立された「徳」の理論は，その後，その社会的実現に関して，キリスト教の人類同胞の平等観念によって画期的な展開を見たと論じた（Vol. 4, pp. 301-2）．これは「徳」の観念の至高性を否定し，「正」の観念によって「徳」の観念を制約づけたものと言うことができよう．この展開の契機となったものは「万人に共通な対象への関心」であって，それは「その獲得に際して，人と人との間に何の競争もありえないような関心である．この条件を満たす唯一の関心は，さまざまな形における人間の完成，すなわち人間精神の諸力の実現に対する関心である．」(Vol. 4, p. 302)

　「共通善」を目標とする道徳的進歩は，一方で，「共通善」を共有する人々

の範囲の拡大，他方で，「共通善」の観念自身の変容を伴って行われる．前者の点，すなわち「共通善」の妥当範囲の拡大は平等主義を基底とする道徳的進歩を意味しており，彼は次のように言う．

「善は，1人の人または一握りの人々が，他の人たちを除外して，手に入れたり楽しんだりするものではなく，人間精神の諸能力の完全な実現に帰着するものであるとすれば，それはすべての人々が関与し，また関与しなければならない精神活動であることが，ますますはっきりと考えられるようになった．」（Vol. 4, p. 309）

「共通善」は，人類的規模の普遍的社会の目標とされた．われわれはこのような卓越主義を，「エリート的卓越主義」から区別される「リベラルな卓越主義」と名づけた[38]．

道徳的進歩におけるもう1つの点，すなわち「共通善」の観念の変容については，彼は次のように書いている．

「われわれの良心が承認する徳の理想は，個人の性向や状況によって異なるが，性格と生活を人間の完成に向けることであるとみなされるようになった．人間の完成とは，善によって達成される外部的目的ではなく，すべての人々における自己献身的活動の生活から成り立つものである．」（Vol. 4, p. 309）

社会制度の観点から見るとき，グリーンの「共通善」の観念は，「万人に共通な対象への関心」によって「社会的統合」を図るというものである．「商業」と「征服」，すなわち経済と軍事はこのような「社会的統合」の一種であるけれども，これらは利己的欲求に基づき，外部的な対象の獲得をめぐる競争であり，対立抗争を招くのは必然である（Vol. 4, p. 302）．「共通善」の観念が成立する社会の仕組みは，「万人が自由かつ意識的に協同する社会生活」でなければならない（Vol. 4, p. 311）．そのような仕組みは，「芸術・法律・制度・慣習」などの形で表されるが（Vol. 4, p. 391），彼がそれをどのようなものと考えるかは彼の政治哲学の課題であり，やがて「ニュー・リベラリズム」や福祉国家の編成への道となって現れるのである．

6 政治哲学

制度・共通善・積極的自由

　個人の「自己実現」と社会の「共通善」との間の相互作用を保障する媒介項として「制度」を考えることが，グリーンにとって政治哲学の課題であった．彼は政治哲学において，「共通善」に関する道徳哲学を政治の領域に適用し，「制度」としての国家は何をなすべきかを論じた．

　彼によれば，「市民生活の制度の価値は，それが意志と理性の諸能力に現実性を与え，それらの能力を現実に行使することを可能にするという作用にある」(Vol. 2, p. 338)．彼は，意志と理性がともに志向する人間的繁栄という目的を「制度」を通じて実現するための説明手段として，「自由」の概念を導入した．彼は，「形式的自由」（意志の自由）および「法的自由」（意志の自由の保障）と並んで「真の自由」を概念し，「真の自由」とは「自己実現」であると規定した．人間はさまざまな「能力」を発揮し，「自己実現」を図ってこそ自由である．「自己実現」――「真の自由」――のためには，他人による強制や妨害や規制が存在しないという消極的な保障に加えて，「能力」が全幅的に発揮されるための諸条件を「制度」として設定することが必要である．彼は，自由概念の中心に，「自己実現」に関連した「能力」の概念を据えたのである．彼の自由論は「能力」の発揮としての自由の理論である．グリーンは「自由主義立法と契約の自由」（1881 年）と題する講義の中で，次のように言う．

　　「われわれは単に規制や強制からの自由を意味するだけではない．われわれは，われわれの欲することが何であれ，欲することをすることが自由であるとみなすだけではない．われわれは，他人の自由を犠牲にして，1 人ないし 1 組の人々が自由を享受することを自由とはみなさない．われわれが自由を大いに価値あるものとして語るときには，するに値することをしたり，享受したりするに値すること――そして同時に，他者と一緒にしたり，享受したりするに値すること――を行う積極的な力あるいは能力を意味するのである．……もちろん，意志に反して強制の下で

行為する人々には自由はありえないけれども，しかし単に強制を取り除くこと，単に人に欲するようにさせることは，それだけでは真の自由に何の貢献もしない．……真の自由の理想は，社会の全員が同じように自己の最善を発揮するようにさせることである．……これが社会的努力の目標を構成する自由の真の説明だとすれば，契約の自由やあらゆる形態のことを行う自由は，この目的に対する手段である場合にのみ価値がある．私はその目的を積極的意味における自由と呼ぶ．言いかえれば，共通善への貢献に関して，すべての人々の力が解放されることである．」（Vol. 3, pp. 370-72）

この文章は，バーリンが自由の2概念に関する有名な論文において，「積極的自由の古典的叙述」と呼んで批判の対象としたものである[39]．バーリンの議論の中心には，2つの自我という形而上学的なモデルがあり，それは「支配する自我（合理的自我）」と「服従する自我（経験的自我）」である[40]．前者は，理性的・自律的・真実の自我であり，後者は，本能や情念や制度の奴隷となっている低次元の非合理的・他律的・経験的自我である．「積極的自由」が主張する「自己実現」ないし自己支配は，前者の自我が後者の自我を統御・支配することである．バーリンによれば，個人の自己支配という考え方は，道徳的な真の自我による自由意志の選択であると言いながらも，外在的な価値が個々人に対していわば外圧となって強制されるという危険性を持つ．しかし，この批判は最悪の全体主義的社会を前提としたものであって，グリーンの「共通善」のための「積極的自由」は，そのような2つの分裂した自我の観念には依存しておらず，またグリーンの「真の自由」は何らかの一元的な観念を外部から個人に強制するものではない[41]．グリーンにおいては，人間は「自己実現」の意志によって貫かれた単一の存在である．イギリス理想主義はバーリンの批判を拒否している．

グリーンは「形式的自由」（意志の自由）および「法的自由」に加えて，「共通善」の観念に基づいて，「能力」の最大化という「真の自由」のための国家介入を正当化する．言いかえれば，いわゆる「消極的自由」は「自己実現」のための十分条件ではない．加えて必要なものは，自己の生活設計を立てるための積極的な「能力」である．国家は「制度」を通じてそれを支援し

なければならない．彼の「積極的自由」の観念は，意志と理性の「内面的」な「能力」の発展と，医療・住宅・教育サービスなどを含む「外面的」な「機会」の保障とからなる[42]．

グリーンにとって，国家の観念は道徳的意味での目的論であった．しかし，彼はホーリズムや全体主義には反対であって，社会を構成する個人を超えた何らかの社会的存在者が存在するという考えを否定した．彼は『倫理学序説』において次のように述べている．

> 「価値に関するわれわれの究極的な基準は，個人的価値の理想である．他のあらゆる価値は個人にとっての価値，個人の価値，あるいは個人の中の価値に関連したものである．1つの国，1つの社会，あるいは全人類の進歩や改善や発展について語ることは，個人の何らかのより大きな価値に関連するものである場合を除けば，意味のない言葉を使うことに他ならない．」(Vol. 4, p. 193)

国家自身は道徳的理想を実現することはできないし，それが何であるかをも知らない．それは個々人の自律的選択と多様性に任せられなければならない．国家はそのための条件整備をするにすぎない．

権利と義務

『政治義務の原理』の中で，グリーンは「国家は共通善を促進するための制度である」と明言する（Vol. 2, p. 437）．彼にとって，国家は人格の完成という「共通善」を促進するための手段であって，この道徳的目的に貢献するために，国家は具体的な手段として，すべての市民に対して「権利」を調和的に保障することに努めなければならない．「自由」の概念と並ぶ政治哲学の重要な概念は「権利」および「義務」であって，これらもまた「共通善」に照らして定義される．かくして，「国家はその構成員の権利をより完全に，より調和的に維持するための制度である．」(Vol. 2, p. 444)

グリーンは，個々人が社会の成立に先立って，社会関係から独立に「権利」（自然権）を持つという社会契約論の考えを否定する．法律的および道徳的「権利」は社会的承認を必要とする．人々に対して保障される「権利」は，「共通善」という目的に照らして成立する条件付きのものであって，絶

対的なものではない．かくして，人々は社会の一員としてのみ，そして「共通善」が成立すると考えられる場合にのみ，「権利」を持つことができる（Vol. 2, p. 350）．たとえば，私的所有権は個人の意志の表れであり，責任感と自己規律を育むものであって，基本的に人々の道徳的人格の発展に寄与するものであるが，個人間に不平等をもたらすものであって，平等な権利の行使を妨げている．したがって所有権の絶対性は認められないという．所有権の保障と制限とは，ともに人々が共有する「共通善」の原理に基づいている（Vol. 2, p. 525）．彼は最低生活水準の保障や労働条件・教育・医療・住宅・都市計画・失業救済などについて国家の介入を勧告した．

一方，国家は強制力を持ち，人々は服従の「義務」を持つ．人々の間に共有される道徳的な「共通善」の観念があって初めて，人々は国家によって強制されるのでなく，自発的に，精神の内面から国家への服従を承認する．グリーンは政治的「義務」の根拠を国家による「共通善」の追求に求め，道徳と政治的服従とは共通の根源を持つという．もちろん，国家権力の誤用や圧制に対する抵抗権は認められる．「共通善」の促進が政治的「義務」の前提だからである．

次のグリーンの文章は，「制度」，「共通善」，「自己実現」，「権利」および「義務」の諸概念の間の統一性を示している．

「政府の権利が支配される者の同意に基礎を置くという学説［社会契約論］は，真理を誤った仕方で述べたものである．真理は次のようなことである．人間を道徳的にする制度は，人間が行いたいことでなく，行わなければならないことを行うようにさせるものであって，共通善の概念を体現するものであること．制度を通じて，共通善の概念は形を取り，現実となること．制度が人間に対して抑制的な力を持つのは，もともと個人の中に共通善の概念が存在しているからであること．」（Vol. 2, pp. 429-30）

政治哲学における「権利」の重要性に鑑みて，その概念のいっそうの分析が必要であろう．グリーンは「権利」の基礎は何かと問う．

「およそ権利というものが存在するとすれば，それは生および自由への権利，あるいはいっそう適切に言えば，自由な生への権利である．……

このような権利の基礎は何か．答えは，社会の一員となるための主体の能力である．すなわち，自己および他者にとって共通の良き生（well-being）の観念に基づく意思決定のための能力，そしてそれを通ずる身体的形成のための能力である．この能力が権利の基礎，すなわち潜在的権利であって，これはその能力の社会的承認を経て現実のものとなるのである．」(Vol. 2, pp. 461-62)

何かをする「能力」と何かをする「権利」とは同じではない．「能力」は社会的承認を経て初めて「権利」となる．「良き生」，すなわち人間的繁栄への「権利」は，「良き生」を実現する「能力」が「共通善」であるという社会的認知のプロセスを経て成立する．「権利」はそのような「能力」が現実に発揮されるための条件である (Vol. 2, p. 353)．グリーンの道徳哲学において，道徳的理想は「自己実現」，すなわち人間的「能力」の最大限の発揮であるとみなされたが，人々が道徳的存在としてこの責務を現実に果たすことを可能にする制度的仕組みが，政治哲学における「権利」の設定であった．「権利」が社会的承認に依存することの結果として，「権利」の内容は社会および道徳の変化に応じて変化する．「共通善」を志向する「権利」の目的が「市民権」（citizenship）の確立であると解釈することができるとすれば[43]，われわれが本章・第3節で取り上げた T. H. マーシャルの「市民的権利・政治的権利・社会的権利」から成る福祉国家の制度は，実践面においてグリーン哲学の到達点を表すものであろう．

グリーンの政治哲学は，「積極的自由・権利・義務」を含む国家制度を「共通善」の促進という目標のための手段とみなすものであって，「良き生・能力・自己実現」によって定義された「共通善」の道徳哲学と連結する．この意味で，「共通善」の理論は，全体としての「倫理的『生』の哲学」の中核を構成するものと言えよう．

グリーンとロールズ

グリーンの道徳哲学を「リベラルな卓越主義」（liberal perfectionism）と名づけ，彼の政治哲学を「卓越主義的リベラリズム」（perfectionist liberalism）と名づけることは，2つの理論分野の相互依存的な関係を示す意味で

啓発的であろう[44]．その議論は単にグリーンの解釈にとどまらず，現代の共同体主義とロールズの正義論との関係という問題と深いかかわりを持ち，グリーンの現代的問題性を確認することに資するであろう．

　現代の共同体主義者は，ロールズの正義論に反対して，「共通善」が「権利」（正義）よりも優先し，自己のアイデンティティが理性に優先すると主張する．彼らは明示的にグリーンの理論を踏まえておらず，彼らの主張をグリーンのものと同一視することはできない．われわれは，グリーンの「徳」の理論とロールズの「正」の理論とを直接比較し，「正・徳・善」の枠組みの中で整合的にとらえることが必要であると考える．なぜなら，グリーンにおいては，「徳」は「自己実現」という普遍的な文脈で定義されており，彼の基本概念である完成・卓越・自由・正義・権利・義務などは，すべての人々に対する平等な配慮と彼らの間の互恵性に基づいて概念されているからである．言いかえれば，グリーンの「権利」は各人にとっての平等な互恵性によって正当化され，そのことが「権利」の社会的承認の根拠となっている[45]．

　グリーンとロールズとの間の表面的な対立を指摘することは容易である．上述のように，一方で，グリーンは社会契約論を拒否し，譲渡不可能な権利の存在を否定したし，他方で，ロールズの契約主義は功利主義と並んで卓越主義を批判の対象としたからである．しかし，これは表面的な相違にすぎない．ロールズの正義の原理は，説明上は「原初状態」における「無知のヴェール」という仮想条件下の人々の合意の結果であるけれども，その内容は政治的・社会的・経済的状態を選択するというものであって，グリーンが「共通善」に基づく「権利」は社会的承認を必要とすると考えたことと矛盾するものではない．グリーンの「共通善」は形式的な規定にとどまり，正義原理の構築を含んでいないが，「共通善」は互恵性と平等な配慮を条件としており，正義の観念を暗黙裡に前提としている．その点がカントの定言命法に対するグリーンの類縁性とみなされるところである．

　一方，ロールズが否定する卓越主義は，少数のエリートや天才の能力を称賛する極端な「エリート的卓越主義」であって，万人の平等を前提とした「リベラルな卓越主義」ではない．「リベラルな卓越主義」は「正」＞「徳」

の優位関係に従い，したがってロールズのいう基本的諸自由と公正な機会均等と多元主義の制約に服している．「エリート的卓越主義」は自我の達成目標の多元性を否定し，限られたライフ・スタイルを規範とするパターナリズムである．彼が卓越主義を拒否するのは，「原初状態」における正義原理の選択候補としての資格を否認するためであって，彼は，正義原理の制約下で卓越主義は追求されるべきであると明言している．それが意味するものは「リベラルな卓越主義」である．その論拠は「自尊」(self-respect) である．ロールズにとって，「自尊」は最重要の社会的基本財である．彼は次のように書いている．

「卓越とは，(われわれ自身を含めて) 誰もが持つことを欲するのが合理的であるような人間の特徴や能力である．われわれの観点からすれば，卓越は善である．なぜなら，卓越はいっそう満足のいく人生計画の遂行を可能にし，われわれの達成感を高めるからである．同時に，これらの特性は集団の同胞によって評価され，人々がわれわれの人格や行動から受け取る喜びはわれわれの自尊心を支える．かくして，卓越は人間繁栄の一条件であり，それはすべての人々の観点から見て善である．これらの事実は，卓越を自尊の条件に関連づけ，卓越とわれわれ自身の価値への自信との関係を説明する．」[46]

ここでロールズは，グリーンと同じように，卓越が公共財であること，および個人的善とは異なる社会的善であることを主張している．

本章・第3節の第3-1表で示したように，「正（正義）」の倫理学はその基底的な究極目的として「権利」の観念を持ち，「徳（卓越）」の倫理学はその基底的な究極目的として「能力」の観念を持つ．前者はロールズの理論であり，後者はグリーンの理論である．2つの理論は「正」＞「徳」の優位関係の下で調和的である．前項の終わりで見たように，グリーンは「権利の基礎は能力である」と述べた．すなわち，「権利」は「能力」を現実のものにするための理念的・制度的装置である．ここに「正」の理論と「徳」の理論との内面的な結びつきが見出される．グリーンの「共通善」の観念は「権利」と「能力」とを1つに結合したものであるが，「エリート的卓越主義」を排除し，「リベラルな卓越主義」を支持するためには，「正」が「徳」に優越し

なければならない．

　ロールズの正義の制度は，「善」の性質を区別することなく，人々に多元的な「善」の観念の追求を許容する手続き的正義の条件を策定したものである．それに対して，グリーンが唱導する労働・教育・医療の制度は，多元的な「善」のための前提条件としてではなく，「共通善」としてのすべての個人の完成・卓越のための前提条件として設計される．彼は講義「自由主義立法と契約の自由」の中で次のように言う．

　　「労働・教育・医療に関するわれわれの近代的立法は，契約の自由に対する多様な介入を含んでいるが，次のような理由から正当化される．道徳的善を直接に促進することは，道徳的善そのものの性質から見て，国家が行うことはできず，国家の仕事ではないが，人間能力の自由な発揮のために不可欠な諸条件を維持することは国家の仕事である．」(Vol. 3, p. 374)

　上述のように，「共通善」の観念は「正義」の観念を前提としており，「正」は「徳」に優先し，「徳」は「善」に優先する．

　今日，卓越主義や「積極的自由」の思想に対して，それが人々の生活へのパターナリスティックな干渉であるとか，個人的ライフ・スタイルの中立性の侵害であるといった伝統的な二分法的批判が繰り返されている．しかし，ラスキンやグリーンが真に意味したことは，集団主義でも自由主義でもない「共通善」のアプローチを提起することであった．彼らにとって，社会主義や集団主義は問題外であったが，自由の最大の敵は自由放任であった．

　伝統的リベラリズムがロールズの正義論によって装いを一新した現在の規範理論の文脈において，グリーンの卓越主義的・ロマン主義的接近を論ずることは，「もう1つのリベラリズム」を語る有力な方法であろう[47]．ロールズは功利主義批判を通じて「正」のリベラリズムを開拓したが，グリーンはそれに先立って，功利主義批判を通じて「徳」のリベラリズムを構築した．「正」と「徳」との整合化が不可欠である．

卓越主義とロマン主義

　グリーンの形而上学・道徳哲学・政治哲学についての上述の議論を総括す

る意味で，彼の哲学を卓越主義に対する貢献としてとらえ，その特徴を明らかにし，その上で彼の理論をロマン主義の観点から解釈することを試みたい．

(1) グリーンの道徳理論は「良き生」の理論であり，「能力の完成・卓越・自己実現」といった相互に置換可能な諸概念によって構成される．これは典型的な卓越主義の立場であり，倫理学としては「徳」の倫理学の立場に属する（本章第3節・第3-1表を参照）．「能力の完成・卓越・自己実現」という価値は，単に個人が追求する個人的な価値ではなく，社会の諸個人が等しく望ましいものとして承認し，共同して追求する社会的な価値である．グリーンはそれを「共通善」という独特の包括的概念によって表現した．

(2)「卓越」の追求は，社会的な共同作業であるけれども，あくまでも個々人の自律的な価値・意志・動機に基づくものであり，国家の指導・強制によるものではない．国家はただ制度の策定を通じて「共通善」の促進とその妨害物の除去を図るにすぎない．(1)と(2)はそれぞれ「共通善」の「社会性」と「個人性」の2つの側面を表す．国家が擁護すべき価値は，価値の「社会性」と「個人性」との統合としての「積極的自由」である．

(3)「卓越」の内容は事前には不可知であって，現実の結果を見て初めて知ることができる．「卓越」の状態は，道徳的理想が達成された静態的な究極状態ではなく，絶えず生成するものであり，そこに道徳的進歩への期待がかけられている．

(4) 人間の「能力」は「知性・感性・意志・体力」を含む多面的なものであって，「能力」の発揮は，多様な個人によって，多様な分野において，多様な形態において，多様な対象にかかわって行われる．したがって，卓越主義においては人間の多様な生き方が認められ，「卓越」の内容は無限の多様性からなる．

(5) 人間の「能力」を最大限に発揮することが望ましいという観念は，形而上学的な「永遠の意識」という「理念」の中に基礎づけられており，有限の人間の側における「共通善」の概念設定を媒介として，社会の「制度」の中に実践的に埋め込まれる．社会は道徳的完成の目的に向けられた共同体である．形而上学（理念）・道徳哲学（共通善）・政治哲学（制度）はこのように連結している．

(6)「共通善」を通ずる社会形成の原理は，「共通善」を構成している「永久的善」と「社会的善」との2面からなる．死の予想という実存的状況に置かれた有限の人間は，宇宙の神的な秩序に倣って，通時態における「永遠性」と共時態における「社会性」とを獲得するために，「共通善」への貢献を通じて自己と社会との「同一化」を図る．これがグリーンにおける卓越主義の社会観であり，共同体の論理である．

(7)「共通善」は「卓越」の「徳」の理論を核とするが，一方で，カントの定言命法によって代表される「正」の理論を前提とし，他方で，功利主義によって代表される「善」の理論に優先するものであり，「正」>「徳」>「善」の優位関係を意味している．

　グリーンの思想におけるロマン主義的要素については，すでに本章・第4節において彼の形而上学との関連で論じた．ここまで議論を進めてきたところで，彼の道徳哲学および政治哲学が示唆する付加的な論点を提起しよう．それは，今(6)において指摘した社会形成原理としての卓越主義の定式化である．「永遠の意識」と「有限の人間の意識」との対比から，人間は「自己実現」の目標として，通時態における「永続的存在」となること，および共時態における「社会的存在」となることという2つの志向を持つ．それを可能にするのが，「共通善」への貢献を通ずる個人と社会との「同一化」という思考手続きである．この手続きは，功利主義における個人の社会的「集計」の手続きとはまったく異なるものである．対象の「総合的・発展的」把握はロマン主義の本質的特性である．グリーンの「共通善」における「永久的善」と「社会的善」の2側面は，ロマン主義における個人を通ずる社会形成の「発展的」側面と「総合的」側面にそれぞれ対応すると言えよう．

7　ニュー・リベラリズム，イギリス歴史主義，社会政策

ニュー・リベラリズムへの道

　ニュー・リベラリズムの経済的・政治的基礎は，とりわけホブソンとホブハウスという2人のオックスフォード大学卒業生によって展開された．ピー

ター・ワイラーはニュー・リベラリズムの核心を次のように叙述している.
「自由主義の伝統に対するニュー・リベラリズムの本質的貢献は, 国家の再評価であり, 国家の再評価は, 社会の再評価に基づくものであった. 古い自由主義者は社会を単に個人の集計と考えた. ……それに対して, ニュー・リベラルはヴィクトリア期の社会学と哲学的理想主義に依存し, 社会を有機体, すなわち政治的・社会的・経済的諸力の統合されたものと考えた. ……人間は社会から離れて生きていくことはできない. 人間は社会の中でのみ真に自由でありうる. 人間と社会に関するこの新しい考えを基礎に持って, ニュー・リベラルはグリーンの積極的自由の観念に到達した. ……しかし, この考えの重要な適用は政治の領域に対してではなく, 経済の領域に対してであった. ……自分の能力を発展させる各人の自由は, ミルによって定義された政治的自由主義の根本であったから, もしこの自由の自由主義的理想が維持されるべきだとすれば, 経済体系を変えなければならないことは明らかであった. しかし, 伝統的な自由主義的経済政策は, この事態に対して何の解決策も提起しなかった. したがって, ニュー・リベラルが改革を提案したのはこの種の政策についてであった.」[48]

ホブソンやホブハウスを詳しく読解する代わりに, あらかじめこうした要約的叙述を引用するのは, グリーンからニュー・リベラルに連なる考え方の脈絡を示唆するためである. ニュー・リベラルはグリーンの積極的自由の概念に依拠したけれども, 彼らはグリーンの道徳的および政治的思想の範囲にとどまることなく, 経済体制および経済政策の検討にまで進んだ. しかし, 彼らは道徳的社会の建設による社会変革を重視する点において, その後登場した社会民主主義的思想家たちからは一線を画した[49]. ニュー・リベラルが, グリーンの哲学思想から学んだのと同等の刺激を, イギリス歴史派経済学およびラスキンの経済学批判から受け取ったのは, この文脈においてであった.

イギリス歴史主義とトインビー

アロン・カディシュは1880-90年代のオックスフォード経済学者のグループについて論じ, 彼らの経済学, とりわけ歴史主義経済学を次のように評

価した.

「歴史概念の採用は,歴史学の教師が歴史学の学生に及ぼした影響に限られるものではなかった.それは,当時多かれ少なかれ疑いもなく受け入れられていたグリーンの理想主義の一般原理を,他の付加的諸要因と結びつけて,学問研究に適用したり,政治的・社会的イデオロギーの形で実践問題に適用したりするという,より大きな世界観の本質的部分であった.」[50]

カディシュは,グリーンの影響を単にその思想の論理的内容によるだけではなく,グリーンを含むオックスフォードの教師たちの人格的鼓吹によるものであったことを付け加えている.その特筆すべき例がアーノルド・トインビー(1852-83年)であった.彼の産業革命の研究がどのように歴史的接近と倫理的観点とを結合し,社会政策としてのニュー・リベラリズムの形成に貢献したかを検討しよう.彼の存在は,オックスフォードにおいて,アシュリー,プライス,ヒューインズらの歴史主義経済学の生成に対して強力な拍車を掛けるものとなった.

トインビーは,産業革命論の講義を経済学における理論的接近と歴史的接近との関係を論ずることから始めている.この論題は,当時ドイツとオーストリアで起こった「方法論争」の主題であった.彼の講義は1881年10月から1882年5月まで行われ,これは1883-84年にカール・メンガーとグスタフ・シュモラーとの間の「方法論争」が始まる以前のことであった.大陸における「方法論争」は,理論派と歴史派の両当事者の無理解と不寛容に根ざすものであったが,トインビーは2つの接近方法を統合することの必要性をいち早く認めていた.イギリスにおける初期の歴史学派に数えられるクリフ・レスリーは,理論的方法をまったく誤ったものとして論難したが,トインビーはそのような極端な立場を取らなかった.トインビーは理論と歴史との間の対立を解消する有効な方法論を持たなかったけれども,統合の実際的な重要性と成果の導き方を理解していた.

トインビーは,リカードの理論を典型とする理論経済学の基礎的前提を「利己心と競争」と定義した.言いかえれば,慈愛本能の欠如と制度概念の欠落とが前提になっているという.そのことの帰結は次のようなものである.

「かくして,第1に,経済学者は人間本性の1部分のみを取り上げ,人間を単にカネ儲けをする動物として扱う.第2に,彼らは慣習の影響を無視し,競争のみを考慮に入れている.」[51] このような経済学批判の仕方はラスキンに似ている.しかし,トインビーは歴史学の方法に依拠しようとした.

理論的方法と歴史的方法

トインビーによれば,理論的方法でなく歴史的方法を用いることは2つの実践的役割を持つ.第1に,理論的方法は,演繹に基づいて導かれる経済法則が常に普遍的に妥当すると主張するが,歴史的方法は,経験に基づいて導かれる経済法則が相対的であることを明らかにする.しかし,両方法の協働は可能である.歴史的方法は特定の国における経済発展の諸段階を考察し,それを他の国々の場合と比較することを可能にし,それによって普遍的適用性のある高次の法則の定式化が可能となる.第2に,歴史的方法は,理論経済学が狭隘な基礎的前提によって排除した現実問題を,歴史の中に発見することができる.歴史的経済学者は時代の問題感覚に基づいて,事実の中に規範の方向性を読み取ることができる.トインビーはこの接近方法を「逸脱の原理」ではなく「選択の原理」と呼ぶ (Ibid., p.6).彼が講義の中で選択した主要な問題は,労働者階級の貧困の増大であって,彼は制度的施策によってこれに対処すべきであると考えた.

以上の2つの役割のうち,トインビーは短命で終わったため,歴史的比較の方法による一般的経済理論の構築にまで進むことはできなかったが,道徳的問題への指針として歴史を用いることに貢献した.産業革命に関する彼の講義のシナリオは,ラスキンの古典派批判を踏まえて,「利己心と競争」の前提の上に建てられた自由放任の経済学に取って代わる代替的なアプローチを提起することであった.「産業革命の本質は,かつて富の生産と分配を規制していた中世の諸統制が,競争によって取って代わられたことである」(Ibid., p.64) という叙述は,彼の研究の基本的洞察を表している.彼によれば,産業革命研究に適用された歴史的方法は,貧困の増大と階級間の対立という現実問題に対処するためには,制度的施策の特定のものが必要であることを明らかにする.なぜなら,「政府介入の適切な限界は,特定の国の性質

とその文明段階に応ずるものだからである」(Ibid., p. 6).

トインビーの結論はこうである.

「産業革命の結果が証明したことは,自由競争は福祉を生むことなしに富を生むということである.われわれは,悲惨さが法律や団結によって規制を受ける前にイギリスで起ったことを知っている.」(Ibid., p. 73)

「文明の意味のすべては,このような残酷な戦いに介入することにある.われわれは戦いの激しさを軽減し,弱者が足で踏みつぶされないようにしたいのである.」(Ibid., p. 66)

社会改良活動

ベリオール・カレッジでトインビーの友人であったアルフレッド・ミルナーは,回想録の中で次のように書いている.「宗教を目的として,彼［トインビー］は社会改良家となった.社会改良を目的として,彼は経済学者になった」[52].この文章は,「倫理学・経済学・イデオロギー」から成るオックスフォード的「良き生」の観念がトインビー自身の中に具現していたことを物語っている.同時代の人々を惹きつけたトインビーの「磁石的」とも呼ばれる影響は,グリーンの精神的鼓舞によって始まったさまざまな民間団体を通ずる道徳的・宗教的・社会的運動にも依存するものであった.

1870年代および1880年代初め,焦眉の社会問題と取り組むために,オックスフォードの経済学者たちは,抽象理論に多くの時間を費やす代わりに,政策指向型の経済史研究に集中した[53].トインビーは社会の道徳的再生に焦点を当て,それを労使間の協調と社会政策的国家介入によって具体化しようとした.彼の社会改良のプログラムは,老齢年金・労働者住宅・就業条件規制に限られていた[54].社会政策と歴史主義と倫理の3つの要素は,あまりにも短命に終わったトインビーの業績の中にすでに凝縮されていた.

トインビーはラスキンの崇拝者であった.大学生のとき,トインビーは,ラスキンが学生の肉体の訓練と公共的奉仕のために思いついたオックスフォードのヒンクシー道路建設の工事に参加したほどであった[55].トインビーの経済学への関心は,たしかに「利己心と自由競争」の市場経済に対するラスキンの非難によって刺激されたものであった.しかし,ラスキンの過去の共

同体的体制への郷愁とは違って，トインビーは進歩に対する楽観的な信念を抱いており，個人の自助努力を進歩の原動力とみなした．またラスキンの国家による温情主義的介入の主張と違って，トインビーは，政府および民間自主組織の行動は個人の自助を支持するために必要であると考えた（Ibid., pp. 36-38）．社会における道徳的自律の重要性の理解に関して，トインビーに対するグリーンの宗教的信仰を通ずる影響は絶対的であった．

ホブハウスとホブソン

「オックスフォード・アプローチ」の説明を進めるためには，「ニュー・リベラリズム」の2人の代表者，ホブハウス（1864-1929年）とホブソン（1858-1940年）を取り上げなければならない．ニュー・リベラルは，グリーンの道徳哲学・政治哲学の範囲を超えて，失業や貧困が人々から自由を奪っている経済的状況に注目した．これはラスキンの経済学批判の視野に復帰することであった．政府と共同体の他に，もう1つの大きな制度機構の存在が認識された．それは資本主義の産業体制である．ホブハウスはグリーンの積極的自由の形而上学的基礎に対して批判的であったが，彼の道徳哲学・政治哲学から大きな影響を受けた．ホブハウスはグリーンの自己実現の命題を受け入れ，それを進化理論のタームで再述した[56]．ホブハウスの目標は，すべての人々の潜在能力の発展が生活条件の漸次的組織化を通じて実現される調和的・有機的社会であった[57]．彼は，この目標が達成されるためには，競争の規制と富の再分配を含めて，経済体制が国家によって統御されなければならないと論じた．

「オックスフォード・アプローチ」の経済学的側面は，ホブソンの厚生経済学において1つの結実に到達した．たしかに，彼は専ら「生を措いて他に富はない」というラスキンの命題を経済学のタームで展開しようと努めたが，以下で述べるように，このことはグリーンの「自己実現」の道徳命題を追求することと矛盾するものではない．彼は，グリーンの「自由主義立法と契約の自由」に関する講義を「ニュー・リベラリズム」運動の目的を提示したものとして承認した[58]．

ホブソンは福祉の望ましい基準として「有機的福祉」の概念を用いるが，

それは彼の「有機的社会」の概念に基づいている[59]。「有機的福祉」はグリーンの「共通善」に対応するものであって,別々の個人の善の合計ではなく,産出物の構造とかかわりを持っている。ホブソンにとって,不況・失業・貧困の根本原因である所得分配の不平等および過剰貯蓄の2つの問題を解決するためには,所得分配への接近が決定的に重要であった。有機的社会観に立って,彼は社会的協働が行われるならば,別々の個人の活動の合計よりも大きな余剰価値を生み出すことができると考えた。彼は所得を賃金・利子・地代に分割する代わりに,費用と余剰とに分割し,それぞれを客観的および主観的タームで定義するが,この手法は,グリーンの「自己実現」の観念を「経済的資源の有徳的利用」という観念に結びつける1つの手掛かりであるように思われる。「有機的余剰価値」の理論はホブソンの経済哲学の核心である[60]。

費用は各種の生産要素を維持するのに必要な最低限から成り立つと考えられるが,市場競争の結果,あるものは最低所得を受け取れず,あるものは最低限を上回る余剰を受け取る。余剰すなわち「稼得されない部分」は,個々人の「自己実現」にとって必要な資源であり,社会全体に帰属するものでなくてはならないが,現実には,市場を通ずる分配によって浪費されている。ホブソンは,社会的福祉の基準は有機的社会の自然的進化によって実現されるという。

「ニュー・リベラリズム」の思想は,道徳的・政治的次元では,グリーンの「自己実現」の命題に基礎を置くという意味で,多分に斉一であるように見える。しかし,経済学者ホブソンの貢献は,「ニュー・リベラリズム」に対して,次のような豊饒で複雑な論点を提起したことにある。(1)事実と価値の区別をめぐる古典派経済学の批判,(2)「自己実現」の観点からの快楽主義的・個人主義的・数量的功利主義の否定,(3)国民所得と経済厚生とのピグー的同格化の否定,(4)人間的価値評価の原理としての有機的福祉の概念,(5)功利主義における単一次元の快楽概念に代わる,物理的・知的・道徳的満足を含む人間行動の評価のための多元的徳の概念,(6)シュンペーター的創造と模倣のタームによる労働と消費の評価,(7)経済学の主題としての,道徳的進歩と社会的経験を含む歴史的進化の過程。これらの多様な論点は,

ラスキンやグリーンの道徳的ヴィジョンを経済学に適用する際に直面する問題の諸側面を表しており，これと対照的なケンブリッジ派厚生経済学の一枚岩のアプローチと比較されよう．

ラスキンとオックスフォード・アプローチ

　ヴィクトリア朝社会におけるラスキンの名声と影響は言うまでもないが，彼のオックスフォードにおける活動や美学スレイド講座教授歴（1870-85年）は，時期的にニュー・リベラルたちのオックスフォード在住と重なっていた．「オックスフォード・アプローチ」の構築においては，ラスキンの先導的役割を看過することはできない．

　ラスキンの直接的影響という点から見れば，ラスキンはグリーンの頭上を越えて，トインビー，ホブハウス，ホブソンらに多大な影響を及ぼした．これらの3人の中では，ホブソンがラスキンから明示的に最も大きな影響を受けたと言ってよい．ラスキンの思想はホブソンの経済学の形成にとって決定的であった．ホブソンは，オックスフォードの一般的な道徳的雰囲気を除けば，グリーンからの直接的影響を意識していないようである．ホブソンの異端の経済学者としての経歴は過剰貯蓄の理論から始まったが，彼の生涯にわたる人間主義的・倫理的経済学の追求はラスキンの経済・社会思想の継承であった．ラスキンは彼の絵画および建築の美術論が名声を博した後，資本主義批判の経済論に転じた．当時のジャーナリズムは彼の批判を罵倒し，主流派の経済学者は彼の批判を黙殺したが，ホブソンはそれを真摯に受け止めた．彼はラスキンの社会思想について体系的論著を書いただけでなく，ラスキンのヴィジョンに基づいた厚生経済学を展開しようと努めた[61]．

　ホブソンは，富や価値の貨幣的基準の代わりに，福祉と活力の人間的基準を用いるべきだというラスキンの提案に従って，次のような結論に到達した．

> 「ものの真の『価値』は，それに対して支払われる価格ではなく，またそれが消費者に対して生み出す現在の満足量でもなく，それの正しい使用によって生み出すことのできる本来的サービスである．商業的財やその他のいかなる種類の財においても，人間の健全な欲求を満たすことのできる力を持つものは『富』（wealth）であり，人間の低劣なまたは有

害な欲求に奉仕するものは富ではなく，生にではなく死に奉仕する『害物』(illth) である．かくして，ラスキンは経済学の出発点として，消費者の現在の主観的評価に基づくのでなく，健康対疾病，正義対不正義といった永遠不易の原則に基づく生の基準を設定した．人や国は，健全な性質のニーズを満たし，人間であることの真の能力を実現できる限りにおいて，豊かである．」(Ibid., p. 79)

ホブソンは，費用・効用・価値を評価する基準は量的ではなく，多元的な人間価値を反映して，質的でなくてはならないと主張する[62]．ラスキンやホブソンの言う人間的基準は，今日の規範的経済学において使われている「基礎的人間ニーズ」の概念に照らして理解できるであろう．「基礎的人間ニーズ」の概念は，徳の倫理学の立場から「経済的資源の有徳的利用」の対象として定式化されるものであろう．

ラスキンのヴィジョンに従って，ホブソンとトインビーの2人は互いに異なる経済学——ホブソンの理論的・倫理的経済学とトインビーの歴史的・倫理的経済学——を展開したが，「オックスフォード・アプローチ」の体系構築の観点からすれば，グリーンの倫理学が両者を媒介する役割を持ったことが認められなければならない．

福祉思想の持つ歴史は経済学そのものの歴史と同じほどの長さを持つが，そのようなパースペクティブの中で見るとき，フラ・ミントが「物理的」レベルの厚生経済学（古典派経済学）と「主観的」レベルの厚生経済学（新古典派経済学）に加えて，「倫理的」レベルの厚生経済学という概念を提案したのは炯眼であった．彼は「倫理的」レベルの厚生経済学の中に，「情緒的・審美的・人間主義的根拠」から主流派経済学を批判したカーライル，ラスキン，モリスを含めた[63]．われわれの言う「オックスフォード・アプローチ」は，ラスキン，グリーン，トインビー，ホブソン，ホブハウスを含み，単なる創始段階における「倫理的」レベルの厚生経済学よりも，いっそう幅の広い「倫理的・歴史的」レベルにまで発展した規範的経済学を考えている．

8 結　語

オックスフォード・アプローチと倫理的「生」のロマン主義

　われわれが対象としている時期のケンブリッジ経済学は，マーシャルの部分均衡・余剰分析と，ピグーの一般均衡分析との間の相違にもかかわらず，基本的に新古典派的であった．そこでは，厚生判断の原理は最適生産および交換からの乖離の技術的分析に依拠した．ピグーによって構築されたケンブリッジ派厚生経済学は，経済厚生と国民所得との同格化の想定に基づいており，倫理的基礎は多分に功利主義的であって，分配的正義に関してはアドホックな観念に頼っていた．このようなケンブリッジ派経済学および倫理学は象牙の塔の中の活動であって，「ニュー・リベラリズム」の改革運動と理論的にも実践的にもつながりを持たなかった．ケンブリッジ派経済学者の中に，「ニュー・リベラリズム」への心情的共鳴があったとしても，それは個人的な信念の問題にとどまったであろう．これが「ケンブリッジ・アプローチ」の構造であった．

　ケンブリッジ派経済学が「ニュー・リベラリズム」と関係を持ったかもしれないという意味で，偶然の契機が作用するかに見えた瞬間があった．グリーンとトインビーの相次ぐ死去によって，ブリストルにいたマーシャルは，「オックスフォード・アプローチ」の本拠地であるベリオール・カレッジに招聘されたが，短期間（1883-84年）滞在しただけでケンブリッジに移ったため，オックスフォードの学風を十分に摂取することはできなかった[64]．

　「経済学・倫理学・イデオロギー」のタームによる「オックスフォード・アプローチ」の構造は，一貫して非功利主義的である．そのアプローチの根底にあるものは，グリーンの「倫理的『生』のロマン主義」である．その形而上学は，イギリス経験主義哲学の基準から言えば評価の低いものであった．しかし，彼の卓越主義倫理学は，効用のフローとしての人間像の代わりに，性格・能力・存在のストックとしての人間像を描くことによって，功利主義を批判し，効用の量ではなく効用の質を重視し，消費の効用のみではなく生産の効用にも注目するものであって，「永遠の意識」と「共通善」を通ずる

人格の成長をロマン主義的「生」の理想とみなした．加えて，ラスキン，グリーン，トインビーらによる道徳精神の高揚は社会の改革イデオロギーに影響を及ぼした．また，オックスフォードの経済学は，分析的経済理論の基準から言えば遅れていたが，明確な歴史的問題意識を持っており，それが抽象的な道徳哲学を社会的実践や運動に適合させる地盤として作用し，また社会政策の科学的基礎としての貧困の統計研究を促進することとなった．

「ニュー・リベラリズム」の社会改良の主張は単なるイデオロギーではなく，オックスフォードに育った卓越主義倫理学と歴史派経済学とを理論的支柱とした．両者の思想的要素はドイツから移入され，イギリス理想主義およびイギリス歴史主義を形成したが，イギリスでは概して不評であって，それらの発展は局所的現象にとどまった．それにもかかわらず，オックスフォードに根を下ろした倫理学と経済学のパッケージは，イギリスの土壌の上に「ニュー・リベラリズム」の開花をもたらした．倫理学に関する「正・徳・善」の体系にそくして言えば，漠然としたイデオロギーや，個人対社会および「正」対「善」の極端な二分法に依存した従来の問題設定とは違って，「徳」の倫理学すなわち卓越主義は，自由と共同体との関係を調和的に解釈することを通じて，個人主義に基づく自由主義からの離脱を可能にした．

マーシャルは短いオックスフォード滞在の後，ケンブリッジでの就任講演（1885年）において，ケンブリッジに学ぶ多くの人材が「冷静な頭脳と暖かい心情」（cool heads but warm hearts）を持ち，その最善の資質を「世の中の社会的苦悩と取り組むこと」に向けよと檄を飛ばした[65]．このとき，彼はオックスフォードにおける高揚した道徳的雰囲気を，インフェリオリティ・コンプレックスを持って想起していたに違いない．この金言は，経済学の人間福祉への実践的姿勢を強調するものとして人口に膾炙しているが，このような使命は，オックスフォードにおいて，グリーンとその弟子たちによって，「ケンブリッジ・アプローチ」とは異なる思想によって果たされていたのである．オックスフォードに学んだある歴史家は次のように書き残している．

「グリーン学派は，公共世界に多数の卒業生を送り出したが，彼らは哲学，とりわけオックスフォードで学んだ哲学は重要なものであり，彼ら

の使命はその哲学を実践に移すことであると確信していた．……グリーン学派の哲学は，その学生たちの精神への影響を通じて，1880年ごろから1910年ごろまでの間，国民生活のあらゆる分野に浸透し，生活を豊かにしていることが見出された．」[66]

注

1) Jose Harris, "Ruskin and Social Reform," in D. Birch (ed.), *Ruskin and the Dawn of the Modern*, Oxford: Oxford University Press, 1999, pp. 8-9.
2) Melvin Richter, *The Politics of Conscience: T. H. Green and His Age*, London: Weidenfeld & Nicholson, 1964, p. 293.
3) Joseph Alois Schumpeter, *History of Economic Analysis*, New York: Oxford University Press, 1954, p. 800.（東畑精一・福岡正夫訳『経済分析の歴史』下巻，岩波書店，2006年，93ページ．）
4) Yuichi Shionoya, *The Soul of the German Historical School: Methodological Essays on Schmoller, Weber, and Schumpeter*, New York: Springer, chapter 2.
5) Yuichi Shionoya, "Schmoller and Modern Economic Sociology," *Schmollers Jahrbuch*, 126 (2), 2006.
6) 塩野谷祐一『経済と倫理——福祉国家の哲学』東京大学出版会，2002年，第1章．
7) Avital Simhony and D. Weinstein (eds.), *The New Liberalism: Reconciling Liberty and Community*, Cambridge: Cambridge University Press, 2001, pp. 1-25.
8) Jose Harris, "Political Thought and the Welfare State 1870-1940: An Intellectual Framework for British Social Policy," *Past and Present*, 135 (1), 1992, p. 141.
9) Michael Freeden, *The New Liberalism: An Ideology of Social Reform*, Oxford: Clarendon Press, 1978, p. 1.
10) A. V. Dicey, *Lectures on the Relation between Law and Public Opinion in England during the Nineteenth Century*, London: Macmillan, 2nd ed., 1914, p. 409.
11) Peter Clarke, *Liberals and Social Democrats*, Cambridge: Cambridge University Press, 1978, p. 15.
12) Peter Clarke, *Hope and Glory: Britain 1900-1990*, London: Penguin Books, 1996, p. 44.（西沢保他訳『イギリス現代史1900-2000』名古屋大学出版会，2004年，41ページ．）
13) Freeden, *The New Liberalism: An Ideology of Social Reform*, pp. 17-18.

14) Richter, *The Politics of Conscience: T. H. Green and His Age*.
15) W. J. Mander, *British Idealism: A History*, Oxford: Oxford University Press, 2011, p. 1.
16) Maria Dimova-Cookson, *T.H. Green's Moral and Political Philosophy: A Phenomenological Perspective*, Houndmills: Palgrave, 2001; David O. Brink, *Perfectionism and the Common Good: Themes in the Philosophy of T.H. Green*, Oxford: Clarendon Press, 2003; Matt Carter, *T. H. Green and the Development of Ethical Socialism*, Exeter: Imprint Academic, 2003; Ben Wempe, *T.H. Green's Theory of Positive Freedom: From Metaphysics to Political Theory*, Exeter: Imprint Academic, 2004; Denys P. Leighton, *The Greenian Moment: T.H. Green, Religion and Political Argument in Victorian Britain*, Exeter: Imprint Academic, 2004; Maria Dimova-Cookson and W. J. Mander (eds.), *T. H. Green: Ethics, Metaphysics and Political Philosophy*, Oxford: Oxford University Press, 2006; Colin Tyler, *The Metaphysics of Self-Realisation and Freedom: Part 1 of the Liberal Socialism of Thomas Hill Green*, Exeter: Imprint Academic, 2010.
17) Peter P. Nicholson, *The Political Philosophy of the British Idealists: Selected Studies*, Cambridge: Cambridge University Press, 1990; David Boucher and Andrew Vincent, *British Idealism and Political Theory*, Edinburgh: Edinburgh University Press, 2000; Colin Tyler, *Idealist Political Philosophy: Pluralism and Conflict in the Absolute Idealist Tradition*, Continuum International Publishing Group, 2008; W. J. Mander, *British Idealism: A History*, Oxford: Oxford University Press, 2011.
18) Nicholson, *The Political Philosophy of the British Idealists: Selected Studies*, pp. 1-2.
19) Peter Weiler, *The New Liberalism: Liberal Social Theory in Great Britain 1889-1914*, New York: Garland Publishing, 1982, p. 40.
20) Harris, "Political Thought and the Welfare State 1870-1940: An Intellectual Framework for British Social Policy," p. 137.
21) 塩野谷祐一『経済と倫理』第6章.
22) Thomas H. Marshall, "Citizenship and Social Class," 1950, in *Class, Citizenship and Social Development*, New York: Doubleday, 1964.
23) 塩野谷祐一『経済と倫理』第1章.
24) John Rawls, *A Theory of Justice*, Cambridge, MA: Harvard University Press, 1971.（川本隆史他訳『正義論』改訂版，紀伊國屋書店，2010年.）
25) Michael Freeden, "The Coming of the Welfare State," in T. Ball and R. Bellamy (eds.), *The Cambridge History of Twentieth-Century Political Thought*, Cambridge: Cambridge University Press, 2003.
26) Anthony Giddens, *The Third Way: The Renewal of Social Democracy*, Cambridge: Polity Press, 1998.（佐和隆光訳『第三の道——効率と公正の新たな同盟』

日本経済新聞社, 1999 年.)
27) Amartya Sen, *Commodities and Capabilities*, Amsterdam: North-Holland, 1985.(鈴村興太郎訳『福祉の経済学』岩波書店, 1988 年.)
28) Amitai Etzioni, *The New Golden Rule: Community and Morality in a Democratic Society*, New York: Basic Books, 1996.(永安幸正監訳『新しい黄金律──「善き社会」を実現するためのコミュニタリアン宣言』麗澤大学出版会, 2001 年.)
29) Thomas Hill Green, *Prolegomena to Ethics*, 1883.(Included in Peter Nicholson (ed.), *Collected Works of T. H. Green*, Vol. 4, Bristol: Thoemmes Press, 1997); *Lectures on the Principles of Political Obligation*, 1895.(Included in *Collected Works*, Vol. 2, 1997.)(北岡勲訳『政治義務の原理』駿河台出版社, 1953 年.)グリーンの著作の引用はこの全集の巻数とページ数による.
30) Thomas Hill Green, "Popular Philosophy in its Relation to Life," 1868.(Included in *Collected Works*, Vol. 3.)
31) 河合栄治郎『トーマス・ヒル・グリーンの思想体系』河合栄治郎全集, 第1巻, 社会思想社, 1968 年, 165 ページ.
32) 塩野谷祐一『経済哲学原理──解釈学的接近』東京大学出版会, 2009 年, 63-67 ページ.
33) 塩野谷祐一『経済と倫理』, 123-26 ページ.
34) Avital Simhony, "T.H. Green's Complex Common Goods: Between Liberalism and Communitarianism," in A. Simhony and D. Weinstein (eds.), *The New Liberalism: Reconciling Liberty and Community*, pp. 72-73.
35) Michael Freeden, *Ideologies and Political Theory: A Conceptual Approach*, Oxford: Clarendon Press, 1996, p. 184.
36) 塩野谷祐一『経済哲学原理』第 4 章.
37) Amartya Sen and Bernard Williams (eds.), *Utilitarianism and Beyond*, Cambridge: Cambridge University Press, 1982, pp. 3-4.
38) 塩野谷祐一『経済と倫理』, 137-40 ページ.
39) Isaiah Berlin, *Four Essays on Liberty*, Oxford: Oxford University Press, 1969, p. xlix.(小川晃一他訳『自由論』みすず書房, 2000 年, 76 ページ.)
40) 塩野谷祐一『経済と倫理』98 ページ.
41) Nicholson, *The Political Philosophy of the British Idealists: Selected Studies*, Study IV.
42) Avital Simhony, "Beyond Negative and Positive Freedom: T. H. Green's View of Freedom," *Political Theory*, February 1993.
43) Andrew Vincent and Raymond Plant, *Philosophy, Politics and Citizenship: The Life and Thought of the British Idealists*, Oxford: Basil Blackwell, 1984.
44) Timothy Hinton, "The Perfectionist Liberalism of T. H. Green," *Social Theory and Practice*, July 2001.

45) Rex Martin, "T.H. Green on Individual Rights and the Common Good," in A. Simhony and D. Weinstein (eds.), *The New Liberalism: Reconciling Liberty and Community*, pp. 57-9.
46) John Rawls, *A Theory of Justice*, Revised edition, Cambridge, MA: Harvard University Press, 1999, p. 389.（川本隆史他訳『正義論』改訂版，582 ページ．）
47) Nancy L. Rosenblum, *Another Liberalism: Romanticism and the Reconstruction of Liberal Thought*, Cambridge, Mass.: Harvard University Press, 1987.
48) Peter Weiler, *The New Liberalism: Liberal Social Theory in Great Britain 1889-1914*, New York: Garland Publishing, 1982, p. 17.
49) Clarke, *Liberals and Social Democrats*, p. 5.
50) Alon Kadish, *The Oxford Economists in the Late Nineteenth Century*, Oxford: Clarendon Press, 1982, p. 42.
51) Arnold Toynbee, *Lectures on the Industrial Revolution of the Eighteenth Century in England*, London: Longmans, Green, & Co., 1920, p. 3.
52) Lord Milner, "Reminiscence," in Toynbee, ibid., p. xxi.
53) Alon Kadish, "Oxford Economics in the Later Nineteenth Century," in A. Kadish and K. Tribe (eds.), *The Market for Political Economy: The Advent of Economics in British University Culture, 1850-1905*, London: Routledge, 1993, p. 68.
54) Gerald M. Koot, *English Historical Economics, 1870-1926: The Rise of Economic History and Neomercantilism*, Cambridge: Cambridge University Press, 1987, p. 88.
55) Alon Kadish, *Apostle Arnold: The Life and Death of Arnold Toynbee 1852-1883*, Durham: Duke University Press, 1986, pp. 32-36.
56) Stefan Collini, *Liberalism and Sociology: L.T. Hobhouse and Political Argument in England 1880-1914*, Cambridge: Cambridge University Press, 1979.
57) Leonard T. Hobhouse, *Liberalism*, London: Thornton Butterworth, 1911.（吉崎祥司監訳『自由主義——福祉国家への思想的転換』大月書店，2010 年．）
58) John A. Hobson, *Confessions of an Economic Heretic*, London: Allen & Unwin, 1938, p. 52.（高橋哲雄訳『異端の経済学者の告白——ホブスン自伝』新評論，1983 年．）
59) John A. Hobson, *Work and Wealth: A Human Valuation*, London: Macmillan, 1914.
60) John Allett, *New Liberalism: The Political Economy of J.A. Hobson*, Toronto: University of Toronto Press, 1981.
61) John A. Hobson, *John Ruskin Social Reformer*, London: James Nisbet, 1898.
62) Hobson, *Confessions of an Economic Heretic*, Chapters 14, 16.
63) Hla Myint, *Theories of Welfare Economics*, London: Longmans, 1948,

pp. 199-228.
64) Peter Groenewegen, *A Soaring Eagle: Alfred Marshall 1842-1924*, Aldershot: Edward Elgar, 1995, pp. 294-95.
65) Alfred Marshall, "The Present Position of Economics," 1885, in A.C. Pigou (ed.), *Memorials of Alfred Marshall*, London: Macmillan, 1925, p. 174.
66) Robin G. Collingwood, *Autobiography*, Oxford: Clarendon Press, 1939, p. 17.

第 4 章　シュンペーターと歴史的「生」のロマン主義

1　歴史的「生」とは何か

シュンペーター，カーライル，ラスキン

　シュンペーターは『経済分析の歴史』の第 3 編「1790 年から 1870 年まで」において，アダム・スミスによる古典派経済学の確立に続く経済理論および経済思想の展開を扱っている[1]．この時期の時代精神を構成する支配的な思潮は，功利主義とそれに対抗するロマン主義であった．シュンペーターはイギリスにおける反功利主義者として，カーライルとラスキンを取り上げている．この 2 人に対する彼の評価には奇妙な対照が見られる．まず，カーライルについて，シュンペーターは次のように言う．

　　「経済学者にとっては，彼［カーライル］は，この時代の文化的パノラマにおける最も重要な，最も特徴的な人物の 1 人であった．彼は英雄気取りで立ち上がり，時代の唯物主義的矮小さに罵詈雑言を浴びせかけ，とりわけわれわれの陰惨な科学［経済学］を酷評するために鞭を打ち鳴らした．……彼は全面的に誤っていたわけではない．功利主義経済学者たちは，カーライルが振り上げた鞭打ちのすべてに十分値するような人生哲学を意味する政策を主張していたからである．……分析的観点からでさえ，カーライルには若干の長所があるであろう．彼は，功利主義的社会学よりもはるかに現実的な経済社会学のヴィジョンを持っていたからである．ただ，彼はこれを分析的に構築するための手段を持ち合わせていなかった．」（HEA, pp. 409-11）

　これと比較して，ラスキンに対するシュンペーターの評価はきわめて冷た

いものであった．シュンペーターは「カーライルは，（われわれにとって）はるかに重要性の劣るもう1人の預言者ラスキンに影響を与えた」という言葉によって，ラスキンについての論述を始めている．

> 「ジョン・ラスキンは，芸術（絵画・建築・彫刻・詩）の創造的な解釈者の1人であった．彼の解釈それ自体が芸術作品であり，それ自体の生命を持ち，解釈としてはこれを信じない人々（私自身そうである）の間でさえ，賛嘆の念を引き起すような作品である．われわれにとっては，一般的芸術社会学に対する貢献——すなわち，偉大な芸術作品を生み出したり，あるいはそれを生み出すのに好都合な社会的条件を分析しようとする彼の試み——を指摘することがとりわけ重要である．しかし，1860年代の終わりごろから，彼は別の使命に転じた．それは，資本主義の罪悪に対する怒りに満ちたディレッタント的な批判であって，これによって，彼は世間の群衆や急進的経済学者の間で人気を博した．……彼が行ったことのすべては，一知半解の観察と未消化の断片的読書に，余りあるほどの憤慨の感情を加えたものであった．」(HEA, p. 411)

シュンペーターが意味したことは，ラスキンは芸術評論の分野では，それなりの技術や方法を真摯に学んだ上で仕事をしたのに対し，経済学の分野では，素人が学問のルールをわきまえずに理論批判を行い，独りよがりの経済学を提起しようとしたことの不当性の指摘である．ラスキンの芸術社会学は認めるものの，ラスキンの経済学は認めないというのである．シュンペーターは，経済学を学ぶ学生がラスキンに関心を抱き，横道に逸れることのないよう戒めた[2]．

カーライルとラスキンはともすれば，相互に影響し合い，信条を共有する同類の思想家とみなされがちである．シュンペーターの評価の違いはどこから来るのか．改めて，シュンペーターのカーライル論を見てみよう．

歴史的思考

シュンペーターは次のように言う．

> 「トマス・カーライルの名声は，彼の歴史的著作の堅実な基礎に基づいている．……しかし，彼は他の資格も多々持っていたが，独特の歴史家

1 歴史的「生」とは何か 259

であったと断らないで,彼をただ歴史家と呼ぶべきではない.彼は芸術家の方法と精神によって人物の肖像を描いた.これらの画像は確かな,しばしば綿密な調査に基づいたものであるが,科学的な解釈ではなく,芸術的な解釈である.現代の読者は,その中に経済的・社会的事実がほとんどまったく見られないことに驚嘆するであろう.」(HEA, pp. 409-10)

カーライルにとって,歴史は特別の意味を持っていた.彼はエッセー「歴史について」(1830年)の中でこう書いている.「歴史はあらゆる学問の根底に存在するものであって,人間の精神的本性の最初の顕著な産物であり,思想と呼びうるものの最初の表現である.」[3] 同じテーマの続篇「歴史再論」(1833年)の中では,次のように書かれている.「歴史はあらゆる学問の中で最も有益なものである.……人間のような存在にとって,歴史よりもいっそう相応しい学問はない.……歴史は最も相応しい学問であるばかりでなく,唯一の学問であり,他のいかなる学問をもすべて包含する.」[4]

このような歯切れの良い言葉は,シュンペーターの目に留まったとすれば,彼を大いに喜ばせたに違いない.シュンペーターの有名なアフォリズムの1つは,もし経済学の研究を新しく始める際,理論・統計・歴史のうちの1つしか研究できないとすれば,自分は歴史を選ぶだろうというものであった(HEA, p. 12).これは歴史的思考の重要性を端的に表明したものである.その理由は次のようなものである.

「経済学の対象は,本質的に歴史的時間における1つのユニークな過程である.なにびとといえども,歴史的事実を十分に把握しておらず,歴史的感覚あるいは歴史的経験と呼びうるものを十分に持っていないならば,現在を含めて,いかなる時代の経済現象をも理解することは望めない.」(HEA, pp. 12-13)

それでは,歴史から何を学ぶのか.歴史の記録は,経済・政治・文化・道徳・技術などの社会のさまざまな側面が相互に影響を及ぼしながら,いっせいに変化していく過程を包括的に記述したものであって,専門的知の研究によってばらばらに分解されてしまった社会の総過程を改めて観察し,総括し,統合するために不可欠の素材である.経済という領域をとってみれば,経済

が他の社会領域とは無関係に歴史的に推移していくということはありえない．経済だけの経済史というものはありえない．言いかえれば，歴史は「総合的社会科学の構想」を展開するための素材に他ならない[5]．

　シュンペーターにとっての歴史の最大の意義は，歴史的資料が発展現象を反映すると同時に，経済的事実と非経済的事実との間の隠れた関係を提示し，したがって社会科学の諸部門がいかに相互交渉するかを示唆しているという認識であった．歴史はあらゆる学問の根底にあるとか，あらゆる学問を包括するというカーライルの言葉も，このことを意味するものと解釈することができよう．

　もちろん，カーライルにとっては，歴史的思考の重要性はそれとは違うところに求められていた．彼にとって，歴史は神の意志の真の啓示であって，霊感を受けた歴史家は歴史の中に神の啓示を見出し，解釈することによって社会への預言者となることができる[6]．歴史は預言に確証を与えるという意味で重要であった．カーライルは，歴史は現代に対する預言であるばかりでなく，その構築の方法に照らして言えば，詩であると主張した．詩は想像力による理念の表現である．シュンペーターがカーライルの歴史は芸術的解釈であると述べたのは，この意味であろう．カーライルの『フランス革命史』（1837年），『チャーティスト運動』（1839年），『英雄と英雄崇拝』（1841年），『オリヴァー・クロムウェル』（1845年），『フリードリヒ大王伝』（1857-58年）などの歴史書は，民主主義への疑念や英雄崇拝の理念の検証として書かれた．そのことの反面として，彼の著作には経済的・社会的事実の分析が欠落し，ラスキンが試みたような経済学の構築という無謀な仕事から免除されたのである．そのために，経済学に対する「陰惨な科学」（Dismal Science）という命名者であったにもかかわらず，カーライルはラスキンが受けたようなネガティブな評価から免れた．かくして，「カーライルが理解した歴史とは，詩・預言・伝記・社会批判であって，1つですべてを兼ね備えたものである」という評価が導かれるのである[7]．

　ちなみに，預言（prophecy）は神託を人々に伝えることであり，単に未来を推測する予言（prediction）とは異なる．

メカニックスとダイナミックス

　歴史の重視と並んで，カーライルとシュンペーターが共有したもう1つの考えは，カーライルの言う「メカニカルとダイナミカル」との区別，または「メカニックスとダイナミックス」との区別である．これは，カーライルが現代文明批判に当って設定した基本的な視座である．彼はエッセー「時代の徴候」（1829年）において，現代はかつての「英雄的・信仰的・哲学的・道徳的時代」ではなくなり，「機械的時代」（Mechanical Age）ないし「機械の時代」（Age of Machinery）になってしまったと言う[8]．

　現代はあらゆる種類の「メカニズムへの信仰」によって支配されている．その結果，知識や学問も機械的な目的・手段関係や因果法則によって説明され，人間の行動や社会の仕組みも快楽と苦痛の差引計算や，損得勘定によって説明されている．これが「メカニックスの学問」である．現代において失われたのは「ダイナミックスの学問」である．「ダイナミックスの学問」は，「人間の主要な，無限定の活力，すなわち愛・恐怖・驚嘆・熱狂・詩・宗教といった神秘的な動機を扱う．これらはすべて真に生命力に溢れ，無限の性格を持つ．」[9]

　人類のこれまでに達成した驚嘆すべき業績は，すべて外面的な「メカニックスの知」によって得られたものであろうか，とカーライルは問う．歴史の中の十字軍・宗教革命・イギリス革命・フランス革命などは，むしろ，人間の内面的・本能的な無制約の力が「目に見えない，無限の，神秘的なもの」を追求した結果，得られた予期せざる贈物ではないだろうか．内面的および外面的エネルギーのバランスが必要であるが，現代における外面的メカニックスへの排他的な関心の高まりは，すべての力の生みの親である道徳の力を破壊してしまう．カーライルは人間の生命力の神秘と偉大さを「ダイナミック」という言葉で呼び，このような事象への人々の注目を喚起したのである．

　シュンペーターにおいて「メカニックス」と「ダイナミックス」との対比に相当するものは，静態と動態である．静態と動態の区別は彼の経済・社会思想を特徴づける重要な視点の1つである．後に述べるように，シュンペーターにおける経済の静態と動態の区別は，所得・人口・資本・技術などの外

形的な指標によって測られるものではなく，経済行為を行う際の「快楽的（hedonisch）人間」対「精力的（energisch）人間」という人間の内面的動機の違いによるものである．「快楽的人間」は，カーライルが言うように，欲望充足を目的とし，「報酬の希望と処罰の恐怖」を動機として，機械的に行動する合理的経済人である．それに対して，経済の動態現象を説明する「精力的人間」の行動は非合理的である．あるいは，それは，少なくとも異なった種類の合理性に基づいている．シュンペーターは3群の動機を挙げて，これを説明している．第1に，私的な帝国を建設しようとする夢想と意志，第2に，闘争に勝ち，成功を収めること自体を求める勝利者意志，第3に，創造的活動の喜び，事業を達成したという満足感，これである[10]．

本書の第1章で論じたように，われわれはドイツ・ロマン主義の根本理念を対象の「総合的・発展的」把握と解釈した．カーライルとシュンペーターに特徴的に見出される「歴史的思考」と「ダイナミックス」の2点は，それぞれ「総合的把握」と「発展的把握」を端的に表すものである．「総合」と「発展」の根底には全幅的な人間の「生」の活動があり，啓蒙主義における理性と画一化の追求よりも，多様で個性的な生命と感情と想像力の発露が創造の原動力とみなされた．ロマン主義は人間の活動を個性的・創造的自己表現と考えた．「理性」に代わって重視されたものは，「想像力・感情・伝統・有機体・魂の神秘」といったものであった[11]．

ロマン主義と歴史的「生」の学問の可能性

経済学者シュンペーターを特徴づける言葉は「発展」と「革新」である．しかし，彼を特異な存在にしているものは，思想としてのロマン主義である．本章は，彼の「発展」と「革新」の経済学をロマン主義思想に照らして解釈する試みである．すでに本書の第2章で「芸術的生」の視点からラスキンを論じ，第3章で「倫理的生」の視点からグリーンを論じた．本章では「歴史的生」の観点からシュンペーターを論ずる．「芸術・倫理・歴史」は，ロマン主義が強調する「生」の創造性を概念化する3つの視点である．優れた経済学史家でもあったシュンペーターは，狭義の経済理論の歴史を扱う学史家とは違って，ロマン主義・功利主義・歴史主義などの思想がディシプリンと

しての経済学や社会学をどこに導くかについて透徹した見解を示している．われわれは彼のそうした見解を，彼自身の問題意識を解釈する根拠として採用することができる．

シュンペーターは，18世紀から19世紀にかけての時代について支配的な時代精神を論ずる際，その筆頭に功利主義を取り上げ，次のような明快な評価を下した．

「功利主義は，技術的な意味での哲学ではまったくない．また，『生の哲学』としては，この上もないほど浅薄なものであったが，自由主義や実業家精神と結びつきうる物質主義的（反形而上学的）合理主義の徴候と完全に適合するものであった．」(HEA, pp. 407-8)

功利主義は経済学と最も関連の強い思想であった．功利主義との対比を念頭に置きながら，シュンペーターはロマン主義については，次のように書いている．

「功利主義とは異なって，ロマン主義は哲学でもなく，社会的信条でもなく，政治・経済『システム』でもなかった．それは本質的に，生活と芸術に対する一定の態度と結びついた文学的様式であった．……ロマン主義者たちは，文学者がするように，この城砦の外に打って出て，たまたま彼らを惹きつけるようになったあらゆる哲学や社会科学の分野を放浪した．ここでわれわれが関心を持つのは，彼らのこの周遊で得られた業績である．」(HEA, pp. 418-19)

この叙述は，一方で，ロマン主義がもともと文学の様式であって，哲学者にも社会科学者にも疎遠な存在であることを確認しつつも，他方で，ロマン主義の世界観はきわめて伸縮的であって，たまたま文学の領域で華々しく開花したけれども，どのような方向にも展開することができる多産的な「生」の思想であることを示唆している．なぜなら，ロマン主義は，生活世界とりわけ芸術において作用する素朴な直観や感情に基礎を置いているからである．ロマン主義精神の伸縮性と多産性に照らして，われわれが「芸術的生」・「倫理的生」・「歴史的生」という概念を用いてロマン主義の世界観を構造的に展開することは許されるであろう．

シュンペーターはロマン主義的態度を次のように特定化する．

「表面的には、ロマン主義は古典的な芸術の教典に対する反逆を意味した。しかし、このような表面の奥底には、もっと重要なもの、すなわち因習、とりわけ合理化された因習に対する反逆があった。冷たい理性に対して感情（おそらくは無垢の感情）が、功利主義的論理に対して自生的な衝動が、分析に対して直観が、知性に対して『魂』が、啓蒙主義の人工物に対して国民史のロマンスが、姿を現した。われわれはこの態度を反知性主義（anti-intellectualism）と呼びたい。」(HEA, p. 419)

ここでシュンペーターが「反知性主義」と呼ぶものは、知性や思惟の役割を否定するのではなく、理性への偏った依存を否定し、「理性・感情・意志」を含む全幅的人間本性の作用を呼び戻そうとするものである。われわれが関心を持つのは、このロマン主義的態度がどのようにして学問としての社会科学に適用されるかということである。

まず、彼はロマン主義が経済学に対して何を貢献したかと問う。

「ロマン主義者ないしはロマン主義的態度によって影響を受けた学者は、もちろん、産業生活およびその問題を非ブルジョワ精神を持って眺め、ベンサム主義者とはまったく異なった見解を抱くであろう。いっそう一般的に言えば、ロマン主義者は、豊かな色彩に富む多様な社会的形態や過程を、完全に合理化された快楽主義的利害に関するわずかな定式に還元してしまうような功利主義のやり方には、健全な嫌悪感を覚えるであろう。……技術的経済学に関しては、記録されるべき貢献は何もない。この運動の性質を考えるならば、このことはわれわれが当然予期すべきことであって、批判にすら値しない。ロマン主義の熱烈な愛好者は、この種の貢献があったと主張することによって、戦略的な過ちを犯したように思われる。なぜなら、この過ちによって、アダム・ミュラー（1779-1829年）のような人物を英雄に仕立て上げたからである。その限りにおいて、『ロマン主義経済学派』といったようなものはかつて存在したことがなかったことを率直に認めなければならない。」(HEA, p. 421)

狭義の技術的経済学は、利己心の前提の上に建てられた恣意的構築物であって、ロマン主義はこのような経済学を批判こそすれ、それに貢献すること

シュンペーターは，経済学に多大の影響を及ぼしたベンサムの功利主義を嫌悪したが，ロマン主義はその文化的な対立物に他ならなかった．功利主義が占める広大な地歩に対抗するために，彼はロマン主義が社会学の発展に対して持つ可能性と重要性を評価した．経済学とは違って，社会学は多様な人間動機を取り入れ，複合的な社会領域を通じて現実に接近することができるからである．功利主義の狭隘な人間像は，狭隘な経済領域における合理的行為を扱うものとしては，形式的に十分であるとみなされる．

> 「経済社会学に関しては，功利主義は完全な失敗であったと言いうるのみである．なぜなら，個人の行動や社会制度についての功利主義の観念は，明らかに根本的に誤っているからである．しかし，合理的図式を用いる経済分析の部分については，功利主義哲学は浅薄ではあるが，無害である．」(HEA, p. 409)

ロマン主義の社会学への適用については，彼は次のように肯定的に論じた．

> 「ロマン主義的社会学について語ったり，あるいは少なくともロマン主義者の経済的・政治的社会学および一般社会学に対する明確な貢献について語ったりすることは，可能であるように思われる．……その貢献は，制度の分析，あるいは制度内の行動の分析の中に，合理的でない（必ずしも非合理的というわけではない）人間の意欲，慣習，信念などの複合物を挿入したことにある．与えられた社会の現実の姿を大部分形成しているものはこれらの複合物であって，これらがなくては，社会やその反応のパターンを理解することはできない．」(HEA, p. 422)

一方における功利主義とロマン主義という2つの世界観と，他方における経済学と社会学という2つの学問領域の間に，4つの組み合わせが考えられる．シュンペーターによれば，功利主義的経済学は可能であるが，功利主義的社会学は誤りである．ロマン主義的経済学は不可能であるが，ロマン主義的社会学は可能である．

人々の行動の分析に当って，抽象的な理性に代えて，「合理的でない人間の意欲，慣習，信念などの複合物」を「諸制度の分析，あるいは制度内の行動の分析の中に」導入するというロマン主義者の企ては，ドイツ歴史学派の

研究計画の一局面と符合する．したがって，シュンペーターは次のように論ずる．

「ドイツ歴史学派は次のような研究をしようと宣言した．すなわち，経済現象のすべての側面，したがって経済行動の単に経済的論理のみでなく，そのすべての側面，したがって歴史的に展示されてきた人間行動の動機の全体の研究である．」(HEA, p. 812)

ロマン主義と歴史主義との結合によって，人間動機の全側面と社会現象の全領域とが歴史的過程の中で認識され，両者の関連は「制度」の枠組みを通じて解明されることになる．人間本性の全体性は歴史の中でしか出現しない．シュンペーターがロマン主義と経済学との重要な関わりを発見するのは，この歴史の観念を通じてである．

「分析的経済学に対するロマン主義運動の主たる重要性は，それがあらゆる種類の歴史研究に与えた推進力にある．この運動は，われわれの文明以外の文明（たとえば中世やヨーロッパ以外の文化的世界）をよりよく理解することをわれわれに教えた．これは新しい展望，より広い視野，清新な問題を意味し，とりわけヴォルテール一派や功利主義者たちが『この啓蒙の時代』に先立つすべてのものに対して公言した愚かな侮蔑的態度の終焉を意味した．」(HEA, pp. 422-23)

このように，ロマン主義のモラル・サイエンスは全幅的な人間「精神」の表現を「社会」の中に求めることを通じて，歴史主義を鼓舞し，地域や時代の史実の研究を促進した．それは歴史の中にこそ人間本性の全体が表現されていると考えるからである．このように見るならば，シュンペーターの「発展」と「革新」の経済学は，人間本性のロマン主義的類型に基づいて，資本主義体制の持つ動態的な発展の原動力に光を当て，発展の歴史的個性を鮮明化することによって，体制の歴史的進化を論じたものと言うことができる．シュンペーターはロマン主義が保証する社会科学の発展可能性をみずから実践した．彼の思想を「歴史的『生』の経済学」と呼ぶゆえんである．

2 総合的社会科学のヴィジョン

「生」の哲学と諸学の社会学化

シュンペーターは，1883年，オーストリア・ハンガリー帝国の一寒村に生まれ，ウィーン大学に学び，生涯の前半（1883-1932年）には，チェルノヴィッチ大学，グラーツ大学，ボン大学の教授を歴任した．その後アメリカに帰化し，後半生（1932-50年）をハーバード大学教授として過ごした．彼は20歳代で，前半期の3部作として『理論経済学の本質と主要内容』(1908年)[12]，『経済発展の理論』(1912年，第2版1926年)[13]，および『学説および方法史の諸段階』(1914年)[14]を刊行し，令名を馳せた．後期の3部作は『景気循環論』(1939年)[15]，『資本主義・社会主義・民主主義』(1942年)[16]，および『経済分析の歴史』(1954年) である．2つの時期の中間に当る1919-25年の期間，ウィーンで大蔵大臣や銀行頭取を務め，学界を離れた．なお，前半期に属する社会学的業績の英訳として，『帝国主義と社会階級』(1951年)[17]を看過することはできない．

これらの主要著作に見られる生涯の学問活動を通じて，シュンペーターはいったい何を達成しようとしたのであろうか．

晩年になって，彼は『ハーバード・クリムソン』紙とのインタービューの中で，このような質問に対して，自分の「独特の (unusual) 生の哲学」について語り，生涯の唯一の研究計画を「総合的社会学」(comprehensive sociology) と呼んだ．「自分は若いころ，経済学・政治・科学・芸術・愛を含む豊饒で全幅的な生 (rich and full life) という観念を抱いた．」この観念はロマン主義的世界観の表現に他ならない．彼はこれに続けて皮肉な面持ちで，こう言った．「私の失敗のすべては，この計画を実行しようとしたためであり，私の成功は，この計画を無視したためであった．どんな分野においても，成功のためには集中が必要なのだ．」[18]

彼は初期のヨーロッパ時代にはこうした問題意識を隠そうとはしなかった．初期の思想史研究である『社会科学の過去と将来』(1915年) では，社会科学の進むべき方向は諸学の「社会学化」(Soziologisierung) であると論じて

いる[19]。「社会学化」とは，社会のあらゆる事象——法律・宗教・道徳・芸術・政治・経済・論理・心理など——を社会学という統一的観点から解明することである．その方向は，諸学の専門化・抽象化・孤立化によって分断された総合的な社会科学の再生を可能にするものと期待された．

　初期の時代には，彼は経済学の主題を扱いながらも，絶えず社会学的視野からの考察を忘れなかった．それは彼の特徴的なスタイルであった．例えば，分配の経済学を論ずるときには，それに続けて分配の社会学を論じた．『共産党宣言』の経済学を論ずるときには，それに続けてその社会学を論じた[20]．しかし，経済学が専門化する時代の傾向には抗し難く，以上で引用したアイロニカルな言葉が示すように，彼は次第に「総合的社会学」への志向をできるだけ表に出さないように努めるようになった．とくに経済学の中心がドイツ語圏から英語圏に移動するにつれて，数量化・数学化・抽象化を強める経済学界で受け入れられるためには，社会学的要素は排除しなければならなかった．そればかりか，彼は経済学の最先端の数理経済学や計量経済学のパトロンのように振舞い，これらの分野の発展を支持した．しかし，彼は「社会学化」を誤りとみなして放棄したのではない．成功を求めるか，失敗に甘んずるかをめぐって，彼の苦悩があった．彼の学問は，英米圏の実証主義・形式主義に従うか，大陸圏のロマン主義・歴史主義に従うかの葛藤の中にあった．

初期構想の回復

　彼が初期の構想を大きく転換したのは，代表作『経済発展の理論』のドイツ語初版（1912年）を大規模に改訂し，第2版（1926年）を出版したことである．これは彼がボン大学に職を得て，学界への復帰に当っての決意を示す象徴的な仕事であった．

　現在英語圏で通用しているレドヴァース・オピーによる英訳版（1934年）は，ドイツ語第2版の抄訳である[21]．ドイツ語初版が549ページ，ドイツ語第2版が369ページ，英語版が255ページである．この改訂の影響は甚大であった．『経済発展の理論』の第2版やその英訳版では，彼の総合的社会科学への志向は消去されたからである．第2次世界大戦後の経済学界で受け取

られているシュンペーターの発展理論は,彼にとっては,いわば去勢された理論にすぎないものであった.

第2版における大きな改訂は2つである.第1は,第2章「経済発展の根本現象」における発展の担い手としての企業者像の書き換えであり,第2は,最終の第7章「国民経済の全体像」の全面削除である.どちらも初版において最も光彩を放っていた部分であり,人々の注目を集めた叙述であった.しかし,『経済発展の理論』が経済理論への貢献であることを強調するために,彼はあえて社会学的視野につながる要素を割愛したのである.われわれのシュンペーター研究は,経済学のあるべき姿に関する彼の初期構想を回復し,その包括的なヴィジョンの下で彼の体系を解釈しようとするものである.シュンペーターの初期構想を知るためには,『経済発展の理論』初版の2つの章は不可欠である.ごく最近,初版の2つの章の英語訳が完成した[22].

まず,第1の点——人間類型論——について.

「革新」に基づく「経済発展」というシュンペーターのよく知られた考えは,すでに本章第1節でカーライルの「メカニックス」と「ダイナミックス」の議論において言及したように,経済の分野において,静態経済の慣行的な「定常循環」の構図と対置されるものである.限界革命によって主流派経済学が確立した静態経済の姿は,平均的人間の功利主義的計算に基づいて,与えられた諸条件の下での「適応行動」を通じて編成されるのに対して,彼は,動態経済は,与件を変革しようとする「革新行動」によって生み出されると主張した.

『経済発展の理論』の初版において,彼は「静態と動態」ないし「適応と革新」の二分法を「快楽的人間と精力的人間」の二分法によって基礎づけた.これは,経済学の中心に快楽主義とロマン主義,ないしは合理主義と非合理主義の対立項を導入するユニークな方法であった.

動態的人間は発展現象の担い手であり,(1)精力的活動と(2)非合理的動機によって特徴づけられる.もちろん,この類型の人間は不確実性と周囲の抵抗に直面するが,革新の導入に伴う困難を克服するのに十分な精力と意志と創造力を持っている.動態的人間の行動の動機は,静態における合理的経済人の欲求充足の原理とは異なる.それは,新しいことを行うという創造の喜

びである.「精力的人間」は与えられたものをそのまま受容するのでなく，それを変えたいと考え，実行する. その意味で,「精力的人間」は「行動の人」(Mann der Tat) と名づけられている. そして, 革新を実行し, 新しい経済秩序を確立する指導者的経済主体を「企業者」と呼ぶ. その結果, 経済は新しい軌道を設定する「企業者」の革新行動と, 大勢に順応する多数の主体の適応メカニズムとの結合から成り立つことになる. 前者は既存の経済秩序の「創造的破壊」であり, 後者は適応と均衡化による経済秩序の再建と維持である. 経済の発展はこの2つの力によって構成される.

当時, 経済学者は, 動態現象は人口の増加・資本の増加・技術の進歩・経済組織の変化, 欲望の変化などによって引き起されるものと考えていた. シュンペーターはこれを批判し, これらは与件の変化にすぎず, 経済はこれらに対して単に「適応」するにすぎないと論じた.「適応」の論理は静態理論によって足りる. 彼によれば, 動態現象はあたかも有機体におけるように, 経済体系の内部から生み出されるものであって, それが「革新」の担い手としての「企業者」であった.

第2版においては,「快楽的人間」および「精力的人間」という言葉はもはや使われていない. また企業者類型の賛美という批判に直面して, 指導者としての企業者像の描写は抑えられ, 新しく書き下ろされた第2章の分量は, 初版に比べて40ページ以上削減された. そして, 経済発展の根本現象であるはずの「企業者」の精力的活動や非合理的動機の叙述に代わって,「企業者」の客観的機能や, 発展現象の対象としての「革新」や, それを可能にする手段としての「銀行信用」といった3つの事象の説明が前面に出ることとなった. また,「革新」の種類は,「新商品・新技術・新市場・新供給源・新組織」を含むものと定義された. シュンペーターが最初に強調した「革新」の英雄的ロマンの要素は影を潜め, 読者の感性に訴える力は弱くなった.

次に, 第2の点——失われた第7章——について.

シュンペーターは『経済発展の理論』の初版において, 経済領域について静態理論と対比される動態理論を展開した後, 第7章において同書の総括として「国民経済の全体像」を論じた. これは,「静態と動態」ないし「革新と適応」の構図を他の社会領域にも適用し, 経済を含む諸領域の間の相互作

用を通じて,「総体としての社会の発展」が生み出される姿を展望したものである. 他の社会領域とは, 政治・芸術・科学・社会関係・道徳などをいう. これらの領域にも,「快楽的」な静態の人間と「精力的」な動態の人間が識別され, 慣行に従う静態現象とそれを打ち破る動態現象とが繰り返されているとみなされる. こうして, 経済は全体としての社会の中に埋め込まれ, 経済領域と非経済領域とは相互に影響を及ぼし合いながら変化していく. このような全体像の下では, もはや経済だけが自律的に発展を続けることは考えられない. 彼は「総体としての社会の発展」を「社会的文化発展」と呼び,「総合的社会科学の構想」を実現する道がここに開かれると考えた[23].

第2版において, 彼はこの第7章を削除した. その章は文化社会学に及ぶあまりにも広範な問題を含んでおり, 読者の関心が拡散することを恐れたからであった. さらに, 彼は『経済発展の理論』が経済理論に対する貢献であることを鮮明にするために, 新たに副題「企業者利潤・資本・信用・利子および景気循環に関する研究」をつけた.

第2版における2つの主題の抹消は, 読者から彼の「総合的社会科学のヴィジョン」を隠蔽する点で決定的であった. しかし, 彼はこのヴィジョンを潜在的に固持し続けた. 彼の思想がしばしばパラドックスを含むと指摘されるのもそのためである. 彼が初期のヴィジョンを表に出して仕事をすることができたのは, 『資本主義・社会主義・民主主義』と『経済分析の歴史』においてであった. 前者は, まさに「失われた第7章」の観点から資本主義の変貌について, 彼自身の言葉で言えば,「即興的作品」として一気呵成に書き上げたものである. 後者は, 広範な思想史を背景にして, さまざまな学派の経済学と社会学を彼自身の考えに従って論評したものであり, あまりにも膨大で生前に完成に至らなかった. いずれも天衣無縫の筆致によって書かれている.

議論の構成

以下では, 第4-1図の(1)(2)(3)の3つの段階に従って, シュンペーター論を展開する. その概要を述べておこう.

(1) まず, われわれはシュンペーターが抱いた「包括的ヴィジョン」から

第4-1図 議論の構成

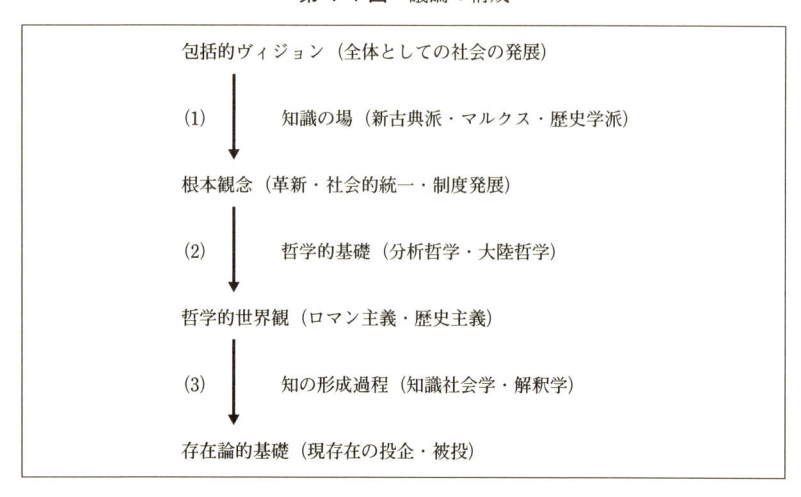

```
          包括的ヴィジョン（全体としての社会の発展）
              │
       (1)   ↓    知識の場（新古典派・マルクス・歴史学派）
              │
          根本観念（革新・社会的統一・制度発展）
              │
       (2)   ↓    哲学的基礎（分析哲学・大陸哲学）
              │
          哲学的世界観（ロマン主義・歴史主義）
              │
       (3)   ↓    知の形成過程（知識社会学・解釈学）
              │
          存在論的基礎（現存在の投企・被投）
```

出発する．それは「全体としての社会の発展」というヴィジョンであり，その具体化として「総合的社会科学の構想」が提示される．そして，そのヴィジョンとの関連において，発展の経済学にかかわる3つの「根本観念」を識別する．なぜ3つの「根本観念」が成立するかは，彼が関与した「知識の場」から説明される．この段階で，彼の主要著作の内容が「総合的社会科学の体系」の各要素を構成するものとして説明される．

次に，(2)社会科学の次元から哲学的次元に移行して，先の段階におけるヴィジョンや根本概念が生れる基礎としての「哲学的世界観」を検討する．大きな知識の系譜にそくして言えば，ここには「分析哲学」と「大陸哲学」という対立があり，彼の立場は，発生的には「大陸哲学」に属するロマン主義および歴史主義に見出される．彼が主流派の思考を超える特異な性向を持つのは，こうした「哲学的世界観」のためである．

(3)次のステップは，「哲学的世界観」を「存在論的基礎」から解釈することである．ヴィジョンとして設定された「全体としての社会の発展」という観念は，「総合的社会科学」に「先行構造」を与えるものであって，そのような知の形成過程（知識社会学および解釈学）が説明されなければならない．この段階の議論は，ロマン主義を担う人間の実存（投企と被投）を問うこと

を意味するであろう．

われわれはシュンペーターの思想を「歴史的『生』のロマン主義」と名づけたが，そのような解釈を行うためには，(1)と(2)の段階の議論で十分である．(3)の段階は本書の締めくくりとして，ロマン主義思想そのものの存在論的研究を行うものであって，この問題についてのシュンペーターのポジティブな貢献をハイデガーを援用しながら明らかにする．

3 包括的ヴィジョンと根本観念

知識の場とハビトゥス

フランスの社会学者ピエール・ブリュデューは，社会生活のさまざまな領域を「場」(field)と名づけ，そこでは特定の地位・権威・報奨（「資本」と総称される）を求めて競争が行われるものと考えた[24]．その1つとして「知識の場」があり，人々は「文化的資本」，すなわち正統性を持った知識の産出をめぐって競い合う．その際，人々は特有の精神的習性，すなわち知的性向・態度・習慣を持って「知識の場」に臨む．それを「ハビトゥス」(Habitus)と呼ぶ．「ハビトゥス」は主観的な精神状態であるばかりか，研究・教育・学派の形成を通じて社会的に生産し共有しうるものである．

シュンペーターの学問的業績は彼自身の活動の成果であるが，それは彼自身が参画した「知識の場」と彼自身の「ハビトゥス」の所産である．彼は社会科学の広範な領域における過去および現在の知的成果に強い関心を持っており，それらの総体に対する挑戦を通じてみずからの立場を形成した．彼は単一の学派に属することに甘んじなかった．彼はあらゆる知の観点を検討し，優れたもののすべてを吸収しようとした．彼の博覧強記はよく知られているが，それは彼の趣味の材料ではなく，学問研究の糧となるものであった．

シュンペーターはケインズと並んで，20世紀最大の経済学者と呼ばれている．2人は1883年に生まれ，しばしば理論上のライヴァルとみなされた．彼らは国を異にしたが，ともに20世紀の時代が提起する経済変動の問題と取り組んだ．当時の最先端の理論は，1870年代に確立された新古典派経済

学であった．新古典派経済学は，与件（生産要素・技術・選好）を一定としたミクロ的資源配分の理論であった．それは静態的な理論であったから，現実の景気変動を説明することはできない．新古典派経済学は，与えられた資源はすべて利用されると仮定した上で，効率的な資源配分の論理を解明するものであったから，現実の失業を説明することはできない．時代が提起する現実問題は新古典派理論の範囲外に置かれており，現実問題を解くためには，根本的に新しい理論が必要であった．2人はまったく異なる方向に理論を展開した．

ケインズは短期的視点から有効需要の理論を確立し，全体としての産出量水準の決定メカニズムを説明した．シュンペーターは長期的視点から経済発展の理論を展開し，「革新」によって経済発展および景気循環を説明した．そこでは，好況や不況は経済発展に伴う不可避の事象とみなされた．シュンペーターにとって，経済発展論は「総合的社会科学」の枠組みの一部を形成するものであった．経済学研究におけるケインズの問題意識が現下の政策のための処方箋を書くことであったとすれば，シュンペーターのそれは，事態の長期的かつ本質的な視点からの認識に迫ることであった．

シュンペーターの「総合的社会科学」の枠組みを，彼が親しんでいた「知識の場」によって説明することができる．ケインズの「知識の場」が新古典派経済学，とりわけマーシャルの経済学に限られ，その分野の批判的再構築が課題であったのに対して，シュンペーターにとって重要な「知識の場」は新古典派経済学（ワルラス），マルクス経済学（マルクス），ドイツ歴史派経済学（シュモラー）の3つであった．これらはすべて大陸の学問であった．これらを包摂する知を求めることは，現実離れをした高踏的な望みであった．他のいかなる経済学者といえども，このように広大な，互いに相容れない異質の「知識の場」と向き合った人はいなかったであろう．彼はこれらの思想を最高に優れたものとして受け入れ，これらの対立する思想を吸収・同化し，それぞれの欠陥を修正することによってみずからの根本観念を形成した．彼は孤高の経済学者であった．

3 包括的ヴィジョンと根本観念　275

シュンペーターの履歴書

　一般に，シュンペーターは理論経済学者として理解され，彼の社会学や歴史学への関心を副次的なものと見る傾向が強い．また，彼は最初は理論経済学者として出発したが，後になって社会学や歴史学に傾いたという解釈がある．どちらも事実ではない．

　彼が1925年にボン大学に移った際，大学に提出した自筆の履歴書に次のような記述がある．

> 「社会学的関心は哲学的関心とともにすでにギムナジウムの時代に現れていたが，大学では，最初の研究分野は経済的観点からの法制史および社会史であった．次に，オーストリア（メンガー）学派の経済理論への急転換が起こった．私は何よりもその代表者（または問題児）とみなされ，私の経済学の業績はその原理的基礎の上に立っている．もっとも，その後の発展はワルラス，パレート，エッジワース（数理学派）に向かい，私自身の業績は他の学派の理論とも結合可能であった．1912年以後は，この種の関心は社会学的関心の背後に後退し，社会学的関心を通じて，私はシュモラーの思想領域に対していっそう友好的な態度を持つようになった．」[25]

　シュンペーターは学生時代，歴史の勉強から始め，次に理論に向かった．1912年と言えば，彼が『経済発展の理論』を刊行した年であるから，この著作を完成した後，すでに経済社会学，とくに社会階級論に関心が移動していたのである．マルクスのことはここでは触れられていないが，ウィーン大学のベーム・バヴェルクのセミナーにおけるオーストロ・マルキシストたちとの討論は，よく知られている．こうして，初期の段階から彼が親しんだ「知識の場」は，「新古典派経済学（ワルラス）・マルクス経済学（マルクス）・ドイツ歴史派経済学（シュモラー）」であったと言うことができる．

3つの根本観念

　シュンペーターの「包括的ヴィジョン」は「全体としての社会の発展」というものであった．これを扱うべき「総合的社会科学」の枠組みを理解する

ために,彼の思考の糧となった「知識の場」に照らして,ヴィジョンを支える「根本観念」を次の3つにまとめよう.
 (1)「静態と動態」の人間類型に基づいて,社会事象における「革新と適応」を区別する.
 (2) 社会諸領域の間の相互依存関係を通じて,社会は全体としての統一性を持ちつつ発展する.
 (3) 社会事象への理論的接近と歴史的接近との統合として「制度」をとらえる.

これらの観念のそれぞれは,新古典派経済学(ワルラス),マルクス経済学(マルクス),ドイツ歴史派経済学(シュモラー)の主張に対するシュンペーターの批判的対応である.彼は,一方で,これらの理論の長所を受け入れながら,他方で,それらの短所を克服するために代替案を提起し,しかもみずからが構想する「総合的社会科学」の骨組みとなるように,これらの「根本観念」を組み立てた.

(1) 革新と適応

シュンペーターは,新古典派理論における効用の最大化を求める合理的個人の想定を静態理論の論理的基礎として承認した.特に,彼は,ワルラスの一般均衡理論を,経済における諸要素の相互依存関係を叙述する論理の発見として絶賛した.それは経済学に科学の地位を保証するものであった.しかし,彼は,新古典派理論が資本主義経済の動態分析を欠く点で致命的な欠陥を持つと批判した.その欠陥の原因は,新古典派理論が経済に内在する動態的人間類型を看過し,それを原動力とする内生的変化の過程をとらえることができなかったことである.狭義の経済学に関するシュンペーターの問題意識は,静態理論と対になる形で動態理論を構築することであった.

その目的のために,シュンペーターは,一方で,与えられた条件の下で,欲求の最大充足という形で適応を図り,ルーティンに従う受動的な「快楽的人間」と,他方で,想像力を持ち,新しいことの導入によって既存の秩序や慣行を破壊する「精力的人間」とを区別し,それぞれを静態および動態の主人公とみなした.動態を説明する革新の観念は,経済世界を人間の「生」の

3 包括的ヴィジョンと根本観念　277

世界とみなすものであって，彼がワルラスと同時に高く評価したマルクスやシュモラーにも見られないものであった．動態経済がその内部に変化と発展を生み出す原動力を持つ有機体であるという考えは，完全にロマン主義のものである．それに対して，静態経済は機械論的モデルであって，体系の外部に変動の原因を求める適応のシステムである．

この静態と動態の区別は，あえて類似の発想を探すとすれば，ニーチェの芸術形式におけるディオニュソス的創造とアポロ的秩序との区別に相当するであろう．ロマン主義に従えば，生命は有機体にのみ存在し，ロマン化とは生命の活性化である．このような人間像の類型化は社会学的方法である．シュンペーターが展開した人間類型論は，彼の恩師であるフリードリッヒ・ヴィーザーから学んだものと考えられる[26]．ヴィーザーの指導者社会学は指導者類型と追随者類型とを分け，あらゆる集団には支配する少数者と支配される大衆とが必ず存するとみなし，それを「少数の法則」と呼んだ．シュンペーターの独創性は，社会学的二分法を経済の静態と動態の二分法の基礎として適用したことである．それは，方法論的個人主義を維持しつつ，人間精神の創造性を経済に導入しようとするものであって，経済学におけるロマン主義の適用と言うことができる．当時の他の経済学者の動態論の試みが，貯蓄・投資分析，貨幣分析，期間分析，不均衡分析などのように，客観的・機械論的契機に依存したのに比べて，彼の着想はきわめて独自であった．

シュンペーターは静態論に対して動態論を強調したけれども，静態論を否定したのではない．彼によれば，静態論は経済的適応の論理を明らかにしたものであり，科学としての経済学を基礎づけるものであった．彼の処女作『理論経済学の本質と主要内容』は静態論の構造を論ずるとともに，経済学に道具主義方法論を適用したものである[27]．現実の経済は景気循環を含み，景気循環は動態と静態の諸力の合成として現れる．動態理論は均衡の破壊と革新の過程を扱い，静態理論は適応と均衡化の過程を扱う．経済発展は景気循環を伴いながら，非連続的に生起する．『景気循環論』全2巻は，静態と動態の観念を資本主義経済の歴史的過程に適用した超人的な労作である．経済の静態論と動態論を歴史に対して適用しようと試みる際，彼は経済学を超える概念的枠組みを必要とした．それが次に述べる(2)と(3)の観念である．

(2) 社会の諸領域の統一性

　シュンペーターの第2の「根本観念」は，社会の諸領域の間の相互依存関係を通じて，社会は統一性を持ちつつ，総体として変化するというものである．彼はこの観念にコミットすることによって，狭義の経済学の範囲を超える．この観念は，何よりもマルクスの理論に対する批判的対応であったと言うことができる．彼は「マルクスの分析は，この時代が生み出した唯一の真正の進化的経済理論である」と評価し，それを「総合的社会科学」の名に値するものとして，「統一的社会科学」(unitary social science) と呼んだ (HEA, p. 441).

　しかし，シュンペーターは，社会的・政治的・精神的生活から成る上部構造が，労働・資本の生産関係および階級関係を軸として，物質的・経済的活動から成る下部構造によって一方的に規定されるというマルクスの唯物史観には反対であった．彼は経済領域と非経済領域との間の双方向的な影響を強調した．これは，先に述べたように，『経済発展の理論』初版，第7章において提起された「全体としての社会の発展」の観念の具体的適用である．

　シュンペーターにとっても，社会階級の概念は「全体としての社会の発展」において重要な位置を占めるが，それは経済領域に限られるものではなく，さまざまな社会領域におけるリーダーシップの変遷に応じて導かれる開かれたものであった．彼の社会学への関心の焦点の1つは社会階級論であり，それは諸社会領域におけるリーダーシップの位置と時代精神とを結びつけるものであった．この関係が，のちの『資本主義・社会主義・民主主義』における資本主義衰退論の鍵を握るのである．

　彼の『資本主義・社会主義・民主主義』における資本主義崩壊論は，資本主義の経済的機能不全によるというものではなく，資本主義の経済的成功にもかかわらず，その成功のゆえに，非経済領域を覆う時代精神が経済発展に対して敵対的となるという命題であって，全体としての社会体制の進化の社会学的分析を行ったものである．そして，彼の資本主義衰退論は革新のルーティン化によって企業者の英雄的行動が陳腐化し，経済領域そのものが非ロマン化するという歴史的「生」の展望を含んでいる．

(3) 理論と歴史の統合としての制度

　第3の「根本観念」は，「制度」の概念によって社会事象の理論研究と歴史研究との統合を図るというものである．この概念は，19世紀末にドイツおよびオーストリアにおいて起こった理論派（オーストリア学派のメンガー）と歴史派（ドイツ歴史学派のシュモラー）との間の「方法論争」の調停として提起されたものであり，歴史の理論化のための道具である．

　経済学の主題は本質的に歴史的時間の中の独自の過程であるという意味で，歴史は理論より重要であると考えるシュンペーターにとって，歴史学派は，経済学の研究において歴史的・制度的資料の重要性を強調した点で正しかったが，歴史的相対性や歴史的個別性にとらわれて，歴史の理論化を拒否する傾向があった．「制度」の概念は個別の歴史事象を類型化する方法であって，その一般性は「制度」の相対性によって制約されている．したがって，「制度」の概念は，理論化が意味する一般性と，歴史化が意味する個別性との妥協を図るものである．

　理論と歴史を統合するものが「制度」だとすれば，「制度」を扱う経済社会学ないし制度的経済学は，経済理論と経済史とを統合するものであった．彼の経済社会学の定義は次の通りである（HEA, pp. 20-21）．

　(i) 経済社会学の問題．経済理論は経済生活の「制度」的枠組みを与件として成立しており，経済理論は，人々がいかに行動するか，そしてその行動によって経済にどのような帰結が生ずるかを問う．それに対して，経済社会学は，その行動を「制度」的枠組みとの関連によって説明する．

　(ii) 経済社会学の方法．「制度」的条件は，直接には事実を記述する経済史によって扱われるが，同時に「一種の一般化された，あるいは類型化された，あるいは様式化された経済史」によっても論じられる．後者が経済社会学の方法であり，シュンペーターはこれを単純化して，「理論化された歴史」(reasoned history) と呼ぶのを好んだ．それは言いかえれば，「概念的に解明された歴史」(conceptually clarified history) である（BC, Vol. 1, p. 220）．

　(iii) 経済社会学の位置．彼は経済分析の方法ないし用具として「理論・統計・歴史・経済社会学」の4つを並べ，経済社会学の位置を明示した．4つ

の用具のうち，歴史ないし「理論化された歴史」の役割については，『景気循環論』における次の文章ほどそれを明確に語っているものは他にない．その書物は「資本主義過程の理論的・歴史的・統計的分析」という副題を持つ．

「われわれが理解しようとしているものは，歴史的時間の中の経済変化であるから，究極的目標は，恐慌や循環や波動ばかりでなく，経済過程のあらゆる側面や関連についての理論化された（概念的に解明された）歴史に他ならない，と言っても過言ではない．この仕事に対して，理論は単に若干の用具と図式を与えるにすぎず，統計は単に素材の一部を提供するにすぎない．詳細な歴史的知識のみが，個々の因果関係とメカニズムの問題の大部分に決定的な解答を与えることができ，この知識なしには，時系列の研究は不確定なままにとどまり，理論的分析は空虚なままにとどまらざるをえないことは明らかである．」(BC, Vol. 1, p. 220)

(i)(ii)(iii)の全体をまとめて言えば，経済社会学は，「制度」の分析を通じて，理論と歴史を統合するものであって，「制度」という類型概念を基軸に据えることによって，「歴史の一般化・類型化・様式化」，すなわち「歴史の理論化」という経済社会学の方法をより明確にすることができる．経済社会学の構想は，「制度」という具体的な類型概念の利用を通じて，歴史主義が直面する相対主義の危機を克服することにつながる．

シュンペーターの発展のヴィジョンにおける第3の「根本観念」は，ドイツ歴史学派（シュモラー）のアプローチの批判的再構成であった．彼は『経済発展の理論』の大改訂を行った同じ年に，シュモラー再評価の記念碑的論文（1926年）を発表した．彼はシュモラーの研究計画を経済社会学の原型として高く評価し，その研究計画の目標を「思惟的に（理論的に）加工された普遍的歴史としての総合的社会学ないし社会科学」と特徴づけた[28]．

しかし，シュンペーターは，理論と歴史の統合という問題についてのマルクスの貢献を忘れたわけではない．彼は経済学者マルクスを論じた文章の最後にこう述べている．

「［普通の経済学者の場合には，］経済史の事実が理論に取り入れられる際にも，それは単に例証か結論の検証という役割を持つにすぎなかった．事実は理論と単に機械的に結びつけられていたにすぎない．しかし，マ

ルクスの場合の結合は化学的である．すなわち，彼は結論を生み出す議論そのものの中に経済史の事実を導入したのである．彼は，経済理論がいかにして歴史的分析に向けられるか，また歴史物語がいかにして理論的歴史（histoire raisonné）に向けられるかを体系的に理解し，教えた最初の第1級の経済学者であった．」（CSD, p. 44）

これに続けて，シュンペーターは，マルクスが歴史派経済学の目標を設定したという主張があったとしても，それをあえて否定しないとつけ加えている．マルクスもシュモラーも，ともに「理論化された歴史」を「総合的社会科学」の方法と考えたからである．

4 歴史的「生」の2つの考察

『景気循環論』——長期波動の類型化

歴史的「生」に基礎を置く「総合的社会科学」のヴィジョンを大規模に実現しようとした試みとして，彼の2つの著作を取り上げたい．『景気循環論』と『資本主義・社会主義・民主主義』である．

『景気循環論』は，『経済発展の理論』で展開された理論を統計的・歴史的に実証しようとする研究であり，7年の歳月にわたる莫大な精力を費やした．「資本主義過程の理論的・歴史的・統計的分析」という壮大な副題を持ち，2巻合わせて1000ページを超える大著である．一般に，この大著は学界の注目を集めることができず，失敗作であったとみなされている．たしかにその通りであるが，われわれは，それを「理論化された歴史」とはどのようなものかを示す彼自身の苦悩に満ちた試みとして理解すべきである．

シュンペーターは，この実証分析において，「革新」に基づく経済発展の理論の正当性を論証すると同時に，「革新」が資本主義的発展の本質であることをも証明しようとする．かくして，本書の冒頭の言葉は，次のようなものであった．「景気循環を分析することは，資本主義時代の経済過程を分析すること以上でもなければ，以下でもない．」（BC, Vol. 1, p. v）

「革新」を原動力とする経済発展の理論を歴史的現実に適用する際，その

理論モデルは「理論化された歴史」を生み出すような条件を備えていなければならない。重要なものは4つである。

第1に、革新の生起はあらゆる産業部門において均一な形をとるのではなく、特定の主導的産業に集中し、そこから他の部門に波及することによって、全体の経済に影響を及ぼす。したがって、部門分析が要請される。

第2に、経済発展は景気循環を伴いながら非連続的に行われる。革新の可能性は時間的に均一に分布しているのでなく、革新者の先駆と模倣者の追随という群生現象によって、好況・後退・不況・回復の過程が実現する。したがって、景気循環分析が要請される。

第3に、革新の遂行のためには銀行信用が不可欠である。貨幣の増加は限られた主導部門において群生的に現れる革新を実現可能にし、実物の生産構造を揺り動かし、相対価格構造に影響を及ぼす。したがって、貨幣的諸変数を含む貨幣的分析が要請される。

第4に、『経済発展の理論』における経済理論の次元から『景気循環論』における歴史分析の次元に進むためには、単に経済変数に対応する「統計」による検証だけでは足らない。新たに「制度」の諸概念が必要である。この点は特に重要である。彼はモデルの最後の性質として、次のように言う。

「われわれのモデルとその働きは著しく制度的性質を持つことが強調されなければならない。……われわれは私有財産や私的創意だけではなく、両者の特定のタイプを仮定する。また、貨幣・銀行・銀行信用だけでなく、特定の態度・道徳・事業慣習・銀行業界の『しきたり』を仮定する。なかんずく、トラスト資本主義と呼ばれる巨大企業の世界の中や、世論の現代的態度の下では、その範囲や意味を急速に失いつつある動機の図式を仮定する。」(BC, Vol. 1, pp. 144-45)

シュンペーターは資本主義の一般的な定義を行う際には、私有財産制・利潤動機・信用創造の3つの制度的仕組みを挙げている[29]。しかし、資本主義の歴史的過程を扱う際には、このような固定的な制度概念によって対応するのでなく、ものの考え方・価値体系・生活態度などを含むイデオロギーや文明や時代精神をも意味するものとし、その変貌を考慮の中に入れたのである。シュモラーは歴史学派の研究計画を「歴史的・倫理的」接近と定義した際、

「倫理」とは「慣習・法律・道徳」といった制度的枠組みを指すと考えた．シュンペーターの「制度」概念は歴史学派の「倫理」に類似する．この意味での「制度」概念を景気循環分析に取り入れるシュンペーターの独自の発想が，以下で述べるように，「長期波動」概念の適用であった．

『景気循環論』の歴史分析は，1787年から1938年までの150年間について，イギリス・アメリカ・ドイツの3国を対象とし，5つの産業部門（木綿・鉄道・鉄鋼・自動車・電力）における技術革新の継起を扱う．同時に，資本主義の発展に不可欠な制度・組織の革新（工場・株式会社・金融制度）が扱われる．景気循環の振幅や種類をあらかじめ理論的に確定することはできず，専ら経験的事実発見に依存するというのがシュンペーターの考え方であった．そのために，先人たちが発見した事実として，コンドラティエフ循環（約50年周期）・ジュグラー循環（約10年周期）・キチン循環（約40月周期）の3つが採用される．そして，これらを総括して，1個のコンドラティエフ循環は6個のジュグラー循環を含み，1個のジュグラー循環は3個のキチン循環を含むことが推論される．

長期波動概念の意義

かくして，シュンペーターの実証分析は，コンドラティエフの長期波動を大枠として行われるが，長期波動の概念は2つの役割を持った．第1に，特定の技術革新を原動力とするコンドラティエフの波は，その中に含まれるジュグラーの波とキチンの波の生起を分析することによって，経済史や産業史や企業史を記述するための枠組みとなった．理論的には，ジュグラーの波は設備投資の循環を表し，キチンの波は在庫投資の循環を表すものと考えられる．これが「3循環図式」である．第2に，コンドラティエフの波の1つ1つは，画期的な技術革新のパラダイムによって定義されているが，同時に，一定の時代における社会の広範な事象を1つのまとまりを持った単位として分析するための経済社会学的枠組みを与える．言いかえれば，コンドラティエフの長期波動は歴史学派のシュモラーが言う「倫理」によっても特徴づけられるのである．

具体的に見れば，第1の波は1787-1842年の循環であり，いわゆる産業

革命の諸革新(繊維・鉄鋼・蒸気機関)を原動力とする. 第2の波は1843-97年の循環であり, 鉄道の革新に基づく. 彼は第1の波を「産業革命コンドラティエフ」, 第2の波を「ブルジョワ(あるいは鉄道)コンドラティエフ」と呼んだ. 第3の波は1898年に始まるが, 第1次世界大戦によって中断され, 大戦後は世界大恐慌を含む. この長波は電気・化学・自動車の革新を原動力とするが, 彼はこれを「新重商主義コンドラティエフ」と呼び, 保護主義的政策や社会政策の風潮が高まる時代として特徴づける.

長期波動の概念は, シュンペーターが今日の技術革新の研究に残した遺産の1つである. その後の研究によれば, 上記の3つの波に加えて, 第4および第5の波が指摘されている. 第3の波が1930年代から1940年代に終了したとみなして, 第4の波は, 1930-40年代から1980-90年代に及ぶもので,「フォード式大量生産コンドラティエフ」と名づけられる. これは自動車・航空機・耐久消費財・石油化学などを中心とする. 第5の波は, 1980-90年代から始まるものであって,「情報・通信コンドラティエフ」と名づけられ, コンピュータ・電話通信・ロボット・セラミック, データバンク・人工衛星などの技術革新からなる[30]. しかし, 現代のシュンペーター追随者は, これらの長波の基礎に置かれるべき時代精神の推移には注目していない.

50年を1つのエポックとする長期波動の概念は, 歴史的に生起した技術革新の種類を区別するだけではなく, それぞれのエポックの経済社会学的特徴を表そうとする. 時代環境を規定するものは, 以上で指摘したように,「倫理」としての文明やイデオロギーや時代精神である.

経済史家のマクローは, 失敗作に終わった『景気循環論』の内容を再構成し, 3冊の書物として出版すべきであったという意見を述べている[31]. 第1書は,「3循環図式」だけを取り出し, 景気循環論の仮説として提示する. 第2書は, 1920年代および30年代の景気循環の記述を3分の1ほど減らし最近年の経済状況の議論に当てる. 第3書は, 長期にわたる産業別の企業史だけを取り出して, 企業史研究の嚆矢とみなすというものである. 彼の趣旨は, 第3の部分だけを残し, 他の部分を切り捨てるというものであるが, これは, シュンペーターの「資本主義過程の理論的・歴史的・統計的分析」という総合性を機械的に分解することを意味し, 賛成しがたい. 企業史研究が

シュンペーターの歴史の重要性を継承するものであるとしても,長期波動の概念的枠組みから切り離された企業史は,シュンペーターにとって資本主義の「理論化された歴史」と言えるかどうか疑問である.

他方,今日の理論経済学の側では,技術進歩を外生的に新古典派モデルに導入するといった試みに見られるように,数理的形式主義によるモデルが支配的である.こうして,シュンペーターが危惧した歴史と理論との断絶が再び起こっている.

資本主義的発展過程の実証分析を通じて,『景気循環論』が主張する基本的な命題は次のようなものである.

> 「資本主義は本質的に(内生的)経済変化の過程である.その変化がなければ,あるいはもっと正確に言えば,われわれが発展と呼ぶ種類の変化がなければ,資本主義社会は存在しえない.なぜなら,その機能が停止するならば,経済的機能,およびその機能と同時に,資本主義のエンジンを動かしているその社会の指導的階層の経済的基礎が崩壊するからである.イノベーションがなければ,企業者は存在しないし,企業者活動がなければ,資本家への報酬は存在しないし,資本家の推進力も存在しない.産業革命——すなわち『進歩』——の雰囲気こそが,資本主義が生きのびることのできる唯一の条件である.……この意味で,安定した資本主義というのは言葉の矛盾である.」(BC, Vol. 2, p. 1033)

「資本主義は生きのびることができるか」という重い問いに正面から答えるのが,次の著作『資本主義・社会主義・民主主義』であった.

『資本主義・社会主義・民主主義』——革新の長期的帰趨

シュンペーターは『資本主義・社会主義・民主主義』(1942年,第2版 1947年,第3版 1950年)において,経済領域と非経済領域との間の相互作用を基礎にして,資本主義経済発展の将来を展望する本格的な経済社会学を展開した.前著『景気循環論』は,長期波動を概念的枠組みとしながら,「革新」を担う企業者の活動の記録を経済史・産業史・企業史として展開するものであったが,その枠組みに同時に期待されていた「制度」の経済社会学的分析は不十分であった.その課題は,「革新」がいかに生起するかでは

なく,「革新」がいかに「制度」と適合的でありうるかを問うことであった.

彼の考えによれば,資本主義における経済発展は,人間の創造的意志の表れとしてのイノベーションを原動力として驚異的な成功を収めたが,その成功のゆえに,技術革新は経済システムの中にビルト・インされ,自動化され,またそれがもたらした豊かさのゆえに,時代精神は冒険的環境にとって敵対的な雰囲気を作り上げ,人間の創造的インセンティブを衰弱させるものとなった.これが「資本主義の成功ゆえの衰退」という命題である.この資本主義変貌論は,経済の合理化の結果,経済の世界が企業者精神という非合理主義・ロマン主義の人間活動の余地を失っていくというものである.英雄主義の企業者精神と合理主義のブルジョワ精神との非両立が,シュンペーターの命題の基本的アイディアである[32]).

「資本主義の成功ゆえの衰退」というパラドキシカルな命題は,シュンペーターにおけるロマン主義的思考の所産である.静態と動態,適応と革新を結合した彼の経済理論は,経済発展という不滅の命題を確立した.しかし,彼が「ロマン的ポエジー」の総合化の精神に導かれて,いっそう包括的な観点を求めて経済学の領域を超えた社会学の次元に立つとき,経済学的命題を相対化し,経済発展の自己崩壊という「ロマン的イロニー」が生み出されるのである.

シュンペーターは,資本主義が生活水準の向上という仕事を成し遂げた後,高度の合理化された経済を土台として,経済至上主義のライフ・スタイルから脱却することのできる体制が来るはずだと考えた.そこでは,企業者精神に基づく経済発展はもはや本質的に必要ではないから,「企業者のなすべき仕事は何も残されていない.……人間のエネルギーはビジネスから離れていくであろう.」その代わりに,「経済的な仕事以外のものが頭脳を引きつけ,冒険の機会を与えるであろう.」(CSD, p. 131)

彼の資本主義変貌論が資本主義体制の危機を予測したものだとすれば,それはイノベーションがもはや市場経済において枯渇したということではなく,イノベーションがルーティン化してしまい,経済発展の外形は維持されるものの,そこに含まれていた英雄的精神が失われるということにある.イノベーションがルーティンの打破からなる以上,イノベーションが経済分野にお

いてルーティン化するというパラドキシカルな状態は，非経済分野におけるイノベーションによる新しい局面の打開を要請する．経済領域に残された姿は，経済学の静態理論が彫琢してきた効率的な静態経済である．たとえ「イノベーションのルーティン化」によって，経済領域において外見的に革新の導入が続いたとしても，それはいわば管理された革新であって，英雄的ロマン精神を満足させるものではない．その結果，豊かさを実現した社会では，革新の担い手はロマンの余地がなくなったビジネスの世界を去って，いっそう魅力的な領域を求めるであろうというのである．今後，イノベーションは非経済領域に新しいフロンティアを見出すであろう．それは経済優位のイノベーションというよりも，政治・社会・文化・芸術・情報などの領域を改革するものとなろう．

　このような分析は，社会全体という包括的な視野の下で，合理主義とロマン主義との交錯を追跡することによって，新しい社会の発展の姿を描いたものと言えよう．ウェーバーは人間を「鉄の檻」に閉じ込める合理主義の帰結に警鐘を鳴らすにとどまったが，シュンペーターは人間解放のロマン主義的解決を提起したのである．それは「発展」と「社会生活の統一性」という2つのロマン主義・歴史主義の契機を維持しつつ，「生」に対する啓蒙主義・合理主義のルーティン化した非人間的・破壊的帰結を克服しようとするものであった．

　人間の「生」は多元的であって，「生」の革新は経済という伝統的な領域に限られるものではない．人類が経済における「イノベーションのルーティン化」というパラドックスにもかかわらず，なおしばらくの間，「管理された資本主義」という形で経済発展を追求する努力を続けたとしても，シュンペーターがそのような「合理化された因習」に抵抗する「生」のあり方を社会の歴史的進化の中に見出したことの重要性は失われるものではない．彼にとっては，そのような「歴史的『生』」のあり方こそがロマン主義に他ならないのである．

5 根本観念から哲学的世界観へ

啓蒙主義と反啓蒙主義

　ここで先の第 4-1 図に示した「議論の構成」に立ち返り，(2) の段階に進むことにしよう．(1) の段階は，シュンペーターの「包括的なヴィジョン」を「革新・社会的統一・制度発展」という 3 つの「根本観念」として特定し，これらが彼の経済学や社会学として展開されるものとみなした．次の段階は，社会科学の次元から哲学の次元に移行し，「哲学的基礎」の検討を通じて，彼の「包括的ヴィジョン」や「根本観念」を生み出す「哲学的世界観」を明らかにすることを目的とする．同時に，それによって，彼の理論が哲学の次元において主流派経済学とどのように異なるかを比較することができよう．

　古典派経済学は，18 世紀のヨーロッパにおいて，啓蒙主義を哲学的背景として確立された．古典派理論は，その対象が当時の経済・社会条件によって制約されていたが，経済学の支配的パラダイムがどのようなものであるかを示すことに成功した．新古典派経済学も，哲学的基礎に関する限り，同じ路線に立った．啓蒙主義の「哲学的世界観」は，合理主義・実証主義・経験主義・客観主義・自然主義などの異なるニュアンスを持った言葉で言い表されるが，これらのものが主流派の古典派および新古典派の思考を支配した．啓蒙主義は自然科学を模範にした「社会科学の哲学」であった．シュンペーターの「発展」の観念，およびその基礎にある「精力的人間」の観念は，啓蒙主義の基礎的哲学とは起源を異にするものであって，啓蒙の科学的世界観の枠内では異質な要素としてしか理解することはできない．

　18 世紀の末になると，強力な反啓蒙主義の思潮が現れ，理念主義・主観主義・歴史主義・ロマン主義などが，主としてドイツにおいて，自然科学的世界観に対抗する形で発展を見た．カントの「コペルニクス的転回」以後の哲学は，フィヒテ，シェリング，ヘーゲルなどを含むドイツ観念論の展開を生み，反啓蒙に対して哲学的基盤を与えた．この思潮の重要な帰結は，自然科学から区別される人文・社会・歴史科学のための存在論および認識論の出現であった．

分析哲学と大陸哲学

 啓蒙主義と反啓蒙主義との対立は，今日の言葉で言えば，「分析哲学」と「大陸哲学」との対立によって表すことができる．単純化・戯画化の嫌いはあるが，両哲学の基本的な相違点を挙げよう[33]．

 「分析哲学」は次のような命題を主張する．
 (1) 知識における理性の優位
 (2) 対象の構成要素への分析・還元
 (3) 人間および世界の機械論的隠喩
 (4) 歴史の捨象による知識の一般性と普遍性

 それに対して，「大陸哲学」は次のような反対命題を主張する．
 (1) 知識における感情・直観・意志の重要性
 (2) 対象の全体論的把握
 (3) 人間および世界の有機体論的隠喩
 (4) 知識の歴史性と多元性

 このような対比を念頭に置くと，新古典派経済学によって代表される主流派経済理論は，社会科学における「分析哲学」の代表選手であったと言えよう．まず消費選好と生産技術を与えられたものとして，効用および利潤の極大化を求める合理的個人が想定される．これらの経済主体は理性に基づく意思決定を行い，市場における需給および価格の調整作用を通じて，市場均衡に到達するとみなされる．このような理論は，経済世界を合理性・原子的個人・一元的価値から成る機械論的秩序とみる．その秩序は一般性と普遍性を持ち，歴史的相対性を含まず，一連の方程式体系の解として表現される．

 それに対して，反啓蒙主義の立場は，機械論的秩序に対して有機体論的過程を構想し，人間行動の動機を単なる理性に基づく計算ではなく，理性・感情・直観・意志・想像といった全幅的な人間精神に照らしてとらえる．世界は合理性によって割り切れるものではなく，一方で，創造性と想像力に溢れた主体を想定し，他方で，不確実性とリスクによって覆われた世界を想定する．そして，時代および共同体を基礎とした知の歴史性，非通約性が強調される．人間の精神が「理性・感情・意志」から成るのに対応して，それらの

社会的所産はさまざまな側面を持つ歴史的な事象や思想である．歴史的世界は抽象的な理性によってはとらえることはできず，精神と社会との間の有機的な相互依存関係から成るとみなされる．経済学においても，このような反啓蒙の立場から，社会主義経済学，ロマン主義経済学，歴史派経済学，主観主義経済学，制度派経済学，経済社会学などが，主流派に対して挑戦を試みてきた．

科学世界と生活世界

「分析哲学」と「大陸哲学」との対立的外観にもかかわらず，両者は必ずしも両立しないものではない．上述のような相違が生ずるのは，両者が知識に関する異なった問題関心から出発し，異なる問題設定をしているからである．「分析哲学」が科学的知の妥当する「科学世界」を対象とするのに対して，「大陸哲学」はそれに先行する「生活世界」を出発点とする．前者がかかわる知を「科学」と呼ぶならば，後者がかかわる知は「前科学」である．

ハイデガーの言葉を借りるなら，「前科学」は，「科学」が取り組むことになる「対象」や，それを扱う「視点」や，それを表現する「概念」をあらかじめ「先行構造」として，試行錯誤的に提起するという役割を持つ．それに対して，「科学」は，すでに一定のパラダイムを持った「科学世界」において，特定の問題と方法に従った謎解きの活動である．「科学」における論証的論理とは対照的に，「前科学」では説得的レトリックが用いられる．問題は，「大陸哲学」の「先行構造」に対応する知識が「科学」のパラダイムとして認知されていないことである．

経済学のあり方を批判的に構想する際に求められるのは，経済学の「先行構造」を提起することである．哲学者ハイデガーはこのような「先行構造」の提起を存在の「投企」と名づけた．経済学者シュンペーターはこれを理論に先行する「ヴィジョン」と呼んだ．

20世紀の経済学者の中では，シュンペーターは数少ない「大陸哲学」の実践者であった．彼は専門の哲学者ではなかったし，また反哲学者を自称し，表向きには形而上学を嫌った．彼は理論派の最先端を行く「アンファン・テリブル」として学界に登場し，理論的・実証的経済学者として振舞った．し

かし，実際には，彼の「ハビトゥス」は「大陸哲学」に馴染んだものであった．彼は社会に関する知の中で，歴史を最も重要視する「大陸哲学」の無意識的実践者であって，とくに彼がドイツからアメリカに移住した後は，実証的経済学の装いのもとで，「大陸哲学」に基礎を置く経済社会学の構想をアングロサクソンの世界に導入するという役割を演じた．彼は，経済静態および経済動態の経済学と並存する経済社会学という具体的学問を通じて，「分析哲学」と「大陸哲学」との融合を図ったのである．

「科学世界」の基準に従えば，「分析哲学」の基準を超える「大陸哲学」の加重な積荷は棄てなければならない．そうでなければ，時代によって受け入れられない．先に述べたように，彼は主観的にはしばしば2つの哲学の間を揺れ動き，できるだけ「大陸哲学」の匂いを抑えようとした．しかし，彼は生涯，社会学的視野に基づく総合的社会科学のヴィジョンを放棄することはなかった．

「分析哲学」と「大陸哲学」とを相互に排他的なものと考えることは誤りであろう[34]．両者の間には，実際の作業を通ずる融合の可能性は大いにあるからである．シュンペーターはその一例である．

シュンペーターにおけるロマン主義と歴史主義

上述の「大陸哲学」の一般的観念を背景に置いて，シュンペーターの総合的社会科学のヴィジョンを哲学的にもっと特定された形で記述することが必要であろう．われわれの解釈は，彼はドイツ・ロマン主義と歴史主義の2つを受け入れ，その限りにおいて「分析哲学」から離反したというものである．ロマン主義と歴史主義はある程度互いに重なり合うが，対立する局面も持つ．それぞれは独自の思想であって，「大陸哲学」の不可欠の構成要素である．シュンペーターがこの2つの思想をどのように変容させつつ受容したかを説明しよう．

彼は，経済学が人間の満足や幸福を価値規範とする功利主義と深い関係を持つことに注目し，ロマン主義を功利主義に対する対立思想として位置づけた．功利主義が人間を快楽を希求し，苦痛を回避する計算的理性ととらえるのに対して，ロマン主義は感情や衝動や直観や想像を重視する．本章・第1

節で見たように,彼はロマン主義的態度を「反知性主義」として総括する.それは知性や思惟の役割を否定するのではなく,「理性・感情・意志」からなる全幅的な「生」の連関を前提として,人間の活動には合理性以外の多様な動機づけが存在することを主張するものであって,知性への偏向を否定するのである.「反知性主義」の裏面は,「生」における精神の多元性の主張である.

「革新」に基づく「発展」という彼のアイディアは,経済の領域において,功利主義的世界像とロマン主義的世界像との対照を狙ったものである.主流派経済学が確立した静態経済は,平均的人間の適応的行動と功利主義的計算に基づいて編成されるのに対して,シュンペーターの動態経済は,少数の人間の精力的活動と非合理的動機づけによって生み出される.人間は不確実性と周囲の抵抗に直面するが,この類型の人間は困難を克服するのに十分な精力と意志と想像力を持つ.そして,彼らを「革新」に駆り立てる動機は,合理的経済人の欲求充足ではなく,「私的帝国を建設しようとする夢想と意志,闘争意欲,創造の喜び」である.「快楽的人間と精力的人間」の二分法は,経済学の根底に功利主義とロマン主義,合理主義と非合理主義という対立項を導入する巧妙かつ大胆な方法であった.しかも,その二分法は静態論と動態論との分裂をもたらすのでなく,適応と革新という経済的機能の統合をもたらすのである.これが,カーライルの言う「メカニックス」に対する「ダイナミックス」の関係である.

シュンペーターにおける最も基本的なロマン主義的要素は,経済社会の有機体論と人間類型論である.2つの人間類型に基づいて,「総合」を通ずる「発展」というロマン主義の基礎的公準(ロマン的ポエジー)が社会学的命題として打ち立てられる.「総合」を通ずる「発展」,すなわち有機体としての「社会生活の統一的発展」は,われわれがシュンペーターの3つの「根本観念」の1つとみなしたものである.本章・第1節で見たように,シュンペーターがロマン主義思想の適用可能性を検討した際,その可能性を認めたのはロマン主義的社会学としてであった.彼の経済社会学は,経済理論の結論を相対化するというもう1つのロマン主義の基礎的公準(ロマン的イロニー)を生み出すこととなった.彼の「創造的破壊」の観念は,経済の静態的

秩序が動態における革新的創造によって破壊されることを意味すると同時に，今度は，経済の自己発展そのものが全体としての社会的視野の下では変容せざるをえないことを意味する．

経済理論の対象は，静態・動態の人間活動から構成された歴史的・社会的事象としての経済である．しかし，歴史は経済のみの記録ではなく，あらゆる社会領域の相互依存関係によって生み出された総合的な記録である．歴史は発展現象を反映すると同時に，その中に経済的事実と非経済的事実との間の相互依存関係を反映している．そして，このような歴史は全幅的な人間精神の客体化された所産に他ならない．したがって，歴史の多元性は，理性優位の啓蒙主義によってではなく，全幅的な人間精神の多元性を鼓吹するロマン主義によって，適切にとらえられるのである．ここに歴史主義とロマン主義との親和関係が見出される．経済学にとってのロマン主義思想の意義は，それが歴史研究を通ずる包括的理論の構築に刺激を与えるという点にある．経済発展は永久運動機械のように自動的に永続するメカニズムではないというシュンペーターの考え方は，歴史的視野の下で導かれるものであって，彼の思想を「歴史的『生』のロマン主義」と呼ぶことができる．

シュンペーターは歴史主義について綿密な考察を行っている．彼はドイツ歴史学派の基礎的観点を次の6つに要約する（Epochen, pp. 110-13）．

(1) 発展の観点
(2) 社会生活の統一性の観点
(3) 人間動機の多元性の観点
(4) 有機体的・全体的観点
(5) 事象の一般的性質よりも具体的・個別的関連に対する関心の観点
(6) 知の歴史的相対性の観点

これは歴史主義についてのきわめて巧みな要約である．これらの観点はいずれも，歴史派経済学が批判の対象とした新古典派経済学の基礎的前提と対照的である．

シュンペーターがこれらの6つの主張のうち最も重視するのは，歴史事象が発展現象と社会生活の間の不可分な相互依存性を反映して，その根底に人間動機の多元性を認める点である．すなわち，(1)(2)(3)の観点である．この

3点は，彼が歴史学派と共有するロマン主義の命題であり，総合的社会科学の構想の基礎に置いた考え方である．

　(4)(5)(6)の観点は，「方法論争」において争点となった歴史学派の挑発的な主張であるが，彼はこれらの主張を極端な形では受け取らず，歴史事象を類型・制度概念によって理論化するという方法，すなわち「理論化された歴史」を経済社会学の接近として提案した．これが上述したように，理論と歴史の統合としての「制度」という彼の「根本観念」の1つに他ならない．

　マイネッケは歴史主義を「発展的思考」と「個性化的思考」によって定義し，啓蒙主義における「完成的思考」および「一般化的思考」と対比した[35]．これは，あまりにもわずかな標識によって歴史主義を定義しようとするものであって，上記の(1)-(6)のうち，(1)と(5)のみを取り上げるにすぎない．マイネッケにおいては，個別的なものは無限の可能性の中から現実に現れたものであり，発展においてのみ自己発現すると考えることによって，「個性」と「発展」とが結びつけられている．しかし，歴史主義におけるロマン主義的要素としては，(1)(2)(3)に見られるような「総合」と「発展」との結びつきが確認されなければならない[36]．

6　哲学的世界観から存在論へ

知識社会学と存在論

　われわれの議論の第3段階は，シュンペーターの「哲学的世界観」として取り上げたロマン主義と歴史主義から「存在論的基礎」に向かうことである．これまでに述べたように，われわれは彼の「包括的ヴィジョン」を社会科学的「根本観念」および「哲学的世界観」の2段階にわたって説明した．シュンペーターをロマン主義思想家として解釈するには，以上の議論で十分であると思われる．以下の議論は，シュンペーターを超えて，ロマン主義思想そのものを「プレ理論」として発想する存在論的根拠を解明しようとするものである．その際，シュンペーター自身がそのような試みに大きな貢献を果たしていることを明らかにしたい．

前科学的次元において，知の「先行構造」としてヴィジョンが形成されるということは，科学的知の「対象・視点・概念」があらかじめ提起されることを意味する．この「先行構造」を説明するものとして，知識社会学と存在論の2つの接近が考えられる．知識社会学は，知識が学問の内面的・自律的展開のみに依存するのでなく，社会的諸要因によって規定される関係を論ずる．存在論は，存在するということはどういうことかを問うことを通じて，知の主題化の経緯を哲学的に論ずる．シュンペーター自身は知識社会学の問題としてこれを扱ったが，われわれはより一般的な存在論として問題を展開することにしたい．

「分析哲学」としての論理実証主義の立場においては，知の「対象・視点・概念」がどのようにして設定されるかを論ずることは，「正当化の文脈」に先行する「発見の文脈」に属することであって，科学哲学の仕事ではないとみなされる．「正当化」とは，完成された理論について，理論構築の手続き・仮説の検定・確証・評価の仕方を説明し，「発見」とは，理論や仮説の着想・発生・起源を説明する．「発見の文脈」は，科学哲学のテーマではなく，辛うじて知識社会学や伝記の分野において好事家のテーマとなるにすぎない．知識社会学ないし科学社会学は，知識や科学が社会階級としての科学者集団によって，社会現象として，社会制度を通じて生み出される姿を分析する学問である．ドイツに生まれた知識社会学の発想は，知識や科学がさまざまな社会的存在と関連を持つことに着目するものであって，社会現象の全体としての統一性・不可分性を主張する歴史主義の実践例である．

ヴィジョンとイデオロギー

シュンペーターは科学史（経済学史）の研究と平行して，科学社会学による接近を試み，科学の「先行構造」の設定を，「ヴィジョンとイデオロギー」という対概念および「学派」という社会学的概念によって説明した[37]．彼はイデオロギーという言葉を政治的・道徳的価値判断という通常の意味で使うのではなく，科学の「先行構造」としての先入観ないし問題意識を指すものとして使う．それは科学の成立にとって不可欠なものである．それに対して，ヴィジョンは伝統的な理論とは異なる革新的な問題像を「先行構造」として

提起することをいう．ヴィジョンもイデオロギーもともに理論の「先行構造」であり，前科学的行為である．それらは，特定の問題設定を「意味・意義・価値」があるものとして認識する．ただし，ヴィジョンが革新的・冒険的であるのに対して，イデオロギーは伝統的・慣行的な先入観である．この対概念は，知が「将来の創造」と「過去の伝統」という二重の契機を持つことを強調する．シュンペーターにとって，この二重の契機は，経済世界における「革新と適応」の対概念とパラレルである．また，知識社会学のテーマとしての「学派」の形成は，経済における革新の生起と追随者の群生の現象と類似のものである．

知のヴィジョンないし「先行構造」を生み出す存在論的プロセスを探し求めるに当って，われわれはここで歴史主義とロマン主義が探求の岐路を与えていることに気づく．歴史主義が説くように，「知」と社会的存在との統一性に照らして考えるべきか，それともロマン主義が説くように，「生」の根源としての人間精神の飛躍に照らして考えるべきか．実は，初期の知識社会学には，カール・マンハイムの歴史主義的接近とマックス・シェーラーの現象学的接近の2つがあった[38]．前者は，歴史主義の実践として，知識が社会的存在によって拘束されていることを問題とするが，後者は，直観による直接的体験という「生」の哲学を知識の基礎とする．両者は矛盾するものではなく，知の形成に当っては，ヴィジョンとイデオロギーの関係のように，将来に向けての革新と，過去からの因習という対概念が成立する．先入観の二元的構造と言うことができよう．両者を統合する接近として，存在論の枠組みを取り上げることにしよう．

存在論的解釈学

社会科学においては，社会現象の「観察者」は同時に社会現象の担い手としての「行為者」である．「観察者」と「行為者」との一体性は，ハイデガーが「現存在」と名づけたように，自分自身の理解と対象の理解とが一体性を持つことを意味する．人間のみが，存在するもろもろの事象の「意味・価値・意義」を設定することができる．経済学の主題を決め，経済学のあり方を考えることは，他人事ではなく，めいめいの人間の生活態度の問題である．

ここで最も簡単な存在論的解釈学への入門を述べておこう[39]．

解釈学はテクストの理解・解釈の学である．解釈学は古代ギリシャ以来の長い歴史を持つが，それが現代哲学において意義を持つようになったのは，19世紀末にディルタイが解釈の対象をあらゆる歴史的客体物に拡張し，解釈学を人文・社会科学の方法的基礎に置こうとしたためである．解釈学の原理は「解釈学的循環」と呼ばれるものであって，主観と客観，部分と全体，精神と社会，個人と制度，歴史的事象と心理的事象，などの間に相互依存的な確証の作用を認める．

その後，ハイデガーは解釈学を存在論構築のための接近として再構成を試みた．彼は存在者と存在とを区別し，存在者の「存在的分析」と「存在論的分析」とを区別した．「存在的分析」とは，具体的な個別科学において，対象としての存在者を経験的に分析することをいう．「存在論的分析」とは，哲学において，存在者の存在の意味をアプリオリに分析することをいう．さまざまな存在者の中で，人間という存在者は，あらゆる存在者の存在の意味を理解し解釈することができるという意味で，特別であって，ハイデガーはこのような人間を「現存在」（Dasein）と名づけた．「現存在」は存在の意味の源である．

「現存在」は世界の中にすでに存在することによって，漠然とした存在の理解を持っている．ハイデガーの存在論は，この漠然とした平均的な存在理解を意識的に磨き上げることによって得られる．彼の磨きの掛け方は，「現存在」の本質を時間性と定義するというものである．「現存在」が存在理解に当って異なる時間的視野を取るならば，存在のイメージは異なったものとなる．これが，彼の主著『存在と時間』（1927年）のタイトルの意味することである[40]．

「現存在」すなわち人間は，一方で，過去に起ったさまざまな要因によって制約されており，世界の中に「投げ込まれている」という意味で「被投」（Geworfenheit; thrownness）の状態にある．しかし，他方で，人間は意志と行動を通じて，将来に向けて新しい展望を開くことができるという意味で，みずからの可能性を「投企」（Entwurf, projection）する立場にある．もし人間が過去からの習慣やしきたりにとらわれて，「投企」なき「被投」の状

態にとどまるならば,「頽落」の生に陥る.過去からの制約の中で,「死に臨む存在」として,将来への創造に向けて,現在を生きることが本来的生き方であるという.「投企」と「被投」からなる「存在了解」のあり方が,知の主題化を決定し,知の「先行構造」を与える.知のヴィジョンとは,存在の意味を「投企」することである.言いかえれば,対象の「意味・意義・価値」を構想することによって,学問が取り上げるべき「対象」や「視点」や「概念」を提起するのである.

7　ハイデガー＝シュンペーター・テーゼ

解釈学的命題

　解釈学の哲学を構築したのはハイデガーであるが,社会科学の領域において解釈学に実体的内容を取り入れたのはシュンペーターである.このような理解に基づいて,「ハイデガー＝シュンペーター・テーゼ」と呼びうるものを提起することができる[41].啓蒙主義が自然科学を模範とした「社会科学の哲学」であるとすれば,以下の一組の解釈学的命題は,それに取って代わるべき「社会科学の哲学」を意味する.

　(1)異種同型的二元性.ハイデガーとシュンペーターには,共通して次のような人間存在およびその帰結の二元的把握がある.ハイデガーの言葉では「投企と被投」,「躍動と頽落」,シュンペーターの言葉では「革新と適応」,「精力的と快楽的」,「動態と静態」,「ヴィジョンとイデオロギー」.これらの対立項は,芸術・思想・道徳・歴史・制度など,理解と解釈を必要とする社会生活のさまざまな領域において,形相を変え,名称を異にして,繰り返し現れる.これを存在論における「異種同型的二元性」(isomorphic duality)と呼ぶことができる.これらの対立項は,偶発的・局所的な現象を印象づける単なるレトリックではなく,存在論への解釈学的接近における普遍的契機を表している.人間存在におけるこの二元性を生むものは,ロマン主義的世界観と歴史主義的世界観との緊張関係である.

　(2)被投的投企者としての現存在.「投企と被投」などの対立項は,「過

去・現在・将来」の時間軸に臨む「被投的投企者」としての「現存在」の存在了解によって設定される．「投企」と「被投」との間の双方向の関係は，「現存在」における「解釈学的循環」によって形成される．交互作用と相互支持を通じて知を形成する「解釈学的循環」は，知の「基礎づけ主義」を否定する．解釈の対象はテクスト・作品・思想・体験・制度など多岐にわたるが，解釈はつねに人間の実存的ないし類型的特徴と関係づけられる．シュンペーターは社会科学の基礎前提として「動態的・静態的人間」の概念を使い，ハイデガーは「本来的・非本来的人間」の概念を使うが，ともに全幅的な人間精神を前提とする．

(3) 知の先行構造としての存在了解．「投企と被投」のはざまに置かれた「現存在」の「存在了解」は，知の「先行構造」を与える．「投企」は「過去・現在・将来」の三次元の時間軸のみならず，異なる社会活動の諸領域をも対象とする「解釈学的循環」の作用を含む．「先行構造」は先行的「対象」把握（Vorhabe），先行的「視点」設定（Vorsicht），先行的「概念」形成（Vorgriff）から成る[42]．「先行構造」ないし「プレ理論」の全体によってイメージされる解釈の「目標」（Woraufhin）」が，諸科学の根底に置かれるべき「存在の意味」に他ならない．存在論の実存的基礎は「現存在」の「投企と被投」である．

(4)「投企」の性質．「投企」ないし「革新」は，将来に対する光の照射であり，可能な将来を現実としてあらわにするものであって，将来に関する知識の形成である．その動機は自己の可能性を先駆する決意であり，その本質は達成である．言いかえれば，自己の能力の発揚，野望や夢想や意志の実現である．それは可能性の束としての「存在の意味」を実現することである．「投企」は，結果の効用計算に基づかない非功利主義的行為である．将来の不確実性の下で，「投企」や「革新」を支える予測的根拠は皆無である．シュンペーターによれば，創造行為の特徴は「革新性・不確定性・不連続性」である[43]．人間にとって，慣行の制約から離脱することは巨大なエネルギーを必要とする．少数の者だけがそれを行うことができる．ハイデガーには「革新」の概念はないが，「飛躍」ないし「跳躍」の概念があり，それは存在の本質の極限的な「投企」と規定される[44]．

(5)「被投」の性質．「被投」は，「現存在」が与えられた世界の中に世界内存在としてとどまることである．歴史・伝統・慣行の拘束の下で，適応的・平均的人間は同じ生活を繰り返す．これは「静態」ないし「頽落」の世界である．しかし，「被投」や「静態」は否定されるべきものではない．それは「投企」や「動態」と同じように，社会において不可欠の機能を演ずる．創造的破壊と秩序維持とは補完的である．言いかえれば，2つの人間類型は三次元の時間軸を統合するための必要な行為主体である．

社会科学的意味・関連

(6)存在了解の社会科学的契機．人間が「世界内存在」としてその中に投ぜられているハイデガー的世界は，個々人にとって強制的な枠組み（Ge-Stell）であるが，社会科学的観点から見れば，「理念と制度」が世界の歴史的・社会的地層を実体的に作り上げている．「精神と社会」の関連を問う社会科学においては，「理念」は「精神」を類型化したものであり，「制度」は「社会」を類型化したものである．そして「理念」は「制度」から社会的に抽出されたものであり，「制度」は「理念」を社会的に定着させたものである．このような「理念」と「制度」との連関が，社会科学的地平における「解釈学的循環」を作り上げる．「存在了解」における「投企と被投」は，「制度と理念」という社会科学的地盤の上で行われる．言いかえれば，「投企と被投」の対概念は無媒介のまま哲学的に対置されるのではなく，「理念と制度」を媒介者として歴史的に結びつけられる．

(7)科学的観念の継承的発展．ハイデガーのいわゆる「転回」（Kehre）は，前期ハイデガーから後期ハイデガーへの転回を意味するものであるが，「現存在」の「投企」による存在の賦与と，存在の「本来的生起」（Ereignis）による存在の真理の実現との関係を指す．「転回」の考え方によれば，「現存在」の主体性に依拠する「投企」の主導性を制約する形で，過去の一連の存在賦与による「被投」の中から存在の真理があらわになる．「投企」はその呼びかけに呼応しなければならない．これは「被投」の重要な役割である．シュンペーターにおいては，歴史上の理論の全体は新たな生命を吹き返す可能性を持っており，過去の理論が前向きのヴィジョンと結合するとき，「科

学的観念の継承的発展」(filiation of scientific ideas) が生まれる．こうした理論の「継承的発展」の発見によって，科学は連続性を獲得する．外見的には非連続的な科学革命にもかかわらず，知の継承関係は知の全体性と体系性を再構築する契機であって，真理は歴史的視野における全体性と体系性の模索を通じて成立する．解釈学の素材は知の歴史の中に見出される[45]．

(8) 残された課題．「投企と被投」の分析によって示唆される社会科学の中心的課題の1つは，「合理性と時間」との関係を再検討することであろう．近代科学は非歴史的・現在中心的観点から，目的・手段の合理性を前提として発展してきた．経済学においては，効用の現在値の極大化を図る合理的個人が前提とされた．「合理性と時間」との関係を生活世界の観点から再考することが，解釈学的存在論が示唆する社会科学の課題である．制度・慣行・価値が個人の行動や信念を形成するという事実を踏まえるなら，合理性は抽象的個々人の孤立的な規範としてではなく，経路依存的かつ経路破壊的な社会の規範として緩やかに限定的に解釈されなければならない．「合理性と時間」というテーマは，ハイデガーの『存在と時間』の題名と比較されるべきものであろう．

歴史的「生」の経済学

以上のいくつかの命題は，存在論を経済学に近づけるために，言ってみれば，ハイデガーをシュンペーターによって翻訳したものである．同時に，シュンペーターが経済理論，経済社会学，経済学史において達成した特異な業績は，究極的には彼の存在論的コミットメントとして解釈されるものであろう．解釈学の持つ洞察は，シュンペーターの広範な「精神と社会」の理解を通じて，経済学に取り入れることができる．彼の「歴史的『生』の経済学」に関して，解釈学的命題の検討を通じて明らかにされたと思われる点は，次の通りである．

人間の創造性は，それ自身では天才の伝記のテーマとはなりえても，社会科学のテーマとはならない．何らかの「制度」の枠組みがあって初めて，その枠組みを通ずる創造的な「投企」が世界内への「被投」と関連づけられ，社会秩序の発展が観念されるのである．同じことは，人間類型としての「精

力的と快楽的」，行為類型としての「革新と適応」についても言えるであろう．「制度」の特定があって初めて，「精力的人間」の「革新」の行為が具体的な社会科学のテーマとなる．「制度」は「理論化された歴史」の方法であり，歴史と理論との統合の道具である．歴史的「生」とは，没歴史性の理論の中の「生」でもなく，没理論性の歴史の中の「生」でもなく，「制度」の歴史的変貌過程の中に生きる「生」である．もちろん，その「生」は，歴史的変貌の中に他律的に置かれるのではなく，他律的制約と戦いつつ歴史的変貌を主体的に形成するのである．

シュンペーターの資本主義変貌論は，世紀的スパンを超えた脱経済の展望を生み出した．彼は「1世紀といえども短期である」と述べた（CSD, p.163）．それは「イノベーションのルーティン化」というイロニーを指摘すると同時に，「制度」としての資本主義そのものを克服されるべき「被投」としてとらえ，人類にとって新しい「投企」を試みる方向を予言したものである．これは「歴史的『生』の投企」と呼ぶことができよう．

ここでは，主として存在論の観点から議論をしてきたが，別のところで，認識論の観点からシュンペーターの総合的社会科学の構造を論じた．それは「理論・メタ理論・プレ理論」という枠組みによって，彼の特徴的な観念を「経済社会学・道具主義・レトリック」として特徴づけるものである[46]．次にこの視点を加えることによって，本章の結語としたい．

8　理論・メタ理論・プレ理論

精神と社会への2構造アプローチ

シュンペーターの業績は広範囲に及び，「総合的社会科学のヴィジョン」に相応しい規模を持つ．ここでは，それを「理論・メタ理論・プレ理論」の3つの体系として総括しよう．

「理論」とは，研究対象としての現実について，一定の手続きに基づいてモデルを構築したものである．「メタ理論」は，「理論」を研究対象とし，「理論」の諸特性を哲学的・歴史的・社会学的に解明するものであって，「理

第 4-2 図　4つの知の体系

(1) 理論	(2) メタ理論	(3) 哲学	(4) プレ理論
経済社会学	科学社会学	認識論	レトリック
経済動学	科学史	存在論	ヴィジョン
経済静学	科学哲学	価値論	イデオロギー

論」の「理論」である．「メタ理論」は「メタ」の語が意味するように，「理論」が出来上がったあとから，「理論」について論ずるものである．それでは，「理論」はどのようにして構築されるのであろうか．それなりの手段や方法がなければ，まったくの無から「理論」を構築することはできない．「理論」に先行する何らかの知識が不可欠である．われわれはこれを「プレ理論」と呼び，「理論」および「メタ理論」から区別する．

第 4-2 図に(1)理論，(2)メタ理論，(4)プレ理論の３つの体系と，各体系の構成要素が図示されている．(3)哲学の体系は説明の補助のために書き込まれている[47]．この３つの体系的枠組みを考える目的は，シュンペーターという思想家の広範囲な思想的努力を組織化し，あわせて彼の思想の現代的レレバンスを指摘することである．

最初に，(1)の「理論」の体系は「経済静態論・経済動態論・経済社会学」の３層からなり，(2)の「メタ理論」の体系は「科学哲学・科学史・科学社会学」の３層からなると考える．われわれは両者を「精神と社会への３層か

ら成る2構造アプローチ」と名づける[48]. 「精神と社会」(mind and society)はシュンペーターの好みの章句である. 彼は, 社会の客観的特性と人間精神の本性とが同じ進化的過程の2つの側面であるという認識を, モラル・サイエンスとしての社会科学の接近方法とみなした. この考え方は, 彼のロマン主義的基礎観念から見て, 彼自身の接近方法として妥当する. その結果, 「理論」の体系と「メタ理論」の体系のどちらも3層から成り, パラレルの構造を持つ. 3層の構造を建物にたとえるならば, 1階は経済および科学の静態的側面を扱う. 2階は経済および科学の動態的側面を扱う. 3階は経済および科学を社会の中の活動として社会学的に扱う.

シュンペーターの処女作『理論経済学の本質と主要内容』は静態理論に属すると同時に, 経済学の方法論に道具主義を導入した科学哲学の業績である. 「理論」体系の2階部分は, 『経済発展の理論』と『景気循環論』によって形成されている. 「メタ理論」体系の2階は, 経済学の発展を扱うものであり, 『経済学史』や『経済分析の歴史』がそれに当る. 彼は経済の発展と経済学の発展とを「革新」に基づくものとしてパラレルに論じた. 「理論」体系の3階は, 経済領域を非経済領域との相互関係として取り扱う経済社会学であり, 『資本主義・社会主義・民主主義』がここに属する. 「メタ理論」体系の3階は, 科学を社会現象として見る科学社会学である. これだけについての著書はないが, 『社会科学の過去と将来』や『経済分析の歴史』の中に論述がある.

2つの体系の3階部分について言えば, 「経済学・政治・科学・芸術・愛」を含む全幅的「生」に基づく「総合的社会学」という, 若き日の夢はそのまま実現されてはいない. 経済社会学は経済社会を対象とした社会学であり, 科学社会学は経済学を対象とした社会学である. それらは「社会」を経済によって代表させ, 「精神」を経済学によって代表させるという戦略に立った第1次接近である.

ここで第4-2図の2つの点に注意しよう. 第1は, (2)の「メタ理論」の1階部分にある科学哲学についてである. 20世紀前半を支配した論理実証主義・経験主義の下では, 「メタ理論」としては, 科学哲学のみが正当な科学のあり方を示す規範として許容された. 「メタ理論」の2階および3階に置

かれた科学史と科学社会学は，科学とはかかわりないものとして取り払われた．

第2は，説明の補助として書かれている(3)の「哲学」の体系についてである．哲学は伝統的に，認識論（方法論）・存在論（形而上学）・価値論（倫理学）の3部門から成るとみなされてきたが，論理実証主義の下では，認識論（方法論）のみが科学哲学の内容として認められ，「哲学」体系のいわば地下1階および地下2階に相当する存在論と価値論は科学とかかわりのないものとして取り潰された．科学方法論が科学哲学と同義と考えられ，しかも論理実証主義の方法論のみが科学哲学として認められた．このことは主流派経済学についても妥当し，経済に関する形而上学や倫理学は排除された．形而上学や倫理学を持たないことが，経済学にとって科学の証とされた．

しかし，20世紀の後半から現在に至るまで，論理実証主義の一元的な支配が衰退する中で，「メタ理論」の領域では，科学のあり方を歴史的および社会的に問う科学史と科学社会学の地位が飛躍的に向上した．また「哲学」プロパーの領域では，存在論や価値論への回帰が認められる．シュンペーターの経済学史や科学社会学の業績は，こうした傾向を先取りするものであった．

先行構造としてのプレ理論

(1)および(2)の体系に続いて，(4)の「プレ理論」の体系を提起したい．そのために，今言及した(3)の「哲学」の体系から出発しよう．科学を扱う「メタ理論」の1つとしての哲学は，今や認識論だけでなく，存在論および価値論を含む拡大された構造を持つことが承認されている．すなわち，哲学は，科学としての経済学がどのような方法論に立つか，どのような存在者を主題とするか，どのような価値的立場を含意するかを問うことが許されるのである．しかし，それは「メタ理論」としての問いである．理論がまだ形成されていないとき，理論の形成に先駆して貢献するものが「プレ理論」である．「プレ理論」は理論の先行構造を与える．それは理論の「対象・視点・概念」をあらかじめ試行的に提起するのである．

トマス・クーン以後，科学活動の静態的・規範的ルールを説く代わりに，

科学の動態的・現実的活動をとらえるために,「レトリック・ヴィジョン・イデオロギー」といった伸縮的な概念が理論形成に際して重要な役割を演ずることが指摘されてきた. 論証的知からレトリックへ, 存在論的主題からヴィジョンへ, 価値論的命題からイデオロギーへ, といった移行は「プレ理論」の体系化を可能にする.「レトリック・ヴィジョン・イデオロギー」は, 経済に関する限り, 経済思想と呼ばれる漠然とした広い領域に属する概念である. 経済思想は, 一方で, 経済社会の問題に関するさまざまな政治的・倫理的主張を含み, 他方で, 経済学の構築の基礎をなすさまざまな観念・構想・物語を含む. 前者を「イデオロギー」, 後者を「ヴィジョン」と呼ぶならば, 両者は不可分に関連し合い, どちらも認識論的には「論証」の知ではなく, 主として「説得」の知としての「レトリック」に依拠している.「ヴィジョンとイデオロギー」を伝えるものは, 大部分が「レトリック」である.

このようにして,「哲学」体系における「認識・存在・価値」の区別に対応して,「プレ理論」は「レトリック・ヴィジョン・イデオロギー」から成る. そして, シュンペーターはあるべき経済学の姿をレトリックの力によって描き上げたのである. 彼はとりわけ, 対立・隠喩・逆説のレトリックを駆使した[49]. われわれが科学的・論証的知という狭い範囲を出て, 存在と価値, 歴史と社会という広大なパースペクティブに向かうとき, 知の媒体となるものは「レトリック・ヴィジョン・イデオロギー」以外にはないであろう. 認識論的に言えば, シュンペーターを「レトリックの経済学者」と呼ぶことができよう[50].

注

1) Joseph Alois Schumpeter, *History of Economic Analysis*, New York: Oxford University Press, 1954.（東畑精一・福岡正夫訳『経済分析の歴史』3巻, 岩波書店, 2005-6年.）本文中の引用はHEAと略記する.
2) 塩野谷祐一「都留重人とシュンペーター」尾高煌之助・西沢保編『回想の都留重人——資本主義, 社会主義, そして環境』勁草書房, 2010年, 63-65ページ.
3) Thomas Carlyle, "On History," 1830, in H.D. Traill (ed.), *The Works of Thom-*

as Carlyle in Thirty Volumes, Vol. 28, London, Chapman & Hall, 1899, p. 83.
4) Thomas Carlyle, "On History Again," 1833, in H.D. Traill (ed.), *The Works of Thomas Carlyle in Thirty Volumes*, Vol. 28, pp. 167-68.
5) 塩野谷祐一『シュンペーター的思考――総合的社会科学の構想』東洋経済新報社,1995 年, 53-59 ページ.
6) A.L. Le Quesne, *Carlyle*, Oxford: Oxford University Press, 1982.(樋口欣三訳『カーライル』教文館, 1995 年, 58-62 ページ.)
7) John D. Rosenberg, *Carlyle and the Burden of History*, Oxford: Clarendon Press, 1985, p. vii.
8) Thomas Carlyle, "Signs of the Times," 1829, in H.D. Traill (ed.), *The Works of Thomas Carlyle in Thirty Volumes*, Vol. 27, London, Chapman & Hall, 1899, p. 59.
9) Ibid., p. 68.
10) Joseph Alois Schumpeter, *Theorie der wirtschaftlichen Entwicklung: Eine Untersuchung über Unternehmergewinn, Kapital, Kredit, Zins und den Konjunkturzyklus*, Berlin: Duncker & Humblot, 2. Aufl., 1926.(塩野谷祐一他訳『経済発展の理論』上巻, 岩波書店, 1977 年, 245-47 ページ.)
11) Roy Porter, *The Enlightenment*, London: Palgrave Macmillan, 2nd ed., 2001.(見市雅俊訳『啓蒙主義』岩波書店, 2004 年, 2 ページ.)
12) Joseph Alois Schumpeter, *Das Wesen und der Hauptinhalt der theoretischen Nationalökonomie*, Leipzig: Duncker & Humblot, 1908.(大野忠男他訳『理論経済学の本質と主要内容』2 巻, 岩波書店, 1983-84 年.)本文中の引用は Wesen と略記する.
13) Joseph Alois Schumpeter, *Theorie der wirtschaftlichen Entwicklung*, 1. Aufl., Leipzig: Duncker & Humblot, 1912.
14) Joseph Alois Schumpeter, *Epochen der Dogmen-und Methodengeschichte*, Tübingen: J.C. Mohr, 1914.(中山伊知郎・東畑精一訳『経済学史――学説ならびに方法の諸段階』岩波書店, 1980 年.)本文中の引用は Epochen とする.
15) Joseph Alois Schumpeter, *Business Cycles: A Theoretical, Historical, and Statistical Analysis of the Capitalist Process*, 2 vols., New York: McGraw-Hill, 1939.(吉田昇三監修・金融経済研究所訳『景気循環論』5 巻, 有斐閣, 1958-64 年.)本文中の引用は BC と略記する.
16) Joseph Alois Schumpeter, *Capitalism, Socialism and Democracy*, 1942, New York: Harper & Brothers, 3rd ed., 1950.(中山伊知郎・東畑精一訳『資本主義・社会主義・民主主義』3 巻, 東洋経済新報社, 1951-52 年.)本文中の第 3 版の引用は CSD と略記する.
17) Joseph Alois Schumpeter, *Imperialism and Social Classes*, translated by Heinz Norden, New York: Augustus M. Kelley, 1951.(都留重人訳『帝国主義と社会階級』岩波書店, 1956 年.)

18) *Harvard Crimson*, April 11, 1944. Yuichi Shionoya, *Schumpeter and the Idea of Social Science: A Metatheoretical Study*, Cambridge: Cambridge University Press, 1997, p. 308 に引用.
19) Joseph Alois Schumpeter, *Vergangenheit und Zukunft der Sozialwissenschaften*, Leipzig: Duncker & Humblot, 1915, p. 133.（谷嶋喬四郎訳『社会科学の未来像』講談社，1980 年，183 ページ.）
20) 塩野谷祐一『シュンペーター的思考』，372 ページ.
21) Joseph Alois Schumpeter, *The Theory of Economic Development: An Inquiry into Profits, Capital, Credit, Interest, and Business Cycle*, translated by Redvers Opie, Cambridge, MA.: Harvard University Press, 1934.
22) Markus C. Becker, Thorbjørn Knudsen, and Richard Swedberg (eds.), *The Entrepreneur: Classic Texts by Joseph A. Schumpeter*, Stanford: Stanford University Press, 2011.
23) 塩野谷祐一『シュンペーター的思考』第 3 章.
24) Pierre Bourdieu, *Distinction: A Social Critique of the Judgement of Taste*, translated by Richard Nice, Cambridge, Mass.: Harvard University Press, 1984.（石井洋二郎訳『ディスタンクシオン』2 冊，藤原書店，1990 年.）
25) *Stammbuch (II) des Philosophischen Fakultät der Universität Bonn, Archives of the University of Bonn*. 塩野谷祐一『シュンペーター的思考』，19 ページ.
26) Erich Streissler, "Schumpeter's Vienna and the Role of Credit in Innovation," in Helmut Frisch (ed.), *Schumpeterian Economics*, New York: Praeger, 1981.
27) 塩野谷祐一『シュンペーター的思考』第 5 章. Yuichi Shionoya, "Instrumentalism in Schumpeter's Economic Methodology," *History of Political Economy*, Summer 1990.
28) Joseph A. Schumpeter, "Gustav v. Schmoller und die Probleme von heute," *Schmollers Jahrbuch*, 1926, S. 382.
29) Joseph A. Schumpeter, "Capitalism," in *Encyclopaedia Britannica*, Vol. 4, London, 1946.
30) C. Freeman and C. Perez, "Structural Crises of Adjustment, Business Cycles and Investment Behaviour," in G. Dosi et al. (eds.), *Technical Change and Economic Theory*, London: Pinter Publishers, 1988.
31) Thomas K. McCraw, "Schumpeter's *Business Cycles* as Business History," *Business History Review*, Summer 2006.
32) 塩野谷祐一『シュンペーター的思考』，303-305 ページ.
33) 塩野谷祐一『経済哲学原理――解釈学的接近』東京大学出版会，2009 年，23 ページ.
34) Simon Glendinning, *The Idea of Continental Philosophy*, Edinburgh: Edinburgh University Press, 2006.

35) Friedrich Meinecke, *Die Entstehung des Historismus*, 2 Bände, 1936.（菊盛英夫他訳『歴史主義の成立』2巻，筑摩書房，1968年.）
36) 塩野谷祐一『経済哲学原理』第2章・第4節.
37) Joseph A. Schumpeter, "Science and Ideology," *American Economic Review*, March 1949.
38) 塩野谷祐一『経済哲学原理』第1章・第2節.
39) 同上，第4章.
40) Martin Heidegger, *Sein und Zeit*, 1927, Tübingen, Max Niemeyer, 19. Aufl. 2006.（細谷貞雄訳『存在と時間』2巻，筑摩書房，1994年.）
41) 塩野谷祐一『経済哲学原理』第5章・第6節.
42) 細谷貞雄訳『存在と時間』上巻，327-28ページ.
43) Joseph A. Schumpeter, "Development," *Journal of Economic Literature*, March 2005.
44) Martin Heidegger, *Beiträge zur Philosophie（Vom Ereignis）*, Frankfurt a.M., Vittorio Klosterman, 1989, S. 227-42.（大橋良介他訳『哲学への寄与論稿——性起から［性起について］』ハイデッガー全集，第65巻，創文社，2005年，243-58ページ.）
45) Yuichi Shionoya, "The History of Economics as Economics?" *The European Journal of the History of Economic Thought*, December 2009.
46) Yuichi Shionoya, "Scope and Method of Schumpeter's Universal Social Science: Economic Sociology, Instrumentalism, and Rhetoric," *Journal of the History of Economic Thought*, September 2004.
47) 塩野谷祐一『経済哲学原理』，17ページ.
48) 塩野谷祐一『シュンペーター的思考』，316-17ページ.
49) 塩野谷祐一『シュンペーターの経済観——レトリックの経済学』岩波書店，1998年.
50) Yuichi Shionoya, "Joseph Alois Schumpeter: The Economist of Rhetoric," in Jürgen Georg Backhaus (ed.), *Handbook of the History of Economic Thought: Insights on the Founders of Modern Economics*, New York: Springer, 2012.

終章——ロマン主義と現代

ロマン主義の重要性

　なぜ，今「ロマン主義の経済思想」なのか．本書を終えるに当って，改めてこのことを論じなければならない．

　ロマン主義は文学・芸術の分野における運動として始まった．今日でも，ロマン主義と言えば，主として文芸評論における立場を指している．現代思想としての「ロマン主義の経済思想」というものは存在しないが，それは今最も強く必要とされているものである．20世紀末，社会主義に対する資本主義の勝利宣言を聞いてつかの間，暴走する市場経済の制御が強く求められている．もちろん，これはけっして新しい問題ではない．カール・ポランニーの言葉を用いて言えば，資本主義が確立されて以来，「市場経済に対する社会の自己防衛」として，経済システムを社会制度の中に「埋め込む」諸施策が取られてきたが，皮肉なことに，今や社会そのものが技術文明の要請に服従するに至っている．

　このような事態を前にして，われわれは，経済対社会という機能的次元における対抗関係ではなく，啓蒙対反啓蒙という根底的な哲学的世界観の次元における対抗関係に焦点を置くことが必要ではないだろうか．近代啓蒙主義が生み出した産業主義・功利主義・唯物主義・成長主義に対する制御の役割は，ロマン主義の思想に課せられているのではなかろうか．これが，「ロマン主義の経済思想」に寄せるわれわれの問題意識である．

批判・創造・総合

　ロマン主義を象徴的に語るとき，専門家は「ロマン的ポエジー」と「ロマン的イロニー」を論ずる．そして，常に創造的「個性」と有機体的「全体」とを不可分の基礎的観念とみなしている．たしかに，これらの言葉はドイツ・ロマン主義の基礎的公準とみなされるものであろうが，そのレトリックの意味は，関連する諸概念を用いてさらに分析し，解明されなければならない．本書の第1章において，われわれは，ロマン主義の基礎的公準を「ロマン的ポエジーにおける総合と発展」の命題，および「ロマン的イロニーにおける矛盾と総合」の命題として解釈し，それらが意味するところを芸術的次元（芸術の目標・方法・形式）および哲学的次元（認識論・存在論・価値論）において拡充・展開するように努めた．そして，これらの諸観念をロマン主義を定義する単位概念とみなし，個々のロマン主義思想家はこれらの単位概念の複合によって特徴づけられるものと考えた．

　われわれは，このような理論的考察に基づいて，ロマン主義の社会科学的バージョンを提示したいと考えた．第2章，第3章，および第4章はそれぞれ，ラスキンの「芸術的生」のロマン主義，グリーンの「倫理的生」のロマン主義，シュンペーターの「歴史的生」のロマン主義を取り扱い，それらをロマン主義の社会科学の例証とみなした．ラスキンの芸術論を別とすれば，彼らの社会に関する思想はこれまでロマン主義と呼ばれたことはなかったが，われわれはあえてそのような解釈を試みた．彼らが依拠した「知識の場」の違いに応じて，彼らが直接に対峙した思想は異なっていた．批判の対象は，ラスキンの場合には古典主義美学および古典派経済学であり，グリーンの場合には功利主義倫理学であり，シュンペーターの場合には静態的新古典派経済学であった．しかし，これらの3人の思想家は共通して反啓蒙主義・反合理主義・反功利主義・反専門主義の立場に立ち，ロマン主義を構成するいくつかの特有の単位概念を共有した．こうして，序章・第2節において予告したように，「精神」の展開を「社会」の中に位置づけるために，「芸術」から出発し，「倫理」と「歴史」の媒介を経て，「制度」に至るという全行程が成立すると考えられる．

批判的側面と同時に，ロマン主義を独特なものにしているものはその思考の積極的・創造的側面である．啓蒙主義・合理主義・功利主義・専門主義に対する批判において，ロマン主義は，人間精神を，世界を受動的に映す外在的な「鏡」とみなす立場とは対照的に，世界に対して能動的に自己の内面を投影する「ランプ」とみなす立場に立つ．そのために，ロマン主義は人間精神を単なる理性としてではなく，とりわけ感情や意志や想像力を含む「全幅的人間精神」として理解し，そこに因襲や伝統を超える創造性の起源を見出す．ラスキンは，「芸術」から出発して，構図的調和の原理を社会形成の規範とすることを主張した．グリーンは，「倫理」を中心として，人間の全幅的な本性・能力の完成・自己実現が社会の「共通善」となるべきことを主張した．シュンペーターは，「歴史」の視野の下に，経済を含む社会の諸領域の間の相互作用を中心として，「精神と社会」の進化を「創造的破壊」の連鎖としてパラダイム化しようとした．かくして，「ロマン主義の経済思想」は，「芸術」「倫理」「歴史」の各側面が，「精神」の創造性・卓越性を「社会」の動態性・革新性と結びつける場となることによって，経済社会の「制度」に収斂・定着するというものである．

　「ロマン主義の経済思想」が求められるのは，何よりもロマン主義の持つ「批判的」精神と「創造的」精神のゆえであるが，同時に忘れてならないのは，経済を社会の中で相対化するという「総合化」の精神である．ロマン主義の知的関心は，狭隘な理性の作用ではなく無限の想像力の作用にあり，部分ではなく全体にあり，機械的メカニズムではなく有機体的全体にあり，専門化ではなく総合化にあった．ロマン主義の知のスタンスは，「批判」と「創造」にもまして「総合」である．総合化の精神は，「全幅的人間精神」を基盤として作用し，その結果として，科学的・専門的知をコントロールする人間的叡智への試みを生み出す．これは，ロマン主義の公準である「ロマン的ポエジー」の総合化や「ロマン的イロニー」の統一化がともに意味するところである．それがいかにして生み出されるかが問われなければならない．

哲学・史学・文学

　「総合化」の精神の育成にとって不可欠なものは，「総合的」な知そのもの

である．社会科学における個々の専門的な学問は，研究対象として人工的に作り上げられた「科学世界」の像であって，そのままの形で現実に適用することはできない．それに対して，「哲学・史学・文学」は現実の「生活世界」を全体性においてとらえる点で，他の学問と異なっており，個々の専門的な学問を相対化し，総合する視点を与える資格を持っている．この3つの学問は，かつて日本の大学の組織・科目において「哲・史・文」と呼ばれた人文科学（humanities）に相当する．

　第1に，「哲学」は，認識論・存在論・価値論から成るが，社会科学にとっては，価値論ないし倫理学がとくに重要であって，社会の諸領域を根底でつないでいるものが倫理・道徳である．社会の諸制度は，このような規範の視点から総合的にとらえられる．制度はそれ自身，「法律・道徳・慣習」からなり，強弱の程度を異にする規範そのものである．倫理は諸学の共通のアンカーである．

　第2に，「史学」は，社会の諸側面の相互作用を究明し，全体像を把握するに当って，きわめて重要な視点を与える．経済や政治や文化のそれぞれについて，あたかも独立の歴史があるかのように，経済史や政治史や文化史を語ることはできない．それぞれの領域の静態の秩序を論ずる際には，他の領域を所与とみなすことは許されるが，歴史的発展を論ずる際には，経済だけの歴史を自己完結的に語ることはできない．歴史は，社会の諸領域が現実に相互に関連している姿を示しており，社会諸科学の総合を要請する場である．

　第3に，「文学」は，さまざまな性質を持った人間の感情や思考や想像の力を通じて，世の吉凶禍福の姿を描く．文学を含む芸術の最高の対象は人間であろう．社会科学の中では，経済学は合理的人間像を想定している点で独特であるが，これは文学や芸術が描く人間像とは著しく懸け離れている．社会科学は方法論として個人主義を採用する場合，何らかの人間概念を想定せざるをえないが，文学や芸術は抽象化にこだわることなく，多元的な人間像をとらえてやまない．そのため，文学は記述の方法として，科学におけるロゴスとは別のレトリックを使い，論証や実証とは別の説得・感動・共鳴の技法を駆使する．

　「哲・史・文」の3つに共通するものは，人間を「理性・感情・意志」を

持った全幅的存在としてとらえるというホーリスティックな思考方法である．社会科学の「総合化」へのアプローチは，理性によって切り離された社会科学の諸学問をつなぎ合わすことではなく，多元的な人間精神という原点から出発することであろう．これが，ロマン主義が称揚した「自己形成」としての教養（Bildung）の観念である．そして，「芸術」から出発し，「倫理」と「歴史」の媒介を経て，「制度」に至るという，われわれの全行程がカバーする知の領域も，「哲・史・文」に他ならない．そして，知の世界におけるロマン主義の位置は，専門的知をコントロールする人間的基盤としての「プレ理論」である．

科学と社会

現実の世界に目を向けると，一方で，金融・財政の無秩序が未曾有の経済危機を招き，他方で，科学技術への過信が環境破壊や自然災害への対応を遅らせてきた．グローバリゼーションの趨勢の下で危機は急速に拡大する．かくして，改めて社会における科学の責任が問われている．

社会は科学に対して問題の解決を要請し，科学は社会に対して応答する．科学と社会とは一見したところ，良好な相互促進的な関係にあるように見える．科学は，研究と教育を通ずる知識の開発と継承によって，人々の生活を豊かにし，社会は，時代の要求に応じて人的・経済的資源を科学活動に振り向ける．しかし，両者は必ずしも常に好循環の関係にあるとは限らない．科学と社会とはもともと異なる世界に属しており，2つの世界を調和的に架橋することは簡単ではない．なぜなら，科学は人為的に構築された「科学世界」を対象としており，社会は歴史的に形成された「生活世界」に属しているからである．そのギャップは，科学者と市民の感覚のずれに現れている．

「科学世界」は，科学者の専門的理性によって構築されたパラダイムであり，そこにおいて彼らが業績を競い合う舞台にすぎない．「科学世界」における真理は，理論を一定のパラダイムの下でのテストに掛けることによって保証されるが，前提としたパラダイムに対して相対的である．それは「生活世界」によってテストされたものではない．「生活世界」のパラダイムは「人間・社会・自然」の調和を求めるものであって，「理性・感情・意志」の

「全幅的人間精神」を基礎とした規範的なものでなければならない．「生活世界」のパラダイムは市民の日常的な感覚の中に実在するものであって，社会の危機においてあらわになるのは，専門的知と人間的知との間の矛盾・対立である．

　ここで現代における啓蒙主義批判の試みを改めて顧みる必要はなかろう[1]．技術的文明の中で，理性は自立した思考能力と自己反省能力を失い，単なる道具的理性と化していることが指摘される．ハバーマスは，理性回復の条件は「生活世界」にそくした「包括的合理性」を確立することであると主張した．ロマン主義が近代において登場して以来，精力を傾倒してきた課題は，「全幅的人間精神」から成る「生活世界」の豊穣さを謳い，人々に覚醒を促すことによって，「生活世界」と「科学世界」との間の矛盾・対立を指摘し，克服を図ることであった．

　ロマン主義は「生」の全幅的な擁護者である．専門的知と人間的知との間の矛盾・対立を近代における「生活世界」のイロニーとして耐えつつ，粘り強く克服することを教えるのがロマン主義の啓蒙的精神である．ロマン主義は，近代の産物である科学とそれに基礎を置く社会が「生」のパラダイムによってテストされるべきであると主張する．ロマン主義の本質は過去を懐古し，礼賛する保守性にあるのでもなく，また現実から逃避し，空想に耽る頽廃性にあるのでもなく，「人間・社会・自然」の調和という「総合化」の視点に立って，直面する問題の解決のために想像力を働かせる革新性にある．「生活世界」の要請の中に経済活動の新しいフロンティアを見出すことが，ロマン主義の経済思想家たち──ラスキン，グリーン，シュンペーター──が教えるところである．

　「芸術」から出発し，「倫理」と「歴史」の媒介を経て，「制度」に至るというわれわれのロマン主義の旅の物語は，「制度」のあり方について何を結論するであろうか．「ロマン主義の経済思想」は市場経済制度の専制に対する漸次的改革の思想である．一方で，「オックスフォード・アプローチ」によって基礎づけられた「スプリングボード」としての福祉国家の制度と，他方で，豊かな「全幅的人間精神」を取り戻す教養教育の制度とが，言わば車の両輪となって，世紀的な展望の下で，市場経済の論理のウェイトを減らし，

人間的繁栄の思想を高めていくことに「共通善」の歴史的変化の方向を見出すべきであろう．ロマン主義は日常感覚に基づく思想であるから，そのような方向を採択することは可能である．問題はその方向に「投企」するわれわれの意志いかんである．

注

1) 塩野谷祐一『経済哲学原理——解釈学的接近』東京大学出版会, 2009 年, 170-81 ページ.

事項索引

あ行

イギリス
　――理想主義（観念論）　187-90, 195-200, 232, 250
　――歴史主義　240-2, 250
　――・ロマン主義　21, 91-4, 179
イノベーション（革新）　269-70, 276-7, 281-6
　――のルーティン化　286-7, 302
衣服哲学　103-4
意味・意義・価値（知の先行構造の目標）　296, 298
印象派　108
隠喩　129-30
ヴィジョン
　――とイデオロギー　4-5, 295-6, 306
美しい魂・美しい国　58-9
永遠性（無限性）　49-51, 212
　――の意識　188, 190, 195, 209-12, 217-8, 221-4, 239, 249
オックスフォード・アプローチ
　――とケンブリッジ・アプローチ　181, 187, 190-5, 245, 247-50, 316

か行

怪奇（グロテスク）　127-9, 136, 139
解釈学　297-8
　――的循環　71, 73, 212, 297, 299-300
科学世界と生活世界　290-1, 315-6
革新・創造・卓越　4, 269-70, 276-7, 281-2
価値
　――・費用・価格　166, 175-6
　固有――と実効――　166-7, 170, 172, 175
　生への貢献としての――　153, 161-3, 166, 175, 178, 247
感傷的誤謬　112
完成と無限（文学の目標）　48-51, 62, 65-6, 109, 138, 212
感嘆・希望・愛（または歓喜・感嘆・感謝）　112-3, 115-8, 122, 125, 131, 142-3, 177, 179, 181

観念連合　93-4, 107
観念論　34-5, 52
　主観的・形式的――と客観的・絶対的――　34-5
　超越論的――　36
機械論　1, 9, 82, 261, 289
企業者　270
　――精神とブルジョワ精神　286
希少性と過剰性　152-3
基礎づけ主義　41-2, 45, 69-71, 299
基礎的ニーズ　201-5, 248
規範的経済学　157, 164-7, 171, 180-1, 191
競争（無統制）　119-20, 154, 156, 172-3, 189, 242-4
共通善　189-90, 199-200, 205, 217-21, 224, 229-31, 237, 239, 249
　――の特性（互恵的・普遍的・配分的）　220-1
　自己実現としての――　217-20, 235
協働・協調・助け合い・相互扶助（生の掟としての）　119, 122, 140-1, 156, 163, 172-3, 189
共同体（コミュニティー）　74
　――主義　193, 205
教養教育（人間形成）　v-vi, 25, 50, 57, 75, 179-80, 315
空気・水・大地　115-7, 122, 150, 181
グリフィン彫像　130-1
景気循環　281-5
経済
　――学・倫理学・イデオロギー（福祉思想の領域）　191-3, 244, 249
　――社会学（制度経済学）　279-81, 291
　――理論の体系（経済静態論・経済動態論・経済社会学）　303-4
　市場――の道徳的基礎（勤勉・倹約・慎慮）　156, 165, 168-9
芸術（美術）　7-9, 20, 25, 44-8, 59, 75, 80-2, 118, 127, 141
　――経済論　151, 155
　――教育論のテーゼ（道徳・自然・社会）

148, 150-1, 163
──哲学　42-7
──の道徳的基礎　107, 112-3, 127, 148-51, 168
──・倫理・歴史・制度（ロマン主義の概念的枠組み）　i, iii, v, 5-10, 21, 262, 312, 316
観念の表現としての──　106-8, 119, 126-7, 131, 141
象徴的──・古典的──・ロマン的──　46-7
啓蒙主義　i, 1-2, 5, 9, 19-21, 70, 82, 206, 288
契約主義（社会契約論）　193, 234
現存在（人間）　297
建築
──の精神的法則（犠牲・真実・力・美・生・記憶・従順）　132-4
──の道徳的基礎　133-4, 137
公共財　153, 220, 237
構図（生の全体像としての）　118-9, 122, 127, 131, 140-3, 145, 163, 168, 172-4
厚生経済学　191, 194, 245, 247-9
構想的美（構想的芸術）　112-3, 127, 142, 179
構想力　38-9, 41, 58, 108, 111-2, 114, 123, 126, 131, 172, 179
合目的性　37-8
功利主義　ii, 9-13, 75, 82, 113, 126, 164, 188-9, 193, 224-8, 246, 262-5, 312
──と卓越主義　164, 188, 193, 215, 224-8, 238
──の定義（快楽主義・帰結主義・集計主義）　215, 226
合理的再構成と歴史的再構成　92-3, 200
ゴシック建築　105, 134-7
──とルネサンス建築　134-7, 146-7
──の本質（野生・多様・自然・怪奇・厳格・過剰）　137-41
ゴシック・リヴァイヴァル　146-7
個人主義・想像力・感情（ロマン主義の基準）　16, 30
個性・類型（制度）・発展（歴史主義の観点）　294
悟性　36-9, 103, 208
個体と全体　54-5, 57
古典主義　2, 11, 22, 28, 33, 48, 60-2, 67, 70, 93, 146, 312
古典派経済学　12, 158, 162, 175, 246, 288, 312
コペルニクス的転回　36, 208, 288

さ行

産業革命　19, 80, 243-4
詩（ポエジー）　13, 25, 31, 47, 52, 66, 80, 96-9
死に向かう存在（死の予想）　226-7, 240, 248
自己（自我）　40-2, 72-3, 213-5, 225-6
──限定（──定立）　40-2, 72-3, 225-6
──実現（──の満足・能力の完成）　210, 213, 216-9, 224-5, 231, 246
支配する──と服従する──　232
時間性（過去・現在・将来）　78, 297
資源配分
──の効率性・公正性・卓越性　153, 155, 181
自生的秩序　12
自然
──哲学　5, 42-3
──と人工（文化）　63-6
──の真実性　97-8, 101, 106-8, 125, 148
──の超自然性　104, 126
自尊　237
時代精神（制度的枠組みとしての）　278, 282, 284, 286
実在論　35
資本主義　282, 285
──崩壊論　278, 285-6
──・民主主義・社会保障（福祉国家の制度構造）　201, 204
市民権（市民的権利・政治的権利・社会的権利の発展としての）　201, 235
社会的統一性と発展（歴史主義の観点）　276, 278, 287, 292
自由
自己実現としての──　231-2
情感的自律および道徳的自律としての──　56
消極的──と積極的──　21, 189-90, 200, 232-3
福祉的──と行為主体的──　172
──放任　154, 156, 158, 243
宗教　54-6
シュトルム・ウント・ドラング（疾風怒濤）

事項索引　321

22
趣味　38-9, 62, 111
純粋派・自然派・官能派（芸術表現における）　127-9, 139
象徴と神話　51-4, 104, 129-31
衝動
　理性的——・感性的——・遊戯——　58
新古典派経済学　272, 274-6, 312
スピノザ主義　35, 43
正・徳・善，または正義・卓越・効率（倫理学の体系）　75, 191-3, 202-3, 250
生（芸術的生・倫理的生・歴史的生）　iv, 10, 23-4, 26-7, 118-9, 143, 155, 165-8, 170, 173, 180-1, 188-91, 195, 249, 262-3, 266, 273, 281, 287, 301, 312, 316
　——の構成因（空気・水・大地・感嘆・希望・愛）　115-7, 122, 181
　——を説明する主要概念（能力・構図・労働）　115-21, 131, 161, 168-70
　全幅的人間精神としての——　144, 165
生気論　35, 43
正義　159-60, 167, 175, 177, 202-3, 236-8
整合説　70-1
精神と自然（自然哲学の対象）　5, 26, 30, 43, 59-61, 66, 81, 116-7, 122, 188
　生の構成因としての——　117, 122
精神と社会（モラル・サイエンスの対象）　ii-iii, 5-6, 26, 30, 59, 66, 81-2
　——への二構造アプローチ　302-3
静態と動態，または適応と革新　261-2, 269-71, 276-7, 286, 296
制度
　——・存在・行為（道徳的評価の対象）　202-3
　自己実現のための諸条件としての——　231-3, 235
　理論と歴史の統合としての——　276, 279-83, 302
正当化の文脈と発見の文脈　295
生命美　114-5, 118, 125-6, 131, 146, 179
善
　共通——・社会的——・永久的——　224, 227-8, 240
　人間的完成としての——　215-6
　——の集計と——の同一化　226-8, 240

前科学的知　3-4, 290
先行構造（先行的対象把握・視点設定・概念形成）　78, 290, 295-6, 299, 305
全幅的人間精神（ロマン主義における生の基礎前提）　iv, 14, 25, 51, 53, 107, 141-2, 144, 165, 212, 214, 225, 313, 316
総合的社会科学，または総合的社会学　260, 267-8, 271-2, 274, 276, 278
総合と発展，または全体性と無限性（ロマン主義の公準）　2, 29-33, 54-5, 67, 71, 79, 81, 129, 144-5, 212, 240, 262, 266, 292
創造（発展・革新）　4, 262, 269-71
　——的破壊（自己創造と自己破壊）　61, 69, 72-3, 78, 270, 292
　——と伝統（慣行・適応）　276, 296
想像力　9, 16, 50, 53, 60-1, 94, 125-7, 131, 172
　——・自然・象徴（ロマン主義の基準）　15, 30, 143
　——・感情・伝統・有機体・神秘（ロマン主義の基準）　262
素朴文学と情感文学　62-6
存在
　——と存在者（存在的分析と存在論的分析）　297
　——の本来的生起　300
　——了解　73, 78-9, 298-9
存在論　40-1, 72-4, 295
　——の2命題（投企と被投）　297-8

た行

体系と断片（文学の形式）　48, 67-9, 79, 109
頽落（退廃）　298, 300
大陸哲学　74, 199, 272, 289-91
卓越主義（徳の倫理学）　75, 188-9, 193, 215-6, 237-40, 250
　エリート的——とリベラルな——　230, 235-7
　——的リベラリズム　235, 238
　——としてのロマン主義　238-40
脱構築　v, 79
ターナー主義　110
断片　67-8
知識
　——の場　273-4, 312
　——社会学　272, 295

長期波動（コンドラティエフの波）283-4
直喩 129-30
哲学（認識論・存在論・価値論）3-4, 69, 303, 305
── ・道徳・文学・宗教，または哲・史・文（教養的精神）vi, 25, 50-1, 56, 314
手と頭と心 141, 175
典型美（無限・統一・安らぎ・均整・純粋・節度）114-5, 119, 123-6, 131, 140, 146, 173
天才 61
ドイツ
── 観念論 3, 5, 8, 22-3, 34-48, 102, 198, 207
── 歴史学派 8, 192, 265-6, 272, 274-6, 280
── ・ロマン主義 2, 5, 9-10, 17, 21-2, 26-7, 34-5, 59, 94, 109, 123, 262
同一哲学 42-3, 45
投企と被投 4-5, 41-2, 75, 79, 222, 225-7, 272, 297-301
道具主義 277
統制・協働と無統制・競争（生の掟と死の掟）119-20, 163, 172-3
道徳的価値（正・徳・善）176-81, 202-3
徳（卓越）113, 118, 164, 178-80, 189, 191, 195, 200, 202-3, 216-7, 229, 239
── の3側面（常識的道徳・人間本性・共同体）217
枢要── （慎慮・正義・勇気・節制）177
対神── （信仰・希望・慈愛）177
独創性・創造性・想像力・天才（ロマン主義の基準）30, 143
富
古典派経済学における── 158, 160, 171
── と害物 163, 171, 247-8
── （物財）と富裕（豊かさ）165-7, 169-72, 175
── ＝生の命題 115, 159-64, 168-9, 245
── ＝生＝美の命題（ラスキンの三角形）117-8, 120-2, 131, 143, 145, 168, 179-80

な行

ナチズム 13
ニュー・リベラリズム 181, 187-96, 200, 230, 240-1, 245-6, 249-50
人間・社会・自然（ロマン主義の対象）v, 1-4, 20, 26, 59, 99-101
人間類型論（快楽的人間と精力的人間）262, 269-71, 276, 288, 292, 301-2
認識論 4, 36-8, 40-1, 69-71
能力（存在・ストックとしての生）v, 118, 122, 168, 170-2, 189, 215-6, 231, 237, 239

は行

ハイデガー＝シュンペーター・テーゼ 298-301
パターナリズム 154-5, 157, 172
ハビトゥス 273, 291
反基礎づけ主義 42, 69-71
反啓蒙主義 1, 10-1, 19, 23, 288-90, 311-2
判断力 36-9
反知性主義 264, 292
美（美学）2-3, 28, 38-9, 55, 75, 107-8, 111-4, 118, 120-1, 131-2
── 的教育 22, 56-9
── 的直観 44
自由としての── と総体性としての── 58-9, 75
典型── ・生命── ・構想── 108, 111, 114-5, 118-9, 123, 131, 134, 142-3, 146, 179
諷喩 128-32
福祉（幸福・良き生・豊かさ）158, 170, 172
福祉国家 191, 195, 201
── におけるセーフティー・ネットとスプリングボード 201-2, 204-5, 316
── の道徳的基礎 202-5
不平等 158, 167
プラトン主義 35, 43
フランス
── 革命 13, 19, 26, 57, 80
── ・ロマン主義 21, 26, 129
プレ理論の体系（レトリック・ヴィジョン・イデオロギー）iii, 2-4, 82, 294, 299, 302, 305-6
文化
── 経済学 155
── 財 153-5, 166
文学（芸術）＝哲学の統一命題（ロマン主義のマニフェスト）2-3, 11, 23-7, 30-1, 44, 52-3, 67, 79, 145, 180
分析哲学 73, 198-9, 272, 289-91, 295

弁証法　45-8
方法論争　242, 279, 294

ま行

マーカンタイル・エコノミーとポリティカル・エコノミー　157-8, 173, 176, 189
マルクス主義　ii, 272, 274-6, 278, 280-1
ミメーシス（模倣的再現）　60
矛盾と総合（ロマン主義の公準）　75-80
メカニックスとダイナミックス　261-2, 269
メタ理論の体系（科学哲学・科学史・科学社会学）　3, 302-5
物自体　36, 40, 209
模倣と創造（文学の方法）　48, 60-6, 109
モラル・サイエンス　iii-iv, 5, 26

や行

唯物史観　ii, 278
有機体論　1, 5, 9, 43, 69, 74-5, 82, 119, 147, 173, 188, 221, 289
　──・動態主義・多元主義（ロマン主義の基準）　15
有機的
　──福祉と──社会　245-6
有限と無限　54-5, 77, 123

ら行

ラファエル前派主義　105, 109-11
利己心（利己的経済人）　iv, 155-7, 189, 242-4, 264
理性・感情・意志（全幅的人間精神）　iv, 5, 23, 26, 57, 112, 120, 212, 214, 289, 292, 315
理念
　──と制度　6-7
　──化と具象化　5-8
理論・メタ理論・プレ理論　302-3, 305
歴史　5-9, 258-60, 266
　──主義　7-8, 187, 192-4, 293-5
　理論化された──　279-82, 302
レトリック　4, 9, 76, 129-30, 180
　──の型（対立・隠喩・逆説）　306
　──・ヴィジョン・イデオロギー（認識・存在・価値の前科学的知）　1, 4, 303, 306
労働（生の作用因としての）　120-2, 142, 152, 161-2, 168, 174
　──の社会的協働性　141-2, 173-6
ロシア革命　19
ロマン主義
　──と経済学・経済社会学　iii, 8-10, 262-3
　──と芸術　i, iii-iv, 2, 8, 25-6, 31-2, 48-69, 99
　──と啓蒙主義　i, iii, 1, 17, 19-21, 23, 25, 33, 69-83, 145, 212, 262
　──と功利主義　ii, 10-3, 82, 257, 262-5, 291-2
　──と古典主義　2, 19, 28, 48-69, 93-4, 129, 146, 211, 264
　──と歴史主義　7-8, 262, 266, 272, 291-4, 296
　初期──・中期──・後期──　27, 35
ロマン化
　世界の──　20-1, 33, 42, 73, 277
ロマン的　14, 21, 29-31, 143-5
　──イロニー（矛盾と総合）　4-5, 48, 69, 75-9, 107, 123-5, 145-6, 286, 292, 312
　──ポエジー（総合と発展）　4, 29-33, 42, 66, 69, 76-7, 145, 286, 292, 312

人名索引

A

Abrams, M. H.　60, 87, 104, 183-4
Allett, J.　254
Ameriks, K.　85
Angelico, F.　109
Aristotle　60-1, 75, 97, 111, 171, 192, 202, 229
Ashley, W. J.　242

B

Babbitt, I.　89
Backhaus, J. G.　309
Backhouse, R. E.　185
Bacon, F.　i, 19, 105
Ball, T.　252
Batchelor, J.　183
Bate, W. J.　182-3
Bateson, F. W.　183
Baumgarten, A. G.　3, 18
Becker, M. C.　308
Behler, E.　50, 60, 62, 84, 86-7
Beiser, F.　35, 62, 74, 83-9
Bellamy, R.　252
Bentham, J.　11-13, 192, 202, 206, 265
Berlin, I.　17-9, 21, 32, 51, 83, 86, 180, 232, 253
Beveridge, W. H.　191
Birch, D.　182, 251
Bismarck, O. von　192
Blake, W.　21
Böhm-Bawerk, E. von　275
Bosanquet, B.　187
Boucher, D.　252
Bourdieu, P.　273, 308
Bowie, A.　86
Bradley, F. H.　187
Bright, J.　197
Brink, D. O.　252
Bronk, R.　9, 18
Brooks, C.　184
Brown, D. B.　184
Brown, M.　89

C

Caird, E.　187
Carlyle, T.　ii, 92, 101-5, 164, 183, 248, 257-62, 306-7
Carter, M.　252
Chateaubriand, F. -R. de　21
Clark, K.　184
Clarke, P.　196-7, 251, 254
Cobden, R.　197
Coleridge, S. T.　21, 92-3, 96, 102, 104, 182
Collingwood, R. G.　255
Collini, S.　254
Cook, E. T.　182
Copernicus, N.　36, 208
Craig, D. M.　184-5
Craig, E.　83, 183
Cranston, M.　83
Critchley, S.　85

D

Dante Alighieri　159
Descartes, R.　i, 19, 70, 81
Dicey, A. V.　196, 251
Dilthey, W.　51, 297
Dimova-Cookson, M.　252
Dosi, G.　308

E

Eckermann, J. P.　62, 88
Edgeworth, F. Y.　275
Eichner, H.　83-5
Enscoe, G. E.　18
Etzioni, A.　253

F

Fichte, J. G.　33-5, 40-2, 45, 48, 62, 70, 72-3, 79, 81, 85, 102, 187
Frank, M.　85
Freeden, M.　197, 204-5, 251-3
Freeman, C.　308
Frisch, H.　308

人名索引　325

Furst, L. R.　15-6, 18, 30, 84, 183

G

Gerard, A.　94
Giddens, A.　252
Giotto di Bondone　109, 128
Gleckner, R. F.　18
Glendinning, S.　308
Gockel, H.　86
Goethe, J. W.　22, 62-3, 102
後藤玲子　185
Green, T. H.　i-ii, iv, 10, 82, 181, 187-255, 313, 316
Groenewegen, P.　255

H

Habermas, J.　53, 59, 87, 316
浜下昌宏　183
原一郎　183
原田哲史　89
Harris, J.　200, 251-2
Hartmann, N.　23-4, 83
Hayek, F. von　11-2, 223
Hegel, G. W. F.　34-5, 43, 45-8, 51, 78, 86, 187
Heidegger, M.　41, 57, 78, 88, 225-6, 273, 290, 297-301, 309
Henderson, W.　184
Herakleitos　76
Herder, J. G.　7
Hewins, W. A. S.　242
Hewison, R.　184
Hinton, T.　253
Hobhouse, L. T.　181, 187, 194-5, 240-1, 245, 247-8, 254
Hobson, J. A.　181, 187, 191, 194-5, 240-1, 245-8, 254
Hölderlin, J. C. F.　27, 35, 51, 62, 70
Holzhey, H.　86
Homeros　63
Horatius　164
Huch, R.　39, 85
Hugo, V.　21, 129, 184
Hunt, W. H.　109
Hume, D.　93-4, 206-7

I

伊坂青司　86, 89
石鍋真澄　185

J

Jowett, B.　205
Juglar, C.　283
Jaeschke, W.　86

K

Kadish, A.　241-2, 254
Kant, I.　12, 34-40, 43, 48, 56-8, 61, 66, 70, 75, 85, 102, 187, 192, 202, 208-9, 240
Kaplan, F.　183
河合栄治郎　253
Keats, J.　21, 151
Keynes, J. M.　12, 273-4
Kitchin, J.　283
Knudsen, T.　308
小林信行　89
Kondratieff, N. D.　283
Koot, G. M.　254
Kuhn, T.　305

L

Leavis, F. R.　iii
Leibniz, G. W.　35
Leighton, D. P.　252
Leonardo da Vinci　128
Le Quesne, A. L.　183, 307
Leslie, T. C.　242
Lessing, G. E.　62
Lewes, G. H.　206-7
Locke, J.　19, 93-4, 206-7
Lorenzetti, A.　178
Lovejoy, A. O.　iii, vi, 14-6, 18, 31, 62, 84, 88

M

Machiavelli, N.　19
Mander, W. J.　198, 252
Mann, T.　14
Mannheim, K.　296
Marshall, A.　193-4, 249-50, 255, 274
Marshall, T. H.　201, 235, 252
Martin, R.　254

人名索引

Marx, K.　272, 274-8, 280-1
McCraw, T. K.　284, 308
Meinecke, F.　294, 309
McSweeney, K.　183
Menger, C.　242, 275, 279
Michelangelo　128
Mill, J. S.　160-1, 165, 192, 198, 202, 206-7
Millais, J. E.　109
Millan-Zaibert, E.　85
Milner, A.　244, 254
Moore, G. E.　198
Morris, W.　248
Müller, A.　10, 264
Myint, H.　248, 254

N

中井千之　84
並河亮　183
Newton, I.　19
Nicholson, P. P.　199, 252-3
Nietzsche, F. W.　277
Nishizawa, T.　185
Novalis（Friedrich von Hardenberg）　20, 22, 27, 35, 39, 42-3, 70, 72
Nussbaum, M. C.　vii

O

O'Gorman, F.　182
Opie, R.　268

P

Pareto, V.　275
Peckham, M.　16, 18
Perez, C.　308
Pigou, A. C.　191, 193-4, 249, 255
Piro, C. de　182
Plant, R.　253
Plato　35, 43-4, 51, 60, 105, 111, 158
Polanyi, K.　311
Porter, R.　307
Price, L. L.　242

R

Raffaello Sanzio　109-11
Rawls, J.　12, 154, 192-3, 199, 202, 204, 235-8,　252, 254
Reinhold, K. L.　70
Ricardo, D.　242
Richter, M.　197, 251-2
Ritchie, D. G.　187
Roe, F. W.　183
Roscher, W. G. F.　10, 18
Rosenberg, J. D.　182, 307
Rosenblum, N. L.　254
Rossetti, D. G.　109
Rousseau, J.-J.　21
Ruskin, J.　i-ii, iv, 10, 82, 91-185, 187-91, 194-5, 205, 217, 241, 243-5, 247-8, 250, 254, 257-8, 313, 316
Russel, B.　198

S

Sabor, P.　183
Safranski, R.　89
齊藤貴子　184
佐々木健一　18
Saul, N.　84
Scheler, M.　296
Schelling, F. W. J.　27, 34-5, 42-5, 47-8, 51-3, 79, 81, 85-7, 104
Schenk, H. G.　18
Schiller, J. C. F.　21, 56-9, 62-6, 75, 87-8, 102, 180
Schlegel, A. W.　21, 27, 63, 93
Schlegel, F.　8, 21-2, 24-5, 27-33, 35, 42-3, 48-9, 51-4, 62-3, 66, 70, 72-3, 76-7, 79, 83-5, 87-9, 93, 145-6
Schleiermacher, F.　27, 54-6, 87
Schmoller, G. von　9, 192, 242, 274-7, 279-83
Schneider, H. J.　89
Schroeder, W. R.　85
Schumpeter, J. A.　i, iv, 10, 73, 82, 246, 251, 257-309, 313, 316
Sen, A.　171-2, 185, 205, 253
Seyhan, A.　84
Shelley, P. B.　21
Sherburne, J. C.　92, 182, 184
塩野谷祐一　18, 83, 88-9, 184-5, 251-3, 306-9, 317
Sidgwick, H.　192-3, 202

Simhony, A.　251, 253-4
Smith, A.　257
Smith, L. P.　30, 84, 143, 184
Socrates　76
Spencer, H.　206-7
Spinoza, B.　35, 43, 79
Stäel, Madame de　21, 26, 84
Streissler, E.　308
Strich, F.　86
鈴村興太郎　185
Swedberg, R.　308

T

Teufelsdröckh, D.　103
Thompson, E. P.　iii
Throsby, D.　184
Tieck, L.　27
Tintoretto　128
Toynbee, A.　181, 191, 194-5, 241-5, 247-50, 254
Traill, H. D.　306-7
Tribe, K.　254
Turner, J. M. W.　105-9, 128
Tyler, C.　252

U

Uhde-Bernays, H.　84

V

Vico, G.　7
Vincent, A.　252-3

Voltaire, F. M. A. de　266

W

Wackenroder, W. H.　27
Walker, J.　184
Walras, L.　274-7
Walzel, O.　87
Warrell, I.　184
渡邊二郎　87
Weber, M.　16, 287
Wedderburn, A.　182
Weiler, P.　199, 241, 252, 254
Weinstein, D.　251, 253-4
Weiss, O.　85-6
Wellek, R.　15-6, 18, 30, 143, 184
Wempe, B.　252
Wheeler, K. M.　vi
Wieser, F.　277
Wildman, S.　184
Willey, B.　ii, vi
Williams, B.　253
Williams, R.　iii, 101, 183
Wilmer, C.　185
Winch, D.　ii-iii, vi
Winckelmann, J. J.　28, 84
Wordsworth, W.　21, 92-3, 95-102, 104-5, 116, 177, 179, 182-3

X

Xenophon　158, 170

著者略歴
一橋大学教授,一橋大学長,国立社会保障・人口問題研究所長などを歴任.一橋大学名誉教授,経済学博士,文化功労者.

主要著作
『福祉経済の理論』日本経済新聞社,1973年.
『現代の物価』日本経済新聞社,1973年.
『価値理念の構造』東洋経済新報社,1984年.
『シュンペーター的思考』東洋経済新報社,1995年.
『シュンペーターの経済観』岩波書店,1998年.
『経済と倫理』東京大学出版会,2002年.
『エッセー 正・徳・善』ミネルヴァ書房,2009年.
『経済哲学原理』東京大学出版会,2009年.
Schumpeter and the Idea of Social Science: A Metatheoretical Study, Cambridge University Press, 1997.
Economy and Morality: The Philosophy of the Welfare State, Elgar, 2005.
The Soul of the German Historical School: Methodological Essays on Schmoller, Weber, and Schumpeter, Springer, 2005.

ロマン主義の経済思想　芸術・倫理・歴史

2012年10月24日　初　版

［検印廃止］

著　者　塩野谷祐一（しおのや　ゆういち）

発行所　一般財団法人　東京大学出版会
代表者　渡辺　浩
113-8654　東京都文京区本郷 7-3-1 東大構内
http://www.utp.or.jp/
電話 03-3811-8814　Fax 03-3812-6958
振替 00160-6-59964

印刷所　株式会社精興社
製本所　牧製本印刷株式会社

© 2012 Yuichi Shionoya
ISBN 978-4-13-040258-3　Printed in Japan

〈(社)出版者著作権管理機構　委託出版物〉
本書の無断複写は著作権法上での例外を除き禁じられています.複写される場合は,そのつど事前に,(社)出版者著作権管理機構（電話 03-3513-6969, FAX 03-3513-6979, e-mail: info@jcopy.or.jp）の許諾を得てください.

塩野谷祐一	経済哲学原理 解釈学的接近	A5	5600円
塩野谷祐一	経済と倫理 福祉国家の哲学	A5	5600円
塩野谷祐一 鈴村興太郎編 後藤玲子	福祉の公共哲学	A5	4200円
A・セン 後藤玲子	福祉と正義	四六	2800円
柴田寿子	リベラル・デモクラシーと神権政治 スピノザからレオ・シュトラウスまで	四六	3500円
山脇直司	グローカル公共哲学 「活私開公」のヴィジョンのために	A5	4500円
山脇直司	ヨーロッパ社会思想史	A5	2200円

ここに表示された価格は本体価格です．御購入の際には消費税が加算されますので御了承ください．